法律硕士系列教材编委会

主　任　蒋传光　许祥云
副主任　胡志民　张雪梅
委　员　马英娟　刘　诚　邓　杰
　　　　环建芬　丁戈文　陆云霞

Xingfa Dianxing Anli Fenxi

刑法典型案例分析

何国锋 / 编著

图书在版编目(CIP)数据

刑法典型案例分析/何国锋编著. —北京:北京大学出版社,2016.3
(法律硕士系列教材)
ISBN 978-7-301-26779-0

Ⅰ.①刑… Ⅱ.①何… Ⅲ.①刑法—案例—中国 Ⅳ.①D924.05

中国版本图书馆 CIP 数据核字(2016)第 009784 号

书　　　名	刑法典型案例分析 Xingfa Dianxing Anli Fenxi
著作责任者	何国锋　编著
责 任 编 辑	旷书文　王业龙
标 准 书 号	ISBN 978-7-301-26779-0
出 版 发 行	北京大学出版社
地　　　址	北京市海淀区成府路 205 号　100871
网　　　址	http://www.pup.cn
电 子 信 箱	sdyy_2005@126.com
新 浪 微 博	@北京大学出版社
电　　　话	邮购部 62752015　发行部 62750672　编辑部 021-62071998
印 刷 者	北京虎彩文化传播有限公司
经 销 者	新华书店
	730 毫米×980 毫米　16 开本　19 印张　362 千字 2016 年 3 月第 1 版　2023 年 1 月第 7 次印刷
定　　　价	49.00 元

未经许可,不得以任何方式复制或抄袭本书之部分或全部内容。
版权所有,侵权必究
举报电话:010-62752024　电子信箱:fd@pup.pku.edu.cn
图书如有印装质量问题,请与出版部联系,电话:010-62756370

目 录

第一部分　犯罪主观要件和犯罪客观要件案例

1. 李中海故意杀人案
　　——如何认定交通肇事逃逸案件中的间接故意杀人犯罪 …………（3）
2. 季忠兵过失致人死亡案
　　——特殊环境下被告人致人死亡,如何评价被告人的主观罪过……（8）
3. 李高尚等盗窃案
　　——偷吃天价葡萄中的认识问题 …………………………………（12）
4. 梁丽盗窃案
　　——在机场捡取旅客手推车上财物的认识问题 …………………（17）
5. 王平运输毒品案
　　——如何认定被告人的主观明知 …………………………………（24）
6. 刘某抢劫、强奸案
　　——被害人逃跑时跳楼造成重伤的能否按结果加重犯处理 ……（28）
7. 陆建平等以危险方法危害公共安全、交通肇事案
　　——和驾驶员打架导致交通事故的性质 …………………………（33）

第二部分　阻却违法性事由案例

8. 何强等人聚众斗殴案
　　——和上门讨债的黑社会打斗的性质 ……………………………（41）
9. 黄中权故意伤害案
　　——开车将逃离视野的劫匪撞死的性质 …………………………（47）
10. 邓玉娇防卫过当故意伤害案
　　——在反抗他人要求提供特殊服务时将他人刺死的性质 ………（53）

第三部分 犯罪形态和共同犯罪案例

11. 韩江维等抢劫、强奸案
    ——指认被害人住址但最后未参与实施抢劫的,是否属于犯罪中止 ………………………………………………………………（61）
12. 李官容抢劫、故意杀人案
    ——既有自动性又有被迫性的放弃重复侵害行为,能否认定为犯罪中止 ………………………………………………………………（67）
13. 张甲、张乙强奸案
    ——轮奸过程中既遂和主从犯的认定 …………………………（73）

第四部分 刑罚裁量案例

14. 池万亨危险驾驶案
    ——危险驾驶犯罪案件中如何适用"情节轻微,不需要判处刑罚"规定 …………………………………………………………………（81）
15. 郝卫东盗窃案
    ——如何认定盗窃罪"情节轻微,不需要判处刑罚" ……………（86）
16. 药家鑫故意杀人案
    ——交通事故后下车刺杀被撞者后自首的,能不能适用死刑 …（91）
17. 赵新正故意杀人案
    ——如何认定自首的"已准备去投案" …………………………（97）
18. 李光耀等贩卖、运输毒品案
    ——被告人未满十八周岁时曾因毒品犯罪被判刑,是否构成毒品再犯 ……………………………………………………………（101）

第五部分 危害公共安全罪案例

19. 孙伟铭以危险方法危害公共安全案
    ——醉酒驾车发生事故后逃逸,再次发生重大事故的性质 ……（109）
20. 李启铭交通肇事案
    ——校园道路是否属于交通道路安全法规定的"道路" …………（115）

21. 马国旺交通肇事案
 ——对致人重伤交通肇事案件中的逃逸行为如何评价……………(121)
22. 陈志故意杀人、劫持汽车案
 ——杀人后劫车逃跑的行为如何定性………………………………(126)

第六部分 破坏社会主义市场经济秩序罪案例

23. 王岳超等生产、销售有毒、有害食品案
 ——生产、销售有毒、有害食品罪的区分和故意的认定……………(133)
24. 应志敏、陆毅走私废物、走私普通货物案
 ——走私对象中有夹藏品的处理……………………………………(139)
25. 李洪生强迫交易案
 ——使用暴力强行向他人当场"借款"并致人轻伤的如何定罪
 处罚……………………………………………………………………(144)

第七部分 侵犯公民人身权利、民主权利罪案例

26. 刘祖枝故意杀人案
 ——帮助他人自杀的如何定罪处罚…………………………………(151)
27. 吕锦城故意杀人和拐卖儿童、黄高生拐卖儿童案
 ——以出卖为目的偷盗婴幼儿过程中杀害婴幼儿亲属的行为如何
 定性……………………………………………………………………(158)
28. 张兴等绑架案
 ——绑架犯罪案件中第三人导致被害人死亡的,能否认定为"致使
 被绑架人死亡"………………………………………………………(164)
29. 韦风强奸、故意杀人案
 ——被害人因躲避强奸落水溺亡的,如何定性……………………(169)

第八部分 侵犯财产罪案例

30. 蔡苏卫等抢劫案
 ——以借钱为名劫取财物使用后归还并付利息的行为如何定性……(175)

31. 黄卫松抢劫案
　　——进入卖淫女出租房嫖宿后实施抢劫是否构成"入户抢劫" …… (181)
32. 李培峰抢劫、抢夺案
　　——加"霸王油"的行为如何定性 …………………………… (186)
33. 林华明等敲诈勒索案
　　——如何区分抢劫罪与敲诈勒索罪 …………………………… (192)
34. 谢家海等敲诈勒索案
　　——控制他人向家属要钱的性质 ……………………………… (196)
35. 杨志成盗窃案
　　——电脑员利用管理本单位电脑便利破译软件,将作废积分卡激活
　　　并消费的性质 ………………………………………………… (202)
36. 崔勇、仇国宾、张志国盗窃案
　　——将出租给他人的贷记卡中的钱转走的性质 ……………… (207)
37. 许霆盗窃案
　　——利用 ATM 机故障取钱的性质 …………………………… (214)
38. 廖承龙、张文清盗窃案
　　——帮助他人盗回本属于自己公司经营财产的行为如何定罪
　　　量刑 …………………………………………………………… (220)
39. 何鹏盗窃案
　　——从自己卡里取出不属于自己钱的性质 …………………… (225)
40. 臧进泉等盗窃、诈骗案
　　——网络钓鱼类取人钱财的如何处理 ………………………… (230)
41. 王爱国诈骗案
　　——设置圈套诱骗他人参赌的性质 …………………………… (236)
42. 曹海平诈骗案
　　——买首饰后与店主一起回家取钱途中趁店主不备溜走的行为,
　　　如何定性 ……………………………………………………… (241)
43. 刘俊破坏生产经营案
　　——以低于公司限价价格销售公司产品的行为,如何定性 … (246)

第九部分 妨害社会管理秩序罪案例

44. 万才华妨害作证案
    ——虚假民事诉讼行为的性质·················（255）

45. 李波盗伐林木案
    ——盗挖价值数额较大的行道树的行为,如何定性·········（261）

46. 蒋泵源贩卖毒品案
    ——明知他人从事贩卖毒品活动而代为保管甲基苯丙胺的行为如何
    定性····································（267）

47. 易大元运输毒品案
    ——运输毒品过程中暴力抗拒检查,造成执法人员重伤的行为如何
    定性····································（273）

48. 董志尧组织淫秽表演案
    ——组织裸体私拍的行为如何定性···················（278）

第十部分 贪污贿赂罪案例

49. 王妙兴贪污、受贿、职务侵占案
    ——国有公司改制中利用职务便利隐匿国有资产的行为如何
    定性····································（285）

50. 潘玉梅、陈宁受贿案
    ——巧妙伪装的贿赂手段如何定性···················（290）

第一部分 犯罪主观要件和犯罪客观要件案例

1. 李中海故意杀人案

——如何认定交通肇事逃逸案件中的间接故意杀人犯罪

一、基本案情

李中海,男,1980年7月16日出生。因涉嫌犯交通肇事罪于2012年5月7日被逮捕。2005年10月16日凌晨3时许,被告人李中海驾驶一辆牌号为豫PKC278的二轮摩托车于上海市共康路附近营运载客时搭载了被害人章诚,后当李中海沿上海市江杨南路由北向南骑行至江杨南路桥北桥头时,因操作不当造成二轮摩托车车头撞击到路边隔离带,导致章诚从摩托车后座甩出后倒地。李中海下车查看后,发现章诚躺在机动车道内因受伤而无法动弹,为逃避自身责任,李中海不顾章诚可能被后续过往车辆碾轧身亡的危险,在未采取任何保护措施的情况下,自行驾车逃逸。后章诚被一辆途径该处的大货车碾轧,当场致死。案发后,经现场勘查、调查取证、技术鉴定,交警部门认定李中海对本起事故负全部责任。同时,《尸体检验报告书》认定:"被害人章诚系因在交通事故中造成复合伤而死亡。"

上海市虹口区人民检察院以被告人李中海犯故意杀人罪,向上海市虹口区人民法院提起公诉。

二、争议焦点

关于被告人李中海的行为是应当认定为交通肇事罪中"逃逸致人死亡"还是间接故意杀人,存在不同意见。

一种意见认为,李中海对危害结果持放任的意志状态,且被害人的死亡结果系其先行行为所引发,因此,其行为构成不作为的间接故意杀人罪。

另一种意见认为,李中海对危害结果持反对的意志状态,属于轻信可以避免的过失犯罪,且其实施的先行行为与被害人死亡这一危害结果之间不具有刑法上的因果关系,因此,属于交通肇事罪中"逃逸致人死亡"的情形。

---

① 案例来源:中华人民共和国最高人民法院刑事审判第一、二、三、四、五庭主办:《刑事审判参考》2013年第6集(总第95集),法律出版社2014年版,第40~45页。

三、案件处理

上海市虹口区人民法院认为,被告人李中海违反交通法规,在发生交通事故后,为逃避法律追究,明知不履行其先行行为产生的法定义务可能导致被害人死亡的危害结果,仍然放任该危害结果的发生,最终导致被害人章诚死亡,其行为构成故意杀人罪。上海市虹口区人民检察院指控被告人李中海犯故意杀人罪罪名成立。机动车车辆驾驶人应当遵守道路交通安全法律的相关规定,当车辆发生交通事故后即负有抢救受伤人员并迅速报告执勤交通警察或者交通管理部门的法定义务。李中海先前的交通肇事行为是过失行为,但当其发现并已明知被害人在凌晨时分受伤摔倒在交通干线的机动车道上而无法动弹,存在被后续车辆碾轧致死的高度危险,其应当并有能力履行救助、报警的法定义务而不履行,且在未采取任何保护性措施的情况下,不顾被害人安危,自行驾车逃逸,其主观上属于放任危害结果发生的间接故意罪过形式。客观上正是其不作为致使被害人被后续车辆碾轧致死,其不作为与被害人的死亡结果发生存在刑法上的因果关系。综观其客观行为表现和考察其犯罪心理状态,李中海的行为已经具备了故意杀人罪的构成要件,故关于辩护人提出的李中海的行为符合交通肇事罪中因逃逸致人死亡的加重情节而不构成故意杀人罪的辩护意见,与事实和法律不符,法院不予采纳。李中海犯罪后能自动投案并如实供述自己的罪行,系自首,依法可以从轻处罚。据此,为维护社会秩序,保护公民生命权利不受侵犯,依照《中华人民共和国刑法》第232条、第56条第1款、第55条第1款及第67条第1款,上海市虹口区人民法院以故意杀人罪判处被告人李中海有期徒刑12年,剥夺政治权利3年。

一审判决后,被告人未提起上诉,检察院亦未抗诉,该判决已发生法律效力。

四、分析思考

本案应该按照故意杀人罪处理,客观上李中海有义务排除危险而不实施,导致了被害人死亡的结果,主观上李中海明知危害结果可能发生而放任,符合间接故意杀人的构成要件。

(一)本案不应认定为"交通肇事后因逃逸致人死亡"

如果被害人在李中海逃逸之后,由于没有得到及时的救助,因身体损伤而死亡的,可以认定为交通肇事罪"因逃逸致人死亡"的情节。2000年11月10日通过的《最高人民法院关于审理交通肇事刑事案件具体应用法律若干问题的解释》第5条第1款规定:"'因逃逸致人死亡',是指行为人在交通肇事后为逃避法律追究而逃跑,致使被害人因得不到救助而死亡的情形。"本案被害人虽然死亡于李中海逃逸之后,而且被害人死亡和李中海的交通肇事行为有关联,但是,死亡结果并非来自交通肇事行为导致的身体伤害。亦即被害人并非因得不到救助而死亡,其死亡的原因,是因为李中海的交通肇事行为导致摔倒在机动车道上,敞露于来往车辆的风险之中。这是由于交通肇事行为造成的身体伤害之外的其他风险的实现,对此应该另行评价,而不应放在交通肇事罪中处理。

从立法论的角度,"因逃逸致人死亡"应该包含了行为人明知自己逃逸会导致被害人死亡的情形。因为一般过失犯罪的最高刑是7年有期徒刑,交通肇事后逃逸致人死亡的,最高刑是15年有期徒刑,远远超出一般过失犯罪的最高刑期。如此立法的理由可以认为主要有两点:一是由于机动车高速的特点,交通事故后被害人往往处于严重的身体伤害之中,特别需要肇事人履行抢救的义务,刑法因而以更严格的责任形式对此提出特别的要求;二是由于交通事故发生后,肇事者对于事故和伤者的主观认识,很难认定,即对于大多数案件而言,无法证明肇事者对于逃逸后被害人会死亡是否认识到,按目前的立法模式可以回避掉这个问题,不管明知与否,只要逃逸导致被害人死亡,按7年以上有期徒刑处理即可,如此提高了司法效率。

但是,不能因此认为,既然"因逃逸致人死亡"中包含了肇事者故意的情形,那么本案按逃逸致人死亡处理也能落实刑事责任。首先,前文已述,本案是由其他风险实现的结果;其次,本书认为,逃逸导致被害人死亡,如果能够确定地证明肇事者对于被害人死亡结果的出现是明知的,也应该按照故意杀人罪来认定。《最高人民法院关于审理交通肇事刑事案件具体应用法律若干问题的解释》第6条规定:"行为人在交通肇事后为逃避法律追究,将被害人带离事故现场后隐藏或者遗弃,致使被害人无法得到救助而死亡或者严重残疾的,应当分别依照《刑法》第232条、第234条第2款的规定,以故意杀人罪或者故意伤害罪定罪处罚。"司法解释规定的情形,可以确定肇事者主观上的故意,因为将被害人隐藏或者遗弃而无法得到救助,足以证明行为人的故意。该司法解释体现的精神是,在能够证明肇事者故意的情况下,应该按照故意犯罪认定。该解释规定了交通肇事后按故意杀人罪处理的情况,但并不排除其他可以按照故意杀人罪处理的情形。所以,如果能够证明肇事者明知自己的逃逸行为将导致被害人死亡的,即使被害人因为没有得到及时救助而死,也应按照故意杀人罪处理。这样处理才是符合罪责原则的,毕竟,交通肇事罪是过失犯罪。本案李中海对于被害人的死亡是故意的,所以不应该按"因逃逸致人死亡"处理。

(二) 本案被告人客观上是不作为

不作为是指行为人有实施某种积极行为的义务,有能力实施而不实施,造成或可能造成危害后果。根据通说观点,不作为的义务来源有法律明文规定的义务、业务上的义务、先行行为的义务和法律行为的义务。本案可以认为李中海有法律明文规定的义务,《道路交通安全法》第70条第1款规定:"在道路上发生交通事故,车辆驾驶人应当立即停车,保护现场;造成人身伤亡的,车辆驾驶人应当立即抢救受伤人员,并迅速报告执勤的交通警察或者公安机关交通管理部门。"李中海因操作不当发生事故后,有义务抢救被害人,但李中海没有履行义务。本案也可以认为李中海有先行行为的义务,被害人受伤倒在机动车道上,是由于李中海驾车的过失行为造成的,所以也可以说,是由于李中海先前的行为,使被害人处于危险之中,李中海有义务排除危险。不作为的四个义务来源之间,存在着交叉关系,比如业务上的义务很多是有法律明文规定的。对于大多数义务而言,都可以认为是先行行为的义务,因为就社会性事实而言,都可以归纳为人们交互行为的结果。本书认为,在可以认定为法律明文规定的义务时,就不用其他义务来源作为依据。在可以认定为有其他义务来源时,就不用先行行为的义务,因为先行行为的义务边际太宽,确定性不强。就本案而言,既然《道路交通安全法》有明文规定,认定李中海有法律明文规定的义务是恰当的。

李中海如果抢救被害人,就不会发生被害人被大货车碾轧致死的结果,这个结果的发生,在社会生活经验上,是一种正常的发展,所以,李中海的不作为和被害人死亡之间存在刑法上的因果关系。

（三）本案被告人主观上为间接故意

认定构成故意犯罪要用认识和意志两个方面进行分析,从认识上看,本案发生在市区的机动车道上,地处上海虹口区和宝山区的交界处,因靠近港口、码头、仓储地,当地大货车来往比较多。当被害人摔倒在机动车道上不省人事,是非常危险的,很容易被过往的大货车碾压。汽车驾驶员开车时,一般注意力在正前方,主要观察前方车辆,对于地面情况往往不会仔细观察,特别在晚上,驾驶员一般都是紧张地注视前方而忽略地面情况。李中海作为一名在该区域从事载客营运的人,很清楚这些情况,知道自己擅自逃离现场的后果,所以在认识上李中海符合间接故意的明知。

从意志上看,虽然李中海并不希望发生被害人死亡的结果,但是,在意志因素上,并非结果合乎行为人心愿方才有故意,即使结果非行为人所愿,但为了达成特定目的,行为人对于结果发生的危险有容忍,必要时仍接受不希望发生的结果,则在法律意义上已认可结果发生,符合间接故意放任的意志因素。在间接故意的认定上,行为人内心意愿（意志）是不明确的,如何证明是个难题,从目前的学说演进和判例特点看,对间接故意的认定,往往借助认识因素,或者说,对意志因素的证明往往作宽和的要求。当行为人具有较高的危险性认识,依然做出行为,则认为其在行动上作出了决定,其内心接受结果,符合意志上的放任。李中海知道自己不抢救被害人逃离现场的后果,但依然在没有任何防止措施的情况下逃离,说明其为了逃避责任,已不再关心被害人的死活,是一种无所谓的态度,发生不发生结果,他都接受,因而是一种放任。在能够充分证明其对危害结果具有认识的情况下,更多考虑其逃逸行为的决定,因为这反映了他内心的态度。

过于自信的过失,行为人必须有信心、有足够理由认为危害结果不会发生,但在本案中,李中海有什么信心认为躺在机动车道上的被害人不会被过往车辆碾轧?没有采取任何防护措施就逃离,无论如何都不能给人以危害结果不会发生的信心。

综上,本案应该认定为不作为的间接故意杀人罪,鉴于其恶性和一般的故意杀人罪相比为弱,法院以故意杀人罪处12年有期徒刑也是适当的。

2. 季忠兵过失致人死亡案[①]

——特殊环境下被告人致人死亡，如何评价被告人的主观罪过

一、基本案情

被告人季忠兵，男，1974年11月28日出生于江苏省海门市，汉族，初中文化，原系上海汇津装饰工程有限公司油漆工。于2007年8月20日被逮捕。2007年6月30日17时20分许，被告人季忠兵到上海市宝山区塘祁路101号上海汇津装饰工程有限公司锅炉房门口打开水，因故与被害人汪亚龙发生争执，继而相互推搡扭打。其间，季忠兵拎起放于锅炉房边上的一个油漆桶甩向汪亚龙，致盛放桶内的香蕉水泼洒在汪亚龙身上，香蕉水随即起火燃烧，汪亚龙和季忠兵均被烧着。嗣后，两人被送往医院救治，汪亚龙因高温热作用致休克而死亡。

上海市宝山区人民检察院以被告人季忠兵犯故意伤害罪，向上海市宝山区人民法院提起公诉。

二、争议焦点

本案争议焦点在于被告人季忠兵的主观罪过。

第一种意见认为，被告人季忠兵故意将装有香蕉水的油漆桶甩向被害人，并导致被害人烧伤死亡，属故意伤害行为，应承担故意伤害致人死亡的刑事责任。

第二种意见认为，季忠兵并没有泼洒香蕉水烧被害人的故意，只是由于没有履行注意义务，才导致香蕉水泼洒出来烧死了被害人，季忠兵的主观罪过属于疏忽大意的过失，构成过失致人死亡罪。

第三种意见认为，季忠兵不知道油漆桶中装的是香蕉水，也无法认识到这一点，所以本案属于意外事件。

三、案件处理

上海市宝山区人民法院认为，被告人季忠兵间接故意伤害他人，并致一人死

[①] 案例来源：中华人民共和国最高人民法院刑事审判第一、二、三、四、五庭主办：《刑事审判参考》2012年第6集（总第89集），法律出版社2013年版，第29～33页。

亡,其行为构成故意伤害罪。鉴于季忠兵系初犯,且能赔偿被害人的经济损失,可酌情从轻处罚。根据《中华人民共和国刑法》第234条第2款,以犯故意伤害罪判处被告人季忠兵有期徒刑10年。

一审宣判后,被告人季忠兵不服,提出上诉,表示其不是明知桶内装有香蕉水,没有故意泼洒被害人,桶是在其与被害人扭打过程中被打翻的,其行为属于过失犯罪而非故意犯罪。

上海市第二中级人民法院认为,被告人季忠兵因过失致一人死亡,其行为已构成过失致人死亡罪。原审判决定性不当,应予以纠正。鉴于季忠兵已赔偿被害人家属的部分经济损失,可酌情从轻处罚。据此,该院撤销了上海市宝山区人民法院的一审判决,判决被告人季忠兵犯过失致人死亡罪,判处有期徒刑4年。

四、分析思考

本案没有充分的理由认为被告人季忠兵的行为构成故意伤害罪,但有理由认为季忠兵没有履行注意义务,应该按照过失致人死亡罪处理。

(一)本案不应认定为故意伤害罪

被告人季忠兵和被害人因争执而扭打,其中并不能否定其伤害对方的意思。季忠兵将装香蕉水的油漆桶向被害人甩过去,也不能否定其伤害对方的意思。但基于伤害意思而实施的行为,并没有实现伤害的结果。被害人并不是因被打伤或砸伤而死亡,根据主客观相一致的原则,不能认为构成故意伤害罪。此外,虽然香蕉水泼洒也是被告人的行为造成的,被害人也因此而死亡,但被告人并不明知这一点,根据主客观一致的原则,也不能据此定故意伤害罪。用客观归责理论进行分析,被告人将油漆桶向被害人甩过去时,创设了两种风险,一种风险是被害人被油漆桶砸伤的风险,一种是香蕉水燃烧的风险,但前一种风险没有实现,所以不能归责,后一种风险实现了,但被告人对此是过失的,所以,只能认定为过失犯罪。①

能不能用认识错误理论的法定符合说来处理本案,将本案认定为故意伤害罪?法定符合说是指行为人所想象的犯罪构成类型包含的要素在客观上出现齐备的,就是故意的既遂,用简单的口诀表示:行为人想杀人,也杀了人,就是故意杀人的既遂。用法定符合说处理本案,被告人有伤害的故意,有伤害的行为,有致人死亡的结果,虽然对因果关系的发展有认识错误,但并不影响故意犯罪的既遂,按故意伤害罪认定。本书认为这一思考路径是不合适的。刑法通说理论采用法定符合说来处理相关案件,是在行为人主观罪责具有相应的可责罚性的情

---

① 客观归责理论参见〔德〕克劳斯·罗克辛:《德国刑法学总论》(第一卷),法律出版社2005年版,第226~280页。

况下的对策。比如行为人想杀甲,但子弹打偏了,杀了旁边的乙,其行为的恶性与后果的严重性和故意杀甲的既遂是相匹配的,所以,如果不考虑主客观一致原则的严格遵守问题,定故意杀人既遂是有合理性的。但本案被告人的主观罪责并不严重到需要如此处理的程度,其虽然有伤害对方的意思,但对结果并不积极追求,所以还是根据主客观相一致的原则处理比较合适。按德国刑法学者罗克辛的观点,在认识错误的情况下,关键看结果是否符合行为计划,如果结果相对于行为计划是成功的,则按法定符合说处理,如果结果相对于行为计划是失败的,则应该按具体事实处理。比如行为人想杀甲,但打偏了,杀死了自己的儿子,这个计划不仅根据行为人自己的判断是失败的,而且根据客观的标准也是失败的,就不能按故意杀人既遂处理;不同的是,当有人为了煽动动乱,想要射杀一名示威者,但是,他打死的不是他所瞄准的那个人,在这里,尽管根据客观的判断存在着因果偏离,但是,仍然有计划的实现,可以按照法定符合说处理,定故意杀人的既遂。① 就本案被告人季忠兵而言,他并不追求被害人伤害的结果,并不存在计划的实现问题,对季忠兵而言,被害人的死亡只是一个他不想面对的失败的结果,他自己也在事故中烧伤,所以,不应按法定符合说处理。

(二) 本案不是意外事件

《刑法》第16条规定:"行为在客观上虽然造成了损害结果,但是不是出于故意或者过失,而是由于不能抗拒或者不能预见的原因所引起的,不是犯罪。"意外事件具有以下两个特征:一是行为在客观上造成了损害结果;二是损害结果的发生是由于不能预见或者不可抗拒的原因所引起的。由于行为人在主观方面既没有犯罪故意,也没有犯罪过失,自然也就无刑事责任可言。由于"不能预见的原因"所致的意外事件,与疏忽大意的过失都是行为人对有害结果的发生没有预见,因此,二者有相似之处。但是,它们有着原则的区别:意外事件是行为人对损害结果的发生不可能预见而没有预见;疏忽大意的过失则是行为人对行为发生危害结果的可能性应当预见、能够预见,只是由于其疏忽大意而未能预见。分析是否为意外事件,应根据行为人的认识能力和当时的具体情况,结合法律、职业等的要求来综合考察。认为本案属于意外事件的理由是,本案发生于锅炉房门口,一般人不会认识到锅炉房边上会放置挥发性强、易燃的香蕉水。但是,本案在审理中,有证人证言,被告人季忠兵知道该锅炉房为烧锅炉点火方便,用香蕉水引火,且季忠兵本人在案发前不久也曾给锅炉房提供过香蕉水。② 这就说明季忠兵对于桶中装有香蕉水是有认识空间的,并不能说超出他的认识可能

---

① 参见〔德〕克劳斯·罗克辛:《德国刑法学总论》(第一卷),法律出版社2005年版,第341页。
② 参见中华人民共和国最高人民法院刑事审判第一、二、三、四、五庭主办:《刑事审判参考》2012年第6集(总第89集),法律出版社2013年版,第32页。

性,因而也就不是意外事件。

(三) 本案应认定为过失致人死亡罪

本案被告人季忠兵对于被害人死亡的结果在主观上是过失的。由于被告人对香蕉水没有明确的认识,所以其罪过形式不是过于自信的过失而是疏忽大意的过失。疏忽大意的过失是指行为人应当预见自己的行为可能发生危害社会的结果,由于疏忽大意而没有预见,以致发生这种结果的心理态度。疏忽大意的过失又称为无认识的过失,认定行为人具有疏忽大意的过失,关键要看行为人的认识能力,即其对于危害后果发生认识的可能性,只有在具有认识能力的前提下,才能说行为人应当认识到。考察本案被告人的认识可能性,需要解决三个方面的问题。一是被告人季忠兵有能力认识到油漆桶中装的是香蕉水。二是被告人有能力认识到油漆桶被甩出去之后,桶盖会脱开,香蕉水会洒出。三是被告人有能力认识到香蕉水会燃烧。如果在这些问题上都能论证成立,那么就可以确定被告人对于被害人死亡结果的产生具有疏忽大意的过失。对于第一个问题,前文已述,被告人知道锅炉房中有香蕉水。即使抛开这一点,被告人对于油漆桶是有认识的,油漆桶中装的可能是易于挥发的危险物质,不管是油漆也好,汽油也好,柴油也好,香蕉水也好,都在人常识的范围内。油漆桶中唯独很少装没有危险的水。所以,被告人在提起油漆桶发现里面有液体的情况下,完全有能力判断出里面的液体可能是危险物质。对于第二个问题,既然是油漆桶上的盖,就有可能是盖紧的,也有可能是没有盖紧的,没有盖紧的就会在被甩出去时松动脱落。所以,里面的香蕉水不管是泼洒出还是没有泼洒出,都在常识的范围内,人们不会对有盖的容器因盖的松动导致内装物溢出而感到惊讶,这在人们的日常生活中太常见了。所以对于这一点,被告人也有能力认识到。对于第三个问题,由于案发于锅炉房前,离开明火不远,这点被告人是很清楚的,如果他足够审慎,是完全能够认识到自己行为的危险性的。所以,被告人季忠兵具有疏忽大意的过失,是足以认定的。

综上,被告人季忠兵应该按照过失致人死亡罪认定,二审法院定性准确,量刑适当。

3. 李高尚等盗窃案[①]
——偷吃天价葡萄中的认识问题

一、基本案情

2003年8月6日晚,4名河南籍民工商量着弄些水果来吃。其中一名在北京林果所当过临时工的李高尚说林果所内种的水果好吃,到那里弄去。当晚11时许,4民工步行近一小时翻墙进入林果所院内,在李高尚的带领下来到葡萄研究园,坐在葡萄架下4民工吃掉了很多葡萄。临走时几人商量,得带些回去。李高尚在路边垃圾箱附近捡了一个编织袋,几个人开始摘葡萄架上的葡萄,装满后抬着编织袋翻墙出来。在回工地的路上,已经是2003年8月7日凌晨。当时民警巡逻至香山门头村幼儿园门前时,发现有4名男子抬着一个可疑的编织袋。盘查后,警方获悉,该4名男子的编织袋中为偷来的47斤科研用葡萄。这些葡萄是北京农林科学院林业果树研究所葡萄研究园投资40万元、历经10年培育研制的科研新品种。这些葡萄一共种植110株,每株分别编号跟踪研究,品名暂定P-6-2,特点是个大皮薄汁甜无子,9月份为果实成熟期,对该品种的鉴定、验收也定在2003年9月。李高尚等人偷摘了其中20株果实,却导致整个研究链断裂。10年苦心研究,40万巨额投资,却在成果即将问世之时被吃掉了。

二、争议焦点

本案的争议焦点有两个。一个是葡萄的价格如何认定?另一个是如果将科研成本折算在葡萄的价格中,民工是否构成盗窃罪?这两个争议点具有承前启后的关系。

对于第一个问题,一种观点认为,价格是因交换产生的,不是由成本投入决定的,投入再多,没有市场,还是个零。所以,葡萄的价格只能按照市场价格计算,当时市场普通葡萄的价格是2元一斤,民工偷吃的葡萄至多价值一百来元。另一种观点认为,价格由价值所决定,由于涉案葡萄具有科研属性,所以应该以科研价值来认定葡萄的价格,而科研价值的具体测算,只能根据科研课题的实际资金成本投入来进行测算。

[①] 案例来源:媒体报道。

对于第二个问题,第一种观点认为,虽然是天价葡萄,但是,民工并没有天价葡萄的认识,虽然他们可能知道这些葡萄比较好吃,但并不知道葡萄的价格如此之高,他们只是按照普通葡萄的价格来认识的,在没有认识到葡萄的实际价格时,根据主客观一致的原则,民工因存在客观事实上的认识错误,不能按照盗窃罪认定。第二种观点认为,这几个民工是到研究所里偷葡萄,特别是李高尚,还在研究所里工作过一段时间,他们理应知道这些葡萄价值不菲,不然也不会特地跑那么远的路过来偷,所以应该按照葡萄的实际价格认定李高尚等人构成盗窃罪。第三种观点认为,盗窃的认识,只需要认识到自己在偷财物就足够了,不需要对财物的实际价格有认识,财物的实际价格只是量刑要素,不能纳入盗窃故意的认识范围。[1]

三、案件处理

2003 年 8 月 7 日,李高尚等 3 人被刑事拘留(其中一名 16 岁的未成年人属于"情节显著轻微",警方认定其行为尚不构成犯罪,对其处以 15 日的行政拘留)。

2003 年 9 月 2 日,北京市物价局做出被偷吃的 P-6-2 葡萄的直接经济损失为 11220 元的结论。

2003 年 9 月 12 日,海淀检察院以涉嫌盗窃罪对李高尚等 3 名犯罪嫌疑人批准逮捕。

2003 年 12 月底,海淀检察院将天价葡萄案退回公安机关补充侦查。

2004 年 1 月 5 日,经有关部门重新评估,得出涉案标的价格为 376 元。

2004 年 2 月 4 日,李高尚等 3 名民工被取保候审。

2005 年 2 月 21 日,北京市海淀区人民检察院作出不起诉决定。自此,被传得沸沸扬扬的"天价葡萄案"终于尘埃落定。

四、分析思考

(一)关于葡萄的价格

根据最高人民法院的司法解释[2],被盗物品的数额,一般以市场价格计算。被盗物品价格不明或者价格难以确定的,应当按《扣押、追缴、没收物品估价管理办法》的规定,委托指定的估价机构估价。涉案葡萄确有特殊之处,属于价格不明或者难以确定,需要估价机构进行估价。本书认为,北京市物价部门对于葡

---

[1] 参见陈兴良:《判例刑法学》,中国人民大学出版社 2012 年版,第 91 页。
[2] 当时有效的司法解释为 1998 年发布的《最高人民法院关于审理盗窃案件具体应用法律若干问题的解释》第 5 条。该解释目前已经被 2013 年发布的《最高人民法院、最高人民检察院关于办理盗窃刑事案件适用法律若干问题的解释》所废止。

萄的估价,第一次估价11220元,明显偏高,第二次估价376元,又相对偏低。本案葡萄的价格,不能按照科研价值计算,对于在葡萄研究中所投入的资金和人力等成本,由于将会在科研转化为种植之后,得到回收,并不能计算在葡萄的价格中,价格来自于交换,不来自于成本。对于因葡萄被偷吃而造成的科研损失,只是盗窃行为造成的另一种危害后果,如要评价,也必须根据《刑法》的规定,按照其他犯罪认定。《刑法》并没有将损失作为盗窃数额,所以估价11220元为高估。同时,也不能按一般葡萄的市场价格估价。也就是说,虽然应该按照市场价格估价,但是,应该在市场价格的框架内考虑涉案葡萄的特殊之处。在估价的依据和方法中,应该采集类似商品,即优质特种葡萄,并确定案发葡萄的品质属性,进行合理估价。当时市场上和科研葡萄类似的,比如有上海的马陆葡萄,当时的市场价格为20～30元一斤。根据北京林果所工作人员的说法:2002年做完研究之后,他们卖过一些与被盗葡萄同品种的果实,"那时候的葡萄都已经不算新鲜了,还卖到了15元一斤呢!"①所以按照20～30元一斤的价格测算,是符合当时优质特种葡萄的市场价格的。如此,几个民工带走的47斤,加上当场吃掉的,以50斤测算,被盗葡萄的价格在1000元～1500元之间。这个数值达到了当时北京盗窃罪1000元的起罪标准。

(二)李高尚等人是否构成盗窃罪

既然本书认为涉案葡萄的数额达到了起罪的标准,那么,李高尚等人是否构成盗窃罪的关键点就在盗窃的故意是否能够成立上了,即故意中对数额的认识问题。

盗窃罪的故意分为"确定性故意"和"不确定性故意(概括性)"。确定性故意指的是行为人实施盗窃时,对于财物价值有明确的认识,比如偷某个文物、某幅名画。不确定性故意指的是行为人实施盗窃时,对于财物,是概括性的故意,偷到多少是多少,越多越好,比如扒窃。对于不确定性故意,任何数额都在其概括故意的范围内,所以行为人所窃得的数额就应认为是所预见的数额,不存在认识上的错误。对于确定性故意,由于行为人对数额的认定是具体的,所以存在认识上的错误。当出现认识错误时,比如认识到的数额少,但实际数额大,以为偷了个地摊货,实际是贵重物品,如何处理?陈兴良教授认为:"在财物的实际价值与主观认识的财物价值相差甚大的情况下,按照财物的实际价值认定,似乎对行为人不甚公平。像在本案中(沈某某盗窃天价名表案,引者注),被告人沈某某以为手表只值千把块钱,没想到手表价值十多万元。在这种情况下,从被害法益来说,被害人损失十多万元是一个客观事实。而被告人所认识的财物价值与

---

① 闫峥:《误偷天价葡萄该咋罚 无知小偷出司法难题》,http://news.sina.com.cn/s/2003-08-11/04091516022.shtml,访问日期:2015年2月8日。

财物的实际价值之间存在巨大差距,这也是一个事实。对于定罪来说,我认为应以财物的实际价值为准,至于被告人对财物价值的认识错误,只能当作一个情节在量刑时考虑。"陈兴良教授同时认为,如果按照行为人实际认识的数额认定盗窃数额,"这样,就使刑法规定的数额较大、数额巨大、数额特别巨大,从一个客观的标准改变为主观的标准,这显然是不妥的。"①但是,需要行为人认识客观条件,并不是否定客观条件本身,正如故意杀人罪需要行为人认识到人死亡的结果,并不是将人死亡的结果由客观标准改变为主观标准。主客观一致的责任原则,要求行为人对结果有认识。陈兴良教授一方面认为财物数额不需要认识,另一方面又认为认识错误可以作为量刑情节,但是,这个量刑情节如何发挥作用呢?"我认为,本案的盗窃数额仍然是特别巨大,但考虑到被告人主观上所认识的财物价值与财物的实际价值之间存在巨大差距,在这种情况下,仍然适用盗窃财物数额特别巨大的法定刑明显过重,应当适用《刑法》第63条第2款的特别减轻制度。"②既然采用特别减轻制度,就使得量刑和按行为人认识的数额处理在同一量刑幅度内了。如此,从司法经济的角度,多此一举地采用了需要逐级上报最高人民法院核准的酌情减轻制度,不如直接通过主客观一致的原则解决问题,所以陈兴良教授的观点在司法实务上也是不经济的。

张明楷教授认为:"虽然行为人认识到所盗财物数额较大,但如果财物的真实价值为数额巨大甚至特别巨大,而行为人根本没有认识到数额巨大与特别巨大时,只能选择数额较大的法定刑,而不能选择数额巨大与特别巨大的法定刑。责任主义要求行为人主观上具有刑法所规定的责任能力、故意或过失以及期待可能性。责任主义的实际机能表现在两个方面:其一是归责中的责任主义,即只有当行为人对符合构成要件的违法行为具有主观责任时,其行为才成立犯罪;其二是量刑中的责任主义,即刑罚的程度必须控制在责任的范围内,或者说,刑罚的程度不能超出责任的上限。归责中的责任主义,决定了超出主观责任范围的结果,是不可归责的结果,不属于刑法评价的对象。因此,行为人不能预见的结果,既不能在定罪中起作用,也不能在量刑中起作用。如果在量刑时将一切结果作为从重处罚的情节,就意味着将行为人没有罪过的结果也作为从重量刑的依据,进而意味着行为人对自己没有罪过的结果承担刑事责任;这便违反了责任主义原则。所以,影响量刑的结果,只能是可以归责的结果。由于责任错误或者认识错误所导致的结果,如果行为人没有相应的罪过,就不能作为从重量刑的情节,更不能适用加重的法定刑。例如,行为人以为是一幅普通的绘画(假定达到了数额较大的起点)而实施了窃取行为,但事实上该幅绘画为世界名画、价值连

---

① 陈兴良:《判例刑法学》,中国人民大学出版社2012年版,第95页。
② 同上。

城(达到了数额特别巨大的起点)。即使行为人应当认识到绘画的真实价值,但由于盗窃罪只能由故意构成,因此,对行为人主观上没有认识到的价值(即被害人的财产损害数额)不能作为量刑情节考虑,也不能作为法定刑升格的条件。"① 本书同意张明楷教授的观点,认为在行为人处于确定性认识的情形下,财物的数额是一个客观事实,根据主客观一致的原则,需要被行为人认识。

本案中,民工的认识属于确定性认识,自无疑义。现在要首先讨论的是,民工对于葡萄的价格是如何确定的?即在民工的主观认识中,这些葡萄的价格是多少?民工有没有认识葡萄价格的能力?也就是他们是否认识到了这些葡萄非同寻常的价格?

应该认为,4名民工的主观认识仅限于一般人理解的葡萄的价值,葡萄对于民工来说,并不稀罕,在农村、东家、西家采摘点农林果实,往往是不以为意的事情,价值不大,有的主人不介意,摘者也不内疚。民工在城市里偷葡萄的行为,跟在农村果田里实施的小偷小摸行为,在性质上没有区别。从本案事实看,林果所的葡萄也是按一般葡萄园或试验田的葡萄来进行防范的,没有特别的安全措施。在这样的安全环境下,一般人看来,林果所的葡萄和一般的葡萄没有多大的差别,甚至法律工作者或者文化人也不一定能预见到这样环境下的葡萄具有巨大的价值。4名建筑民工对自己的行为所明知的损害结果,也只是一般葡萄的市场价格或多一点而已。他们不知道这是投入了巨额资金和耗费大量精力正在研制的特别品种的葡萄。他们去偷吃,只因李高尚曾经在里面做过临时工,知道有葡萄并比较好吃,仅此而已。他们可能也会想这些葡萄比较好卖,也可能想到这些葡萄是优质葡萄,但想不到会这么贵。也就是说,由于经济条件的限制,他们是接触不到奢侈葡萄品种的,2003年葡萄20~30元一斤是超出一般人想象的,更超出这几个民工的想象,他们可能想到这些葡萄如果在市场上销售的话,可能属于价格比较高的葡萄,但也仅属于水果摊同种水果高、中、低价格区间内的,如果比其他葡萄贵出一倍,可能就是他们认识的极限了,而当时一般葡萄的市场价格不超过每斤2元。所以,虽然本书认为这些被盗葡萄的数额达到了当时北京盗窃罪的起罪标准,但是,由于民工认识不到偷吃的葡萄价格会超过1000元,根据主客观一致的原则,不能以盗窃罪认定。

---

① 张明楷:《论盗窃故意的认识内容》,《法学》2004年第11期。

4. 梁丽盗窃案[①]
——在机场捡取旅客手推车上财物的认识问题

一、基本案情

本案的案情主要有司法机关新闻发布会公布和媒体报道两个方面。

深圳宝安区司法机关公布的案情是[②],2008年12月9日8时20分许,东莞金龙珠宝首饰有限公司的员工王腾业在深圳机场19号值机柜台办理行李托运手续时,由于托运行李纸箱内装有14555.37克黄金饰品,值机员告知其需到10号柜台找值班经理才能办理,王即前往距离19号柜台22米远的10号柜台咨询。装纸箱的手推车停放在19号柜台前1米的黄线处,33秒后,梁丽到达。其后,梁丽查看纸箱,半分钟后,将纸箱搬到自己的清洁手推车上,离开19号柜台,到达79米远的16号卫生间,委托同事曹万义将纸箱暂时存放于男性残疾人洗手间。其间,梁丽和同事查看纸箱,发现内装的是黄金首饰。当天下班后,梁丽将纸箱搬回家。当晚18时许,警察到梁丽住处取获装黄金首饰的纸箱。

媒体基于梁丽和梁丽同事的采访而还原的案情是[③],2008年12月9日8时20分,深圳机场B号候机楼二楼出发大厅,为同事顶班的梁丽在候机大厅里打扫卫生。当她走到19号登机柜台时,看到垃圾桶附近有两位女乘客带着一名小孩在嗑瓜子,她们中间有一辆行李车,车上放着一个类似方便面箱的小纸箱。过了五六分钟,梁丽第二次来到垃圾桶旁,见到嗑瓜子的两位女乘客带着孩子急急忙忙跑进安检门,而那个小纸箱还在行李车上。梁丽以为小纸箱是她们丢弃的,左右看看也没有人,就顺手把小纸箱当作丢弃物放到清洁车里。然后梁丽继续在大厅里工作。约9时左右,梁丽来到大厅北侧距案发现场约79米远的16号卫生间旁,对同事曹万义说自己捡到一个纸箱,里面可能是电瓶,委托他将纸箱先放在男性残疾人洗手间内,如果有人认领就还给人家。13时40分,到了下班

[①] 案例来源:媒体报道。
[②] 参见刘旦:《检方将女工"捡"金饰定性为侵占》,http://news.sznews.com/content/2009-09/26/content_4081136.htm,访问日期:2015年2月8日。
[③] 参见《羊城晚报》:《"梁丽案"——从清洁工到囚徒的10小时逆转》,http://news.xinhuanet.com/legal/2009-05/16/content_11384666_2.htm,访问日期:2015年2月8日。

时间的梁丽将纸箱移到自己位于一楼的自行车上,然后带到位于两公里外的福永街道下十围的家中。

二、争议焦点

本案存在诸多争议点,但核心的争议点在于梁丽的行为是否构成盗窃。

构成盗窃的观点认为,纸箱是失主王腾业放置于特定处所的财物,虽然短暂离开,但其并没有遗忘或遗失该财物,纸箱仍然属于占有和控制中的财物。梁丽作为机场工作人员,理应知道手推车上的财物是有物主的,依然占为己有,符合盗窃罪的犯罪构成。

不构成盗窃罪的观点认为,当时手推车被放置于垃圾桶旁边,又没人管理,正常人很容易错误地认为是他人遗忘或丢弃的财物。从梁丽当时的主观心理看,是捡了一个纸箱,对于以捡拾东西的心理实施的行为,不能按照盗窃罪进行认定。

三、案件处理

2009年3月12日,公安机关以涉嫌盗窃罪对梁丽出具起诉意见书。随后,检察机关以涉嫌盗窃罪正式批捕梁丽。

2009年4月30日,宝安区检察院第一次将该案退回公安机关补充侦查。

2009年5月29日,公安局将补充侦查的梁丽案移交宝安区检察院审查起诉。

2009年7月13日,宝安区检察院第二次将梁丽案退回补充侦查。

2009年8月13日,公安局将梁丽案再次移交给宝安区检察院。

2009年9月10日,梁丽被取保候审。

2009年9月25日,深圳宝安区检察院最终作出不起诉梁丽的决定,该院认为梁丽的行为虽然也有盗窃的特征,但构成盗窃罪的证据不足,更符合侵占罪的构成特征。根据"刑疑唯轻"的原则,从有利于梁丽的角度出发,认定梁丽不构成盗窃罪。是否以侵占罪起诉梁丽,由受害方东莞金龙珠宝首饰有限公司决定。

四、分析思考

(一) 梁丽案的关键点是梁丽对纸箱的认识

梁丽案的关键点不在于是否为秘密性的手段,不在于纸箱是否为遗忘物,也不在于有没有非法占有的目的,而在于梁丽在实施取纸箱的行为时,主观上究竟是怎么认识纸箱的。

梁丽的行为具有秘密性。如果承认公开盗窃,秘密性就不是问题。如果以通说秘密盗窃的观点,梁丽是在失主不知道的情况下实施的行为,具有秘密性。

纸箱为受控制支配的占有物。刑法上的占有,既包括事实上的有形控制,也包括法律上的无形控制。"我国刑法理论也要求占有应当在客观上对物具有实际的控制与支配,并且,这种控制支配不以物理的、有形的接触管领为必要,而应当根据物的性质、形状,物存在的时间、地点,以及人们对物的支配方式和社会习惯来判断。"①当财物处于法律概念上的无形控制,表面上财物似乎成了遗失物,但根据法律和社会一般观念能明显推知该财物仍处于物主的支配下,非法窃取此类财物的行为构成盗窃罪。就梁丽案的纸箱而言,在客观上,不是遗忘物,更不是遗弃物。被害人王某在19号值机柜台,因为被告知贵重物品不能托运,来到10号主任值机柜台咨询,虽然纸箱短时间与王某分离,但所在位置离王某很近,纵然离开纸箱有20多米,但20多米毕竟不是太长的距离,而且,王某和纸箱还始终处于同一个空间。王某对此也有明确认识,只是由于匆忙,也由于轻率,没有将行李车推着一起走。但王某的占有意思,始终和纸箱紧密连接,王某对于纸箱的支配能力和支配意思始终是存在的。正如行人放下行李走前几步,看个热闹,此行李依然要认定为占有物。所以,该纸箱在法律和观念上是被控制和支配的财物。

梁丽具有非法占有的目的。赵秉志教授认为,梁丽在行为的第一阶段,没有非法占有的目的,因为梁丽误认为纸箱是被遗弃的。② 这一观点具有代表性,但判断的依据仅是梁丽本人的陈述,同时没有考虑机场管理规定。本书认为,不管梁丽在取纸箱时对纸箱的属性是哪种认识,均不能否定梁丽具有非法占有的目的。"非法占有目的中的非法性是指行为人认识到没有正当理由或根据。"③无论如何,梁丽取纸箱的行为,均缺乏正当性的依据。哪怕梁丽是基于遗弃物认识,根据机场清洁工不能占有任何财物的管理规定④,也没有正当性。她先将纸箱控制的目的,当然是为了自己所有。其开箱的行为,是其自认拥有的反应。当明知是首饰,定然知道别人会寻找之后,仍然不上交,还将纸箱带回家,用行为说明,其并不存在主动归还的可能,明确地说明了具有非法占有的目的。还原梁丽的实际心态,其出于占为己有的意图,先行将纸箱控制;但如果有人找过来的话,也会还的;如果物主不找,当然是自己永久占有。这种心态和非法占有的目的成立并不冲突。非法占有的目的,不会因为物主找上门后归还,就被否定。

本案的关键点是梁丽对纸箱的认识。由于案发纸箱事实上是占有物,那么

---

① 周光权、李志强:《刑法上的财产占有概念》,《法律科学》2003年第2期。
② 参见赵秉志:《从刑事法治视角看"梁丽案"》,《中国检察官》2009年第7期。
③ 董玉庭:《盗窃罪研究》,中国检察出版社2002年版,第74页。
④ 参见刘春林:《深圳机场女工"捡金"案检方决定不起诉》,载《南方都市报》2009年9月26日第A01版。

从客观上看,梁丽的行为侵害了占有,而且是在物主不知道的情况下。从盗窃罪的客观方面看,梁丽的行为是符合构成的。但如果梁丽对纸箱的控制状态有错误认识,就不能构成盗窃罪。这样,就要考察梁丽对于纸箱究竟是怎么认识的。梁丽如何认识纸箱,有3种推断:1. 遗弃物;2. 遗忘物;3. 占有物。对此,梁丽有表达,外界有推测。梁丽的表达并不一定与内心一致,外界的猜测也并不一定符合梁丽的真实想法。主观方面毕竟是主观方面,终究是什么,只能通过相关的客观证据来推定。这样,就必须考察案件发生在什么地方、什么区域、什么位置、什么过程等因素,然后作出判断。

(二)关于梁丽所述案发过程的分析

作为本案关键点的梁丽对纸箱的认识,最终还得落实到相关事实上。从前述案情介绍可以发现,梁丽和检察院的说法存在巨大的差异,从外界的角度,采信某一个说法,必须要看这一说法的客观性、合理性、一致性。梁丽的说法,仅只是梁丽本人的陈述,具有许多疑问之处:比如失主王腾业在去10号值机柜台咨询时,为何匪夷所思地将手推车推了一半停放在垃圾桶旁边?为何妇女会抱小孩坐在别人的手推车上?为何悠然嗑瓜子的旅客突然又匆匆忙忙跑进安检口?通常诚实的陈述,不会让人产生如此多的重大疑问。不过以上分析也仅是疑问而已,并不能直接排除可能的真实性,所以,先不直接下结论。现在,假设梁丽的陈述是真,将所有的时间补起来:1. 王某离开手推车;2. 妇女带小孩过来,并将小孩放在装纸箱的手推车上。这段时间不会短,如果王某离开的过程在妇女的视线中的话,一般不会直接将小孩放上去;3. 梁丽过来看到手推车上的小孩和旁边的妇女,因为梁丽没有看到妇女抱小孩过来的过程,梁丽还表述旅客在嗑瓜子,那就是说妇女完成了放小孩、拿瓜子的动作,并已经嗑了一段时间的瓜子,说明这时妇女已经在手推车旁一段时间了;4. 梁丽离开,过了五六分钟后梁丽再次过来;5. 旅客离开手推车到达安检口;6. 2个妇女和1个小孩安检;7. 进入安检口后背影消失;8. 梁丽在旁边不远处静止地等待前几个过程完成后,走到小推车旁;9. 左看右看等待一下,没人,梁丽取纸箱放清洁手推车离开案发区域;10. 然后梁丽在大厅继续工作。将这些时间累积起来,就算是理想化地衔接,没有30分钟左右的时间是不可能的。根据王某离开约4分钟后回来的陈述(这一陈述符合常识,在贵重物品离身的情况下,咨询一下的时间不会很长),再考虑王某返回时视线范围,王某定会在梁丽拿纸箱之前回来了。而且,由于梁丽所谓的垃圾桶,离开19号安检口10多米,这样,离开王某咨询的10号主任值机柜台又近了10多米,根据记者描述,这个垃圾桶离开10号主任值机柜台22米,完全在正常人视力范围内。① 在王某的手推车上,在他离开时,在这么长的时间里,发生了这么多的事情,而王某却始终视而不见,是否不可思议? 疑点和推理相结合,常识告诉我们,梁丽的表述并不符合事实。这就说明了梁丽故意编造了一个事实来说明自己存在认识上的错误,但是这个事实显然不能成立。

(三) 梁丽的行为符合盗窃的犯罪构成

虽然前文分析了梁丽所陈述的案发过程在事实上不能成立,但我们因为证据所限,也不能就此断定手推车在19号值机柜台。但有一点是确定的,手推车在机场值机大厅,这点对于本书的分析构架已经足够了。事实上,由于是在机场,特别是在手推车上,"控制物、遗忘物、遗弃物"本就是常识,会同时出现在任何一个人的思维中。就算对于一般机场旅客来讲,也必然具备这个认识能力,判断手推车上的纸箱可能为短暂脱离物,因为在机场要办理各种手续,难免会有暂时离开的情形;而梁丽,在机场工作了一段时间,其认知的现实性就更强了。梁丽的认识至多说是一种不确定的认识,包含了多种认识可能,遗忘物、遗失物、控制物,均在其当时的认识中。从梁丽自己陈述的关于手推车所在位置、周边情况及等待时间等,可以发现是刻意营造纸箱为遗失物和遗弃物的外在特征,而其陈述的真实性前文已经分析显然不符合事实。但从另一个角度,可以得出结论,梁丽既然具备营造遗忘物和遗弃物氛围的逻辑能力,并故意转移了相关场景,那么梁丽必然具有判断是否为控制物的足够能力,甚或已经确定地认识到是控制物。

《刑法》第14条规定:"明知自己的行为会发生危害社会的结果,并且希望或者放任这种结果发生,因而构成犯罪的,是故意犯罪。"对于故意犯罪认识的"会",包括必然性认识和可能性认识,刑法并没有要求"明知"必须是必然性认识。如果行为人在行为时,具有了现实可能性的认识,虽不确定,但也是明知的范围。"明知"和"应当认识到"的过失的区别,就在于认识的现实性。过失不具有现实的认识,行为人虽有认识的能力,但在行为当时因为种种原因而没有认识到。张明楷教授是如此论述二者的区别的:"不过,明知是一种现实的认识,而不是潜在的认识,即明知是指行为人已经知道某种事实的存在或者可能存在(如明知自己窝藏的是赃物或者可能是赃物),而不包括应当知道某种事实的存在(不包括应当知道是赃物),否则便混淆了故意与过失。"②梁丽具有认识到纸箱为支配物的现实性,原因就在于社会默认"手推车上的财物是他人放置的",或至少是不能排除他人放置的;如果将手推车上的财物默认为无主物或遗忘物,社会的财产秩序就会荡然无存。在刑法理论上,将存在多种认识可能性的情况

---

① 参见宋毅、高靖、谢孝国:《从清洁工到囚徒的10小时逆转》,载《羊城晚报》2009年5月16日第A04版,http://www.ycwb.com/ePaper/ycwb/html/2009-05/16/content_500535.htm,访问日期:2009年12月2日。

② 张明楷:《刑法学》,法律出版社2003年版,第236页。

称作择一的故意,按客观实际情况认定犯罪的性质。比如,开枪射击前方移动的物体,感觉可能是动物,也可能是人,但射了再说,如果击中的实际是人,要按照故意杀人罪处理,如果实际击中的是动物,则按故意毁坏财物处理;再比如,行为人认为财物可能是控制物,也可能是遗忘物,但是先拿了再说,如果实际是遗忘物,按侵占认定,如果实际是控制物,按盗窃认定,梁丽案就属于这种情况。

　　上述判断还没有考虑机场的管理规定。在检察院作出不起诉决定后,媒体同时报道:"经查,梁丽违反了机场管理规定:一是清洁工不能推机场的行李小推车,不能拿小推车上的物品;……梁丽本人参加过培训,应该知晓。"① 机场作出如上规定,是对手推车上物品属性的特别警示。机场旅客由于要办理相关手续,所以不免会出现短暂离开手推车的情况。机场管理者如此规定,一方面为保证旅客不会因行李被误认为遗弃或遗忘物而导致权利受侵害,另一方面也是告知清洁工,手推车上的财产,哪怕旁边没有人,也不能碰。规定内含的准则是,对清洁工而言,手推车上的任何财物不能认为是遗弃或遗忘物,应该推定为被占有控制的财物。结合深圳机场这一规定,梁丽具有纸箱是控制物认识是可以牢牢锁定的。

　　梁丽取纸箱后的心态和表现也不阻却盗窃的成立。对于梁丽自己辩称并被清洁工同事证明的"如果有人来找就还给人家"的说法,应该认为是可以成立的。因为,梁丽在实施占有行为时,本就是一种复杂的心态,即如果别人找过来,就还给人家;如果别人不找,就占为己有。但有人找就还给人家的心理,并不能阻却盗窃的故意。正如将无人看管的卡车上的货物先拿回家再说,如果货主寻找过来了,说帮助看管,还给人家,不找来就不还。并不能认为,这种行为不是盗窃。不能以"想不想还"或"还不还"来确定行为的性质,盗窃既遂之后,返还赃物,并不能否定盗窃罪的构成。而且,梁丽所谓还给别人,并不是其取纸箱时的意图,如是,直接上交机场就可以了。其内心期望的是别人不要找过来。只是别人找过来了,没办法了,就还给别人。何况,梁丽在知道是黄金首饰,别人肯定会找之后,依然带回家,更说明了她一以贯之的非法占有的目的。所以梁丽的行为虽然和一般的盗窃行为比较起来主观恶性弱,社会危害性小,但本质上和盗窃罪是并无二致的。梁丽本人和同事都曾表示过,如果是偷,哪有偷完"大喊大叫"的。包括媒体甚至部分专家也赞同这一观点。这一观点的偏颇之处在于将盗窃通常具有的特征作为盗窃的必要条件看待。大千世界,千奇百怪,犯罪亦是如此。盗窃后大喊大叫,也不奇怪,对着自己熟悉的人叫,更不奇怪。甚至还有盗窃时留下大名的"侠盗"。盗窃后通常具有的特点,只是给人们提供了一个是否为盗窃的参考角度,但也仅是参考而已。梁丽之所以会对同事大喊大叫,原因在

---

① 刘春林:《深圳机场女工"捡金"案检方决定不起诉》,《南方都市报》2009年9月26日第A01版。

于,一方面,当时还没有黄金首饰的认识,仅就纸箱普通的外观,可能物主也不以为意,只要物主听不到,对着同事,如何叫都无妨;另一方面,有遗忘物或遗弃物的挡箭牌,并不用担心随之而来的负面评价,物主如果找来,还了就是。梁丽非常坦然,这份坦然来自对法律的误解,来自对挡箭牌强大辩护力的信心。而这份坦然并不能改变其取纸箱时盗窃的性质。

(四)盗窃数额问题

本案另外涉及的问题是对于数额的认定。梁丽在拿纸箱时,存在数额的错误认识。因为一般情况下,失主疏于管理的财物,并不会有很大的价值,而且纸箱非常普通,并不会让人产生纸箱内有贵重物品的认识。所以,不能用黄金的实际数额进行评价,只能按普通人可能认识到的一个普通纸箱内所装财物的上限来确定。

(五)不应以立场决定观点

如果是一个以盗窃为生的人,某日想到机场偷点东西,看到一辆手推车上有个纸箱,又看到旁边没有人,就将纸箱搬走回家。相信很多人很自然地会得出构成盗窃的结论。实际上,他的行为和梁丽是一样的。行为的性质不会因是否犯过罪而有所区别。对于类似梁丽案的行为,如果不按照盗窃处理,等于向社会传递了一个信息:只要财物存有或多或少的遗忘物或遗弃物的特征,拿了是不会有事情的。首先,不会被刑法以盗窃罪追究;其次,因为侵占罪是告诉才处理的,物主取回了财物,通常不会告诉,告诉了,也可以辩称没有拒不返还。所以,几乎可以认为将逃脱刑法的制裁。如此,负面作用不言而喻,财物秩序和公民的财产权益,将受到极大的冲击。所以,我们不能依据一个人的身份,依据是不是弱者,来确定一个人的行为性质。

当然,梁丽的行为较之一般的盗窃确实有不同之处,其隐蔽性弱,危害后果没有进一步发展,权利恢复性强,社会危害性相对较轻。所以,假设梁丽被以盗窃罪追究,按可能认识到的数额,可以在法定刑以下减轻处罚。

5. 王平运输毒品案

——如何认定被告人的主观明知

一、基本案情

被告人王平,男,1968年2月6日出生,四川省达县人,农民。2009年4月29日因涉嫌犯运输毒品罪被逮捕。2009年4月29日,被告人王平将毒品藏匿于云K59025号桑塔纳轿车内,驾车从云南省江城哈尼族彝族自治县前往元阳县。当日14时40分许,当王平驾车行至云南省绿春县公安边防大队岩甲检查站时被拦下检查,公安边防人员从轿车变速箱挡板下当场查获甲基苯丙胺2287克。被告人王平辩称,不知自己驾驶的汽车内藏有毒品,不是毒品的所有者。

云南省红河哈尼族彝族自治州人民检察院以被告人王平犯运输毒品罪,向红河哈尼族彝族自治州中级人民法院提起公诉。

二、争议焦点

本案的问题在于被告人是单独犯罪,不承认运输毒品,拒不供认毒品来源,如何认定被告人对毒品是明知的?

另一个问题是在被告人拒不交代又不能证明被告人是被他人指使、雇佣的情况下,是否处死刑?第一种意见认为,本案毒品来源不明,不排除王平受他人指使、雇佣运输毒品的可能性,王平没有走私、贩卖毒品或者再犯、累犯等情节,可以不处死刑。第二种意见认为,王平从四川到云南边境地区购买了作案所用的轿车,拆开车内挡板藏匿毒品,选择隐蔽路线,独立长途驾驶运输,拒不供述毒品、毒资来源和归属,所持银行卡有大额资金流动,并非单纯运输毒品者,应当处王平死刑。

三、案件处理

红河哈尼族彝族自治州中级人民法院认为,被告人王平非法运输毒品甲基苯丙胺2287克,其行为构成运输毒品罪。王平运输毒品数量巨大,罪行极其严重,且拒不供述犯罪事实,主观恶性极深,依法应予严惩。公诉机关指控的罪名

---

① 案例来源:中华人民共和国最高人民法院刑事审判第一、二、三、四、五庭主办:《刑事审判参考》2012年第3集(总第86集),法律出版社2013年版,第65～69页。

成立。在案证据能够充分证明王平将毒品藏匿于车内隐蔽部位予以运输,被查获后又企图逃跑,关于未运输毒品的辩解以及辩护人关于本案事实不清、证据不足的辩护意见与事实不符,不予采纳。据此,红河哈尼族彝族自治州中级人民法院依法以被告人王平犯运输毒品罪,判处死刑,剥夺政治权利终身,并处没收个人全部财产。

一审宣判后,被告人王平提出上诉。王平及其辩护人提出,王平不明知车内有毒品,一审量刑过重,请求改判。

云南省高级人民法院经公开审理认为,王平的行为构成运输毒品罪。王平运输毒品数量巨大,罪行极其严重,依法应予严惩。王平从省外千里迢迢远赴云南边疆地区,为运输毒品购买车辆,后又独自驾车选择较为隐秘的路线长途运输毒品,全过程均系其独立完成。王平及其辩护人所提王平不明知其所驾车内藏有毒品、原判认定王平运输毒品的事实不清的上诉理由和辩护意见与审理查明的事实不符,不予采纳。王平及其辩护人认为原判对王平量刑过重、请求改判的上诉理由和辩护意见不能成立,亦不予采纳。原判定罪准确,量刑适当,审判程序合法。据此,云南省高级人民法院裁定驳回上诉,维持原判,并依法报请最高人民法院核准。

最高人民法院经复核认为,被告人王平违反国家毒品管制法规,明知是甲基苯丙胺而运输,其行为构成运输毒品罪。第一审判决、第二审裁定认定的事实清楚,证据确实、充分,定罪准确,量刑适当,审判程序合法。据此,最高人民法院裁定核准云南省高级人民法院维持第一审对被告人王平以运输毒品罪判处死刑、剥夺政治权利终身,并处没收个人全部财产的刑事裁定。

四、分析思考

(一) 本案被告人主观上对毒品是明知的

毒品犯罪是故意犯罪,行为人对毒品的主观明知,是毒品犯罪构成不可缺少的要素。在现实中,由于存在用欺骗、隐瞒的方式让他人运输毒品的情况,所以毒品犯罪人在被查获后,往往以不知道毒品为借口,矢口否认犯罪事实。事实上,对于犯罪人的主观心理状态,除了犯罪人自己,谁也不能真实体会,我们并无可能触碰到别人的内心,我们所能做的仅仅是通过别人的表情、语言、动作、行为过程等外化的东西,来推测别人的心理状态。对于否定犯罪事实的毒品犯罪人,我们可以根据一系列客观证据,按社会一般理性,推论、确定其主观内容。

最高人民法院、最高人民检察院、公安部2007年印发的《办理毒品犯罪案件适用法律若干问题的意见》第2条规定了毒品犯罪嫌疑人、被告人主观明知的认定问题:"走私、贩卖、运输、非法持有毒品主观故意中的'明知',是指行为人知道或者应当知道所实施的行为是走私、贩卖、运输、非法持有毒品行为。具有下列情形之一,并且犯罪嫌疑人、被告人不能做出合理解释的,可以认定其'应当知道',但有证据证明确属被蒙骗的除外:(一) 执法人员在口岸、机场、车站、港口和其他检查站检查时,要求行为人申报为他人携带的物品和其他疑似毒品物,并告知其法律责任,而行为人未如实申报,在其所携带的物品内查获毒品的;(二) 以伪报、藏匿、伪装等蒙蔽手段逃避海关、边防等检查,在其携带、运输、邮寄的物品中查获毒品的;(三) 执法人员检查时,有逃跑、丢弃携带物品或逃避、抗拒检查等行为,在其携带或丢弃的物品中查获毒品的;(四) 体内藏匿毒品的;(五) 为获取不同寻常的高额或不等值的报酬而携带、运输毒品的;(六) 采用高度隐蔽的方式携带、运输毒品的;(七) 采用高度隐蔽的方式交接毒品,明显违背合法物品惯常交接方式的;(八) 其他有证据足以证明行为人应当知道的。"最高人民法院 2008 年印发的《全国部分法院审理毒品犯罪案件工作座谈会纪要》强调,毒品犯罪中,判断被告人对涉案毒品是否明知,不能仅凭被告人供述,而应当依据被告人实施毒品犯罪行为的过程、方式、毒品被查获时的情形等证据,结合被告人的年龄、阅历、智力等情况,进行综合分析判断。同时《纪要》在 2007 年《办理毒品犯罪案件适用法律若干问题的意见》的基础上增加了两项可以认定为主观明知的情形:行程路线故意绕开检查站点,在其携带、运输的物品中查获毒品的;以虚假身份或者地址办理托运手续,在其托运的物品中查获毒品的。

  本案审理过程中能够证实下列事实:王平从省外千里迢迢远赴云南边疆地区,购买车辆,后又独自驾车选择较为隐秘的路线长途行使;公安边检站证实,之所以严格盘查王平,是因为在其车内闻到疑似甲基苯丙胺的香味;车内查获的三包毒品中,在两包最内层透明塑料包装袋上提取到王平的指纹;案发时途经检查站的两位群众证实,王平被查获后想逃跑,被抓住后不停地大哭。① 这些客观事实能够证实被告人对于毒品的明知,在没有相反证据的情况下,可以认定被告人主观上明知,理由如下:从行为过程上看,被告人王平辩称不知道自己驾驶的轿车内有毒品,但王平独自驾驶变速箱挡板内藏匿有毒品甲基苯丙胺的轿车,选择县际公路、避开高速公路和地州城市,从云南省西双版纳州边境向内地行驶,这是反常的行为。一般跨地区驾车,总是选择高速、快捷的线路,但是被告人王平反其道而行之,又不能合理解释,其中必有反常原因,这是和毒品的反常性可以对应的;从行为方式上看,在毒品的包装袋上提取到了被告人王平的指纹,说明这包毒品是王平放置的,其将毒品放置于变速箱挡板内,这是很难被发现的,采用高度隐蔽的方式携带、运输毒品本身就说明了对恶行的一种掩盖;从行为后表现看,被告人王平被查获后不停地大哭,说明其认识到了后果的严重性,因害怕、后悔而哭泣。如果是被冤枉的,其情绪反应不会是大哭,至少首先的反应不是大哭,而是惊讶、争执和愤怒,这也可以说明他对于事态的发展是完全清楚的;从生理上看,

---

① 参见中华人民共和国最高人民法院刑事审判第一、二、三、四、五庭主办:《刑事审判参考》2012 年第 3 集(总第 86 集),法律出版社 2013 年版,第 67 页。

王平是一个正常人,有正常的嗅觉,其车内有甲基苯丙胺的香味,如果毒品不是其放置的,其不会置莫名其妙的车内香味不管。被告人王平是一个有正常心智的人,当然应按照正常心智对其判断,王平应当知道其接触的是毒品。我们从常识、常理、常情判断,行为人不合常理的行为方式反过来说明其知晓标的物本身不合法。

(二) 判处被告人死刑符合宽严相济刑事政策

实践中对运输毒品犯罪,应当坚持贯彻宽严相济刑事政策,根据犯罪的具体情况,区别对待,做到该宽则宽,当严则严,宽严相济,罚当其罪,从严整治极少数,教育、感化和挽救大多数。对于运输毒品数量超过实际掌握的死刑数量标准,①又不能证明系受人指使、雇佣参与运输毒品的,如果满足一定条件,可以判处重刑直至死刑。这种判罚完全符合立法严惩毒品犯罪的目的,也符合打击该类犯罪的司法实践需要。

运输毒品犯罪具有隐蔽性、中转性、跨地域性的特征,虽然毒品犯罪的危害最终体现在贩毒上,但是司法实践中很多案件只能查获运输毒品这一环节,如果被告人不如实供述毒品、毒资的来源、归属和去向,则难以查获毒品的整条犯罪链,也难以查明被告人在犯罪链中的地位和作用。一些被告人试图借此避重就轻、逃避打击。因此,在确定运输毒品犯罪分子的量刑时,应当区分运输毒品的案件和证据不够充分的案件,如果有充分证据证明行为人因制造、走私、贩卖毒品而运输毒品,哪怕行为人不交代、不供述,在数量达到实际掌握标准时,也可以处死刑。因为拒不交代,说明不思悔改,说明主观恶性更深,也损耗国家司法资源,表明了更强的可罚性,处死刑符合立法精神。而对于证据不足的案件,如果是没有证据证明因制造、走私、贩卖而运输毒品,应定非法持有毒品罪,因为运输毒品的危害最终体现在贩毒上,如果行为人运输只是为了自己吸食,定运输毒品罪是不符合罪刑相适应原则的;如果是没有证据证明行为人运输毒品,比如没有证据证明主观上明知,则应该按照疑罪从无原则,将疑点利益归于被告人,按无罪处理。如此,确保对运输毒品罪的不枉不纵。

本案被告人王平的行为足以说明其对毒品的明知,根据审理过程中的证据,其所持银行卡有大额资金流动,说明其并非一般的运输毒品者。一个没有正当职业的人,明知毒品而运输,银行卡又有大额资金流动,按正常的社会经验和逻辑,被告人王平是一个贩卖者。如果被告人王平是因受人指使、雇佣参与运输毒品的,则在共同犯罪中所起作用相对较轻,不应处死刑。但王平拒不供述毒品犯罪事实,也没有其他证据证明其是被指使和雇佣的,那么就只能认为王平独自为贩卖而运输毒品。运输毒品的数量又是实际掌握适用死刑数量标准的数倍以上,且没有法定、酌定从轻处罚情节,对其适用死刑,符合宽严相济刑事政策的精神。

---

① 实际掌握标准是指各地法院在法定数量范围内采用的案件具体量刑标准。

6. 刘某抢劫、强奸案

——被害人逃跑时跳楼造成重伤的
能否按结果加重犯处理

一、基本案情

被告人刘某,男,1982年11月12日出生,无业。因涉嫌犯抢劫罪、强奸罪于2011年8月26日被逮捕。2010年8月8日23时许,被告人刘某将被害人唐某骗至其位于某市的一出租房内,穿插使用暴力殴打、持刀威胁、用竹签及针刺戳等手段逼迫唐某打电话向朋友筹款现金人民币20万元,因唐某未筹到钱,刘某只好逼迫唐某写下20万元的欠条。其间,刘某还两次违背唐某意志,强行与唐某发生性关系。次日17时30分许,唐某因无法忍受刘某不停的暴力折磨,趁刘某不注意爬上窗台跳楼逃离,造成右股骨上段、左耻骨上肢、左坐骨支骨等多处严重骨折。经鉴定,唐某损伤程度已构成重伤。当日,刘某在某省人民医院门口被公安机关抓获。

某市人民检察院以被告人刘某犯抢劫罪、强奸罪,向某市中级人民法院提起公诉。

二、争议焦点

本案争议焦点在于被害人重伤的后果如何评价。

第一种观点认为,该重伤后果纯系唐某的介入行为所致,且唐某的介入行为导致被告人刘某的暴力行为与伤害后果之间发生因果关系的中断,故刘某不应对该重伤后果承担刑事责任。

第二种观点认为,唐某的介入行为系刘某的暴力行为所引发,重伤后果与刘某的暴力行为之间具有刑法上的因果关系,故刘某对该重伤后果应当承担刑事责任。该种观点对重伤后果是作为抢劫罪或者强奸罪中一罪的客观要素,还是同时作为二罪的客观要素,又存在不同认识。有观点认为,重伤后果只能作为其中一罪的客观要素,否则便有重复评价之嫌;也有观点认为,重伤后果系抢劫、强奸行为共同造成,属多因一果情形,应当将重伤后果同时作为二罪的客观要素。

第三种观点认为,被告人刘某的暴力行为和被害人重伤的结果之间具有因果关系,但是由于不是暴力行为的典型风险造成的结果,所以不能按照结果加重犯处理,对重伤结果应另行单独评价。

三、案件处理

某市中级人民法院经审理认为,被告人刘某以非法占有为目的,将被害人唐某骗至其租房,当场使用暴力手段劫取数额巨大的财物,迫使唐某跳楼逃离致重伤,其行为构成抢劫罪。其间,刘某两次违背唐某意志强行与其发生性关系,其行为还构成强奸罪。公诉机关指控的罪名成立。经查,刘某实施的暴力行为与唐某重伤后果之间有直接、必然的因果联系,其虽未劫得财物,但其抢劫行为已造成唐某重伤,依法应当认定为抢劫罪既遂,故对刘某的辩护人所提刘某属抢劫罪未遂的辩护意见不予采纳。刘某在抢劫过程中还先后两次对唐某实施强奸行为,严重侵犯了唐某的人身权利,依法应当严惩,故对辩护人所提刘某应当从轻处罚的辩护意见不予采纳。据此,依照《中华人民共和国刑法》第263条第4项、第236条第3款第5项、第69条、第57条第1款、第56条第1款、第55条第1款、第59条之规定,某市中级人民法院以被告人刘某犯抢劫罪,判处无期徒刑,剥夺政治权利终身,并处没收其个人全部财产;犯强奸罪,判处有期徒刑10年,剥夺政治权利1年;两罪并罚,决定执行无期徒刑,剥夺政治权利终身,并处没收个人全部财产。

一审宣判后,被告人刘某不服,向某省高级人民法院上诉称:被害人唐某是自愿与其发生性关系而非强迫所致;欠条系唐某当晚与其赌博输钱后所写;其行为不应当认定为抢劫,二审应当改判。

某省高级人民法院经审理认为,原判认定事实清楚,适用法律正确,量刑适当,审判程序合法。上诉人刘某所提原判定性有误、量刑太重的理由不予采纳。据此,某省高级人民法院裁定驳回上诉,维持原判。

四、分析思考

(一)本案被告人的行为和被害人重伤具有因果关系

本案被告人刘某的行为和被害人重伤的结果之间存在刑法上的因果关系。通说认为,刑法上的因果关系是指危害行为与危害结果之间的引起与被引起的关系,这种引起与被引起关系是内在的、必然的、合乎规律的,亦即必然因果关系。① 对于事物之间是否存在这种必然的引起和被引起关系,应用一般社会经验来进行判断,如果事物之间的发展是具有通常性的,或反过来说,事物之间这样发展也不是反常的、罕见的,那么就可以认为存在因果关系。在因果关系发展

---

① 参见高铭暄、马克昌主编:《刑法学》,北京大学出版社、高等教育出版社2011年版,第79页。

的过程中,经常会介入一些因素,如介入了第三者的行为、被害人的行为或特殊自然事实。在有介入因素的情况下,判断是否具有因果关系,则应通过考察行为人的行为导致结果发生的可能性大小、介入情况对结果发生的作用大小、介入情况的异常性大小等,判断前行为与结果之间是否存在因果关系。介入情况的异常与否,可分四种情形:前行为必然导致介入情况、前行为通常导致介入情况、前行为很少导致介入情况、前行为与介入情况无关,以上四种情况对认定因果关系所起的作用依次递增。① 本案被告人刘某反复对被害人唐某实施暴力伤害,导致被害人不堪忍受,在此情况下,被害人试图逃跑是再正常不过的发展。因为被害人唐某被控制在刘某的出租屋里面,逃跑的路径只有爬窗跳楼,因此摔伤也是正常的发展。所以,被告人刘某的暴力行为和被害人唐某的重伤之间存在刑法上的因果关系。

前述有观点认为本案是因果关系的中断,本书认为这个表述并不恰当。首先,被告人实施暴力行为导致被害人逃跑摔伤,是有前因后果关系的,是一种自然的发展,将逃跑摔伤认定为暴力行为因果关系发展的中断,实际是将前行为引起的后果,认定为前行为因果关系的中断因素,在逻辑上是有问题的。所以,如果要否定因果关系,只能从这种发展是否具有通常性的角度进行论证,而不能用中断的理论。其次,从因果关系中断这个理论本身看,也是有问题的。因果关系的中断,是指在因果关系发展过程中,介入了第三者责任因素或其他因素导致了结果的发生,前行为的因果关系发展流程就被中断,不能认定前行为和结果之间的因果关系。比如甲以杀人的故意将乙刺伤,后乙被送往医院抢救,但在途中发生车祸,导致乙死亡。交通事故中断了甲的行为和乙的死亡之间的因果关系,所以,不能认为甲的行为和乙的死亡之间存在因果关系。但是,既然是因果关系的判断,只能是有或者没有,不能说具有因果关系的被中断了,具有因果关系的已经是事实了,不可能被中断。而没有发生因果关系的,也是不可能被中断的,行为向结果的转化只是一种可能,是否发生,在发生前是不可能确定的,所以也不存在断裂的问题。换言之,已经存在因果关系的,不可能被断;还没有形成因果关系的,没有东西可断,所以,"因果关系的中断"在逻辑上是不成立的。"在今天,这个理论最多还在打断责任关系的意义上还有代表性,因为一个符合法律关系的存在或不存在,都不能被打断。"② 正因为如此,现在一般用"禁止溯及"理论替代中断理论,即因为是后面的其他原因造成了结果的发生,禁止向前行为人追溯。

(二) 不能按照结果加重犯处理

结果加重犯是指基本行为已经构成犯罪,发生了加重结果,法定刑升格的犯

---

① 参见张明楷:《刑法学》,法律出版社2011年版,第185页。
② 〔德〕克劳斯·罗克辛:《德国刑法学总论》(第一卷),法律出版社2005年版,第240页。

罪。故意伤害致人死亡是典型例证。结果加重犯是比较严格的责任形式。比如抢劫的过程中过失致人死亡,按照结果加重犯处理,量刑幅度为10年以上有期徒刑、无期徒刑和死刑。但如果按照竞合的方式处理,责任很轻。就算按照数罪并罚的方式处理,一般抢劫罪的量刑幅度为3到10年有期徒刑,过失致人死亡罪的最高刑为7年有期徒刑,数罪并罚的最高刑为17年有期徒刑,和法定的抢劫罪结果加重犯的量刑相去甚远。刑法为何规定如此严格的刑事责任,让过失犯罪几乎承担了故意犯罪的刑事责任?因为某些犯罪行为,带有典型的风险,会对法益造成严重损害,刑法为了对法益进行特别的保护,所以设定了特别严格的责任形式。比如强奸罪,暴力行为特别容易对被害人的身体健康和生命造成威胁,所以,刑法就有必要在强奸罪中对身体健康和生命的法益进行特别的保护。

但是,也正因为结果加重犯特别严格的责任形式,就有必要对结果加重犯的范围进行必要的限制。德国判例要求对加重结果至少有过失,同时,必须是直接通过故意的基本犯罪造成。比如一个不堪虐待而逃跑的妇女从阳台上掉下来摔死,不认为是结果加重。理由是,通过第三者或者被害人的行为才造成的死亡,就体现不出基本行为所特有的危险。罗克辛也认同判例的结论,认为如果逃跑摔死,虽然也在生活经验之中,但逃跑在很多犯罪中都会发生,就不是基本行为所特有的,不能认为结果加重。"立法者仅仅在确定的犯罪中,根据它们造成严重结果的一般性趋势来规定一种结果加重的情节,因此,只有在从基本犯罪的典型危险中产生结果时,才使用这种行为构成,这是符合立法目的的。只有这种结果才能为结果加重犯罪的保护目的所包括。"① 张明楷教授也认为,应该限制结果加重犯的范围,只有在基本行为直接造成危害结果,行为人对加重结果至少有过失时,才成立结果加重犯。②

在刑事政策上,结果加重犯是很有争议的。批评者认为结果加重犯过高的刑度违反了罪责原则和平等原则,比如强奸致人死亡,实际就是用故意杀人间接对过失致人死亡进行归责,这违反公平原则,应该根据竞合的原则来合理评价。本书认为,具有特别风险的行为,刑法规定特别的责任,是无可非议的,行为人应该为自己对社会、对他人造成的特别危险承担责任。但考虑到结果加重犯特别严格的刑事责任,对结果加重犯的限制是必要的,因为各种犯罪都可能导致某种严重后果,只有从基本犯的典型危险中产生结果的,才适用结果加重犯的规定,这是符合立法目的的。如果不考虑是否是基本犯罪的典型危险,只要产生严重后果,就按照结果加重犯处理,就会导致同样的后果在不同犯罪中承担不同刑事责任的情况,这就违反了公平原则。比如甲使用强制性的手段侮辱乙,乙逃跑时

---

① 〔德〕克劳斯·罗克辛:《德国刑法学总论》(第一卷),法律出版社2005年版,第219页。
② 张明楷:《刑法学》,法律出版社2011年版,第171页。

摔死。如果能够确定因果关系,对甲应该按照想象竞合的原则处理,侮辱罪的最高刑是3年,过失致人死亡罪的最高刑是7年,按过失致人死亡罪处理,最高刑7年。丙欲使用强制性的手段打丁,丁逃跑时摔死。如果能够确定因果关系,按故意伤害罪结果加重处理,最高刑是死刑。从甲丙的行为方式和事态的发展上看,甲和丙的行为没有很大的区别,但量刑结果如此不同。这就说明对结果加重犯的直接性要求的强调是应该的。

  回到本案,虽然被告人刘某多次对被告人唐某实施暴力行为,但暴力行为没有直接造成被害人重伤的结果,被害人逃跑时摔伤,不属于抢劫和强奸行为的典型风险的实现,所以,不以结果加重犯处理比较合适。被告人刘某的抢劫行为因被害人没有筹到钱款,所写借条也没有实际侵害到被害人的财产权益,所以是未遂。被害人重伤是因在被关押时发生,所以可以另行独立评价。如此,应对被告人以抢劫罪(未遂)、强奸罪和过失重伤罪数罪并罚。

7. 陆建平等以危险方法危害公共安全、交通肇事案

——和驾驶员打架导致交通事故的性质

一、基本案情

被告人陆建平于2001年3月30日上午7时许,在驾驶牌号为沪AD0191的716路公交车从上海市德平路自南向北行驶过程中,与乘客被告人张伟强发生争吵,张不顾陆建平正在驾车行驶,挥拳击打陆的脸部,陆建平亦置正在行进中的车辆于不顾,离开驾驶座位与张伟强互殴,导致该车因无人驾驶而偏离车道,撞坏相向行驶的大众出租车一辆,撞倒骑自行车的龚凤新,致龚严重颅脑损伤造成中枢神经功能衰竭而死亡,并撞毁德平路100弄小区的围墙,撞毁车辆及围墙造成物质损失人民币21288元。事后,被告人陆建平委托他人向公安机关报警。

检察院指控:被告人陆建平、张伟强明知自己的行为会危害不特定多数人的生命、健康或者重大公私财产安全,仍放任这种结果的发生,造成一人死亡,一辆出租车和一堵围墙受损,其行为已构成以危险方法危害公共安全罪。

二、争议焦点

关于被告人陆建平和张伟强行为的性质,有如下争议:[②]

关于被告人陆建平的行为,第一种观点认为构成以危险方法危害公共安全罪。被告人陆建平作为一名驾驶员和有正常判断力的成年人,应当知道在早晨上班时间车辆在无人驾驶的情况下行驶会产生什么样的后果。但陆建平在遭他人殴打后,为发泄愤怒,竟置行驶中的车辆于不顾,离开驾驶座位与被告人张伟强扭打,结果造成一人死亡、一辆车和围墙损毁,共计价值人民币两万余元的严重损失。其主观上对危害公共安全的结果持放任态度,客观上造成了道路上骑

[①] 案例来源:上海市第一中级人民法院(2001)沪一中刑初字第141号;上海市高级人民法院(2002)沪高刑终字第4号。
[②] 金泽刚:《公交车司机与乘客斗殴引发交通事故的定性》,《河南公安高等专科学校学报》2002年第5期。

车人的死亡及财产的损失,应按以危险方法危害公共安全罪处罚。第二种观点认为构成交通肇事罪。陆建平受到他人攻击后起身离开驾驶室回击对方,也不希望本案危害结果的发生,其仅是一种违反安全行车交通管理法规的过失行为。陆作为一名普通的驾驶人员,在遭到他人打击后做出回击的反应,实属正常的范围,不能苛求陆做到打不还手。被告人陆建平应当预见其行为会造成重大事故致他人重伤、死亡或公私财物的重大损失,但自信短时间内不会发生,显然是一种过于自信的过失,其因过失行为所造成的交通事故应以交通肇事罪定罪量刑。

关于被告人张伟强的行为,第一种观点认为构成以危险方法危害公共安全罪。被告人张伟强应当知道殴打正在驾车的驾驶员会导致车辆失控等各种危险因素的发生,为泄愤,却不计后果拳击陆建平,造成陆失去理智与张互殴,最终导致严重后果的发生,其行为与本案结果存在着必然的联系,故对被告人张伟强也应以以危险方法危害公共安全罪处罚。第二种观点认为被告人张伟强的行为构成交通肇事罪。理由是张伟强严重违反交通法规,拳击正在开车的驾驶员陆建平,致使陆起身与其扭打,造成一人死亡,车辆等财物严重毁损,显已构成交通肇事罪。第三种观点认为,张伟强的行为不构成犯罪,事故是由陆建平的行为造成的。

三、案件处理

上海市第一中级人民法院经审理认为:被告人陆建平明知车辆在无人驾驶的情况下会危及道路上行人安全及其他车辆的正常行驶,造成严重后果,但在其遭到他人殴打后,在未采取安全措施的情况下,竟离开驾驶室与人互殴,造成一人死亡,车辆受损及围墙倒塌的严重后果,其行为已构成以危险方法危害公共安全罪,鉴于被告人陆建平犯罪后能投案自首,依法可以减轻处罚。公诉机关指控被告人陆建平犯以危险方法危害公共安全罪罪名成立。被告人张伟强违反交通运输管理法规,在车辆行驶过程中殴打驾驶员,致使发生一人死亡,车辆和财物受损的严重后果,其行为已构成交通肇事罪。公诉机关指控被告人张伟强犯以危险方法危害公共安全罪指控罪名不当,应予纠正。据此,依照《中华人民共和国刑法》第115条第1款、第133条、第67条第1款、第56条第1款,以以危险方法危害公共安全罪判处被告人陆建平有期徒刑8年,剥夺政治权利2年;以交通肇事罪判处被告人张伟强有期徒刑3年。

一审宣判后,陆建平、张伟强不服,提出上诉。

二审法院上海市高级人民法院经审理认为,原判认定上诉人陆建平犯以危险方法危害公共安全罪、张伟强犯交通肇事罪的犯罪事实清楚、证据确凿,适用法律正确,量刑适当,审判程序合法。原判鉴于陆建平有自首情节,已对其予以减轻处罚,陆上诉要求再次从轻不予准许。上诉人陆建平及其辩护人提出的对陆以交通肇事罪定罪的依据与事实不符。上诉人张伟强及其辩护人提出的张的行为不具有主观罪过、其行为与结果没有因果关系的上诉、辩护意见,与张严重违反交通法规、其具有正常的判断能力、过于自信的行为以及由此导致车毁人亡的危害结果不符,因此二审法院对此意见也不予采纳,对张伟强的行为应当以交通肇事罪定罪予以惩处。据此,根据《中华人民共和国刑事诉讼法》(1996)第189条第(1)项,裁定驳回上诉,维持原判。

四、分析思考

对于司机陆建平的行为,本书同意法院的判决,构成以危险方法危害公共安全罪。其中的关键是主观态度,如果陆建平是故意的,认定为以危险方法危害公共安全罪;如果是过失的,就应该认定为交通肇事罪。有人认为:"当时,陆建平被打后,只想到要还击张伟强。其离座还击的行为当然严重违反了交通管理法规。陆对于违反交通管理法规也许是故意的,但他对离座后可能发生严重危害结果,是应当预见到的,但由于一时激动,疏忽大意而没有预见到,以致造成重大事故。这种情形恰恰符合交通肇事罪的规定。"[①]本书不同意这个观点。陆建平被打后离开驾驶位,不可能只想到要还击张伟强:陆建平不可能不知道自己在开车,知道自己在开车就不可能不知道自己离开了驾驶位,知道自己离开了驾驶位就不可能不知道车辆没有人驾驶,知道车辆没有人驾驶就不可能不知道车辆会失控。不要说是司机,这是任何一个具有常识的人几乎本能的结论。按驾驶规程,行车时双手不能同时离开方向盘,这是任何一个上岗司机的必备常识。短暂同时离开方向盘造成事故,还可以认为是过失,方向盘一扔,离座打架,只能是故意。司机离座,车上乘客定会惊呼一片。乘客惊呼,就表明乘客认识到了危险,乘客认识到了,司机就更能认识到。所以,认为陆建平是疏忽大意没有预见的观点,是不符合事实的。

那么,陆建平是否属于过于自信的过失呢?似乎陆建平也不希望事故发生。但是,不希望事故发生还不足以认定为过于自信的过失,间接故意也不希望结果发生。只是希望结果不发生,而不是相信结果不发生,还得认定为间接故意。任何人都知道,马路上车辆没有人驾驶,发生事故的概率非常之高。过于自信的过失,是相信结果不会发生,所谓相信,就必须要有理由相信会有一个好结果。当车辆没有人控制,高速在马路上行驶,可能撞到机动车,可能撞到非机动车,可能撞到行人,也可能自身车毁人亡。人们只可能相信事故会发生,无法寻找出一条理由让人们相信事故是不会发生的。假设事故没有发生,那是侥幸。结果发生,

---

[①] 嘉兴市南湖区人民检察院网:《对陆建平案的质疑》,http://www.jiaxingnh.jcy.gov.cn/Article_Show.asp?ArticleID=268,访问日期:2013年7月18日。

在预料之中；结果不发生，是预料之外的。当事故的不发生是凭运气，而不是相信事故不发生，就是一种典型的间接故意。

对于被告人张伟强的行为，本书不同意法院的判决。本书认为，张伟强前面击打陆建平的行为不能进行刑法上的评价。"本案中，被告人张伟强先前殴击行为未造成陆伤害，也未使陆的正常驾驶能力受到限制和影响，不存在由此引起车辆事故的可能性。"①法院的判决没有就张伟强构成交通肇事罪进行论证。支持法院判决的学者，也没有能进行有说服力的论证。比如，有学者表示："个人的人身在遭受暴力侵害后，必然会有所反应，作出相应的反抗举动。"②显然，该学者也承认乘客的行为没有直接造成事故，但又认为，是司机在受到侵害后的反抗行为间接导致事故的，也应该承认乘客行为和结果的因果关系。本书并不反对这一观点。但问题是，该学者在推导时违反了逻辑推理的同一律，先用反应，后用反抗，将反应偷换成反抗，即将司机的反应认定为反抗。人受到侵害后，确实必然会有所反应，但反应是各种各样的，有正常反应，有不正常反应，不能将反应直接认为是正常的反抗举动。该学者论断成立的前提，首先必须要确定司机的行为是反抗行为。但如果司机是反抗行为，就是正当的，那司机的行为怎么构成犯罪了呢？所以，司机的行为根本不是反抗，而是反应，必须要论证这个"反应"及其后果是否应归责于乘客张伟强，但我们没有看到。还有学者表示，"学者们试图通过不同的理论来论证张某对陆某的反应是否可以预见。而笔者认为，这点并不是解决因果关系判断的关键，不管其对陆某的反应能否预见，也不论陆某的反应是否违反了受过专业培训的驾驶人员的基本守则，从而超越了一般的生活经验，张某对其行为的危害性、危险性一定是有所认识和预见的。"③其判断的基本逻辑是：不管张某能否预见，张某一定是预见的。换句话就是：不管张某是否有罪，张某一定是有罪的。这不妥。

客观地看，本案发展的流程是：张伟强的拳击行为——陆建平情绪失控——陆建平离座——车辆失控——撞死路人，很显然，张伟强的行为没有直接导致车辆失控，只是导致陆建平情绪失控。陆建平因情绪失控而不履行职责的行为，并不应该归责于张伟强。从必然因果关系的角度，乘客和司机的肢体纠纷，并不具有导致司机置驾驶责任不顾的规律性。在通常情况下，并不会这样发展，这种发展，只在极端罕见的情况下发生。具有社会常识的人，都不会否定陆建平的行为是极其反常的。

从相当因果关系的角度，司机被打的情况时有发生，我们可以轻易举出司机

---

① 游伟、谢锡美：《张伟强交通肇事案——如何认定刑法上的因果关系和过失犯罪注意义务》，http：//www.criminallawbnu.cn/criminal/Info/showpage.asp? pkID=16792，访问日期：2013 年 7 月 18 日。
② 周光权：《刑法总论》，中国人民大学出版社 2011 年版，第 101 页。
③ 黄京平主编：《刑法案例分析（总则）》，中国人民大学出版社 2011 年版，第 58～59 页。

被打时、突然发病时、受异物冲击时控制好车辆的例子,但司机扔下方向盘打架,除开本案,再举一例都很困难,因为司机的行为对自己而言,也几乎是个自杀行为,稍有理智的人都不会这样做。既然陆建平的行为和人们的生活经验不相当,当然不能认为存在因果关系。

从客观归责理论的角度,张伟强拳击陆建平确实是制造了风险,但是拳击没有实现不被容许的风险,拳击的物理过程完成后,司机还在握着方向盘正常驾驶。司机心理失衡,并不能认为是乘客制造的不被容许的风险,如果说是风险,也只能说是没有法律重要意义的风险。法律禁止对司机实施暴力,目的是要禁止因暴力而致车辆失控,并不是为了禁止因暴力致司机情绪失控。换言之,司机情绪,并不在交通法规的保护目的之中。法律当然认为精神正常的成年人应该具有情绪自控的能力,在社会生活中,人与人的摩擦很正常,我们期待人是能够控制极端情绪的。如果轻易将情绪失控向引起者归责,必然会造成犯罪圈的无限扩大,因为有太多的人因为情绪失控而在"做傻事",而情绪失控,总是有他人的原因的。如果本案因果关系能成立,那么,辱骂司机导致司机情绪失控,如何处理?被强奸女子跳河如何处理?从社会经验看,被强奸而跳河的女子,要远多于被打后扔掉方向盘的司机。当被强奸女子跳河不认为强奸致人死亡,有什么理由将情绪失控司机的行为归责于引起的乘客?罗克辛有一个相似的案例:违法超车致人心脏病发作,罗克辛认为没有实现风险。因为禁止超速所要防止的是身体的直接侵害,心理上的不受侵害并不是交通规则保护的对象。① 安全驾驶是司机的责任领域,行为人只对导致司机不能履行责任的行为负责(如因打击行为导致方向偏离),不应该对导致司机不履行责任的行为负责(比如本案陆建平扔方向盘的行为)。严重不负责任是司机自主选择的行为,和乘客的行为不具有因果关系。如果不是太过偶然,就算乘客刻意追求,也未必可以实现让司机扔掉方向盘的结果。

后来本案被设计成了司法考试试题,2008年司法考试试卷二第52题A项,"甲乘坐公交车时和司机章某发生争吵,狠狠踹了章某后背一脚。章某返身打甲时,公交车失控,冲向自行车道,撞死了骑车人程某。甲的行为与程某的死亡之间存在因果关系"。答案为正确。题目将原案"挥拳击打",改成狠狠踹了一脚,显然命题者对于乘客拳击行为和司机离座打架之间的因果关系,信心也不是很足,"拳"换成"脚",再加上"狠狠地"。但是,只要是因司机心理上的情绪失控而造成事故,性质是一样的,并不能按击打的轻重来确定司机的行为是否正常。换言之,任何被打后还可以正常行驶的司机,不管被打的轻重,扔方向盘打架的,都是司机自己选择的行为,和乘客的行为不具有刑法上的因果连接。正如有学

---

① 〔德〕罗克辛:《德国刑法学总论》(第一卷),法律出版社2005年版,第255页。

者不同意张伟强构成交通肇事罪而质疑:"假如一位扳道工在值班期间,因为一个人的辱骂或轻微的殴打而离开工作岗位而导致火车越轨,难道辱骂者也要为事件的发生负刑事责任吗?"①回答应该是否定的。恰巧类似案例也出现在了国家司法考试中,2007年司法考试试卷二第1题C项,"丙经过铁路道口时,遇见正在值班的熟人项某,便与其聊天,导致项某未及时放下栏杆,火车通过时将黄某轧死。丙的行为与黄某的死亡之间存在因果关系"。答案为错误。和熟人聊天忘记职责,比受拳击扔方向盘打架更有可能,此题没有因果关系,前题更应没有因果关系,司法考试的立场让人费解。或许是用道德评判代替了法律判断,因为打司机是一个很坏的行为,所以习惯性地在很坏行为和结果之间建立起了连接。

但是,本书也并不认同张伟强无罪的观点,张伟强前面拳击陆建平的行为和事故没有因果关系,但是后面与陆建平互殴的行为与事故具有因果关系。有支持法院判决认为张伟强构成交通肇事罪的学者认为,"两被告人的斗殴行为直接导致了肇事结果的发生,张伟强的行为当然与肇事结果具有法律上的因果关系。这样,结合被告人对交通肇事的危害结果属过失而非故意的心理态度,对被告人张伟强应定交通肇事罪,而不能以其他故意犯罪定性。"②但问题是,既然承认了互殴行为和结果具有因果关系,就应该基于互殴行为的具体情状来判断张伟强是否对结果具有故意。而不能将主客观割裂开来,这边确定客观的因果关系,那边想当然地"结合"被告人对危害结果属于过失,然后就打包为交通肇事罪。张伟强显然知道是和离开方向盘的陆建平互殴,而且互殴局面的形成,他也是有责任的。虽然陆建平离开驾驶位的行为不能在刑法上对张伟强归责,但毕竟和张伟强的违法行为有关联,在这种情况下,法秩序对于张伟强的要求是必须克制,不要让脱离法秩序的局面进一步恶化。但是张伟强非但没有任何缓和情状的行为,反而和陆建平互殴。互殴的结果,必然加功于交通事故的形成,这也是任何一个具有常识的人都可以明白的道理。陆建平和张伟强构成以危险方法危害公共安全罪的共同犯罪,双方都是间接故意,陆建平是主犯,张伟强是从犯。从量刑上看,张伟强被判了3年有期徒刑,如果按以危险方法危害公共安全罪认定,因为张伟强是从犯,倒也不存在偏轻的问题。

---

① 付建平、史生:《关于因果关系与注意义务的研究——张伟强交通肇事案评析》,《华东刑事司法评论》2003年第1期。
② 金泽刚:《公交车司机与乘客斗殴引发交通事故的定性》,《河南公安高等专科学校学报》2002年第5期。

第二部分 阻却违法性事由案例

8. 何强等人聚众斗殴案①
——和上门讨债的黑社会打斗的性质

一、基本案情

2010年底,常熟市忠发投资公司董事长徐建忠前往澳门赌博,在此期间向他人借有百万巨资。事后,自称是债主的曾勇等人多次向其讨债未果。后曾勇的手下与徐建忠手下湖南人何强等人进行谈判,未达成协议。后何强与曾勇本人及手下通话过程中相互挑衅、言语刺激。为防曾勇上门,何强集合多人,准备刀具。曾勇纠集多人持砍刀(因而被称"砍刀队"),赶至常熟忠发公司二楼办公室。以何强为首的6人通过监控看到此情形,持菜刀(因而被称为"菜刀队"),在办公室内等候。曾勇等人进门后,推搡、用刀威胁何强等人,何强等人反击,双方相互砍斗,致双方三人受轻微伤,忠发公司部分财物受损。

常熟市人民检察院以被告人何强、陈强、张胜、龙云中、张人礼(未成年人李毅夫另行处理)犯聚众斗殴罪,向常熟市人民法院提起公诉。

二、争议焦点

本案的争议焦点在于何强等人构成正当防卫还是聚众斗殴。

构成聚众斗殴的观点认为,正当防卫行为应出于防卫目的而实施,如果非基于防卫意思而互殴,虽然从客观上讲,后行为一方外观上也具有防卫的客观效果,但并不具有正当防卫的实质要件,所以不属于正当防卫。换句话说,如果双方都存在着斗殴的故意,双方出于不法动机而相互进行攻击、厮打等加害对方身体的行为。通常也就不存在侵害与被侵害区分,尽管有一方打上门来,尽管有一方是先动手的,但不能说上门来的或者后动手的一方就有正当防卫权,双方的行为都不过是聚众斗殴故意的外化。具体到这个案件,首先,被告人何强一开始的言语纠纷过程中,有明显的言语挑衅行为,这种挑衅实际上是向对方约定,其债务纠纷通过丛林法则,即谁的"拳头硬"来解决,而在挑衅以后,使矛盾激化而升级,对曾勇一方可能上门来打斗也有明确的判断;其次,当判断曾勇一方到公司

---
① 案例来源:媒体报道。

来打斗后,便进行了殴斗的准备,包括纠集参与者、准备工具;再次,何强等人敞门持刀以待,也说明他们是等待斗殴,而不是防卫。由此可以确定,何强等不具有正当防卫的动机和目的,因而不成立正当防卫,何强等人的正当防卫权应该被否定。①

构成正当防卫的观点认为,何强等人与曾勇方的言辞冲突并不能认为是防卫挑拨,是企图以强势的语言在气势上压倒对方,虚张声势而已。其主观目的不是在于引诱他人前来斗殴,然后再以"防卫、反击"的方式加害他人。所谓的准备行为,可以是防卫预备,并不具有非法性。防卫人是否预见到不法侵害的发生,及事先是否准备工具防卫,不影响对正当防卫的认定。因而何强等人不构成聚众斗殴罪。②

三、案件处理

常熟市人民法院一审认为,被告人何强在获悉对方要来闹事、可能发生斗殴的情况下,纠集被告人陈强、张胜、龙云中、张人礼、李毅夫等人到斗殴场所,并准备斗殴器械,该行为已符合聚众斗殴的犯罪预备,被告人何强、张胜不首先动手斗殴的心态不影响聚众斗殴的主观故意的成立;本案双方都是为了侵犯对方,而不是为了保卫国家、公共利益和公民个人的合法权益,没有防卫者与侵害者之分,都无权实行正当防卫。双方的行为都是不法侵害而不是正当防卫,不管谁先动手伤害对方,都有侵害对方的故意。据此,常熟市人民法院于2011年8月9日分别判处被告人何强等5人有期徒刑3年。

宣判后,何强等人不服上诉。全国有20多名律师赶来免费为这5名湖南打工者维权。

2011年11月,苏州市中级人民法院以"事实不清,证据不足"为由,将案件发回常熟市人民法院重审。

常熟市人民法院重审认为,首先,双方斗殴系赌资纠纷引发,为非法利益之争,不受法律保护。其次,在纷争处置过程中,何强积极参与其中,在案发当天上午,双方还为还债问题谈判未果,双方在午间通话过程中均有明显的言语挑衅行为,致矛盾激化升级。特别是在何强第一次主动拨打曾勇电话后,即对对方可能上门发生打斗有明确判断并作了纠集人员、准备工具的充分准备。被告人张胜、陈强、张人礼、龙云中及李毅夫在斗殴发生之前并不在忠发公司,该5人被何强叫至公司的目的就是为了准备斗殴,且在人员到位、工具齐备的情形下,何强再

---

① 南京大学孙国祥教授观点,参见中国江苏网:《常熟打工仔"持菜刀自卫"案宣判:正当防卫不成立》,http://news.jschina.com.cn/system/2012/04/12/013131038_01.shtml,访问日期:2014年9月20日。
② 毛立新:《"常熟案"的法律分析》,http://police.fyfz.cn/b/346862,访问日期:2014年9月20日。

次主动拨打曾勇电话,应当认定被告人何强一方在主观故意上并非基于防卫的目的,而是具有与他人互殴的故意。再次,在何强等人准备工具至对方上门约半小时内,其间并未采取相应措施以避免打斗。而当从监控视频中看到曾勇一方多人在忠发公司大门外,下车持刀进公司时,何强等人敞门持刀以待,充分表明何强等人对斗殴发生持积极态度,遂至发生斗殴,其行为构成聚众斗殴罪,但情节较轻。据此,常熟市人民法院于 2012 年 4 月 12 日宣判何强等人犯聚众斗殴罪,分别判处有期徒刑 1 年 6 个月、缓刑或免除处罚。

何强等人上诉后,2012 年 6 月 8 日,苏州市中级人民法院作出终审裁定,驳回何强等人的上诉,维持原判。

四、分析思考

本案在审理的过程中,因为涉及弱势民工和黑社会的冲突问题,备受社会关注,更因为案发后黑社会成员逃逸,法院仅仅对几位民工进行了处理,似乎被害人有罪,加害者逍遥法外,更引起了轩然大波。本案审理过程中业界人士和社会公众观点交锋激烈,但任何一方没能进行有说服力的论证。认为何强等被告人无罪的辩护意见认为:"如果判何强有罪,无疑是在告诉我们一个这样的逻辑:如果我们与别人有了言语冲突或债务纠纷,当对方告知我们要实施暴力的时候,我们没有权利准备防卫。当暴力真正临到时,我们没有权利反抗。这是一个多么荒谬的逻辑,这无疑是在塑造一个懦弱、胆小、怯懦的奴才品性,这无疑是在为我中华民族曾经受人凌辱、被人逼迫的懦弱品格背书。"[①]这个观点似乎提得比较有力,人有权利自我保护,这是不需要论证的逻辑起点。但是,自我保护权不是在任何情况下都成立的,当行为人在过程中有某种义务时,并不能援引自我保护进行抗辩,其中的道理和负有特定责任的人不适用紧急避险的例外规定是相通的。还有辩护意见认为:"当被告面对暴力侵害时,他的选择只有两种,要么还手进入看守所,要么不还手被砍死。在这种情况下,他只能选择防卫。"[②]这个判断也是非常有力的,法律不能将人逼入绝境!法律不能将人推倒在无论怎么选择都是错的困境中。但是,和上文的道理一样,自己引燃在手的炸弹,能不能甩给别人呢?上述辩护意见如果成立,还必须进行一个前置的论证,即论证起因上何强等人是没有责任的,或这个责任还不至于影响自我防卫权的援引。但我们没有看到有说服力的论证。

常熟市人民法院的重审判决,再次强调了纠纷因赌债引发,过程中矛盾激

---

① 张凯:《常熟案辩护词》,http://zhangkailvshi.blog.163.com/blog/static/207825280201223010430425/,访问日期:2014 年 9 月 20 日。
② 搜狐新闻:《常熟聚众斗殴案宣判 菜刀队砍刀队成员双双获刑》,http://news.sohu.com/20120413/n340482151.shtml,访问日期:2014 年 9 月 20 日。

化,何强等人不采取避免措施,就不能成立正当防卫。但这个逻辑是如何成立的呢? 因为赌债引发、不采取避免错误,为什么就不成立正当防卫呢? 在论证上总是缺口气。

重审判决后,面对争议,学界也纷纷发表看法,比如陈兴良教授认为,"就起因是否合法而言,正当防卫是正与不正之关系,而聚众斗殴是不正与不正之关系。在本案中,双方纠纷的起因是赌债,系非法利益之争,双方均为不法,是不正与不正之关系。就此而言,何强等人的行为并不符合正当防卫的起因合法性的要件。"①这个论证没有超出判决的逻辑框架。而且正如何强等人的上诉意见认为,既然赌债是非法的,曾勇等人的讨债行为就是非法的,何强等人针对曾勇的非法讨债行为,保护自己的人身安全,又如何能够认为是"不正与不正"的关系? 赵秉志教授认为:"本案中双方纠纷的起因是因为赌债问题,系非法利益之争,并不能得到法律保护,曾勇一方为了实现非法债权,纠集多人上门,欲以暴力解决纷争。而何强一方也是为了实现减少赌债偿还的非法利益,积极以暴力进行还击。由此可见,双方的行为性质均具有非正当性。其次,双方在案发前在手机通话中均有明显的言语挑衅行为,导致矛盾升级,双方均作了不同程度的人员、工具等准备,表现出双方均具有较为明确的斗殴犯意,从而导致双方互殴的发生。因此,从整个事态演变的过程,可以看出双方均是为了保护自己非法的利益而实施的殴斗行为,何强一方为维护自己非法利益进行的所谓反击行为并不应得到刑法的保护,其准备工具并非为了实施防卫之目的,而是出于逞强好胜、为了减少赌债,与对方发生互殴,其行为本质特征并不具备正当性和合法性,而具有现实的社会危害性、刑事违法性和应受惩罚性,依法应当给予否定的评价和刑事制裁。"②这段论证依然是与判决同样的逻辑,并不具有特别的论证力,而且将不偿还非法债务认定为非法利益,在逻辑上无论如何都是不成立的,因为既是非法的,不履行就是否定,双重否定就是肯定,即不履行非法债务是合法的,不可能成为非法利益。

本书认为,何强等人构成聚众斗殴罪。正当防卫是公民的个人权利,根据在于这是人与生俱来的自我保护权,在自然法眼里,是不需要其他根据的原始权利,但这个权利行使需要和社会利益协调。在另一层面上,正当防卫也可以理解为社会权利,在紧急情况下,正当防卫者还在维护公共法律秩序(法确证利益)。罗克辛认为,正当防卫的法规被自我保护、法确证利益和比例原则指导。一般情况下,即便可以采取逃避的方式,仍然可以使用正当防卫手段,这种情况下是法

---

① 陈兴良:《聚众斗殴抑或正当防卫:本案定性与界限区分》,《人民法院报》2012 年 4 月 13 日,第 03 版。
② 赵秉志:《关于何强等"菜刀队"案件定性的基本观点》,http://xbxsf.nwupl.cn/Article/xsxw/201204/4860.html,访问日期:2014 年 9 月 20 日。

确证利益(维护法秩序)在支持正当防卫。但是,在面对诸如未成年人等无责任能力人场合,在面对侵犯的时候,如果不需伤害对方,就能实现自我保护,那么,能将这种伤害对方的防卫正当化的,就只有法确证利益了,然而无责任能力人并不是有意识地触犯法律,法秩序不需要在他们那里确证自己的效力。① 换言之,在受到未成年人侵害时,法确证利益不支持可以对未成年人实施正当防卫,但自我保护原则可以支持,不过自我保护原则的实施要放在社会整体法益中考量,在可以用不造成法益损害的方式达到自我保护目的时,就不应该采用造成损害的打击方式,所以,面对未成年人的侵害,能躲避的,应先躲避,不能躲避的,才允许正当防卫。我国刑法通说理论也认为,对于未成年人的侵害,可以防卫,但是从人道主义立场出发,能躲的尽量躲。同样的道理,如果一个人没有援引法确证利益的资格,就只能援引自我保护,通过社会法益的权衡,要求防卫者首先采取不造成法益损害的自我保护方式,只有在没有其他方式选择的情况下,才能以自我保护原则为支撑进行反击。

　　以防卫挑拨为例进行进一步的说明。我国刑法理论的通说一概否定防卫挑拨后的正当防卫权。② 按德国和日本刑法理论,防卫挑拨原则上按犯罪处理,但并不能完全否定挑衅人的正当防卫权,比如,轻微挑拨导致过分反击的,可以考虑成立正当防卫。因为法律不能将人逼入到毫无出路的境地,要么任由侵害,要么构成犯罪。目前国内也有越来越多的学者接受这一观点。但要求挑衅人首先回避,在不能回避的情况下,始可承认正当防卫。而且,必须放弃采用危险的防卫方式,并必须努力缓和情势,只有在不能回避,也不能采用其他更温和方式防卫时,才可以对侵害人实施严重的损害行为。也就是在过程中提高挑衅人让步的要求,挑衅的程度越高,让步的要求越高。如果用罗克辛的正当防卫三原则来推论,挑拨人虽然是防止自己的损害,但由于他自己也要对攻击的发生负责,故而,就不能再允许援引整体法秩序这一理由来开脱了。而如果援引自我保护原则,则在可以回避的情况下,也不得援引;在不可回避的情况下,虽可以防卫,但因为自己也对事态的发生也有责任,根据比例原则,其法益在和攻击者的法益比较中并不处于绝对的优势,故其防卫方式必须要有克制。

　　回到本案,何强方在冲突的形成过程中有其过错,因双方的违法行为导致了冲突的升级,作为统一法秩序中的一员,任何人均有义务遵守法律,并在自己行为违法时,尽量化解因自己的违法行为而给社会秩序造成的损害。所以,在曾勇等人上门时,何强等人首先应该选择的是化解矛盾、采取力所能及的方法避免冲

---

① 参见〔德〕罗克辛:《刑事政策和刑法体系》,蔡桂生译,中国人民大学出版社2011年版,第33~37页。
② 参见高铭暄、马克昌主编:《刑法学》,北京大学出版社、高等教育出版社2011年版,第130页。

突的升级,但何强等人非但没有采用,而且积极准备,强硬迎战,是藐视法秩序的行为,理应被法秩序作否定评价。用罗克辛的正当防卫三原则来论证,何强等人当时缺乏维护法秩序原则(法确证利益)的支持,因为赌债纠纷、曾勇等人上门闹事,本就是因徐建忠、何强等人的不良行为而引发的违法状态。对于违法状态负有责任的人,没有资格将自己置于维护法秩序的地位,换言之,何强等人积极迎战,并不具有维护法秩序的性质。如此,就只能援引自我保护权,但因为何强等人可以选择其他方式保护,一开始并不处于躲无可躲的境地,也具有报警等避免方式,还可以选择缓解矛盾、缓和事态的方式,众多其他可供选择的自我保护方式,他们不选择,所以不得援引自我保护原则抗辩。

综上,法院认定何强等人构成聚众斗殴罪,定性准确。考虑实际情况,从轻量刑,也实现了量刑公正的要求。

9. 黄中权故意伤害案[①]

——开车将逃离视野的劫匪撞死的性质

一、基本案情

2004年8月1日22时40分,被告人黄中权驾驶一辆浅绿色湘AT4758的捷达出租车,在长沙市远大路军凯宾馆附近搭载姜伟和另一青年男子。两人上车后要求黄中权驾车到南湖市场,当车行至南湖市场的旺德府建材超市旁时,坐在副驾驶员位置的姜伟要求黄中权将车停靠在旺德府超市后面的铁门边,当车尚未停稳时,姜伟持一把长约20公分的水果刀与同伙对黄中权实施抢劫,从其身上搜走现金200元和一台TCL2188手机。两人拔下车钥匙下车后,姜伟将车钥匙丢在汽车左前轮旁的地上,与同伙朝车尾方向逃跑。黄中权拾回钥匙上车将车左前门反锁并发动汽车,准备追赶姜伟与其同伙。因两人已不知去向,黄中权便沿着其停车处左侧房子绕了一圈寻找两人。当车行至市场好百年家居建材区D1—40号门前的三角坪时,黄中权发现姜伟与同伙正搭乘一辆从事营运的摩托车欲离开,便驾车朝摩托车前轮撞去,摩托车倒地后姜伟与同伙下车往市场的布艺城方向逃跑。黄中权又继续驾车追赶,姜伟拿出刀边跑边持刀回头朝黄挥舞。当车追至与两人并排时,姜伟的同伙朝另一方向逃跑,姜伟则跑到旺德府超市西北方向转角处由矮铁柱围成的空坪内,黄中权追至距离姜伟2米处围栏外停车与其相持,大约十秒钟后,姜伟又向距围栏几米处的布艺城西头楼梯台阶方向跑,黄中权迅速驾车从后撞击姜伟,将其撞倒在楼梯台阶处,姜伟倒地死亡。随后,黄中权拨打110报警,并向公安机关交代了案发经过。经法医鉴定,姜伟系因巨大钝性外力作用导致肝、脾、肺等多器官裂伤引起失血性休克死亡。

公诉机关湖南省长沙市芙蓉区人民检察院指控黄中权的行为构成故意伤害罪。

二、争议焦点

本案的争议在于黄中权的行为是否构成正当防卫,其中焦点在于是否具备

[①] 案例来源:媒体报道。

正当防卫的时间条件。

一种观点认为,姜伟等人实施完抢劫行为之后已经逃离现场,不在黄中权的视野区,不法侵害已经结束,黄中权不具有正当防卫的时间条件。黄中权开车寻找到姜伟等人之后,再开车撞击,是一种侵害行为,不构成正当防卫,应承担刑事责任。

另一种观点认为,抢劫是对人身权和财产权的双重侵犯,姜伟等人在逃跑的过程中,对财物的侵害始终存在,黄中权始终具有正当防卫的时间条件。而且,在黄中权追击时,姜伟持刀挥舞威胁,也是一种不法侵害,也使黄中权具有正当防卫的前提条件。

三、案件处理

一审法院认为,被告人黄中权为追回被抢财物,以驾车撞人的手段故意伤害他人身体,并致人死亡,其行为已构成故意伤害罪。公诉机关指控的罪名成立。本案姜伟与同伙实施抢劫后逃离现场,针对黄中权的不法侵害行为已经结束。此后黄中权驾车寻找并追赶姜伟及同伙,姜伟一边逃跑一边持水果刀对坐在车内的黄中权挥动,其行为是为阻止黄中权继续追赶,并未形成且不足以形成紧迫性的不法侵害,故黄中权始终不具备正当防卫的时间条件,不构成正当防卫。黄中权作为普通公民可以采取抓捕、扭送犯罪嫌疑人的自救行为,但所采取的方法必须与自救行为的性质、程度相适应。其采取以交通工具高速撞人的严重暴力伤害行为,显然超出了自救行为的范畴,具有社会危害性,应承担刑事责任。故黄中权采取的行为也不是自救行为。黄中权的犯罪行为给附带民事诉讼原告人造成的经济损失应予以赔偿。黄中权犯罪后,自动投案并如实供述主要犯罪事实,系自首,依法应对其减轻处罚。因本案被害人姜伟有重大过错,可酌情对黄中权从轻处罚,同时相应减轻黄中权的民事赔偿责任。依照《中华人民共和国刑法》第234条第2款、第67条第1款,《中华人民共和国民法通则》第119条、第131条,《最高人民法院关于审理人身损害赔偿案件适用法律若干问题的解释》第1条,第17条第1、3款,第29条,第35条,判决如下:

1. 被告人黄中权犯故意伤害罪,判处有期徒刑3年6个月(刑期从判决执行之日起计算。判决执行前先行羁押的,羁押1日折抵刑期1日,即自2004年8月1日起至2008年1月31日止);

2. 被告人黄中权在本判决生效后30日内赔偿附带民事诉讼原告人姜再生各项经济损失共计36998.78元(52855.4×70%)。

黄中权不服一审判决,向湖南省长沙市中级人民法院提起上诉。

二审法院认为,本案中,被害人姜伟与其同伙在出租小轿车内对黄中权实行了抢劫行为,抢劫得手(既遂)后拔下出租小轿车钥匙后拼力逃跑,并已逃离黄中权视野区,显示姜伟等人针对黄中权的不法侵害已告结束,姜伟已不在"正在进行的不法侵害状态"中,不具有继续或重新对黄中权实行主动攻击的加害行为的现实危险性。在姜伟逃离黄中权视野区后,黄中权驾车追逐并撞击姜伟,实质上已不具有防卫意义而是一种新的攻击、加害行为,所以上诉人黄中权撞击伤害姜伟的行为不是正当防卫或防卫过当行为,而是故意伤害犯罪。因此,一审判决认定该行为的性质和适用法律是正确的,黄中权及其辩护人关于"正当防卫""无罪"的辩解和辩护主张缺乏法律依据,故不能成立。

对于上诉人黄中权的辩护人意见:"姜伟等人对黄中权的财产的不法侵害并未结束,而是处于持续状态,黄中权便理所当然地拥有保护自己的财产免受正在发生的不法侵害而对姜伟等人进行防卫的权利。"二审法院认为,姜伟针对黄中权人身权利的不法侵害已告结束,但因继续控制已从黄中权处劫夺的财产,从而使对黄中权的财产的不法侵害呈延续状态,但该延续状态表现为静态的非法占有,而非主动的攻击状态,黄中权在此状态下有权实施责令退还、夺回、请求司法干预、请求社会干预等自救行为,而不能实施《中华人民共和国刑法》第20条第3款所允许的"无限防卫"行为。

对于辩护人意见:"逃跑途中,姜伟等二人持刀威胁黄中权的行为直接危及黄中权的人身安全和财产安全。"二审法院认为,从审查全案事实确认,姜伟等二人劫财得手后急于逃跑,处于被动地位,并无主动再次加害黄中权的犯意和可能。姜伟等二人在逃跑途中持刀对黄挥舞的行为之主要目的是为了阻止黄中权的追逐及便于自己逃跑,故辩护人的这一辩护主张不能成立。

但是,姜伟对黄中权抢劫侵害在前,对黄中权的犯罪具有重大的诱发和刺激作用,且具有在先过错责任,故在量刑时可结合其自首情节适用从轻或减轻处罚,一审判决亦已对此予以充分考虑。

最终二审法院裁定如下:驳回上诉,全案维持原判。

四、分析思考

(一) 关于现场和现场的延续

正当防卫必须针对正在进行的不法侵害,如果不法侵害已经结束,不能进行正当防卫。对于财产性犯罪,在犯罪行为已经造成侵害结果后,是否可以进行正当防卫,有不同的观点。比如日本学者大塚仁认为:"在盗窃罪完成后,被害人在犯罪行为的现场或者其附近,从犯人那里取回被盗物品的行为,因针对的是已经过去的侵害,就不是正当防卫,而应该认为是后述的自救行为。"① 国内也有学者认为,如果仅仅因为财产侵害人还在现场而认为不法侵害仍然正在进行,是一

---

① 〔日〕大塚仁著:《刑法概说(总论)》,冯军译,中国人民大学出版社2003年版,第323页。

种类推解释。① 但是，我国刑法理论通说认为，有些不法侵害行为虽已造成了危害结果，但在不法侵害人尚未逃离现场，侵害行为所造成的损失仍能通过采取必要措施及时挽回的情况下，应认为不法侵害尚未结束，可以实行正当防卫。② 所谓"现场"，是指犯罪分子实施犯罪的当场，或者刚一离开现场就被人发觉追捕的过程中，和《刑法》第269条转化抢劫罪的条件"当场使用暴力或暴力相威胁"中的"当场"是一个意思。

现场包括当场和因追击而导致的现场延续，姜伟等人已经逃离当场自无异议，焦点在于黄中权其后的追击是否导致现场的延续，这里的判断标准是什么？"是否脱离视野"是一个简单的、易于运用的标准，是本案法院采用的标准，也是我国法院在处理相关案件中通常采用的标准。但是，人们在追捕的过程中，经常会出现脱离视野的情况，不应认为追击结束。如拐弯，视线脱离了，但不能认为追击结束，不然，违反常识；再比如，被过往车辆阻隔，也不能认为追击结束，等等。那么从逻辑上，我们就已经排除了视野是判断的标准了。或许视野说背后隐含的标准是"始终知道逃跑者在什么方位"，但这也不应是现场的决定因素。当视线脱离后，拐过弯，有两条道，不知道侵害人逃跑方向，追击者观察判断后，确定了正确的方位，也应该认为现场在延续；而如果根本没有判断，或然性选择一条追击的路径，恰是正确的方向，这和判断后的追击没有区别，应该还是现场的延续。那么从逻辑上，也不能将被害人是否知道侵害人的方位作为判断标准。排除了视野和知道方位，留下的因素是：逃跑者在逃跑，追击者在追击，一定的时空范围内。应该在这些因素范围内合理决定是否追击而导致现场延续。而"是否脱离视野"作为判断的标准，存在高度的不稳定性、不确定性，和法的安定性的要求存在严重冲突，不应该也不合理。这也是在普通民众看来相类似的案件作出截然相反判决的原因，比如2008年7月13日发生于广东佛山顺德区的龙女士撞死劫匪案，法院就因为龙女士驾车追击时劫匪还在龙女士的视野中，认定龙女士的行为构成正当防卫。③ 2003年8月12日发生于辽宁沈阳的白玉案，劫匪拔走出租车女司机白玉的车钥匙后逃离，白玉取出备用钥匙发动汽车追撞导致劫匪重伤，白玉事后被认为是巾帼英雄，中央电视台"实话实说"栏目还专门邀请她做了一期节目，当地电台邀请白玉做主持开播了一个专门针对出租车司机的节目"白玉热线"。民众有疑问，早追一点、晚追一点，有什么区别？

视野说还会导致不均衡，在黄中权案中，如果劫匪逃离时没有拔走车钥匙，黄中权就能立即启动，追击就不会出现脱离视野的情形。如此，撞击危害性相对

---

① 参见邱赛兰：《正当防卫时间条件的再思考》，《法制与社会》2011年第33期。
② 参见高铭暄、马克昌主编：《刑法学》，中国法制出版社2007年版，第156页。
③ 《广东女车主驾车撞死劫匪被认定为正当防卫》，http://news.sina.com.cn/s/2009-03-26/040717482839.shtml，访问日期：2015年8月1日。

较小的不懂得拔钥匙的"笨贼",是可能认定为正当防卫的;而撞击危害性大的、狡猾的、知道拔钥匙的犯罪人,是不能认定为正当防卫的。以视野说为标准,导致了这种不均衡的认定结果。

本书不同意视野说。前文已述,去除了视野和知道方位的因素,还剩下的因素是逃跑者还在逃跑,追击者还在追击,一定的时空范围内。那么,怎么确定时空范围呢?德国学者的观点具有借鉴意义:"在一名小偷带着赃物逃走时,就已经存在着一种既遂的盗窃。但是,只要这名小偷还没有把赃物藏在安全的地方,那么,这种对被盗财产的攻击就还是正在进行的。如果财产所有人在这名小偷逃跑时,打伤了他的腿,从而重新得到了这些财物,那么,财产所有人这样做就是为紧急防卫所包括的。"①"不法侵害人将赃物藏在安全的地方"作为时空的判断标准,是具有相当的稳定性和可操作性的。这个标准也被张明楷教授所采用:"被当场发现并同时受到追捕的财产性违法犯罪的侵害行为,一直延续到不法侵害人将其所取得的财物藏匿至安全的场所为止。"②本书同意此标准,按此标准,黄中权正当防卫的时间条件是可以满足的。

(二) 关于是否重新具备正当防卫的前提

假如还是以视野说为标准,姜伟等人先前已经脱离黄中权的视野,黄中权不具备正当防卫的时间条件。但黄中权在追击姜伟的过程中,姜伟挥刀阻止,是否重新具备正当防卫的前提?如果认为黄中权的行为是自救行为,那么,当自救行为面对挥刀阻止时,是可以认为重新具备正当防卫前提的。因为自救行为被认为是超法规的阻却违法性行为,反过来,阻止自救行为从逻辑上讲应该是不法行为,当然可以进行正当防卫。如果认为黄中权的行为是刑事诉讼法规定的扭送行为,这里也面临同样的问题,有抓捕、扭送,必然可能有反抗,也不能排除威胁性很大的反抗,法律又如何保障公民能够实现扭送的授权?唯有承认对于阻止扭送行为的打击是正当防卫。《关于人民警察执行职务中实行正当防卫的具体规定》第1条第5项规定,在执行收容、拘留、逮捕、审讯、押解人犯和追捕逃犯,遇有以暴力抗拒时,人民警察必须采取正当防卫行为,使正在进行不法侵害行为的人丧失侵害能力或者中止侵害行为。既然针对警察的拘捕被认为是不法侵害,针对普通公民的拒捕行为,当然也应该认定为不法侵害。对于暴力拘捕的防卫手段,《中华人民共和国人民警察法》第10条规定,遇有拒捕的暴力行为,公安机关的人民警察依照国家有关规定可以使用武器。警察面对拘捕可以使用武器,普通公民面对拘捕使用汽车也不为过。

---

① 〔德〕克劳斯·罗克辛:《德国刑法学总论》(第1卷),王世洲译,法律出版社2005年版,第434页。
② 张明楷:《刑法学》,法律出版社2011年版,第195页。

本案二审法院认为,姜伟等二人在逃跑途中持刀对黄挥舞的行为之主要目的是为了阻止黄中权的追逐及便于自己逃跑,姜伟等二人劫财得手后急于逃跑,处于被动地位,并无主动再次加害黄中权的犯意和可能。这里需要判断的问题法院实际已经给出了结论,即姜伟挥刀阻止追击,是暴力拘捕行为。至于挥刀不是为了对黄中权身体实施新的加害,不是一个关键的问题,因为这里需要讨论的是对于阻止自救行为或扭送行为的暴力或暴力威胁是否可以正当防卫。很多情况下,面对警察的抓捕,行为人挥刀拘捕,也并不是为了加害警察,仅仅是为了逃跑而已,但并不能说行为人挥刀的主要目的是为了阻止警察追捕及便于自己逃跑,处于被动地位,并无主动加害警察的犯意和可能,因而警察的打击行为是不法侵害。对暴力拒捕,警察可以进行正当防卫,公民在抓捕、扭送犯罪嫌疑人时,性质是一样的。不能因为挥刀指向的对象不同,而认为有性质上的差异,指向警察的是不法侵害,指向普通公民的就不是不法侵害,这违背了公平正义的法律精神。

法律认为不能实施的行为,法律也要留下可以选择的路径。法律具有指引性,禁止实施某一行为,当然要回答应该怎样行为。黄中权可以采取的其他方法,无非是下车搏斗和让犯罪人逃离。法律是否认为应该下车搏斗?法律是否认为应该让犯罪人逃离?如果都不是选项,法律应该告诉黄中权如何行为。如果法律不能回答,黄中权的行为就是正当的。本案,是犯罪嫌疑人自己漠视自己生命的行为而已,其被黄中权追击时,就应该明确发出投降的信号,其刻意挥刀只是允许私力进一步打击的宣告而已,犯罪嫌疑人自己对于生命健康不尊重的行为不能让黄中权来承担责任。

10. 邓玉娇防卫过当故意伤害案

——在反抗他人要求提供特殊服务时将他人刺死的性质

一、基本案情

2009年5月10日晚上8时许,时任巴东县野三关镇招商办主任的邓贵大和副主任黄德智等人酗酒后到巴东县野三关镇"雄风宾馆梦幻城"玩乐。黄德智进入"梦幻城"5号包房,要求正在该房内洗衣的宾馆服务员邓玉娇为其提供异性洗浴服务。邓玉娇向黄解释自己不是从事异性洗浴服务的服务员,拒绝了黄的要求,并摆脱黄的拉扯,走出该包房,与服务员唐芹一同进入服务员休息室。黄德智对此极为不满,紧随邓玉娇进入休息室,辱骂邓玉娇。闻声赶到休息室的邓贵大,与黄德智一起纠缠、辱骂邓玉娇,拿出一叠人民币向邓玉娇炫耀并扇击其面部和肩部。在"梦幻城"服务员罗文建、阮玉凡等人的先后劝解下,邓玉娇两次欲离开休息室,均被邓贵大拦住并被推倒在身后的单人沙发上。倒在沙发上的邓玉娇朝邓贵大乱蹬,将邓贵大蹬开。当邓贵大再次逼近邓玉娇时,邓玉娇起身用随身携带的水果刀朝邓贵大刺击,致邓贵大左颈、左小臂、右胸、右肩受伤。一直在现场的黄德智见状上前阻拦,被刺伤右肘关节内侧。邓贵大因伤势严重,在送往医院抢救途中死亡(殁年45岁)。经法医鉴定:邓贵大系他人用锐器致颈部大血管断裂、右肺破裂致急性失血休克死亡。黄德智的损伤程度为轻伤。案发后,邓玉娇主动向公安机关报案。经司法精神病医学鉴定,邓玉娇为心境障碍(双相),属部分(限定)刑事责任能力。

公诉机关湖北省巴东县人民检察院指控,邓玉娇在制止正在进行的不法侵害的过程中,致人死亡的行为属于防卫过当,应当以故意伤害罪追究其刑事责任。邓玉娇具有防卫过当、投案自首及系部分刑事责任能力人等情节,提请法院依法判处。

二、争议焦点

本案的争议焦点在于邓玉娇的行为是否构成正当防卫。

---

① 案例来源:媒体报道。

第一种观点认为,邓玉娇的行为构成防卫过当。邓玉娇为了防卫自己的人身权利免受邓贵大正在进行的不法侵害,采取用水果刀伤害侵害人的方法制止不法侵害,可以肯定其行为是防卫行为。至于是认定为正当防卫还是防卫过当,关键在于防卫行为是否明显超过必要限度造成重大损害。从事实看,邓贵大的侵害行为不是很严重,并且侵害的不是重大的人身权利,邓玉娇却用刀防卫造成不法侵害人伤害致死,其防卫行为明显超过必要限度造成重大损害。因而难以认定构成正当防卫,而应认定构成防卫过当。①

第二种观点认为,邓玉娇的行为构成正当防卫。当时邓贵大和黄德智要求邓玉娇提供异性洗浴服务,在邓玉娇多次表示拒绝之后,依然纠缠不清,直至使用暴力压制。特殊场所的异性洗浴服务实际就是卖淫活动,强行要求不提供特殊服务的邓玉娇提供异性洗浴服务,就是强行要求邓玉娇发生性行为,就是强奸的行为。邓玉娇对于强奸行为实施的反抗行为,符合刑法特殊正当防卫的规定,不但不构成犯罪,相反是一种抗暴烈女的壮举。这种观点得到了更多民众的支持,是案件处理期间网上的主流意见。

第三种意见认为,邓贵大和黄德智的行为究竟是不是强奸行为,难于确定,只能说存在强奸的可能。根据疑罪从无的原则,对于邓贵大和黄德智的行为,应将疑点利益归于他们,不认为他们构成强奸;对邓玉娇的行为,因为邓贵大和黄德智存在强奸的可能,所以,应将疑点利益归于邓玉娇,认定邓玉娇构成正当防卫。虽然其中存在矛盾,但这也是法律的局限之处。②

三、案件处理

湖北省巴东县人民法院认为,被告人邓玉娇故意伤害他人身体,致人死亡,其行为已构成故意伤害罪,公诉机关指控的罪名成立。关于邓玉娇的辩护人提出邓玉娇的行为属于正当防卫,不构成犯罪的辩护意见。经审查:邓玉娇在遭受邓贵大、黄德智无理纠缠、拉扯推搡、言行侮辱等不法侵害的情况下,实施的反击行为具有防卫性质,但明显超过了必要限度,属于防卫过当,邓玉娇的行为构成犯罪。故对此辩护意见不予采纳。鉴于邓玉娇是部分刑事责任能力人。并具有防卫过当和自首等法定从轻、减轻或者免除处罚情节,可以对邓玉娇免除处罚,邓玉娇的辩护人提出如果认定邓玉娇构成犯罪,应当对其免于刑事处罚的辩护意见成立,予以采纳。依照《中华人民共和国刑法》第234条、第18条第3款、第20条第2款、第67条第1款和《最高人民法院关于处理自首和立功具体应用法

---

① 参见《著名法学家马克昌就邓玉娇案答新华社记者问》,http://news.xinhuanet.com/legal/2009-06/16/content_11553083.htm。访问日期:2015年3月1日。
② 参见何萍:《论特殊防卫中的犯罪侵害——兼评邓玉娇故意伤害案》,《法学》2009年第8期。

律若干问题的解释》第 1 条,判决如下:被告人邓玉娇犯故意伤害罪,免于刑事处罚。

宣判后,被告人邓玉娇没有上诉,检察院没有抗诉。

四、分析思考

邓玉娇案之所以引起巨大的反响,在于其中有诸多社会矛盾的交汇点,其情节又或多或少有些戏剧色彩。邓玉娇作为一个底层艰难生活的弱女子,在受到侵犯时刚烈的表现,得到了普通民众的支持。但是,公众论证邓玉娇构成正当防卫的路径是邓贵大和黄德智的行为构成强奸,这是很难成立的,至少是不具有说服力的。站在邓玉娇的立场,可以主张邓贵大和黄德智的行为构成强奸,但这很难让一般理性人相信。社会生活中发生的事实,都已经成为了历史,或多或少存在这样那样的可能,确定事实,只能基于现实存在的证据,并根据社会生活常情,按照一般理性人的审慎原则进行判断。毕竟,本案发生在娱乐城的员工休息室,除开邓玉娇,现场至少还有 5 名以上娱乐城员工,他们是邓玉娇的同事,情理上是站在邓玉娇一边的。在这种场合,发生强奸的可能性是很小的。当然,既然刑法规定了在公共场所当众强奸作为法定刑的升格条件,就不能完全否定邓贵大和黄德智意图当众强奸的可能。但毕竟,在社会常情上不会发生、难于发生当众强奸的场合,当社会常情上不会当众强奸的行为人(不管怎么说,邓贵大和黄德智在地方上也算是有头脸的人)没有明显表现出意图当众强奸的行为时,仅凭不能排除的可能,是不应该往可能性小的方向上认定事实的。要说可能,过去的事实都已经过去了,任何可能都不能排除,确定事实,必须根据一般社会生活的经验。

黄德智和邓贵大是在邓玉娇拒绝提供异性洗浴服务之后恼羞成怒,进而发展为用钱扇击,用手推搡,但这些动作还是属于因为邓玉娇拒绝而恼怒,并保持要求邓玉娇提供洗浴服务的初衷。为了便于说明,用性关系将行话"洗浴服务"替换,邓贵大和黄德智恼怒了,他们推搡邓玉娇一方面是一种出气的行为,另一方面也是想和邓玉娇发生性关系的进一步要求。但是强行要求和对方发生性关系与强行和对方发生性关系是不一样的,其中的关键就在于最终发生性关系是否符合妇女意志。强行要求和对方发生性关系的人,虽然带有强迫性,但是,这个强迫的目的,是希望妇女自愿地答应,亦即是希望对方在发生性关系当时不是被迫的。强行与对方发生性关系,则完全是违背妇女意愿的行为。邓贵大用钱扇击的行为,其实还是要求与邓玉娇发生性关系的典型表现,受不受到诱惑而答应,最终还是看邓玉娇自身。后面的推搡,虽然力度上升,但在社会一般观念上,还是没有超过这个范围。比如在一对恋人之间,男方要求女方发生性关系,但是女方不答应,并想走,但男方恼怒说为什么不答应,并阻拦,推搡,因女方的某句话或某个动作,甚至还出现扇耳光的行为。对此,我们不能说男方要强奸女方,从行为性质上,还是属于通过激烈手段希望女方答应与自己发生性行为,这和强奸有本质区别。所以邓贵大和黄德智的行为还是属于求奸而不是强奸。本书认为,同情邓玉娇并希望邓玉娇出罪没错,但是用邓贵大和黄德智的行为构成强奸的路径是走不通的。

本案邓玉娇的辩护人辩称邓玉娇持刀只是在邓贵大面前上下晃动,①意思是邓玉娇只是晃刀被动抗拒邓贵大,并没有主动刺击的意思,发生死伤的结果,是意料之外的。但这个辩护路径显然不符合事实,邓贵大身上的伤口就足以说明不可能是晃动水果刀造成的。

用疑罪从无的原则论证邓玉娇不构成犯罪,在本书看来也难以成立。首先,正当防卫是阻却违法性行为,是在行为具有构成要件符合性之后的判断阶段,只有确定存在,才能阻却符合构成要件行为的违法性。对于犯罪成立而言,正当防卫是消极的条件,但这个消极的条件是否成立,应是积极的判断,如果有疑问,理应判断为不能成立,而不能判断为成立。不然,私力打击会泛滥,因为现实中有太多的疑问,被打伤的人往往不能排除侵害在先的可能,如果疑点利益都归于打击者,社会秩序将会有不堪承受之重。所以,本书认为,对于事实的成立都应该进行积极判断,对于构成要件而言,有疑问的,不具备构成条件;同样在正当防卫的成立上,如果有疑问的,那么也应该判断为不能成立。构成要件的疑点利益归于行为人,但正当防卫的疑点利益不能归于行为人。其次,因为认定事实应有先后顺序,应先确定邓贵大和黄德智的行为性质,其后才能判断邓玉娇的行为性质。既然疑点利益归于邓贵大和黄德智,就不能认定邓贵大和黄德智构成强奸。这个事实已经处理完了,即不存在强奸的事实。待再处理邓玉娇的事实时,不能将已经确定的事实重新回归疑问状态,再来个疑点利益归于邓玉娇。用疑罪从无处理,不可避免存在逻辑上的矛盾,对这个矛盾,我们也不应该简单地用这是法律的不足来搪塞,我们应该尽力寻求在法律和事实上都协调的处理路径。

本书认为,可以用假想防卫为邓玉娇辩护。通说认为,"假想防卫是由于行为人对事实认识的错误而发生的,因此,应依事实认识错误的处理原则来解决其法律责任问题,即如果行为人应当预见到对方行为可能不是不法侵害,那么他在主观上有过失,应对其假想防卫所造成的损害负过失犯罪的责任;如果行为人在当时情况下不能预见到对方行为不是不法侵害,那么他在主观上无罪过,其假想防卫造成的损害属于意外事件,不负刑事责任。"②邓玉娇是一个精神病人,经司法精神病医学鉴定,为心境障碍(双相),属部分(限定)刑事责任能力。心境障

---

① 参见邓玉娇案判决书。
② 高铭暄、马克昌主编:《刑法学》,北京大学出版社、高等教育出版社2014年版,第131页。

碍(双相)是既有抑郁发作又有躁狂发作的一类疾病,存在认识和意志上的障碍。既然在案件发生之后还存在邓贵大和黄德智是否构成强奸的争论,那么可以说在案件发生过程中确实存在将邓贵大和黄德智的行为误认为强奸的可能,而对于具有抑郁症状的邓玉娇而言,更容易出现判断错误。因为抑郁症的特点是心理压抑,凡事往悲观的方向上认识和思考,所以,在一般人有误认为强奸的可能时,对于有心境障碍的邓玉娇而言,出现认识错误是很正常的。她当时认为邓贵大和黄德智要强奸她,甚至要置她于死地,在这种错误认识之下,实施了反击行为。这是一种特殊的假想防卫,即假想特殊防卫,同样应该根据通说处理假想防卫的原则来进行处理。因为邓玉娇是个精神病人,有认识障碍,案件发生时将邓贵大和黄德智的行为错误认识为强奸是不可避免的,所以,应按意外事件处理。

第三部分 犯罪形态和共同犯罪案例

11. 韩江维等抢劫、强奸案①

——指认被害人住址但最后未参与实施
抢劫的,是否属于犯罪中止

一、基本案情

2008年11月,被告人韩江维(2006年3月6日因犯职务侵占罪被判处有期徒刑8个月,同年7月24日刑满释放)与张立、孙磊(2005年10月18日因犯盗窃罪被判处有期徒刑1年,2006年5月20日刑满释放)共谋抢劫杀害被害人张某(女,殁年23岁)。孙磊将张某位于河北省武安市的租住处指认给韩江维、张立后,三人多次携带尖刀、胶带等工具到张某的租住处准备抢劫。因张某未在家,抢劫未果。同年12月25日晚,韩江维、张立携带尖刀、胶带再次到张某的租住处附近伺机作案。当日23时40分许,张某驾车回到院内停车时,张立持刀将张某逼回车内,并用胶带捆住张某双手,韩江维从张某身上搜出其家门钥匙。张立进入张某家劫得现金人民币4000余元及银行卡、身份证、照相机等物。韩江维、张立逼张某说出银行卡密码后,驾驶张某的汽车将张挟持至武安市矿建路的中国银行,张立用张某的银行卡通过自动取款机取出现金3900元。后韩江维、张立将张某挟持至武安市矿山镇矿山村一废弃的矿井旁,韩江维在车上将张某强奸。随后韩江维、张立用胶带缠住张某的头部,将张某抛入矿井内,致其颈髓损伤导致呼吸衰竭死亡。韩江维、张立共劫得张某的现金7900余元及一辆汽车、一部诺基亚手机、一部小灵通、一部照相机等物(合计价值100465元)。

2008年10月,被告人韩江维与张立、孙磊共谋抢劫,并准备了尖刀、胶带等作案工具。孙磊将租住在邯郸市农林路的贾某家指认给韩江维和张立,因该住户家中有人而抢劫未果。后孙磊又将居住在武安市阳光小区的刘某家指认给韩江维和张立,因三人未能弄开楼道口的防盗门而抢劫未果。

河北省邯郸市人民检察院以被告人韩江维犯故意杀人罪、抢劫罪、强奸罪,

---

① 案例来源:中华人民共和国最高人民法院刑事审判第一、二、三、四、五庭主办:《刑事审判参考》2012年第1集(总第84集),法律出版社2012年版,第38~43页。

被告人张立、孙磊犯故意杀人罪、抢劫罪,向邯郸市中级人民法院提起公诉。

二、争议焦点

本案的主要问题在于,参与抢劫预谋,指认被害人住址,但此后主动退出,未参与实施抢劫的,是否属于犯罪中止?即帮助犯主动退出犯罪,是否属于犯罪中止?被告人孙磊的辩护人提出,孙磊具有犯罪中止情节;但相反的意见认为,共同犯罪应按照"部分行为整体责任"的原则处理,应以既遂认定。

三、案件处理

邯郸市中级人民法院认为,被告人韩江维、张立、孙磊为劫取财物而预谋实施故意杀人,后韩江维、张立按照预谋抢劫他人财物,并在抢劫后杀人,其行为均构成抢劫罪。韩江维在抢劫过程中还强奸被害人,其行为又构成强奸罪。孙磊参与了为抢劫而杀害被害人的预谋,后又多次带领另两名被告人到被害人住处蹲守,构成抢劫罪的共犯。公诉机关指控故意杀人罪罪名不当。韩江维、孙磊系累犯,应从重处罚。韩江维虽能如实供述犯罪事实,但其犯罪情节恶劣,手段极其残忍,不足以从轻处罚。张立带领公安人员抓获韩江维,构成重大立功;孙磊在后两起抢劫犯罪中,因意志以外的原因而未能得逞,属于犯罪未遂。但在第一起抢劫犯罪中,孙磊参与了为劫取财物而杀害被害人张某的预谋全过程,并带领韩江维、张立去指认了张某的住处,还多次伙同韩江维、张立至张某住处蹲守,因张某未回家而未得逞。后当韩江维、张立再次实施抢劫时,孙磊因故未去,但孙磊明知其他被告人要实施共同预谋的犯罪行为而不予制止,未能有效防止共同犯罪结果的发生,其行为属于犯罪既遂。孙磊在共同犯罪中起次要作用,系从犯,应当从轻、减轻处罚。依照《中华人民共和国刑法》第263条、第236条、第68条、第56条、第57条第1款、第27条,判决如下:

1. 被告人韩江维犯抢劫罪,判处死刑,剥夺政治权利终身,并处没收个人全部财产;犯强奸罪,判处有期徒刑5年,剥夺政治权利1年;决定执行死刑,剥夺政治权利终身,并处没收个人全部财产。

2. 被告人张立犯抢劫罪,判处死刑,缓期2年执行,剥夺政治权利终身,并处没收个人全部财产。

3. 被告人孙磊犯抢劫罪,判处有期徒刑15年,剥夺政治权利5年,并处罚金2万元。

一审宣判后,被告人韩江维以其在犯罪中起次要作用,系从犯,一审量刑重为由提出上诉;被告人孙磊以其行为不构成抢劫共犯为由提出上诉。

河北省高级人民法院经二审审理认为,上诉人韩江维、孙磊、原审被告人张立为劫取财物而预谋故意杀人,韩江维、张立按照预谋抢劫他人财物,抢劫中杀害被害人,其行为均构成抢劫罪,且犯罪手段残忍,犯罪情节、犯罪后果均特别严重。韩江维在抢劫过程中强奸被害人,其行为还构成强奸罪。孙磊参与了为抢劫而杀害被害人张某的预谋,后多次带领韩、张二人至张某住所伺机作案,构成抢劫罪共犯。韩江维、孙磊系累犯,依法应从重处罚。韩江维在抢劫张某过程中,积极参与预谋、实施和分赃,抢劫过程中还强奸张某,在共同犯罪中起主要作用,其上诉理由不能成立;孙磊参与抢劫、杀害张某的预谋过程,并带领韩、张二人指认了张某的住所,还曾伙同韩、张多次携带作案工具至张某住处蹲守,伺机实施犯罪,构成抢劫罪共犯,应对共同犯罪承担刑事责任,其上诉理由不能成立。原判决认定事实清楚,证据确实、充分,定罪准确,量刑适当,审判程序合法。依照《中华人民共和国刑事诉讼法》(1996)第189条第1项、第199条,裁定驳回韩江维、孙磊上诉,维持原判,并将韩江维的死刑裁定依法报请最高人民法院核准。

最高人民法院经复核认为,被告人韩江维以非法占有为目的,伙同他人采取暴力手段劫取被害人财物,其行为构成抢劫罪。韩江维在抢劫过程中违背妇女意志,强行与被害人发生性关系,其行为又构成强奸罪。韩江维伙同他人多次抢劫,抢劫数额巨大,在抢劫过程中强奸被害人并致被害人死亡,犯罪情节特别恶劣,社会危害大,罪行极其严重。在共同抢劫犯罪中,韩江维起主要作用,系主犯,应当按照其所参与的全部犯罪处罚。韩江维曾因犯罪被判刑,在刑罚执行完毕后五年内又犯罪,系累犯,说明其主观恶性深,人身危险性大,依法应从重处罚。对韩江维所犯数罪,应依法并罚。第一审判决、第二审裁定认定的事实清楚,证据确实、充分,定罪准确,量刑适当,审判程序合法;依照《中华人民共和国刑事诉讼法》(1996)第199条和《最高人民法院关于复核死刑案件若干问题的规定》第2条第1款,裁定如下:核准河北省高级人民法院维持第一审对被告人韩江维以抢劫罪判处死刑,剥夺政治权利终身,并处没收个人全部财产;以强奸罪判处有期徒刑5年,剥夺政治权利1年;决定执行死刑,剥夺政治权利终身,并处没收个人全部财产的刑事附带民事裁定。

四、分析思考

本案被告人孙磊的行为涉及共犯脱离和共犯中止的关系问题。"所谓共同犯罪的脱离,是指共犯关系成立之后,犯罪结果发生之前,其中的部分参与人切断其与其他共犯人的关系而从该共犯整体中解脱出来。"[①]其他犯罪参与人继续行为造成犯罪结果,如果部分参与人的先前行为与最终的危害结果仍具有精神上或物质上的帮助作用,对于脱离共犯,不能认定为犯罪中止,应当按照犯罪既

---

① 黎宏:《刑法学》,法律出版社2012年版,第305页。

遂处理。如果脱离之后,先前的共犯行为和最终的危害结果没有因果关系,因共犯脱离有主动脱离和被动脱离两种形式,共犯承担未遂或中止的责任。即如果是主动脱离,认定为犯罪中止;如果是被动脱离,认定为犯罪未遂。①

主动脱离的如甲为乙实施盗窃画了地图,但在乙着手实施前将地图要了回来,最终乙没有依靠地图完成了盗窃过程,由于甲已经切断了和盗窃结果之间的因果关系,应认定为中止。但如果甲只是告知乙自己放弃实施盗窃,但并不取回地图,乙后来用地图盗窃成功的,对甲也应认定为盗窃既遂;或者甲虽取回地图但明知乙已经复制地图,后盗窃成功,也要认定为盗窃既遂。如果甲取回地图,但是乙已经掌握地图,甲明知的,应认定对最后的结果承担责任;甲如果不知,由于不存在过失盗窃,不能以盗窃认定。可见,在共同犯罪中,共同参与人主动脱离犯罪的,并不能当然地评价为犯罪中止,关键还要看共同参与行为和犯罪结果的因果关系,只有和犯罪结果不具有因果关系或采取有效行为阻止其他共同犯罪人以防止犯罪结果产生的,才能认定为犯罪中止。

如果真诚努力之后还是没有阻止犯罪结果产生的,对主动退出者是否认定犯罪中止,存在争议。"目前实践中比较普遍的做法是对主动退出者仍认定为犯罪既遂,但量刑时应当考虑其主动退出并阻止其他共犯人继续完成犯罪的情节,如主动退出者符合从犯特征的,依法认定为从犯,应当从轻处罚。"②

被动脱离的如乙带着地图在实施盗窃时由于天黑看不清楚,乙凭自己的盗窃经验盗窃成功的,对甲按盗窃未遂认定,理由在于共同犯罪已经着手实行,所以对甲的共犯行为应当认为已经着手,但甲提供的地图和犯罪结果没有因果关系,对着手后没有结果的行为,只能按未遂承担责任。这个结论已经被国家司法考试采纳,但在理论上还是有探讨空间的,比如是否违反"部分行为整体责任"的原则?虽然物质上的帮助最后没有实现,但因提供地图而具有的精神上的促进作用如何评价?帮助的合意是否属于共谋?等等。从刑法谦抑性的角度,对于边缘地带的行为,克制刑罚的冲动,是可以接受的。所以,如果没有犯罪计划的共同谋议,帮助行为和犯罪结果没有因果关系,就算是被动脱离,可以按犯罪未遂认定。如果甲提供乙地图之后,乙在预备阶段就遗失了或不准备用了,对甲按盗窃预备进行评价。如果被动脱离之后,帮助行为和犯罪结果有因果关系,当然应该认定为既遂。

本案被告人孙磊在抢劫被害人张某的犯罪中,前几次因被害人不在家未得逞,后来韩江维、张立准备再次抢劫张某时,孙磊没有参与,系主动脱离。孙磊是

---

① 参见张明楷:《刑法学》,法律出版社2011年版,第404页。
② 中华人民共和国最高人民法院刑事审判第一、二、三、四、五庭主办:《刑事审判参考》2012年第1集(总第84集),法律出版社2012年版,第42页。

否要对最终的危害结果承担责任,关键看孙磊先前的行为对危害结果是否具有原因力。因被害人张某的住处由孙磊指认,所以无法否认其中的因果关系,应按抢劫既遂认定。其中的疑问或许是,一旦加入过某次犯罪,就再也无法脱离了,就算多日之后其他犯罪人再实施犯罪的,也要对最终的结果承担责任。本书认为,如果前次犯罪未得逞之后,犯罪人之间已经形成共识,不再实施该犯罪,后其他犯罪人再起意实施的,分几种情形分别处理。第一,在前次共犯行为和后次犯罪结果没有因果关系的情况下,不承担刑事责任;第二,脱离的共犯不知情的,不承担刑事责任;第三,如果其他犯罪人事前邀约过,脱离的共犯是知情的,而且前次行为和后次犯罪结果有因果关系,应该承担既遂的刑事责任,此种情形可以认为属于不作为的帮助犯,其义务来源于先行行为,因前次不法行为对犯罪结果所具有的作用力,因而具有了阻止犯罪的义务。本案三名被告人在几次上门蹲守失败之后,并没有打消犯意,还处在一轮犯罪的状态中,所以,后来韩江维、张立邀约孙磊再次抢劫,是案情的自然发展,孙磊仅被动不参与,并没有打消自己先前参与行为和犯罪结果之间的因果关系。对于被害人张某被杀害的结果,孙磊是否承担刑事责任,关键看孙磊在参与预谋时,是否已经形成了作案后杀害张某的合意。法院根据调查结果,认定孙磊对杀害张某具有共同故意,孙磊应当对张某的死亡承担刑事责任。

本案还有一个问题是,抢劫杀害张某的行为定抢劫罪,还是按抢劫罪与故意杀人罪数罪并罚。公诉机关指控抢劫罪和故意杀人罪,但法院认为公诉机关指控罪名不当,应以抢劫罪认定。本书认为,法院的判决自相矛盾,一方面被告人预谋"抢劫他人财物,并在抢劫后杀人",另一方面又认为不应该数罪并罚。既然抢劫后杀人,就应该数罪并罚。根据我国刑法理论的通说,杀人后抢劫的,杀人的暴力行为作为抢劫的手段行为,可以评价在抢劫罪中,所以,按抢劫罪一罪处理即可;如果抢劫后杀人的,由于杀人行为和取财之间,不存在排除反抗取财的因果性,是杀人灭口行为,所以,应按照抢劫罪和故意杀人罪数罪并罚。[①] 本案法院定抢劫罪,估计和2001年《最高人民法院关于抢劫过程中故意杀人案件如何定罪问题的批复》有关,其规定,"行为人为劫取财物而预谋故意杀人,或者在劫取财物过程中,为制服被害人反抗而故意杀人的,以抢劫罪定罪处罚。"法院可能考虑,本案被告人在抢劫之前就预谋杀人,所以,应定抢劫罪。但最高人民法院批复所指"预谋杀人"的目的是"为劫取财物",并不是指任何预谋杀人。这也可以从该规定的上下文看出来,后句"在劫取财物过程中,为制服被害人反抗而故意杀人的",杀人目的是制服被害人反抗后取财。前后两种行为样态,在杀人行为和主观目的上应该是一样的,只是杀人故意产生的时间不同。所以,不

[①] 参见高铭暄、马克昌主编:《刑法学》,北京大学出版社、高等教育出版社2011年版,第499页。

能仅根据存在杀人的预谋而定抢劫一罪,还要看是预谋杀人后抢劫,还是预谋抢劫后杀人。本案张立、韩江维已经劫取了被害人张某的现金、银行卡、手机、照相机等物,而且已经逼张某说出银行卡密码后取出现金,为灭口将张某挟持至矿井旁,在韩江维将张某强奸后,才将张某抛入矿井内,可见杀人行为和取财之前不存在因果关系,仅仅是抢劫后杀人灭口的行为,应该按抢劫罪和故意杀人罪数罪并罚。

12. 李官容抢劫、故意杀人案[①]

——既有自动性又有被迫性的放弃重复
侵害行为,能否认定为犯罪中止

一、基本案情

2008年6月上旬,被告人李官容因急需用钱而预谋对其认识的被害人潘荣秀(女,时年20岁)实施抢劫后杀人灭口。2008年6月19日20时许,李官容在县城租用闽FE0860小轿车,携带作案工具绳子、锄头等,以一同到龙岩玩为名将潘荣秀骗上车。李官容驾车在杭永公路、上杭县城区至旧县乡角龙村公路行驶,伺机寻找抢劫地点。20日凌晨,在上杭县庐丰畲族乡安乡大桥附近,李官容停车,用绳子将潘荣秀绑在座位上,抢走潘荣秀提包内的现金人民币130余元及白色奥克斯859型手机一部(价值990元)、农业银行金穗卡一张,并逼迫潘荣秀说出金穗卡密码。20日4时许,李官容用绳子猛勒潘荣秀的脖子致其昏迷,并用绳子将潘荣秀的手脚捆绑后扔到汽车后备箱。李官容在回上杭县城途中发觉潘荣秀未死,遂打开后备箱,先用石头砸潘荣秀的头部,后用随身携带的小剪刀刺潘荣秀的喉部和手臂,致潘荣秀再次昏迷。20日6时许,李官容恐潘荣秀未死,在上杭县临城镇城西村"诚意食杂礼品经营部"购买一把水果刀,并将车开到杭永公路绿蒙牛场旁的汽车训练场准备杀害潘荣秀。苏醒后的潘荣秀挣脱绳索,乘李官容上厕所之机,打开汽车后备箱逃至公路上向过路行人曾庆攀呼救,曾庆攀用手机报警。李官容见状即追赶潘荣秀,并用水果刀捅刺潘荣秀的腹部,因潘荣秀抵挡且衣服较厚致刀柄折断而未能得逞。李官容遂以"你的命真大,这样做都弄不死你,我送你去医院"为由劝潘荣秀上车。潘荣秀上车后李官容又殴打潘荣秀。当车行驶到上杭县紫金公园门口时,李官容开车往老公路方向行驶,潘荣秀在一加油站旁从车上跳下向路人呼救。李官容大声说"孩子没了不要紧,我们还年轻,我带你去医院"以搪塞路人,并再次将潘荣秀劝上车。李官容威胁潘荣秀不能报警否则继续杀她,潘荣秀答应后,李官容遂送潘荣秀去医院。

[①] 案例来源:中华人民共和国最高人民法院刑事审判第一、二、三、四、五庭主办:《刑事审判参考》2010年第2集(总第73集),法律出版社2010年版,第25~29页。

途中,潘荣秀要回了被抢的手机、银行卡等物,并打电话叫朋友赶到医院。20日8时许,李官容将潘荣秀送入上杭县医院治疗,并借钱支付了4000元医疗费。经鉴定,潘荣秀的伤情程度为轻伤。

福建省上杭县人民检察院以被告人李官容犯抢劫、故意杀人罪(未遂)向上杭县人民法院提起公诉。

二、争议焦点

本案的争议焦点在于对李官容的既具有自动性又具有被迫性的放弃重复侵害行为,认定为犯罪未遂还是犯罪中止。

构成犯罪未遂的观点认为被告人在主观上并没有自动放弃杀人的故意,在客观上已是白天,路上行人多,被害人有反抗能力,被告人是在担心路人已报警、罪行已败露的心态下,被迫停止犯罪的。因此,被告人是因为意志以外的原因而未达到杀人灭口的目的,应认定为犯罪未遂。

构成犯罪中止的观点认为被告人在实施故意杀人犯罪的过程中虽然已是白天,过往行人较多,但被害人仍在被告人的掌控中,被告人完全可以继续实施和完成故意杀人的犯罪,而被告人却将被害人送到医院治疗,途中还将所抢手机、身份证、农行卡归还被害人,到医院后又借钱为被害人存入了4000元医疗费。被告人是在实施故意杀人的犯罪过程中自动放弃犯罪的,应认定为犯罪中止。

三、案件处理

上杭县人民法院经审理认为:被告人李官容以非法占有为目的,以暴力手段强行劫取他人财物,且实施抢劫后为了灭口,故意非法剥夺他人生命,其行为已构成抢劫罪和故意杀人罪,应依法数罪并罚。李官容在实施故意杀人犯罪的过程中由于意志以外的原因而未得逞,是犯罪未遂,可以比照既遂犯从轻或者减轻处罚。对于被告人的辩解及其辩护人的辩护意见,经查:1. 李官容在主观上并没有自动放弃杀人的故意,而是在客观上已是白天,路上行人多,潘荣秀有反抗能力,李官容担心路人已报警、罪行已败露的情况下,被迫停止犯罪,属于犯罪未遂。2. 李官容因急需钱用预谋对潘荣秀实施抢劫并杀人灭口。李官容在劫取潘荣秀的财物后,怕罪行败露而实施了一系列的杀人灭口行为,虽因其意志以外的原因而未得逞,但已致潘荣秀轻伤,犯罪情节极为恶劣,社会危害极大,因此,不宜减轻或免除处罚。鉴于李官容故意杀人未遂,能送潘荣秀到医院治疗,并交纳了4000元医疗费,可以对李官容从轻处罚。3. 李官容系初犯,缴纳了罚金,认罪态度较好,且将被抢赃物归还被害人,对其所犯抢劫罪亦可酌情从轻处罚。据此,上杭县人民法院依照《中华人民共和国刑法》第263条、第232条、第23条、第69条、第61条、第62条、第45条、第47条、第55条、第56条、第52条、第

64 条和《最高人民法院关于抢劫过程中故意杀人案件如何定罪问题的批复》的规定,于 2008 年 12 月 12 日判决如下:

1. 被告人李官容犯抢劫罪,判处有期徒刑 6 年,并处罚金人民币 2000 元;犯故意杀人罪(未遂),判处有期徒刑 10 年,剥夺政治权利 2 年,决定执行有期徒刑 14 年,剥夺政治权利 2 年,并处罚金人民币 2000 元。

2. 随案移交的作案工具予以没收,备案存查;随案移交的物证拍照随案存查。

宣判后,在法定期间内,被告人李官容没有上诉,检察机关也没有抗诉。

四、分析思考

(一) 放弃重复侵害行为的性质

所谓放弃重复侵害行为,是指行为人实施了足以造成既遂危害结果的侵害行为,由于其意志以外的原因,这种结果没有发生,犯罪分子在仍可继续实施侵害行为的情况下,自动放弃了侵害,因而犯罪结果没有发生的情况。如甲欲杀乙,举枪向乙射击,连击 2 枪没有打中,甲叹乙命大,停止射击,离开现场,其时枪中还有 5 发子弹。中国刑法理论对其性质究竟属犯罪未遂还是犯罪中止的争论由来已久。

犯罪中止的理由是,《刑法》第 24 条规定:"在犯罪过程中,自动放弃犯罪或者自动有效地防止犯罪结果发生的,是犯罪中止。"对于主动放弃的犯罪中止,需要三个条件,时空性、自动型、彻底性。放弃重复侵害行为完全符合中止的这些特性。前面所举案例,甲放弃犯罪,是在其射杀乙的犯罪过程中,符合时空性;停止射击是其在没有任何外界压力、可以射击的情况下的自动行为,符合自动性;停止射击后离开现场,说明其已经彻底放弃了本次犯罪,符合彻底性。可见甲的行为完全符合我国刑法犯罪中止的规定。将放弃重复侵害行为认定为犯罪中止,可以鼓励犯罪人放弃犯罪,为其架起一座返回的金桥,从刑事政策的角度,可以有效地减少犯罪的发生。我国刑法理论通说的观点也是犯罪中止。[①]

犯罪未遂的理由是,《刑法》第 23 条规定:"已经着手实行犯罪,由于犯罪分子意志以外的原因而未得逞的,是犯罪未遂。"犯罪未遂有 3 个特征:已经着手,意志以外,未得逞。甲向乙开枪射击,并且已经发出 2 枪,显然已经着手犯罪;2 枪足以毙命,只是偏离目标没有发生乙死亡的结果,所以是未得逞;子弹偏离目标是由于甲的枪法不准造成,并不是其不想打中,属于甲意志以外的原因。可见甲的行为完全符合我国刑法犯罪未遂的规定。认定为犯罪未遂更具有均衡性,因为根据中止的规定,没有造成危害后果的,免除处罚。甲虽然打了 2 枪,但由

[①] 参见高铭暄、马克昌主编:《刑法学》,北京大学出版社、高等教育出版社 2014 年版,第 159 页。

于没有打中,如果认定为中止,应免除处罚。对于甲如此危险的杀人行为,免除处罚会使刑法过于宽和,也不符合一般的社会情感。而且假设甲只有一颗子弹,一枪没有打中,这是未遂。这和2枪之后却认定为中止相比,显然不均衡了,不管如何,后面又开了一枪,就算行为人自动放弃,其客观的危害也已经重于开一枪的情况。换句话说,法律不能给危险更大的行为以更轻的法律后果,法律也不能给犯罪人留下再找子弹、再开一枪未遂转变为中止的机会。所以认定为犯罪未遂合理。

本书认为,放弃重复侵害行为,不管是认定为犯罪中止,还是认定为犯罪未遂,逻辑都是完整的,理由都是充分的。这是由于犯罪事实的复杂性,导致一种犯罪行为同时符合犯罪中止和犯罪未遂的特征。事实的丰富性永远胜过立法者概念分类上的努力。在这种情况下,应该更多从刑事政策的角度考虑问题,预防犯罪、鼓励犯罪人放弃犯罪是重要的政策取向。所以,本书认为,将放弃重复侵害行为认定为中止是合适的。

本案实际就是放弃重复侵害行为,被告人李官容用不同方法多次实施了足以造成被害人死亡的行为,用绳子勒,用石头砸,用刀刺,但都由于其意志以外的原因而未得逞。在将被害人送医院前,被害人完全在被告人的控制下,被告人完全可以继续实施加害行为,但他没有继续实施下去。最后将被害人送到医院,被告人也是完全自动的,其借钱支付4000元医疗费也可以充分说明这一点。所以本案就故意杀人行为而言属于放弃重复侵害行为,应该认定为犯罪中止,因为造成了被害人轻伤的后果,应当减轻处罚,在3到10年有期徒刑的幅度内量刑。

法院之所以不认定本案为放弃重复侵害行为,可能的原因之一是被告人李官容的行为过程是极其恶劣的,不认定为故意杀人的未遂,不足以和他的行为恶性相匹配。但是本书认为,虽然其行为的过程十分恶劣,但毕竟只造成轻伤的损害结果,法律应该考虑实际的损害结果;其事后又送被害人至医院,比之单纯地放弃犯罪更进一步,法律也要考虑被告人向法秩序回归的努力。所以本案认定为犯罪中止,并无不妥。从量刑上看,定故意杀人中止,在10年有期徒刑以下的上限区域量刑,也并不比法院实际判的10年有期徒刑轻多少。

假如被告人的重复侵害行为造成了被害人重伤的结果,这时按故意杀人中止处理就明显偏轻了。因为情节恶劣的故意伤害致人重伤的量刑幅度是10年以上有期徒刑、无期徒刑和死刑,故意杀人导致的重伤在恶性上并不弱于故意伤害导致的重伤,如果按故意杀人中止在10年以下有期徒刑量刑太轻,这时从均衡性上看似乎以故意杀人未遂处理合适。但是,可以用竞合来处理这个矛盾,因为故意杀人行为必然符合故意伤害罪的犯罪构成,在故意杀人造成重伤的情况下,行为人又有中止行为的,是故意杀人中止和故意伤害致人重伤的竞合,可以认定为故意伤害致人重伤,以实现罪刑相适应。

(二) 自动性问题

法院认定本案为未遂,如果按照放弃重复侵害行为是犯罪未遂的立场进行论证,在逻辑上是成立的,只是不符合通说的立场。但是,法院实际的论证思路是被告人不是自动放弃犯罪,是被动的,所以是未遂,本书对此不太认同。本书认为被告人李官容是自动放弃犯罪。

犯罪未遂的特征之一是犯罪分子停止犯罪是由于犯罪分子"意志以外的原因",对于"意志以外的原因"的含义,我国刑法理论的一般观点认为是"足以抑制犯罪意志"的原因,比如高铭暄教授表示:"根据我国刑法的基本原理和犯罪未遂制度的立法思想,应该以'足以抑制犯罪意志的原因'作为认定'意志以外原因'的标准。"① "足以抑制犯罪意志"的关键点在于"足以",意思是在行为人实施犯罪的过程中,总有这种或那种对抗其犯罪完成的不利因素,如果停止犯罪只要有不利因素,就认定为未遂,那么,犯罪未遂的范围就会过于宽阔,而犯罪中止成立的可能就很小。所以,只有在不利因素达到一定程度时,才能认定为未遂。比如行为人在实施强奸犯罪时,被害人有轻微反抗,力量上无法和行为人对抗,但行为人停止了犯罪,应该认定为犯罪中止,因为被害人的反抗是不足以抑制行为人犯罪意志的。所以,在对犯罪分子意志以外原因进行判断的时候,不仅要判断存在哪些不利因素,还要判断这些不利因素的影响力有多大,是否达到了抑制犯罪意志的程度。

与犯罪未遂"意志以外的原因"相对应,在犯罪中止"自动性"的判断上,也是同样的要求,即自动性并不要求完全的、彻底的自动,只要在行为人认为可以继续实施犯罪的情况下停止犯罪,就应认定为犯罪中止。所以,对于自动性的理解不能过于机械死板,不能机械地要求放弃犯罪必须是基于悔悟、同情等对自己行为持否定评价的规范意识或者动机。张明楷教授认为,不能把引起行为人中止犯罪的任何不利原因,当作行为人意志以外的原因,也不能因为存在客观障碍就否定其自动性。② 在犯罪过程中,行为人认为可以继续实施下去的情况下,不实施下去,一般情况下应认定为犯罪中止。比如行为人抢劫一女子,该女子说自己丈夫是警察,行为人停止了犯罪。犯罪人停止犯罪虽然有忌惮警察的因素,但在当时的环境下,其还可以继续实施下去,其停下来,还是自动的。

回到本案,被告人李官容实施抢劫后又欲杀人灭口,并先后多次实施重复侵害行为,但均未造成死亡结果。被害人曾挣脱向路人呼救,路人曾庆攀报警,后在一加油站旁被害人再次从车上跳下来向路人呼救。这确实是被告人实施杀人犯罪中的不利因素,也是法院认定本案为犯罪未遂的理由,即被告人的犯罪目的

---

① 高铭暄:《论犯罪分子意志以外的原因》,《法学研究》1986年第3期。
② 参见张明楷:《刑法学》,法律出版社2011年版,第341~342页。

是杀人灭口,当被害人已经挣脱并向路人呼救,其犯罪计划已经暴露,即使杀害被害人,也无法完成其犯罪计划。如果杀害被害人,不但抢劫犯罪不能掩盖,而且不能逃避故意杀人的罪责,因而,被告人犯罪暴露的不利因素是足以抑制被告人杀人灭口的犯罪意志的。本书认同法院的逻辑,但对于事实本身有些不同看法,认为法院只基于本案的部分事实,只关注到了被害人呼救的事实,而没有重视其他因素。被害人呼救的地点并非他们生活地点,周围人并不认识他们,路人只知道有人在呼救,并不知道是谁,在被告人重新控制被害人离开后,依然可以完成杀人灭口的计划。而且,在被害人挣脱呼救后,被告人依然用刀捅刺被害人,说明被告人并没有因害怕犯罪计划暴露而停止,只是刀柄折断了,才停止。后来继续控制被害人后,被告人完全可以采取其他方法继续实施杀人行为。所以,本案的不利因素虽然较之一般可以判断为犯罪中止的不利因素为强,但还没有达到可以完全压制被告人犯罪意志的程度,被告人还是属于在能够完全掌控犯罪的过程中自动停止犯罪。另外,很多行为人停止犯罪,是害怕报警或害怕日后受到法律惩处,但一般不能以此为理由认为是犯罪未遂,其中更应看到行为人向法秩序回归的性质,因为害怕报警、害怕法律惩处,实际说明法秩序在行为人的心理上还是具有一定的影响力,因此停止犯罪应该被法秩序鼓励,应该认定为犯罪中止。

13. 张甲、张乙强奸案①

——轮奸过程中既遂和主从犯的认定

一、基本案情

张甲和张乙共谋强奸被害人杨某（女，时年已满16周岁）。2010年6月28日13时许，张乙到被害人杨某家中，以有朋友打电话找她为名，将杨某骗至张甲、张乙在Z市某区暂住的出租屋后，张乙实施暴力，欲强行与杨某发生性关系而未得逞。而后，张甲强奸杨某得逞。

Z市某区人民检察院以被告人张甲、张乙犯强奸罪，向Z市某区人民法院提起公诉。

二、争议焦点

本案争议焦点之一：轮流实施强奸行为，一人得逞，一人未得逞，能否认定为轮奸？

认为不构成轮奸的观点是，轮奸是指二男以上在同一段时间内，共同对同一妇女连续地轮流或同时强奸的行为。一人得逞，一人未得逞的，只有形式上轮流的行为，而没有实质上轮奸的社会危害性，认定为轮奸，和情节加重犯严重的刑事责任不相适应。

认为构成轮奸的观点是，轮奸系情节加重犯，而非结果加重犯。二名以上行为人只要基于共同故意，在同一时段先后对同一被害人实施强奸行为的，就应当认定为具有轮奸情节，某行为人的强奸行为是否得逞，并不影响轮奸情节的认定。本案中，被告人张甲和张乙二人达成强奸被害人杨某的通谋，并对被害人轮流实施强奸行为，虽然张乙的行为未得逞，但并不影响轮奸情节的认定。

本案争议焦点之二：在轮奸犯罪中对于强奸行为未得逞的，能否认定为强奸罪未遂？

认为构成强奸未遂的观点是，强奸犯罪是行为犯，具有独立性，在轮奸犯罪

---

① 案例来源：中华人民共和国最高人民法院刑事审判第一、二、三、四、五庭主办：《刑事审判参考》2012年第4集（总第87集），法律出版社2013年版，第14～20页。

中,应该根据各自的行为是否完成来认定是否强奸既遂。如果轮奸中有人未得逞,应该按照犯罪未遂认定。

认为构成强奸既遂的观点是,共同犯罪的责任原则是部分行为整体责任,轮奸是共同犯罪,在共同犯罪中,一人既遂,全案既遂。虽然强奸是行为犯,具有独立性,但是,轮奸犯罪人在犯罪中有意思联络,未得逞者的行为也加功于得逞者的行为,因而也加功于危害后果,既然对危害后果的发生具有作用力,当然应该认定为犯罪既遂。

本案争议焦点之三:张乙强奸行为未得逞,能否认定为强奸共同犯罪的从犯?

认为构成从犯的观点为:被告人张乙的强奸犯罪行为未得逞,在共同犯罪中的危害性较小,因而将张乙认定为从犯比较合适。

认为构成主犯的观点为:被告人张乙首先提出强奸杨某的犯意,之后,张乙独自将杨某骗至其出租屋,并且先对杨某实施强奸行为,因此,其在共同犯罪中所处的地位和作用并不比张甲小。虽然张乙最终因为杨某奋力反抗,没有完成强奸行为,但这并不能否定张乙在犯罪中的主导性作用,应该认定为主犯。

三、案件处理

Z市某区人民法院认为,被告人张甲、张乙共谋强奸被害人杨某,系违背妇女意志,以暴力、胁迫手段强行与妇女发生性关系,其行为均构成强奸罪,且具有轮奸情节。张乙在强奸妇女过程中,因意志以外的原因而未能得逞,是犯罪未遂,依法可以减轻处罚。据此,依照《中华人民共和国刑法》第236条第3款第4项、第23条、第55条第1款、第56条第1款,Z市某区人民法院判决如下:

1. 被告人张甲犯强奸罪,判处有期徒刑10年,剥夺政治权利1年。
2. 被告人张乙犯强奸罪,判处有期徒刑5年。

宣判后,被告人张甲、张乙均提出上诉。

张甲上诉提出,将被害人骗至案发现场的是张乙,张甲事先不知情,二人未共谋强奸被害人;被害人是自愿与其发生性关系,没有反抗。其辩护人提出,张甲与张乙无共谋,且张乙强奸未得逞,不能认定张甲具有轮奸情节;原判量刑过重。

被告人张乙上诉提出,其未与张甲共谋强奸,其行为不构成轮奸。其辩护人提出,张乙与张甲事前并无强奸共谋,张乙强奸未遂,不能认定其具有轮奸情节;原判量刑过重。

Z市中级人民法院经审理认为,被告人张甲、张乙违背妇女意志,轮流以暴力、胁迫手段强行与妇女发生性关系,其行为均构成强奸罪,并具有轮奸情节。在共同强奸犯罪中,张乙系从犯,依法可以减轻处罚。原判认定的事实清楚,定罪准确,量刑适当,审判程序合法,但适用《中华人民共和国刑法》第23条错误,认定张乙在共同犯罪中构成犯罪未遂不当,应予纠正。据此,依照《中华人民共和国刑法》第236条第3款第4项、第25第1款、第27条、第55条第1款、第56条第1款以及《中华人民共和国刑事诉讼法》(1996)第189条第1项之规定,Z市中级人民法院裁定驳回上诉,维持原判。

四、分析思考

(一)本案应认定为轮奸

对于轮奸的定义,第一种观点认为:轮奸是指两个或两个以上男子在同一段时间内,轮流强奸同一妇女。第二种观点认为:轮奸是指两个以上男子在同一时间、同一地点轮流对同一妇女强行发生性行为或对同一幼女轮流进行奸淫的行为。第三种观点认为:轮奸是指两名以上男子出于共同的奸淫认识,在同一段时间内,先后对同一名妇女或幼女轮流进行奸淫的行为。[①] 本书赞成第三种观点,首先,轮奸必须是两人以上基于共同的犯意实施的奸淫行为,是一种共同犯罪。其次,轮奸是一种行为结构。最后,在时间上具有连接性。本案张甲和张乙基于共同的强奸故意,对被害人在同一时间、地点先后实施奸淫行为,应认定为轮奸。张乙未得逞不影响轮奸的认定。

有观点认为轮奸应至少有两人以上的强奸行为达到既遂状态,否则便成立普通强奸。比如对于轮流实施强奸行为,一人得逞,一人未得逞,能否认定为轮奸的问题,张明楷教授认为:"甲与乙以轮奸犯意对丙女实施暴力,甲奸淫后,乙放弃奸淫或者由于意志以外的原因未得逞的,不成立轮奸。"[②]此种观点限制了轮奸的构成。强奸行为包括强制行为与奸淫行为,当强制行为发生,强奸就已经着手,对于妇女的性的自主决定权就已经开始侵害。强奸未得逞虽没有对被害人直接造成生理上的伤害,但对被害人心理上的影响也是不容小觑的。若要求各行为人都达到既遂状态才构成轮奸,推迟了对轮奸行为的认定,无疑不利于对法益的保护。张明楷教授也认为:"刑罚之所以对轮奸加重刑罚,不仅因为被害人连续遭受了强奸,而且还因为共同轮奸的行为人,既要对自己的奸淫行为与结果承担责任,也要对他人的奸淫行为与结果承担责任。"[③]既然如此,一人得逞,一人未得逞的,理应按轮奸认定。因为如果认定为普通强奸,未得逞者显然只承担了得逞者的奸淫行为与结果,而没有承担自己实施的强奸行为的责任。

轮奸是特殊的行为样态,具有特别的社会危害性。这种行为本身就是刑法严加防范的对象,因为结果来自行为,如果刑法不遏制行为,就无法遏制结果。

[①] 陈洪兵:《"二人以上轮奸"的认定》,http://article.chinalawinfo.com/ArticleHtml/Article_75649.shtml,访问日期:2015年4月25日。
[②] 张明楷:《刑法学》,法律出版社2011年版,第782~783页。
[③] 同上书,第782页。

轮奸这种特殊的行为结构,在立法上,完全可以规定为独立的犯罪类型。而如果轮奸是独立的犯罪类型,当行为本身符合轮奸这种行为类型时,当然应该按照轮奸进行评价。至于一人未得逞的情况下,定轮奸是否罪刑相适应的问题,也不存在障碍。一来轮奸行为本身就是刑法要特别防范的行为类型,由于其特殊的危害性,因此而被刑法规定了严重的刑事责任;二来在量刑时可以在量刑幅度内,考虑一人未得逞的因素,在量刑区间的下限量刑,能够实现罪刑相适应。而如果按普通强奸认定,则刑法仅评价了得逞者造成的危害,而遗漏了对未得逞者的行为恶性的惩处,显然导致了处罚的空隙。

（二）张乙应认定为强奸既遂

行为人在轮奸犯罪中未得逞,能否认定为强奸未遂？有观点认为构成强奸未遂:"共同正犯之既遂与未遂不能并存于结果犯,然而对于强奸罪、逃脱罪这样的行为犯,由于犯罪与其人身具有密切联系,因而对该种犯罪的各正犯是否构成既遂应以其自身的行为是否达到既遂为标准。"①"在强奸、脱逃、偷越国（边）境的共同犯罪中,由于其犯罪构成的特点不同,每个人的行为具有不可替代的性质,各个正犯的既遂和未遂就表现出各自的独立性。一个共同正犯的未遂或既遂并不标志着其他正犯的未遂或既遂,每个共同正犯只有完成了犯罪构成要件的行为以后才能构成犯罪既遂。……就强奸罪而言,其犯罪目的是强行与妇女发生性行为,这种犯罪目的决定了每个共同实行犯的行为具有不可替代的性质,只有本人的强奸行为达到既遂才算既遂;如果已经着手实施强奸,因本人意志以外的原因未得逞,即使其他共同实行犯的强奸行为已经得逞,对强奸未遂的正犯来说,仍是犯罪未遂。"②张明楷教授认为构成强奸既遂:"乙虽然中止了自己的行为或者未得逞,但应对甲的强奸既遂承担责任（部分实行全部责任）。换言之,对乙应认定为强奸既遂。"③

本书同意强奸既遂的观点。部分行为整体责任,这是共同犯罪的处理原则,不管是结果犯,还是行为犯,只要是共同犯罪,就应该遵循共同犯罪的处理原则。虽然由于事物的复杂性,使得任何法律规则都有例外,但是,凡例外,必须有特别的、充分的理由。在行为犯不按照部分行为整体责任处理这个问题上,并没有特别的理由。共同犯罪是以共同的故意和行为来认定的,对于是否既遂的判断,也应该如此,只要有共同故意和行为,并存在既遂的事实,全案就应该判断为既遂。行为人在谋划、实施轮奸犯罪过程中,共同发挥作用,不管是得逞者,还是未得逞者,都对最终的危害性具有原因力,刑法当然要评价这种因果关系,不应该有疏

---

① 高铭暄、赵秉志主编:《犯罪总论比较研究》,北京大学出版社 2008 年版,第 274 页。
② 陈兴良、周光权:《刑法学的现代展开》,中国人民大学出版社 2006 年版,第 552~553 页。
③ 张明楷:《刑法学》,法律出版社 2011 年版,第 783 页。

漏。而且,只有认定为既遂,才能使不同案子保持均衡。如甲乙共谋,甲帮助乙实施强奸,乙强奸既遂,甲也认定为强奸既遂,在这个问题上,观点没有分歧。如果甲乙共谋实施轮奸犯罪,甲即使未得逞,但在乙强奸既遂上起到的作用并不比前案单纯帮助弱,所以,只有认定为既遂,才能保持前后两案的均衡。所以,本案被告人张乙虽然由于意志意外的原因未得逞,但由于是轮奸犯罪,张甲既遂,张乙也是既遂。

(三) 张乙应认定为主犯

在轮奸犯罪案件中强奸行为未得逞的,能否认定为强奸共同犯罪的从犯?本书认为,法院判决张乙为从犯的结论值得商榷。根据《刑法》第26条和第27条的规定,主犯是在共同犯罪中起主要作用的犯罪人,从犯是在共同犯罪中起次要作用或者辅助作用的犯罪人。主要作用是指对整个犯罪流程的发展具有一定的控制、支配作用。次要作用是相对于主要作用而言,即是次要的实行犯,起到的作用较小,在共同犯罪中并不具有决定性的地位,可能只是被控制、被指挥的角色。辅助作用则是指没有参与实行,只是起到一些帮助作用。通说认为,所谓共同犯罪中起次要作用,指虽然参与实行了某一个犯罪构成客观要件的行为,但在共同犯罪活动中所起的作用比主犯小,主要表现为:在犯罪集团的首要分子领导下从事犯罪活动,罪恶不够重大或情节不够严重,或者在一般共同犯罪中虽然直接参加犯罪,所起作用不大,行为没有造成严重危害后果等。所谓辅助作用,指为共同犯罪人实行犯罪创造方便条件,帮助实行犯罪,而不直接参加实行犯罪构成客观要件的行为。① 陈兴良教授认为,对于起次要作用的从犯,需要从以下几个方面考虑:一是所在共同犯罪中的地位。从犯在共同犯罪中处于从属地位,尤其在犯罪集团与聚众犯罪中,从犯听命于首要分子,一般不参与犯罪活动的策划,而是接受任务,从事某一方面的犯罪活动。二是实际参加犯罪的程度。从犯在共同犯罪中只是参与实施一部分犯罪活动,因此在共同犯罪中不起主要作用。三是具体罪行的大小。具体罪行的大小可以从主观和客观两个方面加以分析:从主观上来说,对共同犯罪故意的形成起主要作用的,罪行较大,是主犯;从客观方面来说,参与实施的犯罪行为对于共同犯罪的完成具有关键性作用的,罪行较大,是主犯,否则就是罪行较小,是从犯。四是对于犯罪结果所起的作用。虽然各共同犯罪人的行为于这种犯罪结果的发生都存在因果关系,但原因力的大小却是不同的,那些对犯罪结果所起的作用较小的人,是共同犯罪的从犯。②

在本案中,被告人张乙向张甲率先提出强奸杨某的意图,在张甲表示同意后

---

① 参见高铭暄、马克昌主编:《刑法学》,北京大学出版社、高等教育出版社2007年版,第190~191页。
② 参见陈兴良:《共同犯罪论》,中国人民大学出版社2006年版,第198~204页。

共谋强奸杨某的计划。在此可知,张乙系犯意的发起者。之后,张乙又将被害人杨某骗到张甲张乙共同的出租屋内,可以看出张乙在强奸犯罪发展过程中的关键作用。后张乙又率先对杨某实施强奸行为,从此可以看出张乙在犯罪过程中的重要地位。张乙完整地参与了强奸犯罪过程,在关键环节上其作用与张甲相比,只多不少。所以,综合判断,张乙在共同强奸犯罪中起到了主要作用,其本人因意志以外原因未得逞仅仅是一个方面的因素,不足以否定整体上其在共同犯罪中的主要作用,应当认定为主犯。

第四部分 刑罚裁量案例

14. 池万亨危险驾驶案[①]

——危险驾驶犯罪案件中如何适用"情节轻微,不需要判处刑罚"规定

一、基本案情

2011年6月2日凌晨1时许,被告人池万亨酒后驾驶车牌号为粤A372N3的小轿车途经广州电视台对出路段时,被公安人员查获归案。经司法鉴定:被告人池万亨静脉血中检出乙醇(酒精)成分,其含量为84.2mg/100ml。

广州市越秀区人民检察院以被告人池万亨犯危险驾驶罪向广州市越秀区人民法院提起公诉。

被告人池万亨对指控的事实和罪名无异议。但在开庭时称其在酒吧喝酒时,其俄罗斯籍妻子打电话告诉他女儿得病哭个不停,其妻子中文不好与他人沟通困难,他是为了尽快回家送女儿去医院看病才酒后驾车。其辩护人在庭审时提交被告人池万亨女儿的病历显示2011年6月2日1时30分,其女儿高烧不退,体温39.5摄氏度。

二、争议焦点

本案的事实较为简单,根据国家质量监督检验检疫总局2004年5月31日正式发布实施,2011年1月4日修正的《车辆驾驶人员血液、呼气酒精含量阈值与检验》,车辆驾驶人员血液中的酒精含量大于或者等于20 mg/100 ml、小于80 mg/100 ml 的驾驶行为为饮酒后驾车,车辆驾驶人员血液中的酒精含量大于或者等于80 mg/100 ml 的驾驶行为为醉酒后驾车。根据2011年5月1日生效的《刑法修正案(八)》的规定,在道路上醉酒驾驶机动车的,处拘役,并处罚金。本案被告人池万亨的体内酒精含量为84.2 mg/100 ml,属于醉酒驾驶机动车,其行为已构成危险驾驶罪。但在审理过程中对量刑有两种意见:

一种意见认为,酒后驾车行为危害性大,醉驾入刑实施不久,应对被告人从

[①] 案例来源:最高人民法院中国应用法学研究所编:《人民法院案例选(季版)·2012年第2辑(总第80辑)》,人民法院出版社2012年6月第1版,第16~25页。

严量刑,不宜对其免予刑事处罚。被告人池万亨辩称其醉驾是为了尽快回家送女儿去医院看病的说法不属于法定从轻或减轻处罚的情节,不能成为其免于刑事处罚的理由。

另一种意见认为,被告人池万亨虽已构成危险驾驶,但其具有多个法定、酌定从轻情节,属于犯罪情节轻微,可对其免予刑事处罚。对危险驾驶罪的量刑,最重要的标准是依据被告人体内酒精含量的高低,其次还要综合考虑有无发生诸如追尾、碰撞等交通事故,过往有无交通违法记录,案发的时间、路段及事由,以及认罪悔过的态度等等因素。是否认定属于犯罪情节轻微,应综合考虑以上多个情节,不能因危险驾驶行为存在潜在的人身危险性就一律从严处罚。认定被告人情节轻微,对其免予刑事处罚,主要有以下几个理由:

首先,体内酒精含量的高低应是对危险驾驶罪量刑最基本的因素。体内酒精含量的高低是与犯罪严重程度成正比的,体内酒精含量越高,危险发生的概率及随之带来的人身、财产损失就越大,故对危险驾驶罪的量刑,应当以体内酒精浓度为最基本的量刑因素,这也是对危险驾驶罪量刑最为客观及公正的标准。本案中被告人池万亨体内酒精含量刚刚超过危险驾驶罪的入罪标准,又因危险驾驶罪最高刑期也仅为拘役6个月,考虑到罪刑相适应,故对刚刚达到醉酒驾车标准的被告人而言,其犯罪情节相对较轻。

其次,危险驾驶行为是否造成人身、财产损失应是危险驾驶罪的量刑因素之一。危险驾驶是危害公共安全的危险犯,其是否造成危害后果虽不影响定性,但是否造成危害后果将直接影响量刑。本罪罪名的设立最根本的目的是减少酒后驾车造成的高发交通事故,若酒后驾车导致的事故造成严重的人身、财产损害,则会由交通肇事罪或其他罪名予以调整,本罪主要还是起着一种预防与警示作用,防止一般的酒后驾车行为演变为重大的交通事故。不同人对醉酒的主观感受及酒后辨别能力不同,有些人沾酒即醉,有些人却"千杯不醉",不同主观感受的人酒后驾车所带来的潜在危险性也是不尽相同的,这一点仅仅依靠驾驶人体内酒精含量的高低区分并不十分精准,但对于发生轻微事故但又不构成交通肇事罪或其他罪名的,有理由认为这部分机动车驾驶人员辨别能力较低、人身危险性大,故对这类触犯危险驾驶罪的被告人应从重处罚,且不宜适用定罪免刑及缓刑。本案被告人池万亨是在开车回家路途中,遇到交警查车被查获的,未发生任何事故,故在量刑时也不具备从重处罚情节。

最后,还要综合考虑被告人认罪态度、过往有无违法犯罪记录等因素量刑。刑法的根本目的在于预防犯罪,采取何种刑罚都只是为了达到该目的的手段。被告人的悔罪态度、过往表现等都一定程度上反映被告人再犯罪的可能性。本案被告人池万亨主观上已认识到酒后驾车的错误,从被交警查车开始一直主动配合司法机关的调查,如实供述自己的罪行,悔罪态度较好。客观上被告人过往并无其他犯罪违法行为,也无交通违章行为,过往表现较好,是"初犯"。因此被告人池万亨再犯罪的可能性较小,刑法预防犯罪的目的已达到。同时,对于被告人池万亨是为尽快回家送生病女儿去医院就医而酒后驾车的特定案发事由,在量刑时可作为酌定从轻处罚情节予以考虑。被告人的辩解可视为其犯罪动机,对其构成危险驾驶罪的认定是不产生任何实质性影响。但犯罪动机也反映被告人犯罪的主观恶性程度,是量刑的酌定情节。被告人清楚醉驾入刑的法律规定,明知故犯的原因是救女心切,其犯罪的主观恶性也较没有任何理由的犯罪较轻,故该情节在量刑时可作为酌定从轻情节予以考虑。[1]

三、案件处理

广州市越秀区人民法院认为:被告人池万亨喝酒后在道路上仍驾驶机动车,经司法鉴定属醉酒驾车,危害社会公共安全,其行为已构成危险驾驶罪。鉴于被告人池万亨的危险驾驶行为尚未造成人员伤亡、财产损失等后果,其认罪态度较好,案发之前无醉驾记录,故采纳公诉机关建议对被告人池万亨判处免予刑事处罚的建议。依照《中华人民共和国刑法》第133条之一第1款、第37条之规定,于2011年11月1日判决如下:被告人池万亨犯危险驾驶罪,免予刑事处罚。

一审宣判后,被告人池万亨未上诉,公诉机关亦未抗诉,判决已发生法律效力。

四、分析思考

危险驾驶罪在讨论立法之时,即经历了醉酒驾驶是否有入罪必要性的争论,有的学者认为,将醉酒驾驶行为入罪,有利于完善现行的刑事法律,能有效地缓和交通安全的严峻现状,做到防患于未然。有的学者认为,道路交通安全问题严重化的根本原因是行政执法不严,而不是刑法缺位,将醉酒驾驶入刑不符合刑法谦抑原则,而且在实践中也会遇到实体上和程序上的双重难题。最后立法机关鉴于醉酒驾驶导致的恶性交通事故频发,社会公众的强烈要求,认为有必要在刑法上提前预防,决定将醉酒驾驶入罪。在草案讨论阶段,对于醉酒驾驶成罪是否需要情节严重也产生了分歧,对此,公安部、国务院法制办等部门研究后认为,醉酒驾车的标准是明确的,将在道路上醉酒驾驶机动车这种具有较大社会危害性的行为规定为犯罪是必要的,如果再增加情节严重等限制性条件,具体执行中难以把握,也不利于预防和惩处这类犯罪行为。[2] 如此才有了现在没有情节限制

---

[1] 最高人民法院中国应用法学研究所编:《人民法院案例选(季版)·2012年第2辑(总第80辑)》,人民法院出版社2012年6月第1版,第16页。

[2] 高铭暄、陈璐:《〈中华人民共和国刑法修正案(八)〉解读与思考》,中国人民大学出版社2011年版,第88~89页。

的规定。但是,在适用中又产生了醉驾行为是否一律入罪的争论。其中最有影响的是时任最高人民法院副院长张军的讲话,他在2011年5月10日在重庆召开的全国法院刑事审判工作座谈会上指出,各地法院具体追究刑事责任,应当慎重稳妥,不应仅从文意理解《刑法修正案(八)》的规定,认为只要达到醉酒标准驾驶机动车的,就一律构成刑事犯罪,要与修改后的道路交通安全法相衔接。也就是说,虽然《刑法修正案(八)》规定追究醉酒驾驶机动车的刑事责任,没有明确规定情节严重或情节恶劣的前提条件,但根据《刑法》总则第13条规定的原则,危害社会行为情节显著轻微危害不大的,不认为是犯罪。对在道路上醉酒驾驶机动车的行为需要追究刑事责任的,要注意与行政处罚的衔接,防止可依据道路交通安全法处罚的行为,直接诉至法院追究刑事责任。张军副院长的这番讲话,立即在社会上掀起了轩然大波,理论界对此也展开了广泛的探讨。有的学者认为醉驾不必一律入罪符合刑法实质解释的要求,体现了罪刑法定原则保障人权的精神。[①] 有的学者认为酒精含量80mg/100ml就是醉驾入罪的标准,行为人只要醉酒以后驾驶机动车的,即构成危险驾驶罪一律入刑。[②] 另有学者持相对折中的立场,认为由于醉酒驾车就是酒后驾车的恶劣情节,因而凡是故意在公共交通管理范围内醉酒驾驶机动车的,完全符合修正后的《刑法》第133条之第1款的规定,应当以危险驾驶罪追究刑事责任。但是,应当负刑事责任并不意味着实际有用刑的必要,在实践中,行为人虽有故意醉酒驾车的行为,但既未发生交通事故,又系初犯,且在案发后有自首、坦白等从宽量刑情节,综合全案考量属于犯罪情节轻微不需要给予刑罚处罚的,在审查起诉阶段可作相对不诉处理,在审判阶段则可作免予刑事处罚的判决。[③]

可见,醉酒驾驶的罪与非罪,在立法和适用中均是非常有争议的问题,醉酒驾驶成罪没有情节要求,更多是从一般预防角度进行的考虑,也是为了减少执法上的困难。但一种行为成罪与否,也应考虑合理限制刑罚触角的广度,考虑司法资源的承受能力,更应考虑实际的社会危害性和具体的社会效果。在危险驾驶罪适用的过程中,应考虑到本罪的争议性,如果出现确实比较特殊的案件,按非罪化处理和刑罚目的不相冲突,能为社会公众所接受的话,完全可以不启动刑事诉讼。

回到本案,当天被告人池万亨的女儿高烧不退,体温39.5摄氏度,其俄罗斯籍妻子妻子中文不好与他人沟通困难,当她打电话给被告人池万亨时,出于正常人的情感,必定焦虑万分,必有马上回到妻女身边的急迫心情。从社会伦理的角

[①] 周详:《"醉驾不必一律入罪论"之思考》,《法商研究》2012年第1期。
[②] 殷磊:《论刑法第13条功能定位——兼论(醉酒型)危险驾驶罪应一律入刑》,《政治与法律》2012年第2期。
[③] 田宏杰:《"醉酒驾车"刑事案件的规范适用》,《人民检察》2011年第20期。

度,这种情感是可理解的,在这种情感之下的行为,是可原谅的。而且被告人池万亨血液中酒精含量为 84.2 mg/100 ml,稍高于法定标准,违法性相对较弱。综合被告人池万亨一贯表现,归案后的态度,法院作出免除处罚的判决,是合理的。甚至,对本案不启动刑事诉讼,通过行政处罚来处理,或许更符合刑法谦抑精神和社会的人道情怀。

15. 郝卫东盗窃案

——如何认定盗窃罪"情节轻微,不需要判处刑罚"

一、基本案情

被告人郝卫东1989年7月24日出生,系被害人郝喜厚亲侄孙。2008年4月28日上午11时许,郝卫东到府谷镇阴塔村郝喜厚家院内,见院中无人,想到债主逼债,便产生盗窃还债之念。郝卫东随后在院内找了一根钢筋棍,将窗户玻璃打碎进入室内,又在室内找了把菜刀,将郝喜厚家写字台的抽屉撬坏,盗走该抽屉内放的现金53000元,然后将其中49000元存入银行,剩余4000元还债。当日下午,郝卫东被公安人员抓获。破案后,存入银行的赃款49000元全部追回退还失主,剩余4000元由郝卫东父亲郝建国代其赔偿给失主。被害人郝喜厚强烈要求免除被告人的处罚。

二、争议焦点

按当时当地的量刑标准,本案被告人郝卫东盗窃数额特别巨大,根据《刑法》规定应处10年以上有期徒刑。但本案发生在亲友之间、被告人郝卫东刚满18周岁、且被害人强烈要求免除被告人的处罚,考虑到这些特殊情况,本案可否认定为"情节轻微,不需要判处刑罚"? 对此,在本案审理过程中形成了两种意见:

一种意见认为,本案虽然具有多个从宽情节,但是毕竟属于数额特别巨大,不适合判处免予刑事处罚。

另一种意见认为,虽然盗窃数额特别巨大,但是发生在有密切关系的亲属之间,被害人表示谅解且不希望追究被告人刑事责任,所盗窃财物于案发当日绝大部分追回,并未造成被害人实际损失,被告人犯罪时刚刚成年,犯罪主观恶性不深,犯罪实际造成的危害范围和程度有限,根据立法精神和宗旨,可以适用《刑法》第37条规定,认定郝卫东的盗窃行为"情节轻微,不需要判处刑罚",判处被

---

① 案例来源:《最高人民法院公报》2011年第5期,第43~45页。

告人郝卫东免予刑事处罚。①

三、案件处理

陕西省府谷县人民法院一审认为：

被告人郝卫东以非法占有为目的，秘密窃取他人财物，数额特别巨大，其行为构成盗窃罪。本案盗窃数额巨大，按照《刑法》规定应在10年以上量刑。② 但是在对郝卫东量刑时有以下几点酌定从轻情节考虑：1. 被告人确系被害人郝喜厚的亲侄孙，从小与被害人生活在一起，双方关系密切，感情较好。双方关系虽非《中华人民共和国刑事诉讼法》(1996) 第82条所规定的"近亲属"，但属于五代以内的旁系血亲，属亲属关系。其盗窃自己亲属财物之行为有别于其他盗窃行为，在量刑时也应该区别对待。2. 被告人所盗窃的赃款在案发当天仅隔数小时后即被追回，未给被害人造成任何经济损失。3. 被害人强烈要求法庭对被告人免除处罚，案发后，郝喜厚先后到公、检、法部门反映，要求免除被告人的处罚，称如果因其报案导致被告人受到刑罚处罚，两家的关系难以处理好，且村里人也认为他得理不饶人。4. 郝卫东归案后认罪态度较好，且系初犯。辩护人的相关辩护意见予以采纳。据此，陕西省府谷县人民法院依照《刑法》第264条、第63条第2款、第64条，于2008年9月25日判决如下：被告人郝卫东犯盗窃罪，判处有期徒刑5年，并处罚金20000元。

一审宣判后，被告人郝卫东没有上诉，公诉机关也没有抗诉。因系法定刑以下判刑案件，经逐级层报陕西省榆林市中级人民法院、陕西省高级人民法院复核同意后报请最高人民法院核准。

最高人民法院经复核，确认了一审查明的事实。最高人民法院认为，本案虽然盗窃数额特别巨大，但是发生在有共同生活背景的紧密亲属关系之间，被害人郝喜厚表示谅解且不希望追究被告人郝卫东刑事责任，所盗窃财物于案发后随即追回，并未造成被害人实际损失，被告人犯罪时刚刚成年，犯罪主观恶性不深，犯罪实际造成的危害范围和程度有限，根据案件的特殊情况，应当认定为《刑法》第37条规定的"情节轻微，不需要判处刑罚"的情形。原判对郝卫东在法定刑以下判处的刑罚量刑仍属过重。据此，最高人民法院依照《刑法》第63条第2款和最高人民法院《关于执行〈中华人民共和国刑事诉讼法〉若干问题的解释》

---

① 中华人民共和国最高人民法院刑事审判第一、二、三、四、五庭主办：《刑事审判参考》，2010年第2集（总第73集），法律出版社2011年版，第54页。

② 按1998年《最高人民法院关于审理盗窃案件具体应用法律若干问题的解释》，个人盗窃公私财物价值人民币3万元至10万元以上的，为"数额特别巨大"。陕西省根据1998年司法解释确定的数额特别巨大的标准为：关中地区5万元，陕南、陕北地区4万元。2013年《最高人民法院、最高人民检察院关于办理盗窃刑事案件适用法律若干问题的解释》将数额特别巨大的标准调整为30万至50万元。

第270条的规定,于2009年11月20日裁定如下:

1. 不核准陕西省府谷县人民法院(2008)府刑初字第103号对被告人郝卫东以盗窃罪,在法定刑以下判处有期徒刑5年,并处罚金人民币20000元的刑事判决。

2. 撤销陕西省府谷县人民法院(2008)府刑初字第103号对被告人郝卫东以盗窃罪,在法定刑以下判处有期徒刑5年,并处罚金人民币20000元的刑事判决。

3. 发回陕西省府谷县人民法院重新审判。

陕西省府谷县人民法院经重新审理认为,被告人郝卫东以非法占有为目的,秘密窃取他人财物,且数额特别巨大,其行为已构成盗窃罪,公诉机关指控罪名成立,依法应予惩处。依据最高人民法院《关于审理盗窃案件具体应用法律若干问题的解释》第1条第(四)项,偷拿自己家的财物或者其近亲属的财物,一般可不按犯罪处理;对确有追究刑事责任必要的,处罚时也应与一般盗窃案件有所区别。本案中,被告人与被害人郝喜厚虽不是法定的近亲属,但被告人系被害人的亲侄孙,属五代以内旁系血亲,且被告人从小就和被害人一起生活,二人亲情深厚,在被告人犯罪后,被害人多次向法庭要求对被告人从宽处理。被告人归案后认罪态度好,悔罪表现明显,且所盗款项大部分被及时追回,不足部分也由其亲属退赔给了失主。综合考虑本案被告人的犯罪情节、危害后果及其悔罪表现,被告人的犯罪行为应属《刑法》第37条规定的"犯罪情节轻微,不需要判处刑罚"的情形,故可对被告人免予刑事处罚。据此,陕西省府谷县人民法院依据《刑法》第264条、第37条、第64条,于2010年1月14日判决如下:被告人郝卫东犯盗窃罪,免予刑事处罚。

宣判后,被告人郝卫东未提出上诉,公诉机关也未提出抗诉,判决已发生法律效力。

四、分析思考

犯罪的社会危害性主要由犯罪的构成条件决定,但是犯罪构成条件不是决定犯罪社会危害性的唯一因素。犯罪构成条件虽然在大多数犯罪中是最关键的因素,但无论如何只是对事实片段性的评价。立法将某些条件抽取出来,作为犯罪的构成条件,这是基于一般认识而做的归纳。但是,社会生活是复杂的,犯罪的事实交错了各种社会关系,犯罪的内容不会仅限于法律所规定的构成要件,犯罪的社会危害性也不会仅决定于犯罪的构成条件。虽具备犯罪的构成条件,但如果还存在其他因素,比如阻却违法性行为、特殊附随情状,就不能认定为违法或进行刑事追究。同样,在犯罪情节的判断上,虽具有法定的严重情节,但同时也具有其他特殊情况的,可以判断为情节轻微。法律规定和司法解释,不可能全部列举量刑的情节,没有列举到的量刑情节,会和法律所列举的情节具有法律精神上的一致性,甚至酌定情节在犯罪的社会危害性评价上比法定情节具有更重要的作用,只有整体、全面评价,才能合理认定犯罪的情节和社会危害性。所以,一些行为人虽没有法律和司法解释规定的情节轻微的情节,但是,实际情况完全可能是轻微的。对于这些情节,需要法官在适用法律的过程中,根据法律精神进行合理评判。"正因为如此,刑法预留了司法自由裁量的空间,《刑法》第13条规定'情节显著轻微危害不大的,不认为是犯罪',第37条规定'情节轻微不需要判处刑罚的,可以免予刑事处罚',第63条第2款规定了法定刑以下判刑的情况,来缓解成文法特别是我国刑法法定刑规定模式下僵化的问题。"①犯罪是发生于社会生活中的事实,对此的评价,必须放在具体的、普遍联系的社会生活中进行。霍姆斯说:"法律的生命不在于逻辑,而在于经验。"用社会一般人的理性和生活经验去感知所发生的案件,对于合理的裁判具有非常重要的意义。

　　我国《刑法》分则每个法定的量刑幅度比较小,一个罪一般设立几个量刑幅度,并根据法定的情节来确定具体的量刑幅度,以限制法官的自由裁量权,落实罪刑法定原则。但相对确定化的结果,会使有些案件在适用中出现不均衡的情况。在审理盗窃案件中,盗窃数额是判断犯罪情节及社会危害性的重要依据,但不是唯一依据,还应综合考虑案件其他情节及被告人的主观恶性和人身危险性等因素。如果盗窃犯罪的案情特殊,综合判断犯罪情节确属轻微的,即使犯罪数额巨大,也可以免予刑事处罚。判断某一盗窃犯罪行为是否属于《刑法》第37条的"情节轻微",要根据《刑法》及相关司法解释的规定,综合考虑犯罪手段、犯罪对象、退赃情况及社会反应等情况,客观评价刑罚处罚的必要性。在案件具有特殊的事实、情节等情况下,要切实贯彻落实宽严相济的刑事政策,真正做到正确裁量、罪刑相当。② 2013年《最高人民法院、最高人民检察院关于办理盗窃刑事案件适用法律若干问题的解释》第7条规定:"盗窃公私财物数额较大,行为人认罪、悔罪、退赃、退赔,且具有下列情形之一,情节轻微的,可以不起诉或者免予刑事处罚;必要时,由有关部门予以行政处罚:(一)具有法定从宽处罚情节的;(二)没有参与分赃或者获赃较少且不是主犯的;(三)被害人谅解的;(四)其他情节轻微、危害不大的。"司法解释的规定说明在盗窃犯罪的成立上,数额不是唯一的判断标准,应结合其他多种情节综合判断。同样,数额也不应该成为量刑幅度的唯一标准,在达到数额特别巨大的情况下,具有特殊情况,依然可以认为情节轻微的犯罪。

---

　　① 中华人民共和国最高人民法院刑事审判第一、二、三、四、五庭主办:《刑事审判参考》,2010年第2集(总第73集),法律出版社2011年版,第56页。
　　② 本案裁判要旨,参见《最高人民法院公报》2011年第5期,第43页。

本案被告人郝卫东和被害人郝喜厚属于亲侄孙关系,属于五代以内旁系血亲,更为重要的是,被告人从小就和被害人一起生活,二人亲情深厚。当时适用的1998年《最高人民法院关于审理盗窃案件具体应用法律若干问题的解释》第1条第4项规定:"偷拿自己家的财物或者近亲属的财物,一般可不按犯罪处理;对确有追究刑事责任必要的,处罚时也应与在社会上作案的有所区别。"目前有效的《最高人民法院、最高人民检察院关于办理盗窃刑事案件适用法律若干问题的解释》第8条规定:"偷拿家庭成员或者近亲属的财物,获得谅解的,一般可以不认为是犯罪;追究刑事责任的,应当酌情从宽。"司法解释如此规定的理由,一方面在于血缘关系,另一方面在于因血缘而形成的感情连接,获得谅解也是不作为犯罪处理的条件。获得谅解说明有亲情,不获得谅解说明虽亲但没有情。可见,血缘和亲情同时作为非罪处理的依据,亲情甚至更为关键。法定的近亲属范围是直系血亲和3代以内的旁系血亲,被告人郝卫东和被害人虽然在血缘上超过3代,但毕竟有血缘关系,而且具有符合法律精神实质的亲情的因素。据本案辩护人表示,被告人和被害人之间还有一份遗赠协议,被告人和被害人不是近亲属胜似近亲属。案件发生后,被害人强烈要求司法机关对被告人免除处罚,他不希望郝卫东被处罚,更不希望郝卫东是由于自己的原因而被处罚。这种要求是可以理解的,也是必须重视的。刑法的任务在于维持一个良好的社会秩序,一旦郝卫东被处罚,势必会影响到被害人与郝卫东的关系,也会影响到亲属之间在今后生活中的交往,不利于社会的和谐稳定。刑法的目的是保护人民,除开一般意义上的保护,还包括具体被害人的保护。刑法的适用如果不考虑被害人的意愿并导致不利于其今后的生活,就偏离了刑法的目的。

近亲属之间的盗窃行为在处理时和一般的盗窃行为不同,从行为人的角度看,在于盗窃的特定性。这种特定的情景性,会使行为人产生在一定程度上会被亲属宽恕的潜意识,亲属关系和亲情是行为人盗窃的心理支撑,这种盗窃行为不能说明行为人违反法秩序的坚决性和持续性,在刑罚一般预防和特殊预防的必要性上是很弱的。本案被告人郝卫东的盗窃行为发生于和近亲属类似的社会关系中,犯罪时刚年满十八周岁,又系初犯,归案后认罪态度好,积极退赃,危害状态得以恢复,被害人谅解并强烈要求免刑,可以认为情节轻微。本案判决最终认定被告人郝卫东构成犯罪,考虑到了被告人和被害人不属于3代以内的旁系血亲;免除处罚,考虑到了具有血缘关系和亲情的因素,是一种比较均衡的处理结果。

16. 药家鑫故意杀人案①

——交通事故后下车刺杀被撞者后自首的,能不能适用死刑

一、基本案情

2010年10月20日22时30分许,被告人药家鑫驾驶陕A419N0号红色雪佛兰小轿车从西安外国语大学长安校区由南向北行驶返回西安市区,当行至西北大学西围墙外翰林南路时,将前方在非机动车道上骑电动车同方向行驶的被害人张妙撞倒。药家鑫下车查看,见张妙倒地呻吟,因担心张妙看到其车牌号后找麻烦,即拿出其背包中的一把尖刀,向张妙胸、腹、背等处捅刺数刀,致张妙主动脉、上腔静脉破裂大出血当场死亡。杀人后,药家鑫驾车逃离,当行至翰林路郭南村口时,又将行人马海娜、石学鹏撞伤,西安市公安局长安分局交警大队郭杜中队接报警后,将肇事车辆扣留待处理。同月22日,长安分局交警大队郭杜中队和郭杜派出所分别对药家鑫进行了讯问,药家鑫否认杀害张妙之事。同月23日,药家鑫在其父母陪同下到公安机关投案,如实供述了杀人事实。

公诉机关陕西省西安市人民检察院指控,被告人药家鑫开车撞人后,又持刀故意非法剥夺他人生命,情节恶劣,后果严重,应以故意杀人罪追究其刑事责任。

二、争议焦点

本案发生后,在舆论上掀起了巨大波澜,在长达几个月时间里,药家鑫的名字成为舆论热词。在杀和不杀的问题上,虽然杀是主流意见,但辩论的过程却异常激烈。

主张对药家鑫适用死刑并立即执行的意见认为,药家鑫在撞人之后,不但不救人,反而为了逃避责任,对被害人连刺8刀,造成被害人死亡。其罪行极其严重,主观恶性极深,人身危险性极大,应该适用死刑。其虽然有自首的情节,但是,自首"可以"从宽处罚,也"可以"不从宽。对于药家鑫这种极其严重的犯罪而言,虽自首,也可以不从宽。

---

① 案例来源:媒体报道。

主张对药家鑫适用死刑并缓期执行的意见认为，药家鑫是初犯、偶犯，平时表现较好。这次故意杀人犯罪，并不是预谋的，是由于突发性的事件和特定的场景导致其突然丧失人性。其犯罪后也真诚悔罪，自己和家属也愿意积极赔偿。关键是有自首情节，凡自首的，一般应从宽处罚，可以不立即执行死刑。

三、案件处理

一审法院西安市中级人民法院认为，被告人药家鑫在发生交通事故后，因担心被害人张妙看见其车牌号以后找其麻烦，遂产生杀人灭口之恶念，用随身携带的尖刀在被害人胸、腹、背等部位连刺数刀，将张妙杀死，其行为已构成故意杀人罪。被告人药家鑫在公安机关未对其采取任何强制措施的情况下，于作案后第四日在父母的陪同下到公安机关投案，并如实供述了犯罪事实，其行为具备了自首的构成要件，依法属于自首。对药家鑫的辩护律师所提药家鑫的行为属于激情杀人的辩护理由，经审查认为，激情杀人一般是指由于被害人的不当言行引起被告人的激愤而实施杀害被害人的行为，本案被害人张妙从被撞倒直至被杀害，没有任何不当言行，被告人药家鑫发生交通事故后杀人灭口，明显不属于激情杀人，故辩护律师的此项辩护理由不能成立。对药家鑫辩护律师所提药家鑫系初犯、偶犯，并建议对其从轻处罚的辩护理由，经审查认为，初犯、偶犯作为从轻处罚的情节，只适用于未成年人犯罪和情节较轻的犯罪，对故意杀人这样严重的刑事犯罪，尤其是本案如此恶劣、残忍的故意杀人犯罪，显然不能从轻处罚，故辩护律师的此项辩护理由亦不能成立。药家鑫及其父母虽愿意赔偿附带民事诉讼原告人的经济损失，但附带民事诉讼原告人不接受药家鑫父母期望获得对药家鑫从轻处罚的赔偿，故不能以此为由对药家鑫从轻处罚。被告人药家鑫作案后虽有自首情节并当庭认罪，但纵观本案，药家鑫在开车将被害人张妙撞伤后，不但不施救，反而因怕被害人看见其车牌号而杀人灭口，犯罪动机极其卑劣，主观恶性极深；被告人药家鑫持尖刀在被害人前胸、后背等部位连捅数刀，致被害人当场死亡，犯罪手段特别残忍，情节特别恶劣，罪行极其严重；被告人药家鑫仅因一般的交通事故就杀人灭口，丧失人性，人身危险性极大，依法仍应严惩，故药家鑫的辩护律师所提对药家鑫从轻处罚的辩护意见不予采纳。最终一审法院判决被告人药家鑫犯故意杀人罪，判处死刑，剥夺政治权利终身。

药家鑫不服一审判决，向陕西省高级人民法院提起上诉。

陕西省高级人民法院经审理认为，一审认定药家鑫故意杀人犯罪的事实清楚，证据确实、充分。药家鑫开车撞倒被害人张妙后，为逃避责任将张妙杀死，其行为构成故意杀人罪。药家鑫在作案后第四天由其父母带领到公安机关投案，如实供述犯罪事实，构成自首，但药家鑫开车将被害人撞倒后，为逃避责任杀人灭口，持尖刀朝被害人胸、腹、背部等处连续捅刺，将被害人当场杀死，其犯罪动机极其卑劣,手段特别残忍,情节特别恶劣,属罪行极其严重,虽系初犯、偶犯,并有自首情节,亦不足以对其从轻处罚。原审判决定罪准确,量刑适当,程序合法,故裁定驳回药家鑫的上诉,维持原判,并依法报请最高人民法院核准。

最高人民法院经复核认为,被告人药家鑫开车撞倒被害人张妙后,又持刀将张妙杀死,其行为构成故意杀人罪。药家鑫仅因交通肇事将被害人撞倒后,为逃避责任杀人灭口,持尖刀朝被害人胸、腹、背部等处连续捅刺数刀,将被害人当场杀死,其犯罪动机极其卑劣,手段特别残忍,情节特别恶劣,后果特别严重,属罪行极其严重。药家鑫在作案后第四天由其父母带领到公安机关投案,如实供述犯罪事实,构成自首,但不足以从轻处罚。第一审判决、第二审裁定认定的事实清楚,证据确实、充分,定罪准确,量刑适当,审判程序合法,故依法作出核准死刑的裁定。

四、分析思考

药家鑫被判处了死刑,但药家鑫是否属于非杀不可的犯罪分子?2007年最高人民法院、最高人民检察院、公安部、司法部联合发布的《关于进一步严格依法办案确保办理死刑案件质量的意见》表示,"我国现在还不能废除死刑,但应逐步减少适用,凡是可杀可不杀的,一律不杀。"本书认为,药家鑫属于"可杀可不杀"中的一个。

《刑法》第48条规定:"死刑只适用于罪行极其严重的犯罪分子。对于应当判处死刑的犯罪分子,如果不是必须立即执行的,可以判处死刑同时宣告缓期二年执行。"2010年最高人民法院《关于贯彻宽严相济刑事政策的若干意见》第29条规定:"对于罪行极其严重,但只要是依法可不立即执行的,就不应当判处死刑立即执行。"所谓罪行极其严重,是指客观危害极大、犯罪人主观恶性极深。药家鑫故意杀人罪行极其严重,但是在所有极其严重的犯罪中,药家鑫并不属于非杀不可的一个。直接故意杀人的恶,在于其强烈的攻击性,行为人攻击性的强弱,也就成为了恶性程度的一个标尺。如果一个人的案发行为具有强烈的主动攻击性,并从其行为和心理特点看,其攻击性将会在其行为方式中延续,那么,就属于可杀之人。而如果一个人由于特定的事项、特定的环境而导致杀人,并从其行为特点看并没有可能延续其危险性格,那么,就可以考虑不杀。

药家鑫案的起因是个偶然的事件,地处相对僻静之处,当事故发生时,药家鑫或明或潜的意识是闯大祸了,他面临一个以他的身份、年龄来看非常沉重的事实,父母、学校、赔偿、前途等问题在一瞬间聚集,这时,他内心之恶开始骚动,而当时僻静的环境,又恰恰突破了药家鑫的道德控制线。人类的反社会倾向在文明社会是通过道德约束的,即或者通过在人心中形成道德信念或者通过环境的力量加以制约。当一个人的恶根本无法通过内外方式遏制,其恶性当然是强的;

而一个人的恶只在环境力量突然缺失的情况下因压力而触发,其恶性相对是弱的。人们在监控减弱时,其恶性就容易流露,开车时,碰了他人停靠在路边的车,逃之夭夭者众;广场上无人时,乱扔垃圾的多。但我们不能说,没有人监督而乱来,是最可恶的。机会,从来是犯罪的重要成因,利用机会和创造机会,恶性是不能等同的。分析药家鑫的杀人行为,在其心理上,其内心深处的恶魔,利用了压力撕破的内在道德的缺口,使其向自我维护的方向倾倒,并在电光火石之间利用了环境监控的缺失,实施了杀人行为。在恶性容易骚动的地方,其可责罚性,必然是弱的。药家鑫的恶,并不强于一般的故意杀人罪,其恶和全民关注、全民愤慨的局面是不相匹配的。

犯罪本是道德丧尽的行为,我们只是在道德丧尽的平台上评价其恶的程度。如果纠结于药家鑫已经把人撞伤了,非但不救,反而把人杀死这一点,实际上还是在一个轻责任的平台上讨论药家鑫的行为,因为,人们还在和他讲救人,对十足的恶魔,人们是不会探讨他该不该救人的问题的。如此,反过来可以认为,人们事实上承认了药家鑫不是非杀不可的人。

其连刺8刀的行为对于残忍性也不具有格外的添加属性,只不过是在特定的情形下,在既定目的支配下,为达到被害人死亡的结果而实施。人们在行为时,当不能用充足时间判断目的是否达成时,必然会超出常规地加功,以确保追求的结果能够出现。所以,药家鑫的8刀,是在其看来非常紧迫的情况下实施,他的犯意既已形成,快速、确定地造成对方死亡,是通常的发展方向。这个方向并不能说明药家鑫比之一般的故意杀人罪具有更强的恶性。在这种确定心理的支配下,如果以另一种方式,比如一刀断脖,那么,虽是一刀,但其惨状并不弱于8刀,反而可以认为,药家鑫一共用了8刀才能最终形成确信,其下刀过程是伴随内心的颤抖。当我们面对8刀的惨状无比愤怒时,不能不考虑,药家鑫仅刺1刀等待被害人死亡,或刺1刀后直接离开犯罪现场是否符合犯罪人心理和犯罪行为的正常发展?所以,既是犯罪行为的当然发展,就不应该有恶性的额外说明作用。如果药家鑫的8刀是用来慢慢折磨死被害人的,那么我们可以说,这8刀是恶极的8刀。换个角度,假设作案的不是药家鑫,而是另外一个人,在相同的场景下,又会如何完成杀人行为呢?如果其行为方式基本和药家鑫一样的话,那么,也就说明了药家鑫的8刀不具有额外恶性的说明力。

民众愤怒于药家鑫面对被害人的抵挡、躲闪,甚至可能的哀求而依然刺杀,实际上还是在一个轻责任的平台上评价药家鑫。如果药家鑫因对方躲闪、哀求而停下,他就是犯罪中止了,刑期不会超过10年,和一个刑期不会超过10年的行为放在一起讨论,显然并不具有特别恶性的说明力。这是在适用死刑的平台上讨论问题,必须讨论对残忍性具有特别说明力的因素,通常杀人案都会出现的被害人的恐惧反应对恶性程度增加不多。有学者表示:"因此,从犯罪过程来看,药家鑫杀人时,侵害对象是一个手无寸铁且急需救助的被害人,手持的是足以致命的凶器,选择的是足以致命的部位,采用的是足以致命的手段。这些清晰表明,药家鑫故意杀人的犯罪手段极其残忍,情节极其严重。"①如果不是这位学者表述的致命凶器、致命部位、致命手段,还是故意杀人吗?即这位学者只是表述了杀人行为的基本特性而已,对于特别恶性,并没有说明力,并不能表明药家鑫的杀人行为在故意杀人罪中属于"极其残忍"的。

药家鑫开车逃跑时再次撞击行为,对于主观恶性也无另外说明作用。我们不能期待其在前行为后不会逃跑。逃跑时再出事故,除说明客观危害增加外,也可说明其内心的慌乱,说明其不是一个具有极致危险性格的人。

恶和恶的程度,在某种意义上是没办法具体确定的,罪行极其严重,终究也是一个弹性十足的表述。纵使药家鑫有恶性被偶然激发的因素,但也可以说,不足以减轻其恶,其依然当诛。这时,进行比较评判或许是个角度。甲因为被恋人抛弃,持刀刺杀对方,对方受伤后逃跑,跑出100米被甲追上,最终被刺死。甲逃亡后,最终自首。甲之恶弱于药家鑫吗?从理性的角度,相对于药家鑫的一念之差,甲是蓄谋而为;相对于药家鑫前面的过失行为,甲是故意杀人;相对于药家鑫后面的场景触发,甲是绝不放过;相对于药家鑫的压力汇聚,甲并没有什么损失。但是如果甲自首后判死缓,估计不会有什么异议。再如甲抢劫时因被害人反抗而将其杀害,后甲自首。相对于药家鑫的一念之差,甲是蓄意抢劫;相对于药家鑫前面的过失行为,甲是夺财行为;相对于药家鑫杀人卸压,甲是人财双夺。但甲自首后判死缓也不会有异议。通过比较,我们就可以直观地发现,如果抛开情绪性的因素,药家鑫并不是必杀之人。

有学者表示,"事实上,如果药家鑫只是劫财杀人,人们的愤怒程度或许还不至于如此强烈。有种种研究和观察表明,某种行为越是无法理解,人们的道德情感反应往往越为强烈。"②事实确实如此,但是我们不能根据人们的愤怒程度来判断恶性的大小。正如这位学者表述的,人们的愤怒程度跟事物的惯常性有关。虽然是恶,但如果习以为常,心理上也就有了免疫力,在情感上不会强烈反应;但如果是罕有的,或是新的,在人们心理上形成的冲击当然大。但人们的心理反应大小、愤怒程度,并不和恶的程度成直接的正相关关系。有时从犯罪角度看并不算严重的行为,在人们的情感上也会造成极大的反应,比如地铁上变态的猥亵行为,幼儿园老师虐待幼儿的行为,在人们情感上的反应都异常强烈,而人们对某一抢劫案可能无动于衷,但我们并不能说这些行为的恶性强于抢劫。恶只和具体的法益侵害程度以及行为人的人身危险性相关。

---

① 吴允锋:《药家鑫案死刑适用分析》,《青少年犯罪问题》2011年第3期。
② 朱苏力:《从药家鑫案看刑罚的殃及效果和罪责自负》,《法学》2011年第6期。

自首是表示犯罪人向善回归的行为,自首通常情况下是一定要从宽,不然,必没有所谓的惩戒效应,只会增加更多亡命之徒。《刑法》第 48 条规定,对于应当判处死刑的犯罪分子,如果不是必须立即执行的,可以判处死刑同时宣告缓期二年执行。刑法没有对"不是必须立即执行的"明文规定,但学界通说认为,犯罪后自首宜认定为"不是必须立即执行的"。① 2010 年最高人民法院《关于贯彻宽严相济刑事政策的若干意见》第 17 条规定:"对于自首的被告人,除了罪行极其严重、主观恶性极深、人身危险性极大,或者恶意地利用自首规避法律制裁者以外,一般均应当依法从宽处罚。"2007 年最高人民法院、最高人民检察院、公安部、司法部联合发布的《关于进一步严格依法办案确保办理死刑案件质量的意见》表示:"对具有法律规定'可以'从轻、减轻或者免除处罚情节的被告人,如果没有其他特殊情节,原则上依法从宽处理;对具有酌定从宽处罚情节的也依法予以考虑。"事实上,最高人民法院对于自首的,一般也不核准死刑。② 因为自首毕竟是法定的情节,虽然"可以"表示也可以不从宽,但默认的应该是从宽,通说也认为,自首在一般情况下都要从宽。③ 只有在特殊情况下,才不发挥从宽的作用。不然,如果都由法官自由裁量,法定情节和酌定情节就没有分别了。所以,对于自首不从宽的,判决必须要进行特别的论证,以充分的依据说明自首不从宽的理由。如果论证没有说服力,就不能否定自首的从宽作用。前文已经分析,药家鑫的行为在故意杀人罪中并不属于最恶劣的一类,并不足以否定自首发挥作用。药家鑫案的判决,实际上也没有对特别恶性进行充分论证,只是用形容词表述了一下结论,判决更多是受民意压力而作出的。

---

① 参见高铭暄、马克昌主编:《刑法学》,北京大学出版社、高等教育出版社 2014 年版,第 239 页;张明楷:《刑法学》,法律出版社 2011 年版,第 479 页。
② 《熊选国:最高法院在三种情况下不核准死刑》,http://view.news.qq.com/a/20110428/000003.htm,访问日期:2015 年 3 月 14 日。
③ 参见高铭暄、马克昌主编:《刑法学》,北京大学出版社、高等教育出版社 2014 年版,第 271 页。

17. 赵新正故意杀人案[①]

——如何认定自首的"已准备去投案"

一、基本案情

被告人赵新正，男，汉族，1953年11月6日出生，个体工商户。因涉嫌犯故意杀人罪于2009年12月31日被逮捕。2009年11月30日8时许，被害人马西滨(殁年31岁)到陕西省渭南市开发区夕阳红敬老院向被告人赵新正催要欠款时，二人发生争执，赵新正持匕首朝马西滨胸部等处捅刺数刀，致马西滨当场死亡。随后，赵新正将马西滨的尸体拖至卫生间，又驾驶马西滨的轿车将马的手机、手表、钱包等随身物品抛扔在前往西安市临潼区的路上，并将该轿车弃于临潼区常堡建材市场一门店前。之后，赵新正返回，在卫生间用菜刀将马西滨的尸体肢解，将尸块、作案用的匕首、肢解尸体用的菜刀、马西滨所穿衣服等物分别装入家中两个皮箱及纸袋内，并于次日凌晨抛于渭河中。2009年12月3日3时许，公安人员和赵新正通话，敦促其投案，赵新正并未明确表示要投案。当日18时许，公安人员在西安市将赵新正抓获，其被抓获时，公安人员从其身上提取到其于2009年12月1日书写的"投案自首情况说明"。

陕西省渭南市人民检察院以被告人赵新正犯故意杀人罪，向渭南市中级人民法院提起公诉。

二、争议焦点

本案的争议焦点在于被告人赵新正是否具有自首情节，即如何认定自首的"已准备去投案"和"正在投案途中"。

认定为自首的意见认为，《最高人民法院关于处理自首和立功具体应用法律若干问题的解释》(以下简称《解释》)第1条对自动投案作了扩大化解释。根据该条的规定，经查实确已准备去投案，或者正在投案途中，被公安机关捕获的，也应当视为自动投案。由于赵新正在被抓获时从其身上提取到其早已书写好的

[①] 案例来源：中华人民共和国最高人民法院刑事审判第一、二、三、四、五庭主办：《刑事审判参考》2012年第6集(总第89集)，法律出版社2013年版，第24~28页。

"投案自首情况说明",所以赵新正及其辩护人主张赵新正的行为符合扩大后"自动投案"的特征,赵新正的行为属于"准备去投案,或者正在投案途中,被公安机关捕获的",应当认定为"自动投案"。

不认定为自首的意见认为,"准备去投案"是在为投案做准备工作,而"正在投案途中"则表明投案的行为已经开始,即已经启程前往特定机关投案,只是由于时间和空间的差距而尚未完成投案即被抓获。具体到本案,被告人赵新正在被公安机关抓获时并未准备去投案,在案证据也不能证明赵新正系在投案途中被公安机关抓获,故不能认定其有自首情节。

三、案件处理

渭南市中级人民法院审理认为,被告人赵新正持械杀死被害人马西滨,其行为构成故意杀人罪。赵新正杀人手段残忍,情节特别恶劣,依法应予惩处。对赵新正及其辩护人所提赵新正有自首情节的辩解、辩护意见,经查,赵新正被抓获时,公安人员从其身上提取到其于2009年12月1日书写的"投案自首情况说明",但2009年12月3日3时许,公安人员在和赵新正通话,敦促其投案时,赵新正并未明确表示其要投案,且当日18时许,公安人员在西安市将其抓获后,其也未供述自己准备投案,故在案证据不能证明赵新正系在投案途中被公安机关抓获,不能认定其有自首情节。据此,依照《中华人民共和国刑法》第232条、第56条第1款、第36条第1款,渭南市中级人民法院以被告人赵新正犯故意杀人罪,判处死刑,剥夺政治权利终身。

一审宣判后,被告人赵新正上诉,提出其有自首情节,请求从轻处罚。

陕西省高级人民法院经公开审理认为,上诉人赵新正不能正确处理债务纠纷,持械杀死他人,并肢解尸体,其行为构成故意杀人罪。赵新正犯罪手段凶残,情节特别恶劣,社会危害性极大,应当依法严惩。关于赵新正的上诉理由,经查,虽然赵新正在被抓获时从其身上提取到其书写的"投案自首情况说明",但公安机关出具的"敦促赵新正投案自首的证明"及证人徐德仓的证言均证实赵新正尚无投案自首的准备,不能认定其有投案自首情节。原判认定的事实清楚,证据确实、充分,定罪准确,量刑适当,审判程序合法。据此,陕西省高级人民法院裁定驳回上诉,维持原判,并依法报请最高人民法院核准。

最高人民法院经复核认为,被告人赵新正不能正确处理债务纠纷,持刀杀死被害人马西滨并肢解尸体,其行为构成故意杀人罪。赵新正犯罪手段特别残忍,情节特别恶劣,罪行极其严重,应当依法严惩。第一审判决、第二审裁定认定的事实清楚,证据确实、充分,定罪准确,量刑适当,审判程序合法。据此,裁定核准陕西省高级人民法院维持第一审以故意杀人罪判处被告人赵新正死刑,剥夺政治权利终身的刑事裁定。

四、分析思考

根据《解释》第 1 条,除了主动、直接向司法机关投案外,犯罪嫌疑人具有"经查实确已准备去投案,或者在投案途中,被公安机关捕获的"情形的,也应当视为自动投案。但是,被告赵新正的行为并不符合"准备去投案"或"在投案途中",不能认定其有自首情节。是否认定为"确已准备去投案,或者在投案途中",不能仅凭是否表示过自首的想法,而是应该从整体上进行判断。如有学者认为,对犯罪嫌疑人"确已准备去投案,或者在投案途中"的认定应当根据主客观相统一原则,以其实施的活动,如被捕获时是否反抗、是否准备外逃、有无在第一时间如实供述犯罪等为基础,综合考虑事前、事中以及事后的各种行为表现进行整体判断。对那些仅有投案想法的纯心理活动,客观上无任何投案行为或意思表示的犯罪嫌疑人不能认定为自动投案。① 所以,认定自首要从主客观两方面判断,首先,从主观上讲,犯罪嫌疑人要具有真实的投案意思,即不论出于何种投案动机,犯罪嫌疑人必须具有自动投案的真实意思,要具有主动到案置于司法机关控制之下并接受司法机关审查处理的意思。其次,从客观上讲,"确已准备去投案"作为犯罪嫌疑人的主观心理状态,必然要通过客观行为表现出来。犯罪嫌疑人要有准备投案的表现,这是认定准备投案的关键,如犯罪嫌疑人在去投案前与亲戚朋友商谈准备前去投案,而且交代有关投案后的家事,或犯罪后明知他人报警而在现场等待,民警抓捕时无抗拒。只有确有证据充分证明犯罪嫌疑人有为投案而准备的客观表现时,才可认定准备投案。"确已准备去投案"不仅是一种纯心理活动,而且一定要有犯罪嫌疑人的言语或行为来进行佐证。有学者表示,如果犯罪嫌疑人仅有投案的意思,而在时间和条件都允许,没有正当理由的情况下,一直没有去投案的行为,或有外逃迹象,或抓捕时抗拒抓捕,就不能认定犯罪嫌疑人自动投案。②

以此为思路,从犯罪嫌疑人的主客观来分析本案被告人赵新正是否成立"确已准备去投案"。从主观上讲,不能认定被告人赵新正具有自动投案的意思。从赵新正身上提取到的其被抓获前两日书写的"投案自首情况说明"不能够说明其自动投案的主观心理,如果仅凭他自己写的一纸说明就可以认定为自首,那所有的犯罪分子都会用来作为逃避处罚的方法。所以,主要还是看有没有其他证据可以和"投案自首情况说明"相印证。证人徐德仓(赵新正的朋友)的证言证实了赵新正没有自首的意愿。徐德仓的证言证明,2009 年 12 月 1 日 9 时许,赵新正在西安市找到他,说因在渭南被黑社会追杀,想将经营的敬老院、垃圾

---

① 陈增宝:《如何认定犯罪嫌疑人确已准备投案》,《人民司法》2013 年第 24 期。
② 付加同:《准备投案型自首的认定》,《江苏经济报》2014 年 6 月 25 日第 B03 版。

场转让给他。12月2日,徐德仓领着赵新正与公司的股东见了面,商谈了转让财产之事。当晚,赵新正住在徐德仓的公司。12月3日赵新正被公安机关抓获。[①] 上述证言与赵新正的相关供述完全吻合,不仅反证了赵新正当时没有投案自首的准备,而且证明其有继续潜逃以逃避法律追究的意图。并且,从赵新正身上提取的"投案自首情况说明"落款时间是2009年12月1日,但其在12月3日被抓获前仍在实施转移财产的行为。由此表明,即使赵新正在书写该自首材料时确曾有投案的意图,但其投案的自动性也已经因其随后的行为而消失了。陕西省渭南市公安局高新区分局的侦查人员李进荣和孙亚莉出具的情况说明证实,赵新正没有主动投案的意愿。侦查人员李进荣和孙亚莉证明,2009年12月3日凌晨3至4时许,孙亚莉在看管赵新正的妻子时,赵新正给其妻子打电话,孙亚莉和李进荣多次敦促赵新正投案,而赵新正谎称自己在外地,两三天后回渭南自首,随后便将手机关机。赵新正对此情节一直供认,并在庭审中供称是为了拖延时间,因为还有转让财产之事没有处理完,不想让公安人员知道其行踪。上述证据证实,赵新正在书写"投案自首情况说明"之后的两天时间,不但未实施任何准备投案的行为,相反,在公安人员多次敦促下,还隐瞒真相,并争取时间转移财产。由此,足以证明其被抓获时没有投案自首的意图。因此,本案被告人不具有自动投案的主观心理意志。

从客观上讲,被告人赵新正在时间和条件都允许的情况下,没有正当理由却一直没有投案行为的发生,这一点已经不符合"确已准备去投案"或者"正在投案途中"应当视为自动投案的客观条件。根据公安机关出具的侦破经过证明,2009年12月3日18时许,公安人员在西安市一人行道上将从住处出来准备吃饭的赵新正抓获。并且,证人徐德仓的证言证明,2009年12月2日其领着赵新正和公司股东见面后,因转让财产事宜尚未谈妥,所以让赵新正暂住在其公司。而公安机关在次日敦促赵新正自首时,赵新正不仅隐瞒住处,关掉手机,还借故拖延时间,欲完成财产转让事宜。此外,案件中没有证据能证明赵新正具有准备离开证人徐德仓为其安排的住处的行为,如收拾行李、办理退房手续、向徐德仓告别等,也没有证据证明赵新正具有联系交通工具、购买返回渭南的车票等准备启程投案的行为。被告人赵新正在2009年12月1日书写"投案自首情况说明"之后的两天时间里,并未有任何准备投案的迹象。2009年12月3日18时许赵新正被抓获时,公安人员当时问赵新正出门干什么,其回答准备出去吃饭,而此刻确实是吃晚饭的时间。这也足以认定赵新正不属于在投案途中被抓获。

所以,本案被告人赵新正不具有自首情节。

[①] 本案相关证据参见中华人民共和国最高人民法院刑事审判第一、二、三、四、五庭主办:《刑事审判参考》2012年第6集(总第89集),法律出版社2013年版,第24~28页。

18. 李光耀等贩卖、运输毒品案①

——被告人未满十八周岁时曾因毒品犯罪被判刑,是否构成毒品再犯

一、基本案情

被告人李光耀,1992年2月15日因犯运输毒品罪(犯罪时未满十八周岁)被判处死刑,缓期二年执行②,剥夺政治权利终身,经减刑于2006年10月20日释放。2009年12月到2010年2月李光耀与鲁应和先后三次在耿马傣族佤族自治县孟定河外购得海洛因并出售。2010年2月26日,李光耀与李林利商定毒品交易事宜后,李林利安排同案被告人张争到南涧彝族自治县接取海洛因。李光耀与张争见面后,将海洛因放入张争驾驶的车牌号为云L97797的微型车上,由鲁应和所骑车牌号为云SH7991的摩托车在前探路,张争驾驶微型车携带海洛因跟随其后前往巍山彝族回族自治县。当日20时许,三人行至巍南公路洗澡塘路段时被公安人员相继抓获,当场从微型车后排座位下查获海洛因1737克。

云南省大理白族自治州人民检察院以被告人李光耀犯贩卖、运输毒品罪,向大理白族自治州中级人民法院提起公诉。

二、争议焦点

本案的争议焦点在于被告人李光耀未满十八周岁时曾因毒品犯罪被判刑,是否构成毒品再犯。

一种观点认为李光耀的行为构成毒品再犯。《刑法修正案(八)》规定未成年人不构成累犯,但这是对累犯的规定,累犯和毒品再犯不一样。毒品再犯是刑法分则中的规定,有其特别的社会危害性,刑法并没有对构成毒品再犯的主体进行限制,所以,只要前后两罪符合毒品再犯的规定,就应该按照毒品再犯认定。

---

① 案例来源:中华人民共和国最高人民法院刑事审判第一、二、三、四、五庭主办:《刑事审判参考》2013年第1集(总第90集),法律出版社2013年版,第96~100页。

② 1979年《刑法》第44条规定:"犯罪的时候不满十八岁的人和审判的时候怀孕的妇女,不适用死刑。已满十六岁不满十八岁的,如果所犯罪行特别严重,可以判处死刑缓期二年执行。"

另一种观点认为李光耀的行为不构成毒品再犯。未成年人从宽处罚是刑法的一个重要原则，《刑法修正案（八）》规定未成年人不构成累犯，是未成年人从宽处罚原则在累犯规定中的体现。在毒品再犯的认定上，也应该体现未成年人从宽处罚的原则。

三、案件处理

大理白族自治州中级人民法院认为，被告人李光耀违反国家毒品管制法规，结伙贩卖、运输海洛因，其行为构成贩卖、运输毒品罪。李光耀归案后能如实供述司法机关尚未掌握的另三次贩卖、运输海洛因的事实，认罪态度好，但其多次贩卖、运输海洛因，数量大，且系主犯，又系毒品再犯，应当从重处罚。据此，大理白族自治州中级人民法院以被告人李光耀犯贩卖、运输毒品罪，判处死刑，剥夺政治权利终身，并处没收个人全部财产。

一审宣判后，被告人李光耀以其属于从犯，原判量刑过重为由，向云南省高级人民法院提出上诉。

云南省高级人民法院经审理认为，上诉人李光耀伙同鲁应和贩卖、运输海洛因的行为构成贩卖、运输毒品罪。在共同犯罪中，李光耀与鲁应和积极联系购买和运输毒品，均系主犯，应当依法惩处。李光耀到案后虽然坦白司法机关尚未掌握的贩卖、运输毒品海洛因的犯罪事实，但李光耀系毒品再犯，应当从重处罚。一审判决认定的事实清楚，证据确实、充分，定罪准确，量刑适当，审判程序合法。据此，云南省高级人民法院依照《中华人民共和国刑事诉讼法》（1996）第189条第1项之规定，裁定驳回上诉，维持原判，并依法报请最高人民法院核准。

最高人民法院经复核认为，被告人李光耀结伙贩卖、运输海洛因，其行为构成贩卖、运输毒品罪，且系共同犯罪，同时贩卖、运输毒品数量大，社会危害严重。被告人李光耀系在共同犯罪中起主要作用的主犯，又系毒品再犯，主观恶性深，依法应当从重处罚。李光耀归案后虽然主动交代公安机关尚未掌握的同种罪行，但其所犯罪行极其严重，不足以从轻处罚。第一审判决、第二审裁定认定的事实清楚，证据确实、充分，定罪准确，量刑适当，审判程序合法。遂依照《中华人民共和国刑事诉讼法》（1996）第199条和《最高人民法院关于复核死刑案件若干问题的规定》第2条第1款之规定，最高人民法院裁定核准云南省高级人民法院维持第一审对被告人李光耀以贩卖、运输毒品罪判处死刑，剥夺政治权利终身，并处没收个人全部财产的刑事裁定。

四、分析思考

《刑法》第356条规定："因走私、贩卖、运输、制造、非法持有毒品罪被判过刑，又犯本节规定之罪的，从重处罚。"这就是毒品再犯的处罚依据，根据上述规定,毒品再犯是指行为人因实行走私、贩卖、运输、制造、非法持有毒品罪被判处过刑罚,再犯刑法规定的毒品罪的犯罪分子。对于未成年人是否构成毒品再犯的问题,现在的分歧比较大,不但学界在这个问题上的处理意见不同,司法实践上,不同地区的法院判决也不一样。本书认同本案法院的判决,认为未成年人可以构成毒品再犯。

反对未成年人可以构成毒品再犯的一种意见认为,虽然《刑法修正案(八)》没有对未成年人毒品犯罪记录能否作为毒品再犯的依据作出明确规定,但2012年《刑事诉讼法》关于未成年人犯罪记录封存的规定,目的是让未成年犯罪分子重新回归社会。法院的判决书如果载明其犯罪前科,宣判之后即向社会公开,那么未成年人犯罪记录封存的规定将形同虚设。《刑法修正案(八)》和2012年《刑事诉讼法》虽然没有建立典型意义上的未成年人犯罪记录消灭制度,而是将未成年人犯罪记录予以封存,但仍然体现了对未成年人"教育、感化、挽救"的刑事政策,防止未成年罪犯被标签化,使得其能够更好地回归社会。根据上述立法精神,被告人李光耀的行为不应当构成毒品再犯。① 但是,2012年《刑事诉讼法》第275条规定:"犯罪的时候不满十八周岁,被判处五年有期徒刑以下刑罚的,应当对相关犯罪记录予以封存。"可见并不是所有的未成年人犯罪记录都要封存。即使被判处5年以下有期徒刑封存的,认定为毒品再犯,在后一罪的判决中载明前科,如果其时该犯罪人依然尚未成年的,仍然需要将犯罪记录予以封存,不存在公开的问题。如果其时犯罪人已经成年的,就并不存在未成年人教育感化的特殊问题,公开宣判并无不妥。立法规定被判处5年有期徒刑以下才需要封存,就是这个道理,因为是短期刑,再考虑缓刑、减刑等因素,未成年犯罪人回归社会时可能尚未成年,所以为了更好地让他们回归社会,将犯罪记录封存。但判处有期徒刑5年以上,回归社会时已经成年,就不涉及对于未成年人身心发展的特别考虑,不需要对犯罪记录进行封存。所以,未成年人犯罪记录封存的问题,并不能否定未成年人可以构成毒品再犯。

反对未成年人可以构成毒品再犯的另一种意见认为,从处罚轻重的比较角度看,基于举重明轻的解释原理,不满18周岁的人不构成累犯,当然也不应构成毒品再犯。虽然毒品再犯与累犯均属于法定的从重处罚情形,但不可否认的是,累犯比毒品再犯更为严重,因为累犯的法律后果比毒品再犯更严厉。对于毒品再犯,除了应当从重处罚之外,再无其他法律后果。与此不同,对于累犯,除了应当从重处罚之外,还存在其他严重的法律后果,既不能适用缓刑,也不能进行假释,而对于判处死刑缓期执行的累犯,法院根据具体案情可以同时决定对其限制

---

① 参见胡红军、王彪:《未成年人毒品犯罪记录不能作为毒品再犯的依据》,《人民司法》2014年第12期。

减刑。认为特定毒品犯罪社会危害巨大，所以毒品再犯的危害比累犯严重的观点是不能成立的，因为倘若毒品再犯的危害比累犯更严重，则毒品再犯的法律后果应比累犯更为严厉才符合事理逻辑，但事实并非如此，而恰恰相反。① 但是，累犯和毒品再犯是不同的情节，虽然都是前后两罪，但因为有和没有时间上的要求，导致累犯和毒品再犯属于不同的刑罚裁量情节。根据2008年12月最高人民法院《全国部分法院审理毒品犯罪案件工作座谈会纪要》的处理意见，同时构成累犯和毒品再犯的被告人，应当同时引用刑法关于累犯和毒品再犯的条款从重处罚，这正是基于累犯和毒品再犯属于不同量刑情节而得出的结论。既然是不同的量刑情节，就不能进行当然解释。

张明楷教授不同意《全国部分法院审理毒品犯罪案件工作座谈会纪要》的处理意见，认为："这一规定也并非没有疑问。亦即，同时构成累犯和毒品再犯的，是否具有两个法定从重处罚情节？如果持肯定回答，显然是对一个事实进行了不利于被告人的重复评价。如果持否定回答，就意味着完全没有必要同时引用刑法总则关于累犯和分则关于毒品再犯的条款，只需要引用总则关于累犯的规定即可。因此，应当认为，对于符合累犯条件的，必须使用总则关于累犯的条款，而不再适用《刑法》第356条。易言之，《刑法》第356条应仅适用于不符合累犯条件的再犯。"② 对于是否存在重复评价的问题，本书有不同的看法，事物具有多面性，从不同的角度，可以对事物进行多种解读，比如花，既好看又好闻。对于毒品再犯，刑法评价的是前后的毒品犯罪；对于累犯，刑法评价的是5年以内。所以，当前后的毒品犯罪又处于5年以内时，刑法就需要同时用毒品再犯和累犯评价。所以，虽然是对一个事物的评价，但评价的内容不同，既然如此，就不能说是重复评价。一个行为不能认定为两个罪，不然就是重复评价，这是对的。但犯罪情节的认定不同，一个犯罪行为，可以有很多情节，可以有多个从宽情节，也可以有多个从重情节。所以，不能将罪的认定和情节的认定混为一谈。累犯和毒品再犯的内容不同，是可以分别认定的量刑情节，在未成年人能否构成毒品再犯的问题上，只能根据刑法的规定，而不能通过累犯进行当然解释，当然解释只能适用于相同性质的规定。

我国1979年《刑法》只在刑法分则第171条规定了制造、贩卖、运输毒品罪，并没有规定毒品再犯。为有效遏制毒品犯罪活动日益泛滥的趋势，威慑毒品犯罪分子以及从严惩处毒品犯罪，全国人大常委会于1990年12月28日颁布了《关于禁毒的决定》，该决定不仅增加了12种具体的毒品犯罪，而且在第11条第2款明确规定："因走私、贩卖、运输、制造、非法持有毒品罪被判过刑，又犯本决

---

① 参见袁登明：《毒品再犯制度适用问题研究》，《法律适用》2014年第9期。
② 张明楷：《刑法学》，法律出版社2011年版，第1013页。

定规定之罪的,从重处罚。"该决定严惩和威慑了再犯、累犯、惯犯、毒枭、职业毒犯等主观恶性深、人身危险性大、社会危害性严重的毒品犯罪分子,为净化社会环境,保护公民身心健康,维护社会和谐做出了重要贡献。在此基础上,1997年《刑法》继续秉承该立法精神,第356条承袭了该规定。这是刑法鉴于毒品犯罪的特殊危害而作出的特殊规定。《刑法修正案(八)》是立法机关在新形势下,基于进一步落实宽严相济刑事政策的需要,充分衡量"宽""严"情节,对刑法作出的重大修改。虽然《刑法修正案(八)》基于更好地使未成年人接受改造、融入社会的考虑,将"不满十八周岁的人"排除在累犯之外,但并未对毒品再犯也作出与累犯同样的修改。毒品犯罪是当前最严重的犯罪之一,不仅严重危及人民群众的生命与健康,造成社会财富的巨大损失,并引发日益严重的治安问题和广泛的社会问题,严重破坏社会管理、经济秩序的稳定,其危害之深、影响之广,是其他普通犯罪无法比拟的。立法机关对毒品再犯未作修改,表明立法者基于对毒品再犯主观恶性和人身危险性的考虑,对毒品再犯从严惩处的态度没有改变,反映刑事立法对宽严相济刑事政策把握的度在毒品再犯方面没有改变。因此,根据《刑法修正案(八)》未成年人不构成累犯的规定,不能推论出未成年人也不构成毒品再犯的结论。

本案被告人李光耀构成贩卖、运输毒品罪,且系共同犯罪,同时贩卖、运输毒品数量大,社会危害严重。被告人李光耀系在共同犯罪中起主要作用,又系毒品再犯,主观恶性深,依法应当从重处罚。

第五部分 危害公共安全罪案例

19. 孙伟铭以危险方法危害公共安全案①

——醉酒驾车发生事故后逃逸,再次发生重大事故的性质

一、基本案情

2008年5月28日,孙伟铭购买了车牌号为川A43K66的别克牌轿车。在未取得合法驾驶资格的情况下,孙伟铭长期无证驾驶该车,并有多次交通违法记录。2008年12月14日中午,孙伟铭与其父母在成都市成华区万年场"四方阁"酒楼为亲属祝寿,其间大量饮酒。16时许,孙伟铭驾驶川A43K66车送其父母到成都市火车北站搭乘火车,之后驾车折返至城东成龙路向成都市龙泉驿区方向行驶。17时许,行至成龙路"蓝谷地"路口时,孙伟铭驾车从后面冲撞与其同向行驶的川A9T332比亚迪牌轿车尾部。其后,孙伟铭继续驾车向前超速行驶,并在成龙路"卓锦城"路段违章越过道路中心黄色双实线,与对面车道正常行驶的川AUZ872长安奔奔牌轿车猛烈碰撞后,又与川AK1769长安奥拓牌轿车、川AVD241福特蒙迪欧牌轿车、川AMC337奇瑞QQ轿车发生碰撞及擦刮,致川AUZ872长安奔奔牌轿车内张景全及尹国辉夫妇、金亚民及张成秀夫妇死亡,另一乘客代玉秀重伤,造成公私财产损失共计5万余元。交通警察接群众报案后赶至现场将孙伟铭抓获。经鉴定,孙伟铭驾驶的车辆碰撞前瞬间的行驶速度为134~138公里/小时;孙伟铭案发时血液中的乙醇含量为135.8毫克/100毫升(80毫克/100毫升为醉酒驾驶),属于严重醉酒驾驶。

四川省成都市人民检察院指控孙伟铭犯以危险方法危害公共安全罪。

二、争议焦点

本案争议焦点在于孙伟铭主观上是故意还是过失。

一种意见认为,孙伟铭明知醉酒驾驶发生事故可能性非常大,依然在发生事故后以超过限速2倍以上的速度在车辆密集的道路上穿行逃逸,最终发生四死一伤的严重事故,说明他是一种不计后果的心理状态,这种心理状态虽不追求危害后果的发生,但也属于放任后果发生的间接故意,应该定以危险方法危害公共

---

① 案例来源:媒体报道。

安全罪。

另一种意见认为,虽然孙伟铭知道醉酒驾驶危险,但是他并不认为会发生事故。明知自己的行为违反交通法规和明知自己的行为会发生危害结果是不一样的,只有明知后果,才能定故意。孙伟铭只是明知自己的行为违反交通法规,对于事故发生,不能说是明知的,事故发生也是违背孙伟铭内心意愿的,应该认定为过于自信的过失,以交通肇事罪定罪。

三、案件处理

四川省成都市中级人民法院认为,被告人孙伟铭作为心智健全、受过一定教育的成年人,在明知驾驶车辆必须经过相关培训,并通过国家有关机关考试的情况下,仍无视国家交通安全法规,置不特定多数人的生命安全于不顾,长期无证驾驶车辆并多次违章,2008年12月14日在严重醉酒的情况下,驾车行驶于车辆、人群密集之处,并最终造成四死一重伤及他人财产损失数万元的严重后果,其行为已构成以危险方法危害公共安全罪,且情节特别恶劣,应予以严惩。认定被告人孙伟铭犯以危险方法危害公共安全罪,判处死刑,剥夺政治权利终身。

孙伟铭不服判决,认为自己构成交通肇事罪,向四川省高级人民法院提起上诉。在上诉期间,孙伟铭委托其父变卖名下财产筹款,其父亲亦全力筹款,倾力赔偿被害人的经济损失,被害人及其亲属出具了收到赔偿款并提请法院注意的文书。

四川省高级人民法院经审理认为,以危险方法危害公共安全罪和交通肇事罪均属于危害公共安全罪,二者的区别在于行为人对危害公共安全的后果所持的主观心态不同。前者为故意犯罪,行为人对危害后果持积极追求或放任的心态;后者为过失犯罪,行为人应当预见自己的行为可能造成危害后果,因疏忽大意没有预见,或者已经预见而轻信能够避免,以致发生危害后果。从本案事实及证据证明的情况看,上诉人孙伟铭购置汽车后,未经正规驾驶培训长期无证驾驶车辆,并多次违章。众所周知,汽车作为现代交通运输工具,其使社会受益的同时,由于其高速行驶的特性又易给社会造成危害,因此,国家历来对车辆上路行驶有严格的管理规定。孙伟铭作为受过一定教育、具有安全刑事责任能力的人,明知国家的规定,仍漠视社会公众和重大财产安全,藐视法律、法规,长期持续违章驾车行驶于车辆、人群密集的公共道路,威胁公众安全。尤其是在本次醉酒驾车发生追尾交通事故后,孙伟铭不计后果,放任严重后果的发生,以超过限速二倍以上的速度驾车在车辆、人流密集的道路上穿行逃逸,以致又违章跨越道路黄色双实线,冲撞多辆车辆,造成四死一伤、公私财产损失数万元的严重后果。事实表明,孙伟铭对其本次行为可能造成严重危害公共安全的后果完全能够预见,其虽不是积极追求这种结果发生,但其完全放任这种结果的发生,其间无任何避免的措施,其行为完全符合刑法关于以危险方法危害公共安全罪的构成规定,应以以危险方法危害公共安全罪定罪。辩护人所提孙伟铭在犯罪主观上属于过于自信过失的意见,不能成立。孙伟铭无证、醉酒、超限速驾驶机动车在道路上进行危险驾驶,致四人死亡、一人重伤,并造成直接经济损失5万余元,犯罪情节恶劣,后果严重,应依法严惩。但孙伟铭系间接故意犯罪,不希望、也不积极追求危害后果的发生,与驾车撞击车辆、行人并造成重大伤亡后果的直接故意犯罪有所不同,主观恶性不是很深,人身危险性不是很大;其犯罪时处于严重醉酒状态,对自己行为的认识和控制能力有所减弱;归案后,其真诚悔罪,并通过亲属尽其所能积极赔偿被害人的经济损失,被害人及其亲属因此出具了谅解书,依法可从轻处罚。基于以上因素综合衡量,孙伟铭尚不属罪行极其严重必须施予极刑的罪犯。综上,四川省高级人民法院认为,对上诉人(原审被告人)孙伟铭应以以危险方法危害公共安全罪定罪处罚。原判认定事实和定罪正确,审判程序合法,但量刑不当。最后判决孙伟铭犯以危险方法危害公共安全罪,判处无期徒刑,剥夺政治权利终身。

四、分析思考

在孙伟铭案之前,发生类似的恶性交通事故,各地法院的处理不尽相同,有的定交通肇事罪,有的定以危险方法危害公共安全罪。就案件本身的恶性而言,确实已经达到了民愤极大的程度,以交通肇事罪认定并不能实现罪刑均衡。但理性地判断,类似案件的行为人对于恶性后果的发生是排斥的,所以论证行为人主观上故意就存在着很大的困难。

(一) 基于容认说路径

间接故意的容认说是通说,以此论证孙伟铭案,孙伟铭已经明知自己的酒驾行为会发生严重危害社会的结果,依然放任这个结果发生。这也是本案判决的论证路径,但此路径应该说是非常牵强的。

1. 从认识上看

故意的认识要求明知,要求行为人对于和犯罪构成有关的行为、结果、对象等都要有认识,如果只是有认识能力,没有实际认识到后果,或者认识到行为而没有认识到结果,不能认为具有犯罪的故意。四川省高院的判决书认为:"事实表明,孙伟铭对其本次行为可能造成严重危害公共安全的后果完全能够预见。"这一表述仅能说明孙伟铭有认识到危害后果的能力,至多只能论证构成过失犯罪,因为犯罪过失是能够预见而没有预见。《刑法》第15条:"应当预见自己的行为可能发生危害社会的结果,因为疏忽大意而没有预见,或者已经预见而轻信能够避免,以致发生这种结果的,是过失犯罪。"所以,应当预见或已经预见是犯罪过失的归责基础,不是犯罪故意认定的前提,故意认识上要求是"明知",而不仅是有预见的能力。判决用论证过失的理由却得出了故意的结论。

故意犯罪是明知故犯,明知自己的行为会造成危害社会的后果,行为人在行为当时,已经清楚地认识到行为将会向危害后果转化。如果要认定孙伟铭故意,在认识上,必须要证明孙伟铭已经清楚地、现实性地认识自己的行为将会导致与前方的汽车发生碰撞。如果量化的话,对于结果发生概率的预判必须高到一定程度。但在高速行驶的过程中,对于可能与其他车相撞,孙伟铭仅仅是一种抽象的危险性认识,这种认识和一般违章者,甚至一般开车者的危险性认识并无区别,并没有危险将向现实转化的认识,如果量化,没有人会认为超过10%。如果孙伟铭已经越过双黄线,并在对方车道行使,看到对方来车,或空间狭小,依然冲撞,我们就可以认定孙伟铭具有现实的危险性认识。但事实上,孙伟铭是在越过双黄线的一瞬间就发生了碰撞,这也可以从被撞奔奔车司机几乎毫无反应间接证明。也就是说,在碰撞前,撞车者和被撞者均无现实的危险性的认识,不然,对方车道上的几辆车必然会有所反应。这就说明了孙伟铭在事故发生前对于具体危害后果并没有现实性的认识。

判决用孙伟铭过往大量的违章开车行为论证孙伟铭故意,但这是没有多少意义的。以往的违章行为并不决定当时的故意,正如以往遵守交通规则的行为并不能证明其行为时的过失一样。而且,过往大量违章没有发生事故,反过来也可以说明行为人主观上有理由亲信。违章行为本就是认定交通肇事罪的前提,不能直接推导出故意。

判决用孙伟铭在车辆人流密集的道路上穿行逃逸来说明孙伟铭对于危害结果的明知,但其中的疑问是,机动车道上哪来的密集人流?如果车辆密集,孙伟铭又如何可能加速到130公里以上的车速?

2. 意志上看

间接故意在意志上的放任是指对特定危害后果的听之任之,"行为人在明知自己的行为可能发生特定危害结果的情况下,为了达到自己的既定目的,仍然决意实施这种行为,对阻碍危害结果发生的障碍不去排除,也不设法阻止危害结果的发生,而是听之任之,自觉自愿地听任危害结果的发生"。①

(1) 间接故意放任的危害后果是特定的,这是间接故意意志和认识上的对应。认识上要求行为人现实性地认识到特定危害结果发生的可能性,意志上要求行为人放任已经现实性地认识到的特定的危害结果。如果行为人不顾抽象的危险性刻意行为,并转化为了现实,不能认为是间接故意。比如打篱笆上的鸟,旁人劝说可能打到人,但行为人仍决意为之,并果真伤人,这时行为人"放任"的是抽象认识到的危害性,不具体,还是过失;但如果鸟后有人,行为人也看到了同

---

① 高铭暄、马克昌主编:《刑法学》,北京大学出版社、高等教育出版社2014年版,第109页。

方向的人,还射击,那么这就是放任现实性认识到的具体危害结果,是间接故意。回到孙伟铭案,孙伟铭当然是不顾危险,但他不顾的不是具体的危险,而是还在观念中的危险性——也就是可避的危险。如果这种危险是特定的、具体的、现实性的,从人之本能的角度来看,断然不会放任,人都会本能地保护自己,孙伟铭再怎么放任,也不会放任自己的死亡,在这次事故中,孙伟铭只是恰巧没死而已。

(2)间接故意不阻止危害后果的发生。间接故意,行为人对于危害结果的产生不会采取阻止措施,任凭危害后果的可能性向现实性转化。法院在认定孙伟铭行为时,认为孙伟铭没有采取任何避免措施。但事实上,不是孙伟铭不采取避免措施,而是根本来不及采取措施。跟在奔奔后面的奥拓车司机是这样描述的:"当时太突然了!对面出城方向的一辆黑车子扭成 S 形走,越过双实线冲到我们进城车道,'砰'一声把我前面的车子撞得飞起了两三米高。我根本来不及避让,一下子遭撞进绿化带……"①奥拓车司机的话证明了两点,一是孙伟铭从越过双黄线到撞击,只有很短的时间,在这么短时间里,不要说是醉酒的人,就是清醒的人,也没有反应能力采取制动措施。二是孙伟铭的车是 S 形行驶的,不是迎着奔奔车来的,有的人会把 S 形理解为放任的冲撞行为,横七竖八地走,撞上谁都不管,但实际上恰恰相反,这是醉酒司机极力控制避免危害后果发生的行为,开车的人知道,在高速行驶中,方向盘稍微动一下,车就会拐得很厉害,而酒后,人的控制力下降,方向盘控制肯定会偏大,这样醉酒司机就会来回调整,走出 S 形行使轨迹,进而可能会偏出车道与其他车道汽车相撞,孙伟铭正是这种情况。所以,走 S 形不是横冲直撞的证据,而是控制车辆的证据。孙伟铭逃跑不过是为了避免警察处罚和承担赔偿责任,不会为此不惜与对面来车相撞的。可以设想一下,如果案发时对面来车不是长安奔奔而是集卡,孙伟铭撞还是不撞?显然,相撞依然会发生,这就说明"结果"不是孙伟铭"放任"发生的。

(3)间接故意不排斥危害后果。危害结果发生也罢,不发生也罢,都没关系。也就是行为人不关心危害后果是否会产生,只关心自己的目的是否实现。结果产生之后,行为人坦然接受。因为间接故意在认识上已经明确地认识到了危害结果可能发生,所以在危害结果产生之后,行为人不会觉得意外,坦然地接受,结果和认识到的一样,就是这么回事。如果不是放任的,就会排斥危害后果,会采取措施防止危害后果的扩大。孙伟铭下车后没有逃,判决书中罗列的证人谢开新的证言:"肇事车驾驶员从副驾上下来,头部受伤,他看见地上躺着人,就大喊找医生。"孙伟铭想抢救伤员,他对危害后果不是无所谓的态度,他对这个危害后果并没有心理准备,是非常排斥的。所以,在这点上,孙伟铭也不符合间

---

① 《成都男子醉酒驾车闯红灯 连撞 5 车撞飞 4 条生命》,http://sc.sina.com.cn/news/social/2009-07-23/153722637.html,访问日期:2015 年 3 月 22 日。

接故意的特征。

（二）基于危险犯路径

孙伟铭案宣判后，最高人民法院于2009年9月11日发布了《醉酒驾车犯罪法律适用问题指导意见》，以孙伟铭案作为典型案例统一法律适用："为依法严肃处理醉酒驾车犯罪案件，遏制酒后和醉酒驾车对公共安全造成的严重危害，警示、教育潜在违规驾驶人员，今后，对醉酒驾车，放任危害结果的发生，造成重大伤亡的，一律按照本意见规定，并参照附发的典型案例，依法以以危险方法危害公共安全罪定罪量刑。"全国统一法律适用之后，探寻符合逻辑、具有说服力的论证路径就显得迫切和必要，不然会影响司法的公信力。① 张明楷教授通过危险犯理论进行论证，"需要说明的是，并不是只有当危险驾驶行为造成了重大伤亡结果，且行为人对伤亡结果具有故意时，才能认定为以危险方法危害公共安全罪。事实上，以下三种危险驾驶行为，都成立以危险方法危害公共安全罪。（1）危险驾驶行为不仅具有与放火、爆炸等行为相当的具体的公共危险，而且造成了致人伤亡的实害结果，行为人对伤亡结果具有故意（此时属于故意的基本犯）。（2）危险驾驶行为具有与放火、爆炸等相当的具体的公共危险，行为人对该具体的公共危险具有故意。例如，在高速公路上逆向追逐竞驶的，即使没有造成严重后果的，也应当适用《刑法》第114条（此时属于故意的危险犯）。（3）危险驾驶行为具有与放火、爆炸等相当的具体的公共危险，行为人对该具体的公共危险具有故意，客观上造成致人伤亡的实害结果，行为人对实害结果具有过失（此时属于结果加重犯）。例如，因醉酒而丧失驾驶机动车的能力，却在大雾天驾驶机动车高速行驶，导致他人伤亡的，即使对伤亡结果仅有过失，也不能仅认定为交通肇事罪，而应认定为以危险方法危害公共安全罪（当然，量刑应与对伤亡结果有故意的情形相区别）。"②本书认为，危险犯的处理路径在逻辑上是清晰的，在目前找不到更好的论证路径时，可以作为解决之方。但其中的问题在于危险的认定，可能由于弹性太大而损害法的安定性。

---

① 比如北大教授贺卫方就认为孙伟铭案判决逻辑混乱，并不能论证成立以危险方法危害公共安全罪。参见贺卫方：《评孙伟铭案判决》，http://view.news.qq.com/a/20110131/000011_1.htm，访问日期：2015年3月22日。

② 张明楷：《危险驾驶罪及其与相关犯罪的关系》，《人民法院报》2011年5月11日第6版。

20. 李启铭交通肇事案[①]

——校园道路是否属于交通道路安全法规定的"道路"

一、基本案情

2010年10月16日晚,李启铭在河北省保定市富海酒楼宴请孟令超、盖余龙等人时大量饮酒,后李启铭驾驶车牌号为冀FWE420的黑色大众迈腾汽车前往河北大学新校区接人,并顺路将盖余龙等人送回该校。李启铭驾车驶入该校生活区南门后,停车让盖余龙等人下车。因李启铭酒后驾驶,随后驾车到达的孟令超提醒其慢速行驶,盖余龙下车后又坐回到副驾驶位置,亦提醒其慢行。李启铭称没事,继续驾车超速行驶(该校生活区内限速5公里/小时)。当日21时30分许,李启铭驾车行至该校生活区易百超市门前时,将前面正在练习轮滑的陈晓凤撞到车前机盖上后落地,亦将扶助陈晓凤练习轮滑的张晶晶撞倒在地。肇事后,李启铭继续驾车行至该校馨清楼宿舍,接上其朋友杜欣宇,并催促盖余龙下车。李启铭驾车返回,途经事发地点仍未停车,行至生活区南门时被校保安人员拦停,后被带至公安机关。陈晓凤因颅脑损伤,经抢救无效死亡,张晶晶受轻伤。经鉴定,李启铭所驾汽车碰撞前的行驶速度为45~59公里/小时,李启铭血液酒精含量为151毫克/100毫升,系醉酒超速驾驶。经交通管理部门认定,李启铭负事故全部责任。

检察院以李启铭犯交通肇事罪,向法院提起公诉。

二、争议焦点

关于本案的焦点问题主要有两点,一是本案的事发地校园道路是否属于《道路交通安全法》规定的"道路",二是关于本案所引发的广泛社会舆论与司法裁判的平衡问题。

对于校园道路是否属于《道路交通安全法》规定的道路,第一种观点持否定态度,认为李启铭的行为构成过失致人死亡罪。《道路交通安全法》规定,道路

[①] 案例来源:中华人民共和国最高人民法院刑事审判第一、二、三、四、五庭主办:《刑事审判参考》2013年第5集(总第94集),法律出版社2014年版,第1~5页。

是指公路、城市道路和虽在单位管辖范围但允许社会机动车通行的地方,包括广场、公共停车场等用于公众通行的场所。本案事发地点是河北大学生活区内的道路,这是一个有院墙、校园保安的相对封闭的管理场所,虽然校园是开放式的,但这是对出入的行人来说的,对于外来车辆是要登记的,这就是说,校园内的道路对于外来机动车来说并不是开放的,须满足条件才能行驶,这显然与《道路交通安全法》规定的"允许社会机动车辆通行"有距离,不能将校园道路归属于法律意义上的"道路"。同时根据最高人民法院《关于审理交通肇事刑事案件具体应用法律若干问题的解释》第8条的规定,在公共交通管理的范围外,驾驶机动车辆或使用其他交通工具,致人伤亡或者使公私财产遭受损失,构成犯罪的,应以重大责任事故罪、重大劳动安全事故罪或者过失致人死亡罪处理。所以本案不构成交通肇事罪,而成立过失致人死亡罪。

第二种观点认为校园内道路属于《道路交通安全法》所规定的道路。虽然本案发生在河北大学的生活区,但李启铭能够顺畅地通行于该区,并没有遭到保安人员的拦截,可见,此生活区的道路是对社会车辆开放的,符合《道路交通安全法》所规定的道路,属于"单位管辖范围但允许社会机动车通行的道路。"李启铭醉酒在校园道路驾车,造成重大事故,致使一人死亡,另一人轻伤,已构成交通肇事罪。

本案的另一个焦点问题是司法裁量怎样对待公众舆论问题。本案发生后广泛传播,特别是在网络上,盛传李启铭"官二代"身份和"我爸是李刚"的嚣张言论,网民们的情绪被极大地刺激,人们一边倒地要求对李启铭从严惩处,甚至有人主张以以危险方法危害公共安全罪认定。面对这种舆情,法院该如何保持理性,独立裁判,不枉不纵,使案件裁判的法律效果和社会效果保持有机统一。

三、案件处理

法院认为,李启铭违反交通运输管理法规,在校园内醉酒驾车、超速行驶,发生重大交通事故,致一人死亡、一人轻伤,负事故全部责任,且在交通肇事后逃逸,其行为构成交通肇事罪,且犯罪情节恶劣,后果严重,依法应当惩处。案发后,李启铭的近亲属积极代为赔偿被害方的经济损失,取得了被害方的谅解,且李启铭当庭自愿认罪,悔罪态度较好,对其可酌情从轻处罚。对辩护人提出的对李启铭从轻处罚的辩护意见,予以采纳。依照《刑法》第133条和最高人民法院《关于审理交通肇事刑事案件具体应用法律若干问题的解释》第2条第1款、第3条,以被告人李启铭犯交通肇事罪,判处有期徒刑6年。

一审宣判后,被告人李启铭在法定期限内没有上诉,检察机关亦未提起抗诉,判决已发生法律效力。

四、分析思考

（一）本案肇事道路属于《道路交通安全法》规定的道路

根据《刑法》第 133 条，违反交通运输管理法规是交通肇事罪的构成条件，所以，交通肇事罪的发生地点，必须是公共交通范围内的道路。《道路交通安全法》第 119 条第 1 项规定："'道路'，是指公路、城市道路和虽在单位管辖范围但允许社会机动车通行的地方，包括广场、公共停车场等用于公众通行的场所。"

有学者认为校内道路不属于《道路交通安全法》上的道路，"因为从管理主体上来看，'校内道路'当然应由所在学校作为管理主体，而'公共交通管理的范围'则当然应由'公共交通管理部门'来作为管理主体。既然管理主体不同，其管理的范围也肯定有所不同。因此，由所在学校作为管理主体所管理的'校内道路'，就不宜划归'公共交通管理部门'来管理。否则，就会发生管理混乱或者职权划分不明现象。"①但是这个观点显然偏离了《道路交通安全法》的规定，因为《道路交通安全法》已经明确，"虽在单位管辖范围但允许社会机动车通行的地方"属于"道路"，所以，仅以学校是管理主体为由，是不能否定校内道路属于《道路交通安全法》上的道路的。另有观点认为，校内道路"主要是供进入校内的有关人员通行的，一般不对外开放，不具有公众通行性，因而不是提供社会公众通行的道路。"②但是，学校道路当然"主要是供进入校内的有关人员通行的"，任何单位管辖的道路，都主要是供该单位有关人员通行的，但只要允许公众进入，就不妨碍具有公众通行的特征。

车辆进出校园，各个高校在管理上有所不同，总体而言，车辆进出校园是比较宽松的。近年来，随着车辆的增多，高校的停车位开始紧张，高校纷纷采取措施限制外来车辆进入，有的采取登记的方式，有的采取收费的方式，有的干脆在来车提不出特别事由时不让进入。本书认为，不管学校采取什么措施限制外来车辆进入，但只要还允许公众车辆进入，就应该将学校道路认定为《道路交通安全法》上的道路。车辆进入校园需要登记，并不能否定学校向公众开放的性质，开放的口子不管大小，性质上总是开放。所以，只要能够进入，登记与否不重要。而且，有的高校对进入车辆收费本身，就说明了校园道路具有公共性的一面。在校园内，也会有各种交通指示牌，这些标识也说明了学校道路具有公共道路的性质。在学校的道路上，车辆人流往往比较密集，具有很强的公共安全性，将发生在学校内的重大车辆事故，认定为交通肇事罪，和危害公共安全罪的立法主旨也是吻合的。

---

① 孟庆华：《李启铭醉驾案的交通肇事罪定性质疑》，《山东警察学院学报》2011 年第 7 期。
② 陶盈：《大学校园交通事故的责任问题研究》，《太原大学学报》2013 年第 3 期。

《道路交通安全法》对"道路"的定义并没有绝对化,可以充分适应社会。法律是为社会生活服务的,社会生活是变化发展的,法律也得随社会生活变化而变化,否则就会脱离实际。结合本案,法律对"道路"的定义留下了空间,对道路的解释,应随机动车发展而适时作出扩大解释。以前校园里机动车很少,可能并没有将学校道路解释为公共道路的迫切要求。但现在随机动车爆炸性增长,校园已经出现停车难的情况下,就具有了将学校道路解释为公共道路的内在要求。"在这种情况下,'在法律规范的适用范围内新的,事前未曾预见的事实的出现'可能会引起法律概念的发展。"①不能将校内道路永远停留在"是单位内部空间,不受公共交通管理部门管理的"的思路上。所以,本案被告人李启铭违反交通运输管理法规,造成重大交通事故,导致一人死亡,一人轻伤,构成交通肇事罪。

本案处理过程中,有将李启铭的行为认定为以危险方法危害公共安全罪的呼声。如为被害人陈晓凤近亲属提供法律服务的张凯律师认为,该案不应该以交通肇事罪立案侦查,而应该以以危险方法危害公共安全罪立案侦查。理由是,当时李启铭的车速非常快,而该生活区的限速是5公里每小时,其远远超过了限速,其行为就不能理解为过失行为。根据2009年最高人民法院《关于醉酒驾车犯罪法律适用问题的意见》,行为人明知酒后驾车违法、醉酒驾车会危害公共安全,却无视法律醉酒驾车,应依法以以危险方法危害公共安全罪定罪。② 本案审理完后,法院在回答为什么不认定为以危险方法危害公共安全罪时表示,本案中,被告人李启铭违反交通法规醉酒驾车,在他人善意提醒其慢速行驶时,过于相信自己的驾驶技术,轻信能够避免危害后果的发生,属于过于自信的过失。现有证据不能证明李启铭对其驾车撞倒被害人陈晓凤、张晶晶的结果持希望或者放任的态度。李启铭肇事后,亦无出于逃逸等目的,不顾道路上行驶的其他车辆及行人安全,继续驾车冲撞,造成更为严重后果的行为。因此,李启铭的行为不符合《关于醉酒驾车犯罪法律适用问题的意见》规定的构成以危险方法危害公共安全罪的情形,对其行为应认定为交通肇事罪。③ 本书认同法院的意见,根据最高人民法院《关于醉酒驾车犯罪法律适用问题的意见》的精神,认定故意犯罪有两种情况,一种是醉酒驾驶在车辆事故后有连续冲撞行为的,另一种是行为人严重醉酒后的行为方式具有极强的危险性,比如严重醉酒后超速在闹市区闯红灯。本案被告人李启铭没有连续冲撞,其在校园内的行车方式,也不至于说达到了认定为以危险方法危害公共安全罪的程度,毕竟仅有醉酒和40~50公里/小

---

① 张明楷:《刑法分则的解释原理》,中国人民大学出版社2011年版,第11页。
② 张凯:《律师意见:涉嫌"以危险方法危害公共安全罪"》,http://law.law-star.com/cac/600067961.htm,访问日期:2015年5月1日。
③ 白明山、岳文婷、朱峰:《为何李启铭未判"危害公共安全罪"》,《新华每日电讯》2011年1月31日第4版。

时车速两个可以评价的危险,还是认定为交通肇事罪合理。

(二) 以罪刑法定为原则,寻求最佳审判效果

进入21世纪这个信息时代,媒体尤其是网络媒体的传播速度惊人,然在传播过程中,信息的失真程度也很高。本案一发生就迅速在网络等媒体上传播开来,引起全国轰动,各种对被告人李启铭不利的信息铺天盖地,公众舆论几乎一边倒地要求严惩。一起普通的交通肇事案,掀起这么大的波澜,并不是因为事故造成的伤亡后果,而是据称是李启铭所言的"我爸是李刚"刺激了公众的神经。公众愤怒的不是事故本身,而是权力的狂妄。正如学者云:"在贫富差距持续增大,'权力与权利'矛盾尖锐化的中国社会,李启铭案更受到社会舆论的关注。"①大部分公众认为李启铭在撞到人后继续醉驾开车接人,毫无悔意,应定以危险方法危害公共安全罪。这种舆论或多或少影响司法的裁量,因为司法实践是很难不受外界干扰的。有学者表示:"近年来,在公众高度关注的领域,以危险方法危害公共安全罪被过度扩张适用,如在道路交通安全、食品与药品安全、社会治安与社会秩序领域等。扩张适用该罪是顺应公众舆论的重刑主义、重罪主义诉求,呈现出混乱性。"②

如何应对公众舆论,有学者为缓和矛盾就提出这样一种观点:"对被告人和社会最有意义的是量刑,判断罪名只是为公正量刑服务的;因此,如果常规判断的罪名会使量刑失误,就可以为了公正量刑而适度变换罪名。"③这种方法固然可以平息公众的愤怒,具有阶段性的社会效果,但是我们知道"不同的罪名对应的是不同的犯罪构成,出于量刑的目的更换罪名,否定了整个案件的事实,使定罪与量刑的逻辑关系产生根本性的错位"④,当然这种做法的直接危害"就是增加刑事判决的恣意性和减低刑法规范的可预见性"⑤,罪刑法定这一原则将被严重违背。所以"以刑制罪"虽有阶段性的社会效果,但从长久看,损害了依法治国这一基石,得不偿失,是坚决不能运用在司法裁量中的。

"媒体的倾向性报导(特别是有罪、重罪倾向)会影响公众舆论,公众的意见表达在相当程度上忽视了被告人在刑事诉讼中的基本权利。"⑥司法机关在此种情况下必须保持理性,坚持罪刑法定原则,基于被告人行为的社会危害性,客观公正地裁判。如果"公众的重刑主义诉求未经学术上充分探讨研究,即直接在审判实践中给予反映,这将产生刑法学的重大危机。"⑦

---

① 宋东、邓云成:《偏颇的正义》,《重庆理工大学学报》2012年第3期。
② 徐光华:《公众舆论与以危险方法危害公共安全罪的扩张适用》,《法学家》2014年第5期。
③ 高艳冬:《量刑与定罪互动论:为了量刑公正可变换罪名》,《现代法学》2009年第5期。
④ 曹坚:《"以量刑调节定罪"现象当杜绝》,《检察日报》2009年12月21日。
⑤ 于志刚:《口袋罪的时代变迁、当前乱象与消减思路》,《法学家》2013年第3期。
⑥ 徐光华:《公众舆论与以危险方法危害公共安全罪的扩张适用》,《法学家》2014年第5期。
⑦ 〔日〕井田良:《变革时代的刑法学走向》,《学术动向》2006年第3号。

本案在审理过程中，公众因愤怒而寄希望于司法判决，希望严惩李的嚣张，并达成公众自身公平的诉求。但公众实际在以一种不公平的要求来满足自己公平的诉求，刑法不能以违反罪刑法定原则来审判李启铭的狂妄言论，至多在量刑时考虑到这一点。而且，李启铭案发后的所作所为所言，具有被舆论在传播中不断夸大和失真的一面。所以，司法要慎重对待舆论。在这种矛盾局面下，司法审判承受了巨大的压力，同时也对司法审判提出了更高的要求，判决不能只顾法律效果而不顾社会效果，否则就失去了法律的群众基础；同时也不能为了实现社会效果，而不顾法律原则，损害法治的权威性。本案法院最终以交通肇事罪处6年有期徒刑，不仅考虑了李启铭的犯罪情节，而且兼顾了社会影响，是合情合理的，实现了法律效果和社会效果的统一。

21. 马国旺交通肇事案

——对致人重伤交通肇事案件中的逃逸行为如何评价

一、基本案情

被告人马国旺于2011年11月16日0时10分,无证驾驶车牌号为冀J37438的解放牌重型卡车,临时停放于北京市经济技术开发区同济北路可口可乐公司东门处。被害人刘大喜驾驶车牌为京BU1880的铃木牌摩托车由北向南正常行驶,由于马国旺的重型卡车尾部挤占道路,影响其他车辆通行,也致使刘大喜撞上其车后部,造成重伤。事故发生后,马国旺弃车逃逸,于同月18日投案。经认定,马国旺对本次事故负完全责任,刘大喜不负责任,马国旺已经赔偿刘大喜损失人民币76600元。

北京市大兴区人民检察院以被告马国旺犯交通肇事罪,向大兴区人民法院提起公诉。

二、争议焦点

本案被告人马国旺构成交通肇事罪并无异议,但对马国旺在交通肇事致人重伤后的逃逸行为是作为犯罪成立条件,还是作为量刑情节,存在争议。

一种意见认为,被告人马国旺无证驾驶机动车辆,致一人重伤,负事故的全部责任,构成交通肇事罪。马国旺在发生交通事故后,为了逃避法律追究而逃离现场的行为,构成《刑法》第133条规定的"交通肇事后逃逸"的加重情节,应在3年以上7年以下有期徒刑幅度内量刑。

另一种意见认为,2000年最高人民法院《关于审理交通肇事刑事案件具体应用法律若干问题的解释》(以下简称《解释》)第2条第2款所规定的造成1人重伤构成交通肇事罪的6种情形,具备其中之一就能构成交通肇事罪的基本犯,但即便具备所有的6种情形也仅仅构成交通肇事罪的基本犯。所以被告人马国旺没有资格驾驶机动车辆和肇事后逃逸都作为定罪情节认定,是基本犯的成立

---

① 案例来源:中华人民共和国最高人民法院刑事审判庭一、二、三、四、五庭主办:《刑事审判参考》2013年第3集(总第92集),法律出版社2014版,第12~17页。

条件。如果再将逃逸认定为加重情节,就是重复评价。所以,对马国旺应在 3 年以下有期徒刑幅度内量刑。

三、案件处理

北京市大兴区人民法院经审理认为,被告人马国旺违反道路交通安全法的相关规定,无驾驶资格驾驶机动车,因而发生重大事故,致人重伤,并在肇事后逃逸,负事故的全部责任,其行为构成交通肇事罪。鉴于案发后自动投案,如实供述自己的罪行,系自首,依法可以从轻处罚。马国旺积极赔偿被害人的经济损失,且获得被害人的谅解,可以酌情从轻处罚。据此依照《中华人民共和国刑法》第 133 条、第 67 条第 1 款、第 61 条及《最高人民法院关于审理交通肇事刑事案件具体应用法律若干问题的解释》第 2 条第 2 款第 2 项、第 6 项,被告人马国旺犯交通肇事罪,判处拘役 6 个月。

一审宣判后,被告人马国旺以原判量刑过重为由提起上诉,请求改判免于刑事处罚。

北京市大兴区人民检察院也提出抗诉,认为原审法院适用法律错误,量刑不当。北京市人民检察院第一分院支持抗诉意见,同时鉴于马国旺案发后投案自首,积极赔偿被害人,且认罪悔过,建议对其减轻处罚,在 3 年以下有期徒刑幅度内量刑,并适用缓刑。

北京市第一中级人民法院审理认为,被告人马国旺违反道路交通安全法的相关规定,无驾驶资格驾驶机动车,因而发生重大事故,致一人重伤,并在肇事后逃逸,负事故的全部责任,其行为构成交通肇事罪。马国旺案发后自动投案,如实供述自己罪行,系自首,并积极赔偿被害人的经济损失,依法可以减轻处罚。鉴于马国旺本次犯罪情节相对较轻,且有悔罪表现,对其适用缓刑不致再危害社会,可依法对其适用缓刑。对于北京市第一检查分院所提应在 3 年以下有期徒刑幅度内量刑的意见,经查不予采纳,所提其他支持抗诉意见经查成立,予以采纳。原审法院所做判决,定罪正确,审判程序合法,但适用法律错误,且量刑不当,应予以改判。据此北京市第一中级人民法院以上诉人马国旺犯交通肇事罪,判处拘役 6 个月,缓刑 1 年。

四、分析思考

交通肇事后逃逸是频发的案件,也是交通肇事罪中颇具争议的问题,理论界和司法实务中都存在分歧,"对于逃逸行为的关注已经远远超过了对交通肇事基本犯的争论"[①]。在本案中,马国旺的交通肇事逃逸行为是构成交通肇事罪的

---

① 陈兴良主编:《刑法学关键问题》,高等教育出版社 2007 年版,第 205 页。

基本犯还是情节加重犯,这是本案的关键。本书认为,马国旺的逃逸行为应该评价为交通肇事罪的情节加重犯,其中不存在重复评价的问题,二审法院的定性是正确的,量刑也是适当的。

(一) 将逃逸行为作为加重情节不是重复评价

根据《刑法》第 133 条的规定,交通运输肇事后逃逸的,处 3 年以上 7 年以下有期徒刑。最高人民法院交通肇事罪《解释》第 2 条第 2 款规定:"交通肇事致一人以上重伤,负事故全部或者主要责任,并具有下列情形之一的,以交通肇事罪定罪处罚:(一) 酒后、吸食毒品后驾驶机动车辆的;(二) 无驾驶资格驾驶机动车辆的;(三) 明知是安全装置不全或者安全机件失灵的机动车辆而驾驶的;(四) 明知是无牌证或者已报废的机动车辆而驾驶的;(五) 严重超载驾驶的;(六) 为逃避法律追究逃离事故现场的。"有学者认为:"逃逸在《刑法》第 133 条规定中是量刑情节,在 2000 年《解释》第 3 条第 2 款第 6 项规定中变成了定罪情节,很显然是将立法作为量刑情节的规定提升为构成犯罪的条件,这不仅仅是属于越权解释的问题,而且直接造成了与《刑法》第 133 条规定的相冲突和矛盾。"①

本书不认同这一观点。严重的社会危害性,是认定为犯罪的前提。认定为犯罪后,量刑的轻重也是根据社会危害性的程度。《道路交通安全法》第 70 条规定:"在道路上发生交通事故,车辆驾驶人应当立即停车,保护现场;造成人身伤亡的,车辆驾驶人应当立即抢救受伤人员,并迅速报告执勤的交通警察或者公安机关交通管理部门。"肇事后的逃逸行为违反了法定的义务,使被害人得不到及时救助,生命健康受到威胁,同时还增加司法成本,是使交通肇事的社会危害性增加的行为,法律当然要对此进行评价。法律将此作为法定刑升格情节,是在构成犯罪情况下对社会危害性上升的评价。但这并不妨碍逃逸行为在任何情况下都是使社会危害性上升的因素。当一个交通肇事行为的社会危害性介于罪与非罪之间时,出现了肇事后逃逸行为,这就在构成犯罪的方向上添加了砝码,即靠近犯罪的行为,因逃逸行为而增加了社会危害性,因此被评价为犯罪。所以,在特定情况下将逃逸行为作为定罪条件,完全是合理的做法,并不存在越权解释的问题,也不会造成矛盾和冲突。

将逃逸行为作为加重情节是重复评价的依据是,根据《解释》第 2 条第 2 款第 2 项和第 6 项,被告人马国旺构成交通肇事罪,无证驾驶和逃逸行为都是作为成罪的条件。这已经对逃逸行为进行了一次评价,如果再将逃逸行为认定为加重情节,就对同一事实进行了重复评价,侵害了被告人的权益。本书认为,只有在《解释》第 2 条第 2 款前列 5 项都不存在的情况下,第 6 项"为逃避法律追究逃

---

① 林亚刚:《危害公共安全罪新论》,武汉大学出版社 2001 年版,第 392~394 页。

离事故现场"才是构成交通肇事罪基本犯的条件。而当前列5项有一项甚至几项同时具备时,如果再有第6项的情形,此时就应该适用加重法定刑。张明楷教授也认为,"在我国,交通肇事后逃逸的,也可能成立交通肇事罪的基本犯。例如,根据最高人民法院2000年11月10日《关于审理交通肇事刑事案件具体应用法律若干问题的解释》第2条,交通肇事致1人以上重伤,负事故全部或者主要责任,逃避法律追究逃离事故现场的,处3年以下有期徒刑或者拘役。显然,交通肇事后逃逸是适用第一档法定刑基本犯还是适用第二档法定刑加重犯,不是仅取决于是否逃逸,而是同时取决于'交通肇事'本身的情况。"①还是用社会危害性来说明问题,在行为人有无证驾驶等情节时,已经使行为的社会危害性达到了犯罪的程度,当行为人又出现逃逸的行为时,危害性继续上升,法律当然要对继续上升的社会危害性进行评价。对上升的社会危害性进行更严格的评价,不能说是重复评价。

或许有人会说,《解释》第2条第2款前5项也都是使社会危害性上升的,但如果行为人同时出现几项,比如无证酒后驾驶安全装置不全的汽车,发生交通事故,造成1人重伤,虽然行为人有《解释》第2条第2款前5项规定中的3项,即酒后驾驶机动车辆的、无驾驶资格驾驶机动车辆的、明知是安全装置不全的机动车辆而驾驶的,但是只能按交通肇事罪的基本犯认定,并不能升格法定刑。在前5项出现多项的情况下不能升格法定刑,以同样的道理,在第6项同时出现时,也不能升格法定刑。本书认为,第6项是比较特别的,前5项都是事前的,第6项是事后的,前5项也可以说是造成事故的原因,在同时出现的情况下,也并不能使被害人重伤的结果有后续影响。所以在静态事实已经形成的情况下,刑法可以对事前危险性的行为进行适度评价,但没有必要过于追究。但对于事后行为就不同了,这涉及被害人的生命健康问题和国家的司法资源问题,刑法必须对此予以特别重视,防患于未然。

所以,本案被告人马国旺无证驾驶机动车,交通肇事导致一人重伤,已经构成交通肇事罪,肇事后逃逸,应按照法定刑升格处理。如果马国旺仅有逃逸行为,没有《解释》第2条第2款前5项规定中的任何一项,那么就只能按照交通肇事罪的基本犯处理,如果按法定刑升格处理,就是重复评价了。

认为重复评价的另一个依据是,在事故责任的认定上,已经对马国旺的逃逸行为进行了评价,再将逃逸行为作为法定刑升格条件,就是重复评价。《道路交通安全法》第92条第1款规定:"发生交通事故后当事人逃逸的,逃逸的当事人承担全部责任。但是,有证据证明对方当事人也有过错的,可以减轻责任。"负交通事故的全部责任或主要责任是交通肇事罪的成立条件,由于逃逸行为在认

---

① 张明楷:《论交通肇事罪的自首》,《清华法学》2010年第3期。

定责任时已经发挥作用,即在交通肇事罪的成罪问题上,逃逸行为已经被评价了,如果再将逃逸行为作为法定刑升格条件,就是重复评价。但是首先,认定马国旺负事故的全部责任,并不是因为其逃逸行为,而是因为其违章停车行为,不考虑逃逸行为,其全部责任已经可以认定。其次,事实评价和法律后果评价是不一样的,认定事故的责任,是一种事实评价,而法定刑是否升格,是一种法律后果的评价,不可混为一谈。"在许多场合,交通管理部门的责任认定,基本上只是说明发生交通事故的客观原因,而不是认定当事人是否存在法律上的责任。"①交通事故中,在肇事者逃逸的情况下,往往会导致责任认定的困难,所以法律规定,将不利的后果归于逃逸者,这可以说是事故责任的推定,这种事实的推定和法律后果的评价并不冲突。可以设想,假如行为人肇事后逃逸,造成一人重伤,没有其他情节,是否认定为交通肇事罪呢?回答应该是肯定的。但是,如果按照重复评价的观点,逃逸行为已经在事故的责任认定上发挥了作用,就不能在其他方面发挥作用,如此,行为人就只是交通肇事造成1人重伤,负事故的全部责任,不能按交通肇事罪认定,这显然是不合理的。所以,逃逸行为在责任认定上发挥作用后,不妨碍其在法定刑升格上再次发挥作用。

(二) 对被告人马国旺适用缓刑量刑适当

本案被告人马国旺交通肇事后逃逸,应在3到7年有期徒刑的幅度内量刑,但是具体考虑其他情节,可以对马国旺减轻处罚。第一,马国旺的基本犯罪行为相对较轻。其违章停车,卡车尾部挤占道路,影响其他车辆通行,导致被害人骑摩托车撞上发生事故。这一事故比之高速驾驶时违章造成事故要轻得多。第二,案发后马国旺已经赔偿刘大喜损失人民币76600元,表明了其悔罪、赎罪、弥补过错的意愿,可以从宽处罚。第三,马国旺逃逸后自首。根据《刑法》第67条的规定,对于自首的犯罪分子,可以从轻或者减轻处罚,犯罪较轻的,可以免除处罚。本案在交通肇事罪中并不属于严重的一类,所以,可以减轻处罚。但是,因为逃逸行为致法定量刑幅度升格,免除处罚也不妥当。所以,二审法院对马国旺减轻处罚,判处拘役6个月,缓刑1年,量刑是适当的。

---

① 张明楷:《交通肇事的刑事责任认定》,《人民检察》2008年第2期。

22. 陈志故意杀人、劫持汽车案①

——杀人后劫车逃跑的行为如何定性

一、基本案情

被告人陈志曾于1998年、2001年、2003年因寻衅滋事罪被分别判处有期徒刑2年、2年、2年6个月。2011年8月3日20时许,被告人陈志与被害人王志航在江苏省江都市邵伯镇"飞毛腿食坊"103包厢吃饭。喝酒期间,二人因积怨发生争吵。陈志持随身携带的单刃折叠刀捅刺被害人王志航数刀。服务员见状呼喊,陈志持刀追至饭店门口殴打服务员。随后,陈志又返回103包厢继续捅刺王志航,致王志航左心室破裂、急性心包填塞合并大出血死亡。之后,陈志闯入104包厢,持刀威胁在此就餐的被害人王修峰拨打120电话。被人劝说离开后,陈志到店外追赶并威胁正在打电话报警的店主何运菊。当王修峰准备驾驶牌号为苏K93MJ9轿车离开时,陈志闯入车内,持刀胁迫王修峰将其送走。途中,陈志自行驾驶该车。当行至扬溧高速公路润扬大桥收费站时,王修峰跳车逃跑并向民警呼救。陈志随即掉转车头沿高速公路逆向行驶,在距收费站500米处与其他车辆发生碰擦,撞上高速公路的中间护栏后,陈志遂弃车逃离。

江苏省扬州市人民检察院以被告人陈志犯故意杀人罪、劫持汽车罪,向扬州市中级人民法院提起公诉。

二、争议焦点

本案陈志实施的行为可分为前后两个部分,前一部分的行为是故意杀害被害人王志航,这构成故意杀人罪,没有争议。后一部分是杀人后劫车逃跑的行为,对该行为如何定性存有争议。

一种意见认为,陈志劫车逃跑的行为构成抢劫罪。本案陈志在被害人王修峰正准备开车离开时闯入其车内,持刀胁迫王修峰,在逃跑途中一直是陈志开车,此时陈志事实上完全控制并占有该汽车,陈志主观上具有非法占有目的,客

---

① 案例来源:中华人民共和国最高人民法院刑事审判篇一、二、三、四、五庭主办:《刑事审判参考》2013年第3集(总第92集),法律出版社2014年版,第69~74页。

观上有暴力胁迫被害人的行为,应认定构成抢劫罪。根据2005年最高人民法院《关于审理抢劫、抢夺刑事案件适用法律若干问题的意见》(以下简称《意见》)第6条的规定,"为抢劫其他财物,劫取机动车辆当作犯罪工具或者逃跑工具使用的,被劫取机动车辆的价值计入抢劫数额;为实施抢劫以外的其他犯罪劫取机动车辆的,以抢劫罪和实施的其他犯罪实行数罪并罚"。本案陈志劫车是在杀害被害人王志航的情况下用于逃跑工具使用的,属于"实施抢劫以外的其他犯罪劫取机动车辆",根据该司法解释也应认定该行为构成抢劫罪。

另一种意见认为陈志杀人后的劫车行为构成劫持汽车罪。陈志在胁迫王修峰开车送其逃离时并没有非法占有目的,他只是想利用王修峰的汽车逃跑,在后来自己驾驶汽车时,也没有让车主王修峰下车,这说明陈志不具有非法占有目的,不构成抢劫罪。但其行为危害公共安全,应以劫持汽车罪认定。

三、案件处理

扬州市中级人民法院经审理认为被告人陈志故意非法剥夺被害人王志航的生命致使其死亡构成故意杀人罪,被告人在实施故意杀人行为后持刀劫持汽车逃跑,该行为已构成劫持汽车罪,应当数罪并罚。陈志为私愤接连捅刺数十刀,至王志航死亡,手段残忍,罪行极其严重;陈志多次被判刑,屡教不改,主观恶性较深;杀人后劫持汽车在高速公路上逃窜并发生事故,人身危险性及社会危害性极大,依法应当被判处死刑。据此,扬州市中级人民法院判决被告人陈志犯故意杀人罪,判处死刑,剥夺政治权利终身;犯劫持汽车罪,判处有期徒刑8年;决定执行死刑,剥夺政治权利终身。

一审宣判后,被告人陈志不服,提出上诉,希望法庭对其从轻处罚。

二审法院江苏省高级人民法院经审理认为,一审认定陈志犯故意杀人罪、劫持汽车罪事实清楚,证据确实、充分,定罪正确。上诉人陈志故意杀人犯罪手段特别残忍,情节特别恶劣,后果特别严重,其归案后虽然如实供述犯罪事实,但根据其罪行,不足以对其从轻处罚。陈志提出的相关上诉理由及辩护人所提的辩护意见不能成立,不予采纳,遂裁定驳回上诉,维持原判,并依法报请最高人民法院核准。

最高人民法院经复核人认为一审、二审认定的事实清楚,证据确实、充分,定罪准确,量刑适当,审判程序合法,裁定核准江苏省高级人民法院维持第一审以故意杀人罪判处被告人陈志死刑,剥夺政治权利终身;以劫持汽车罪,判处有期徒刑8年;决定执行死刑,剥夺政治权利终身的刑事裁决。

四、分析思考

对于陈志杀人后劫车逃跑的行为,本书赞成法院判决,构成故意杀人罪和劫持汽车罪。但是,本书认为,陈志劫持汽车的行为也构成抢劫罪,劫持汽车罪与抢劫罪想象竞合,从一重处断,最终认定为劫持汽车罪。

(一)不能按《意见》第6条的规定处理本案,但陈志的行为也构成抢劫罪

《意见》第6条规定"为实施抢劫以外的其他犯罪劫取机动车辆的,以抢劫罪和实施的其他犯罪实行数罪并罚"。《意见》之所以将为实施其他犯罪而劫车的行为定性为抢劫罪,主要是基于现实中行为人使用暴力或者胁迫的方法劫取汽车后,一般并不是简单的使用,而是废弃、卖掉或改装等,在犯罪实施完后,归还者寥寥无几。从本质上看,行为人通过暴力手段非法侵害了他人的财产权益,和一般的抢劫行为没有两样。本案如果要按《意见》第6条处理,在事实结构上要符合《意见》的要求。但是,《意见》第6条的规定和本案还是有些不同,《意见》第6条规定的是行为人为了实施其他犯罪劫持汽车,即劫持汽车是作为实施其他犯罪而准备的工具,劫车行为在前,实施其他犯罪在后。而本案陈志杀人行为在前,劫车逃跑在后,并不是为杀人犯罪准备工具,这与《意见》规定的在时间上的顺序相反。既然在事实构造上不同,就不能按照《意见》的规定处理本案。不过,虽然不能直接按照《意见》的规定处理本案,但是《意见》中所体现的原理,可以作为处理本案的路径。即如果可以认定被告人陈志劫车逃跑的行为具有非法占有目的,那么,抢劫罪也是可以成立的。

"非法占有目的,是指排除权利人,将他人的财物作为自己的所有物进行支配,并遵从财物的用途进行利用、处分的意思。"[①]其中包括排除意思和利用意思,排除意思是指剥夺权利人对物的权利,利用意思是指发挥物的效用。目前理论上对于非法占有目的需要排除意思和利用意思两个意思,还是仅需要排除意思,还有分歧,主流的观点是两个意思都要,本书也采用需要排除意思和利用意思。除开非法占有目的的内容,还有一个关键问题在于如何认定非法占有目的这一主观要素。非法占有目的存在于行为人的内心,无法直接捕捉,正如学者所说,"任何目的都形成于人的主观态度和意愿,非法占有目的也不外如是,同样属于人的思想意愿,所以对目的这种无形东西的界定是十分困难的"。[②] 判断非法占有目的,只能通过客观的事实来推定,这就需要基于案件发展的整个过程,综合所有情节,从整体上进行判断。从本案发展过程看,陈志一直在驾驶该车,这就可以往具有非法占有目的的方向上考虑,因为如果仅仅是劫持汽车,并不需要自己驾驶,逼住司机开车到达目的地即可。自己开车,说明了完全占领、控制汽车的意图。虽然自己开车还并不足以说明行为人具有非法占有目的,但毕竟处于可以随时排除权利人的状态,比之逼着司机开车,具有更强的非法占有目的

---

① 张明楷:《刑法分则的解释原理》,中国人民大学出版社2011年版,第437页。
② 金剑:《如何认定刑法上非法占有的故意》,《法制与社会》2012年第12期。

倾向,可以作为认定非法占有目的的依据之一,如果辅之以其他证据,就可以综合认定非法占有目的。人的行为具有连贯性,心理过程也有连贯性,被告人陈志后面的行为可以进一步说明其具有非法占有目的。当车行至扬溧高速公路润扬大桥收费站时,王修峰跳车,被告人陈志已经完全独立控制汽车了,他随即掉转车头沿高速公路逆向行驶,并发生交通事故后弃车逃离,这就说明他根本不曾考虑归还的可能。在高速公路逆向驾驶,高度危险,车辆撞毁概率极高,但陈志置之不管,这就说明了他具有很明确的排除意思。而开车本身就是对车的利用,具有利用意思。所以,综合前后行为,可以认定陈志具有非法占有目的,劫车行为构成抢劫罪。

(二) 陈志的行为构成劫持汽车罪

"劫持船只、汽车罪,是指以暴力、胁迫或者其他方法劫持船只、汽车,危害公共安全的行为。"①劫持是指夺取控制权,不管是夺取后自己驾驶汽车,还是逼迫驾驶员按自己的要求驾驶,都是劫持行为。本案发展过程中,有被告人逼迫被害人王修峰驾驶的情形,也有被告人自己驾驶的情形,但都不妨碍对劫持行为的认定。另外,当被害人王秀峰逃离后,被告人在高速公路上逆向行驶,并因此发生事故。这是一种高度危险的行为,被告人对于事故的发生在主观上是放任的。这里的问题是能否认定被告人的行为为以危险方法危害公共安全罪?回答是否定的。因为以危险方法危害公共安全罪是兜底罪名,只有在无法以其他罪认定时,才能认定为以危险方法危害公共安全罪。而且前提是行为具有与放火、爆炸等罪相当的危险性。本案被告人在高速公路上逆向行驶,应该说具有了和放火、爆炸等罪等值的危险性,但是,因为劫持汽车罪本身也是危害公共安全的犯罪,量刑幅度也很高,劫持汽车过程中产生的危险和严重后果,可以被劫持汽车罪包容,没有必要认定为以危险方法危害公用安全罪。所以,本案被告人劫持汽车后在高速公路上逆向行驶并发生事故的行为,以劫持汽车罪评价即可。

(三) 劫持汽车罪与抢劫罪想象竞合

对于罪与罪的区分,一般都倾向于非此即彼的方式,劫持汽车罪与抢劫罪的区分也是如此。如有学者认为,劫持汽车罪与抢劫罪"主观犯罪目的不同","劫持汽车罪的犯罪行为人强行控制汽车按自己意图行驶,是汽车行驶去向或用途的改变,并非要求将汽车非法占为己有;而抢劫汽车的犯罪行为人实施犯罪的目的在于非法占有汽车,行为人具有非法转移被抢劫车辆所有权的目的。"②抢劫罪的构成,需要行为人对汽车具有非法占有目的,但是,行为人具有非法占有目的,也并不能说其行为就不是劫持汽车了。因为客观上,行为人还是对汽车的夺

---

① 高铭暄、马克昌主编:《刑法学》,北京大学出版社、高等教育出版社2011年版,第351页。
② 吴才文:《在高速公路上劫持汽车逆向行驶应定何罪》,《人民检察》2011年第10期。

取和控制。换言之,在行为人具有非法占有目的的情况下,并不缺少劫持汽车罪的构成条件,行为可以同时构成劫持汽车罪和抢劫罪。正如张明楷教授所言:"劫持船只、汽车的行为同时触犯抢劫罪的,按想象竞合犯处理。"[1]本案被告人陈志同时构成劫持汽车罪和抢劫罪,想象竞合,应择一重罪处罚。劫持汽车罪的起刑点是5年,抢劫罪的起刑点是3年,劫持汽车罪重于抢劫罪,最终应认定为劫持汽车罪。

综上,法院最终认定被告人陈志的行为构成故意杀人罪和劫持汽车罪是正确的。

---

[1] 张明楷:《刑法学》,法律出版社2011年版,第620页。

第六部分 破坏社会主义市场经济秩序罪案例

23. 王岳超等生产、销售有毒、有害食品案[①]

——生产、销售有毒、有害食品罪的区分和故意的认定

一、基本案情

2008年10月,因受"三鹿事件"影响,熊猫乳品公司的销售客户福建晋江公司将1300余件熊猫牌特级和三级全脂甜炼乳退回熊猫乳品公司。被告人王岳超、洪旗德、陈德华为减少本公司的经济损失,在明知退回的熊猫牌全脂甜炼乳存在三聚氰胺超标的情况下,仍于2008年12月30日召开有三被告人和公司生产技术部负责人荣建琼、朱贵奏、潘兴娟参加的会议,决定将上述退回的熊猫牌全脂甜炼乳按比例添加回炉生产炼奶酱,并于2009年2月起批量生产,直至2009年4月23日案发。熊猫乳品公司采用上述方式生产的炼奶酱合计6520余罐,价值36万余元,其中已销售3280余罐,价值20余万元。

案发后,经上海出入境检验检疫局动植物与食品检验检疫技术中心、上海市质量监督检验技术研究院对福建晋江公司退回的熊猫牌全脂甜炼乳以及使用该甜炼乳回炉生产的炼奶酱进行抽样检测,所检产品三聚氰胺含量超标,其中最高值为34.1 mg/kg(国家临时管理限量值为2.5 mg/kg)。已销售的涉案炼奶酱召回率约94%。

公诉机关上海市奉贤区人民检察院认为,本案系单位犯罪,被告人王岳超、洪旗德、陈德华的行为均已构成生产、销售有毒、有害食品罪。

二、争议焦点

三被告人辩称不具有生产、销售有毒、有害食品罪的明知,主要理由是不明知退回的炼乳三聚氰胺超标,而且稀释回炉炼奶酱,经抽样检查后再次销售的。三被告人的辩护人提出认定犯罪证据不充分。被告人陈德华的辩护人认为本案不构成生产、销售有毒、有害食品罪,而应是生产、销售不符合卫生标准的食品罪(《刑法修正案(八)》颁布前罪名)。

[①] 案例来源:中华人民共和国最高人民法院刑事审判第一、二、三、四、五庭主办:《刑事审判参考》,2011年第4集,总第81集,法律出版社2012年2月,第1~8页。

三、案件处理

上海市奉贤区人民法院经审理认为,三名被告人明知三聚氰胺系有毒、有害的非食品原料,为减少公司的经济损失,仍将三聚氰胺含量超标的甜炼乳掺入原料用于生产炼奶酱,且部分产品已销售,其行为符合单位生产、销售有毒、有害食品犯罪的构成要件,被告人王岳超、洪旗德系单位犯罪中的直接负责的主管人员,被告人陈德华系直接责任人员,依法均应追究刑事责任。公诉机关指控的罪名成立。

关于被告人王岳超、洪旗德否认明知福建晋江公司退回的熊猫牌全脂甜炼乳三聚氰胺含量超标和故意添加重新回炉生产的辩解以及辩护人提出认定犯罪证据不充分的辩护意见,根据庭审查明的事实和证据,认为被告人的多次供述互相吻合,真实可信。另外熊猫乳品公司因生产的婴幼儿配方奶粉三聚氰胺含量严重超标而被全国通报,并因此停产整顿,身为公司高层管理人员的被告人王岳超、洪旗德对当时福建晋江公司退回的熊猫牌全脂甜炼乳中三聚氰胺含量是否超标以及如何处理予以关注并进行决策符合常理。故不予采信。

奉贤区法院以生产、销售有毒、有害食品罪,分别判处被告人王岳超有期徒刑5年,并处罚金人民币40万元;被告人洪旗德有期徒刑4年6个月,并处罚金人民币30万元;被告人陈德华有期徒刑3年,并处罚金人民币20万元;查获的三聚氰胺含量超标的熊猫牌甜炼乳及炼奶酱予以没收。

一审宣判以后,被告人王岳超、洪旗德表示不服,均向上海市第一中级人民法院提出上诉。

上海一中院认为,上诉人王岳超、洪旗德承担单位犯罪直接负责的主管人员的刑事责任准确无误;三名被告人严重背离了从业者的职业道德与行业规则,具有明显的主观故意,且王、洪认罪的酌定量刑情节不能成为二审对上诉人王岳超、洪旗德从轻处罚的理由。上海市第一中级人民法院裁定:驳回王岳超、洪旗德的上诉,维持原判。

四、分析思考

关于本案被告人构成何罪,本案的主审法官认为:"生产有毒、有害食品罪与生产、销售不符合卫生标准的食品罪的区别主要有两点:一是犯罪手段不同。前者生产、销售的食品中掺入有毒、有害的非食品原料,后者生产、销售的食品不符合卫生标准。如果掺入的物质有毒害性,但其本身是食品原料,其毒害性由于该食品原料污染或腐败变质引起,造成严重危害结果的应按生产、销售不符合卫生标准的食品罪论处。二是对危害结果的要求不同。前者是行为犯,实施该犯罪行为即构成犯罪;后者是危险犯,只有存在足以造成了严重食物中毒事故或者其他严重食源性疾患的才构成犯罪。"①但是首先，被污染或腐败变质的食品不能称为有毒、有害食品是片面的，被氰化钾污染的食品无论如何都是有毒、有害的。其次，这两点是不能被严格称为区别的。对于第一点，因为有毒、有害食品也不符合卫生标准，所以它们在这点上没有区别。第二点，生产、销售有毒、有害食品足以造成严重食物中毒事故，也构成生产、销售有毒、有害食品罪，在这一点上也没有区别。但是可以发现，生产、销售不符合卫生标准的食品罪不具有生产、销售有毒、有害食品罪的构成特点，而生产、销售有毒、有害食品罪具有生产、销售不符合卫生标准的食品罪的构成条件。所以，上述两点不同，可以认为是生产、销售有毒、有害食品罪特别的成罪条件，"本罪（指生产、销售有毒、有害食品罪——引者注）与生产、销售不符合安全标准的食品罪是特别关系，成立本罪的行为，也必然符合生产、销售不符合安全标准的食品罪的犯罪构成。由于规定本罪的法条是特别法条，故对符合本罪犯罪构成的行为，应当认定为本罪。另一方面，不符合本罪犯罪构成的行为，也完全可能符合生产、销售不符合安全标准的食品罪的犯罪构成。行为人在生产、销售的食品中掺入非食品原料，没有达到有毒、有害程度，但该食品不符合食品安全标准的，应以生产、销售不符合安全标准的食品罪论处。"②

所以，本案的关键是要判断被告人生产、销售的炼奶酱是否可以认定为有毒、有害食品。但是主审法官紧接着上述2点区分行文："国家食品质量监督检测中心在2008年9月13日指出，三聚氰胺属于化工原料，是不允许添加到食品中的。因此，在食品中添加含有严重超标三聚氰胺的炼乳与在食品中添加有毒有害物质并无二异，本案应认定为生产、销售有毒、有害食品罪。"仅以三聚氰胺是化工原料，并超标，就认定为有毒、有害食品，是不严密的。三聚氰胺是有毒、有害物质，退回的炼乳三聚氰胺超标，但是本案被告人将三聚氰胺超标的炼乳再稀释以后，是否还是达到有毒、有害程度？经检测，涉案产品三聚氰胺含量最高值为34.1 mg/kg（国家临时管理限量值为2.5 mg/kg)，但判决只提供了最高值的数据，没有样品件数和最低值、平均值等其他数据。据报道，三鹿事件中，三鹿奶粉三聚氰胺含量达到2563 mg/kg。③ 本案最高值34.1 mg/kg 显然与此数据差距甚远。在空气、水、食品中经常会出现有害物质超标的情况，比如重金属铅，但不能认为用铅超标的水生产的食品就是有毒、有害食品，食品安全的国家标准和有毒、有害的标准不应该是同一个标准。即食品安全的国家标准应低于有毒、有害的认定标准。本书并不认为最高值34.1 mg/kg 就不是有毒、有害食品，但认为

---

① 钱东君、褚玉兰、李晓杰：《生产、牛肖售有毒、有害食品罪中明知的认定》，《人民司法》2012年第4期。

② 张明楷：《刑法学》，法律出版社2011年版，第653页。

③ 《三鹿婴幼儿问题奶粉事件》，http://nd.oeeee.com/sszt/sanlu/，访问日期：2013年7月20日。

法院应该作出论证,说明涉案炼奶酱达到了有毒、有害的程度。如果不能作出这一论证,辩护人关于证据不充分的判断是成立的。

最高人民法院最高人民检察院《关于办理危害食品安全刑事案件适用法律若干问题的解释》第8条第2款规定,在食用农产品种植、养殖、销售、运输、贮存等过程中,违反食品安全标准,超限量或者超范围滥用添加剂、农药、兽药等,足以造成严重食物中毒事故或者其他严重食源性疾病的,以生产、销售不符合安全标准的食品罪定罪处罚。第9条第2款规定,在食用农产品种植、养殖、销售、运输、贮存等过程中,使用禁用农药、兽药等禁用物质或者其他有毒、有害物质的,以生产、销售有毒、有害食品罪定罪处罚。显然该解释是按食品中所含有害物质的成分名称来确定犯罪性质的。生产、销售有毒、有害食品罪的犯罪构成条件是在食品中掺入有毒、有害的非食品原料,或销售明知掺有有毒、有害的非食品原料的食品,从字面上看,本罪是行为犯,只要有在食品中掺入有毒、有害物质的行为,就成立本罪。因此有学者指出,"应当注意,行为人只要有在生产、销售的食品中掺入有毒、有害的非食品原料以及销售掺有有毒、有害的非食品原料的食品的行为,即构成犯罪,而无须发生一定的危害结果或者具有发生危害结果的危险。"[1]这是形式解释。但本书认为,是否有毒、有害食品,不应仅根据食品中所含成分名称确定,还应该按照食品本身的有毒性和有害性判断,因为毒害性不但和成分有关,还和含量有关。刑法解释不但要进行形式解释,而且还应该进行实质解释,即在实质上,该行为是否会造成与该罪相对应的社会危害。犯罪必须要有法益侵害性,实害犯要有,危险犯也要有,本罪是危险犯中的抽象危险犯,立法对法益的保护提前,只要有行为出现,就认为已经给社会造成了危害。但由于本罪的法定刑较高,起点就是有期徒刑,最高死刑,所以对本罪的抽象危险也应该有相应的要求。不考虑技术鉴定手段,在观念上,至少要给民众带来强烈危险性的感觉。一些有害物质超标但含量很低的食品,虽不符合安全标准,但并不具有急性伤害,民众也不会有强烈危险性的感觉,对于此类案件,按生产、销售不符合安全标准的食品罪处理,更符合罪刑法定的原则。

2012年1月11日最高人民法院、最高人民检察院、公安部《关于依法严惩"地沟油"犯罪活动的通知》规定,利用"地沟油"作为原料生产"食用油"的,或者明知是利用"地沟油"生产的"食用油"而予以销售的,依照生产、销售有毒、有害食品罪的规定追究刑事责任。该通知在研究起草过程中,有关部门反映"地沟油"犯罪在鉴定检验和法律适用中存在一些问题,鉴定检验的技术方法仍不成熟,有的检验不出有毒、有害成分,有的虽然检验出了致癌物质,但是国家缺少相关标准,卫生行政部门无法对"地沟油"中是否存在有毒、有害物质成分出具

---

[1] 曲新久:《刑法学》,中国政法大学出版社2012年版,第312页。

明确鉴定意见,从而导致对能否适用《刑法》第144条生产、销售有毒、有害食品罪产生认识分歧,有的地方依照《刑法》第140条生产、销售伪劣产品罪或者其他犯罪定罪处罚。经研究认为,对于利用"地沟油"生产、销售食用油的行为,原则上应当以生产、销售有毒、有害食品罪追究刑事责任。"卫生行政部门出具的对'有毒、有害的非食品原料'的鉴定检验意见仅是司法机关认定的参考依据之一,不能作为唯一依据。从涉及'地沟油'案件的侦破和现场监督检查情况来看,'地沟油'都是在脱离行政监管、生产条件简陋、卫生环境恶劣的'黑作坊''黑窝点'中,利用餐厨垃圾、废弃油脂、各类肉及肉制品加工废弃物等原料生产、加工的,其质量和安全没有任何保障,对人体健康的损害是显而易见的,司法机关应当直接将其认定为'有毒、有害的非食品原料',无须再委托卫生行政部门鉴定检验。"①可以发现,因为无法准确认定"地沟油"为有毒、有害物质,所以,仅以生产、加工过程和加工环境为依据认定为有毒、有害物质,这不免随意。罪刑法定原则要让公民具有行为后果的预测可能性,以加工环境作为认定标准,根本无法使公民预测到自己的行为是否会被以有毒、有害食品罪追究。今天以加工环境为理由认定地沟油为有毒、有害食品,明天又可以加工环境为理由认定另一种有毒、有害食品,这种方式,终究能将不符合生产、销售有毒、有害食品罪的行为认定为生产、销售有毒、有害食品罪。

虽然因果关系并不完全是科学的结论,很多是经验的总结,但应有经验的事实。比如吃毒蘑菇死人,我们可能并不知道具体什么成分导致人死亡,但经验已经建立起了毒蘑菇和死亡之间的连接。这种连接是被人们所接受的,但其中必须包含经验的证实。对于地沟油而言,从证明的角度,也不是必须要用科学检验说明地沟油含有哪些有毒有害物质,但是,在科学数据缺乏的情况下,不应该再缺少经验的证明。而目前对于地沟油犯罪的整治,科学的、经验的证明都是缺乏的,作坊的环境显然不具有经验上的证明力。

关于被告人是否明知,本案一审认为《刑法》第144条规定"销售明知掺有有毒、有害的非食品原料的食品"中的"明知",和《刑法》第14条规定的"明知"应当有所区别:"本案中'明知'的认定不应当仅仅是指'是否明知召回的乳制品三聚氰胺是否超标',而是在明知召回的乳制品三聚氰胺超标的情况下,回炉生产并予以销售,有可能出现导致危害他人生命健康等危害社会的结果。"②既然要求明知危害他人生命健康,就必须论证被告人是明知的,本案主审法官的论证是,"本案中王岳超分管公司的生产和销售,和其他两被告有一个认定的共识,

---

① 陈国庆、韩耀元、吴娇滨:《〈关于依法严惩"地沟油"犯罪活动的通知〉理解与适用》,《人民检察》2012年第10期。
② 中华人民共和国最高人民法院刑事审判第一、二、三、四、五庭主办:《刑事审判参考》,总第81集,法律出版社2012年2月,第7~8页。

即召开会议明确采取回炉鉴定,抽样调查,再次销售的处理方式。可以推定被告人其本身明知了三聚氰胺的存在,在当时大环境下谨小慎微,担心的是回炉后三聚氰胺仍旧超标,希望的是经过稀释后不超标。但生产的炼乳酱并不是批批检测,不能保证产品质量安全,对生产出的产品是否有毒有害和对社会造成的危害存放任的心态。因此,被告人王岳超、洪旗德的辩解不仅有悖常理,而且与查明的事实不符。"①既然被告人谨小慎微,担心超标,然后检测认为没有问题之后才销售,就不能认为是明知的。抽样检测当然不可能全部产品都检测,抽样检测当然也不能保证所有的产品都不超标。但抽样检测的结果,会让人相信产品没有超标,而相信危害结果不会发生,是一种过失。当然,本书也并不认为本案主审法官对于生产、销售有毒、有害食品罪的"明知"内容的看法是正确的,因为结果并不是本罪的成罪条件,所以,也不需要被告人对结果有明知。本案的明知,应是明知自己在生产、销售的食品中掺入有毒、有害的非食品原料,或者明知自己在销售掺有有毒、有害的非食品原料的食品,关键是明知自己生产、销售的是有毒、有害食品。总之,本案判决的论证是不够充分的。

---

① 钱东君、褚玉兰、李晓杰:《生产、销售有毒、有害食品罪中故意的认定》,《人民法院报》2011年6月23日,第6版案例指导。

24. 应志敏、陆毅走私废物、走私普通货物案

——走私对象中有夹藏品的处理

一、基本案情

被告人应志敏,男,33岁,2008年9月因犯走私普通货物罪被判处有期徒刑2年,2009年11月刑满获释;2011年5月6日因涉嫌犯走私普通货物罪被逮捕。

被告人陆毅,男,32岁,2011年5月6日因涉嫌犯走私普通货物罪被逮捕。

2011年3月,被告人应志敏、陆毅为牟取非法利益,采用伪报品名的方式,通过进境备案的手段进口5票废旧电子产品等货物。上述货物中,经鉴别,进口废旧线路板、废电池共32.29吨,属国家禁止进口的危险性固体废物;废旧复印机、打印机、电脑等共349.812吨,属国家禁止进口的非危险性固体废物;硅废碎料共7.27吨,属国家限制进口的可用作原料的固体废物;同时经核定,进口胶带、轴承等普通货物20余吨,偷逃应缴税额人民币74万余元。

上海市人民检察院第一分院以被告人应志敏、陆毅犯走私废物罪、走私普通货物罪,向上海市第一中级人民法院提起公诉。

二、争议焦点

对于本案中应志敏和陆毅的行为到底是以走私废物罪一罪论处还是以走私废物罪和走私普通货物罪并罚,存在不同意见。

一种意见认为,应当以走私废物罪一罪论处。应志敏、陆毅确实对走私废物中夹带的普通货物不明知,如果和走私普通货物、物品罪数罪并罚,有客观归罪之嫌。

另一种意见认为,应志敏、陆毅构成走私废物罪和走私普通货物、物品罪,应当实行两罪并罚。相关规范性文件对此类情形明确规定为数罪并罚,应当按照相关规范性文件的规定定罪处罚。

---

① 案例来源:中华人民共和国最高人民法院刑事审判第一、二、三、四、五庭主办:《刑事审判参考》2013年第2集(总第91集),法律出版社2014年版,第1~8页。

三、案件处理

上海市第一中级人民法院认为,被告人应志敏、陆毅为牟取非法利益,违反海关法规,逃避海关监管,明知是国家禁止进口的固体废物仍采用伪报品名方式将380余吨固体废物走私入境,其行为构成走私废物罪,且属于情节特别严重,应当判处5年以上有期徒刑,并处罚金。二被告人虽非涉案固体废物的货主,但共同负责完成涉案固体废物的通关和运输事宜,在共同走私犯罪中起主要作用,依法不能认定为从犯。应志敏在被判处有期徒刑两年的刑罚执行完毕后5年内又犯应当判处有期徒刑以上刑罚之新罪,依法应当认定为累犯。二被告人到案后均能如实供述犯罪事实,依法应当认定具有坦白情节。鉴于涉案走私货物均被扣押,尚未造成实际危害,且相关赃款均已被追缴,并结合二被告人的实际走私情况,依法对应志敏从重处罚,对陆毅从轻处罚。公诉机关起诉指控二被告人的行为构成走私废物罪的罪名成立,应予支持。鉴于应志敏、陆毅并非货源组织者,也非货主、收货人,其所收取报酬与夹藏物品所获利益并不挂钩,加上本案夹藏物品密度大,单一物品所占体积小,且分散在各集装箱,所占空间在整个集装箱比例相当小,不易察觉,二被告人未及时发现夹藏物品符合常理,故依法认定二被告人不具有走私普通货物的故意,辩护人所提二被告人的行为不构成走私普通货物罪和具有坦白情节等辩护意见于法有据,应予采纳。据此,依照《中华人民共和国刑法》第152条第1款、第25条第1款、第56条、第64条、第65条第1款、第67条第3款和《最高人民法院关于审理走私刑事案件具体应用法律若干问题的解释(二)》第7条之规定,上海市第一中级人民法院判决如下:

1. 被告人应志敏犯走私废物罪,判处有期徒刑10年,剥夺政治权利3年,并处罚金10万元。

2. 被告人陆毅犯走私废物罪,判处有期徒刑9年,剥夺政治权利2年,并处罚金10万元。

3. 追缴到的赃款和扣押的走私货物均予以没收。

一审宣判后,被告人应志敏、陆毅未提出上诉,检察机关也未提出抗诉,判决已发生法律效力。

四、分析思考

刑法根据走私罪行为对象的不同设置了相应的罪名,即走私武器、弹药罪,走私核材料罪,走私假币罪,走私珍贵动物及其制品罪,走私珍稀植物及其制品罪,走私贵重金属罪,走私文物罪、走私淫秽物品罪、走私废物罪、走私毒品罪、走私普通货物、物品罪。本案所涉及的走私废物罪是指违反海关法规,逃避海关监管将境外废物运输进境的行为。所谓"废物",包括固体废物、液态废物和气态废物。所谓"境外"废物,是指在境外的其他国家和地区产生的废物。本罪的对象仅限于境外的废物,如果是将境内的废物走私出境的,则不构成本罪。① 走私普通货物、物品罪是指违反海关法规,逃避海关监管,运输、携带、邮寄除武器、弹药、核材料、假币、贵重金属、珍贵动物及其制品、国家禁止进出口的其他货物、物品、淫秽物品、境外废物、毒品、制毒物品以外的货物、物品进出境,偷逃应缴税额较大,或者未经海关许可并且未补缴应缴税额,擅自将批准进口的保税货物或者特定减免税进口的货物、物品,在境内销售牟利,偷逃应缴税额较大的行为。

　　本案涉及同时走私多种货物、物品的定罪问题。走私罪是故意犯罪,本案中被告人应志敏、陆毅对夹藏物品是否明知,是认定其行为是否符合走私普通货物、物品罪主观特征的关键。在实践当中如何认定走私罪的故意呢?是否一定要行为人明确知道才是故意,如果行为人有个概括的认识,或者有模糊的认识,是否可以认定为明知?在行为人明确知道自己在走私,但对走私的具体对象并不清楚的情况下,是否可以认定为具有认识?根据上海市第一中级人民法院的判决,应志敏、陆毅对走私废物中夹带的普通货物不明知,故对两名被告人以走私废物罪定罪处罚。反对判决结论的意见认为,根据相关的规范,是应该数罪并罚的,那么我们看一看相关规范对于走私罪的明知究竟是怎样规定的,以及在走私多种物品的情况下,究竟需要不需要对多种物品的明知。

　　最高人民法院、最高人民检察院、海关总署2002年联合颁布的《关于办理走私刑事案件适用法律若干问题的意见》第5条第2款规定:"走私主观故意中的'明知'是指行为人知道或者应当知道所从事的行为是走私行为,具有下列情形之一的,可以认定为'明知',但有证据证明确属被蒙骗除外:(一)逃避海关监管,运输、携带、邮寄国家禁止进出境的货物、物品的;(二)用特制的设备或者运输工具走私货物、物品的;(三)未经海关同意,在非设关的码头、海(河)岸、陆路边境等地点,运输(驳载)、收购或者贩卖非法进出境货物、物品的;(四)提供虚假的合同、发票、证明等商业单证委托他人办理通关手续的;(五)以明显低于货物正常进(出)口的应缴税额委托他人代理进(出)口业务的;(六)曾因同一种走私行为受过刑事处罚或者行政处罚的;(七)其他有证据证明的情形。"由此可见,走私罪是需要明知的,只是对于明知不能机械判断。司法机关对行为人主观方面的认定,除了采用证据证明的方式外,还规定了主观明知推定这一手段。推定是指由法律规定或由法院按照经验法则,从已知的前提事实推断未知的结果事实存在,并且允许当事人举证推翻的一种证明法则。② 根据前述规定,可以

---

　　① 周珂、尹兵:《我国走私废物罪的构成分析及立法建议》,《河南省政法管理干部学院学报》2009年第4期。
　　② 樊崇义主编:《证据法学(第三版)》,法律出版社2003年版,第153页。

确定地得出本案被告人对于走私废物的明知,但是却不能得出对于普通货物、物品的明知。故意同时走私废物和普通货物的,一般的方式是将废物藏匿于普通货物之中以掩人耳目,而不是相反将普通货物藏匿于废物之中。如此藏匿,很可能是其他人所为,本案被告人可能确实不知道。两被告人关于不明知夹藏物品的口供完全一致,被查获的轴承、缝纫机等货物虽达 20 多吨,但该类货物密度大,单一物品所占体积又较小,分散在各集装箱,所占空间在整个集装箱比例相当小,不易让人发现,故被告人在走私废物过程未发现夹藏普通货物比较可信。此外被告人也未就走私的轴承、缝纫机等获得利益,说明被告人对夹藏物品并不具有明知。

《关于办理走私刑事案件适用法律若干问题的意见》第 6 条规定:"走私犯罪嫌疑人主观上具有走私犯罪故意,但对其走私的具体对象不明确的,不影响走私犯罪构成,应当根据实际的走私对象定罪处罚。但是,确有证据证明行为人因受蒙骗而对走私对象发生认识错误的,可以从轻处罚。"该条前段的规定并不否定走私罪明知的要求。当走私犯罪嫌疑人对其走私的具体对象不明确时,依然实施走私行为,就表示任何走私对象均在其意识、意志范围内,也可以说,犯罪嫌疑人知道自己在走私,而且对于走私什么货物根本不在乎,如此,当然应该将实际走私物品的罪责归于他,因为任何物品都没有超出他罪过的范围。该条后段的规定比较复杂,其中存在多种认识错误,我们分析其中主要的三种类型:一是将轻罪的物品,认识为重罪的物品,比如将实际的普通货物、物品认识为武器,这种情况下,按照走私普通货物、物品罪处罚,并不违反责任原则,因为武器也是物品,只是在重合的轻罪范围内对行为人的行为进行评价,符合刑法原理。对于认识错误可以从轻处罚的问题,可以这样解释,可以从轻处罚是选择性的,在这种认识错误的情况下,也可以不从轻处罚。二是在同种罪质的走私物品之间认识错误,比如将假币认识为文物,这种认识错误并没有重要意义,行为的客观危害相近,行为人的主观恶性相近,刑法的量刑幅度也一样,所以这种认识错误按实际物品认定走私罪,并不违反责任原则,即客观危害和其主观罪责是相对应的。三是将重罪的物品,认识为轻罪的物品,比如将实际的武器认识为普通货物物品,这时定走私武器罪是不符合责任原则的,应该认定为走私普通货物、物品罪。虽然定走私武器罪有从轻处罚的规定,似乎最终刑事责任的承担和走私普通货物、物品罪一样,但定罪本身违反责任原则是显而易见的。通过分析可以发现,该条规定在大多数情况下符合走私罪明知的要求,只有一种情况下是例外。而且,更关键的是,该条是在对走私对象有不明确认识的情况下,在对象的归类上有错误认识时的处理。这和本案有所不同,本案被告人实际根本没有认识到还有其他对象存在,并非已经认识到其他货物存在,只是不明确其他货物是什么,可见本案更不能对普通货物认定为明知。

最高人民法院2006年颁发的《关于审理走私刑事案件具体应用法律若干问题的解释(二)》第5条规定:"对在走私的普通货物、物品或者废物中藏匿《刑法》第151条、第152条、第347条、第350条规定的货物、物品,构成犯罪的,以实际走私的货物、物品定罪处罚;构成数罪的,实行数罪并罚。"从表面上分析,在具体案件中如果有多种走私对象的,似乎一律实行数罪并罚。但是该条规定的行文,已经表明了对于行为人明知的要求,即藏匿已经表达出行为人积极主动的走私行为,将特定的走私对象藏匿在其他货物中,本身就表明了行为人对于被藏匿货物的明知。所以,该条规定并不表明,只要走私多种货物的就要按照数罪并罚的规定处罚。

本案证据无法证实二被告人对走私对象中含有普通货物主观上具有明知,如果对被告人以走私废物罪和走私普通货物、物品罪数罪并罚,不符合主客观相统一的原则,属于客观归罪,故应以走私废物罪定罪处罚,上海市第一中级人民法院判决定罪准确,量刑适当。

25. 李洪生强迫交易案①
——使用暴力强行向他人当场"借款"
并致人轻伤的如何定罪处罚

一、基本案情

被告人李洪生,男,1985年6月22日出生,农民。因涉嫌犯强迫交易罪于2007年7月27日被逮捕。

2007年6月19日9时许,被告人李洪生在北京市东城区东直门内大街"花家怡园"餐厅附近,以帮助指导店面装修为名,将被害人孙焕然带至河北省燕郊经济开发区冀东油田招待所1029房间,要求向孙借款人民币100万元。遭孙拒绝后,李洪生持刀威胁,并致孙焕然左、右手及左肩部等多处受伤(经鉴定为轻伤)。孙焕然被迫打电话与其亲友联系借款几十万元,但均未借到钱。后孙焕然起草并签署了内容为"本人借给李洪生人民币100万元,在2007年6月23日之前全部到位、当日先付15万元"的借款合同,并起草了"合作协议",该协议由孙焕然、李洪生双方签字,主要内容为"本人孙焕然借给李洪生人民币100万元,李洪生愿付20%的利息,共计120万元,在2009年12月31日前分3批还清;李洪生将自己的房产作为抵押,且李洪生无报酬代理孙焕然与北京工美公司的纠纷"。后二人回到北京。在北京就医时,李洪生因害怕被警方发现而逃跑,次日被抓获归案。

北京市东城区人民检察院以被告人李洪生犯强迫交易罪,向东城区人民法院提起公诉。

二、争议焦点

本案的争议焦点在于被告人使用暴力强行向他人当场"借款",并致人轻伤的,如何定罪处罚?被告人李洪生的行为构成强迫交易罪还是抢劫罪。

构成抢劫罪的观点认为,被告人李洪生主观上根本不具有交易的目的,客观

---

① 案例来源:中华人民共和国最高人民法院刑事审判第一、二、三、四、五庭主办:《刑事审判参考》2009年第1集(总第66集),法律出版社2009年版,第6~10页。

上实施的也不是交易行为,而是以借款为名行抢劫之实,为了获取"借款",当场使用暴力,其行为侵犯了被害人的人身权利和财产权利,符合抢劫罪的构成要件。

构成强迫交易罪的观点认为,被告人李洪生借款属于一种为他人提供服务的行为,李洪生违背被害人的意愿,强行书写借条,并无报酬代理被害人孙焕然与北京工美公司的纠纷,系采用暴力手段强迫他人交易,且情节严重,其行为构成强迫交易罪。

三、案件处理

东城区人民法院认为,被告人李洪生以非法占有为目的,采用暴力手段,以借款为名,欲强行劫取他人钱财,并致人轻伤,其行为侵犯了他人的人身权利和财产权利,已构成抢劫罪,应依法惩处。被告人李洪生当场使用暴力,迫使他人"借款",并强迫他人当场筹借部分款项,不属于在市场交易中强买强卖商品、强迫他人提供服务或接受服务的强迫交易行为,检察院指控被告人李洪生犯强迫交易罪的定性不当,应予纠正。被告人李洪生虽未得到数额巨大的钱财,但其在抢劫过程中致被害人轻伤,属于犯罪既遂。据此,依照《中华人民共和国刑法》第263条、第52条、第53条,判决如下:被告人李洪生犯抢劫罪,判处有期徒刑6年,并处罚金人民币12000元。

一审宣判后,李洪生以其是向孙焕然借钱,没有非法占有目的,其行为构成强迫交易罪为由提出上诉。

北京市第二中级人民法院经审理认为,上诉人李洪生以非法占有为目的,采用暴力手段欲强行劫取他人钱财,并致人轻伤,其行为已构成抢劫罪,应依法惩处。关于李洪生所提上诉理由,经查,在案的借款合同、合作协议是在孙焕然被李洪生持刀致伤后所写,李洪生供称其在作案前已有70余万元的负债,并没有为所谓的土石方工程作任何准备,本人名下亦无任何房产,表明李洪生没有任何能力归还借款,故其行为系以"借款"为名强行劫取财物,具有非法占有的主观故意,李洪生的上诉理由不能成立,不予采纳。一审法院认定李洪生犯抢劫罪的事实清楚,证据确实、充分,量刑适当,审判程序合法,应予维持。据此,依照《中华人民共和国刑事诉讼法》(1996)第189条第1项之规定,裁定驳回上诉,维持原判。

四、分析思考

强迫交易罪,是指以暴力、胁迫手段强买强卖商品,强迫他人提供或者接受服务,强迫他人参与或者退出投标、拍卖,强迫他人转让或者收购公司、企业的股份、债券或者其他资产,强迫他人参与或者退出特定的经营活动,情节严重的行为。抢劫罪,是指以非法占有为目的,以暴力、胁迫或者其他方法,强行劫取公私财物的行为。对于强迫交易罪和抢劫罪的区分,2005年《最高人民法院关于审理抢劫、抢夺刑事案件适用法律若干问题的意见》第9条规定:"从事正常商品买卖、交易或者劳动服务的人,以暴力、胁迫手段迫使他人交出与合理价钱、费用相差不大钱物,情节严重的,以强迫交易罪定罪处罚;以非法占有为目的,以买卖、交易、服务为幌子采用暴力、胁迫手段迫使他人交出与合理价钱、费用相差悬殊的钱物的,以抢劫罪定罪处刑。在具体认定时,既要考虑超出合理价钱、费用的绝对数额,还要考虑超出合理价钱、费用的比例,加以综合判断。"张明楷教授对此评论道:"这种观点试图通过价格、费用是否悬殊区分本罪与抢劫罪。其实,本罪与抢劫罪、敲诈勒索罪之间不是对立关系,符合本罪的犯罪构成时,并不当然排除抢劫罪、敲诈勒索罪的成立。也不能因为刑法规定了强迫交易罪,就认为凡是有交易的行为都不成立抢劫罪与敲诈勒索罪。换言之,强迫交易行为完全可能同时触犯抢劫罪、敲诈勒索罪,因而属于想象竞合犯,应从一重罪论处。"[1]

本书认为,最高人民法院通过价格、费用、比例是否悬殊来认定构成强迫交易罪或抢劫罪,是合理的,因为只有通过这些因素,才能确定行为人是否具有非法占有的目的。同时,最高人民法院的意见只是规定犯罪如何认定,没有否定强迫交易罪和抢劫罪之间存在竞合关系,从犯罪构成的角度,认定为抢劫罪的,不否定在犯罪构成上也符合强迫交易罪。

本书也赞同张明楷教授关于强迫交易罪与抢劫罪、敲诈勒索罪不是对立的观点。对于罪与罪的区别,目前国内学者多从非此即彼的角度进行区分,但实际效果并不好,区分到最后,还是没能厘清罪和罪之间的关系。比如关于敲诈勒索罪和抢劫罪的区别,认为其中一个区别是抢劫的威胁是当场发出的,敲诈勒索的威胁可以当场发出,也可以非当场发出。[2] 但是既然抢劫罪和敲诈勒索罪的威胁都可以当场发出,就说明没有区别,从这点上试图区分两者的努力注定会失败;另一个区别是抢劫罪只能用暴力进行威胁,敲诈勒索罪可以用暴力进行威胁,也可以用暴力之外的内容,如名誉、隐私等进行威胁。但是,既然都可以用暴力进行威胁,从这点上试图进行的区分也会失败。之所以区分会失败,原因在于抢劫罪和敲诈勒索罪存在着重合关系,即某些行为,既符合抢劫罪的犯罪构成,也符合敲诈勒索罪的犯罪构成,在分析这类行为时,不能用非此即彼的观点,而应该用重合的观点看问题。比如行为人拿刀指着被害人,要求被告人给1万元钱,如果不给就砍人。这个行为就既符合抢劫罪,又符合敲诈勒索罪,最终按照

---

[1] 张明楷:《刑法学》,法律出版社2011年版,第752页。
[2] 参见高铭暄、马克昌主编:《刑法学》,北京大学出版社、高等教育出版社2011年版,第523页。

重罪论处,定抢劫罪。所以,在区分这种类型的犯罪时,就看行为人实施的暴力威胁有没有达到完全压制被害人的程度,如果达到了,定抢劫罪,但不否定犯罪构成还是符合敲诈勒索罪的。如果没有达到完全压制被害人的程度,则只能定敲诈勒索罪。同样的道理适用于强迫交易罪和抢劫罪、敲诈勒索罪的区分,如果交易价格相差并不悬殊,说明行为主要危害市场交易秩序,行为人并不存在非法占有目的,对被害人的财产权益侵害也比较小,定强迫交易罪。在强迫交易价格相差悬殊的情况下,不但侵犯了市场交易秩序,也侵害了被害人的财产权,如果暴力行为完全压制被害人的,则应认定为抢劫罪,同时也符合敲诈勒索罪和强迫交易罪的犯罪构成;如果暴力行为不足以完全压制被害人的,则应该认定为敲诈勒索罪,同时也符合强迫交易罪的犯罪构成。

就本案而言,还存在的另一个问题是,借款是不是交易行为?之前在学界存在一些争议,否定借款是交易行为的主要理由是交易是有对价的、双务的交互行为,而借款没有对价,是单务的。2014年4月最高人民检察院《关于强迫借贷行为适用法律问题的批复》对此问题作了规定:"以暴力、胁迫手段强迫他人借贷,属于《刑法》第260条第2项规定的'强迫他人提供或者接受服务',情节严重的,以强迫交易罪追究刑事责任;同时构成故意伤害罪等其他犯罪的,依照处罚较重的规定定罪处罚。以非法占有为目的,以借贷为名采用暴力、胁迫手段获取他人财物,符合《刑法》第263条或者第274条规定的,以抢劫罪或者敲诈勒索罪追究刑事责任。"本案被告人实施的借贷行为是一种强迫交易行为,但是,被告人并没有足够的还款能力,并不能完全偿还他想强迫借的100万。因为据被告人供述,其在作案前已有70余万元的负债,其在"合作协议"中所写的用于抵押的房产并不存在,被告人父亲也证实其名下并无房产,亦无其他证据证实被告人还有其他房产;至于被告人所称承包了天津汉沽的填海工程,经有关证人证实并未成功。① 这就说明被告人的还款能力是不足的,既然没有能力还,就只能认定为具有非法占有目的。非法占有目的是行为人的内心心理,并不显露于外,就行为人而言,总是会用种种幌子掩盖,表示没有非法占有的目的。对此的判断,只能根据客观情况。在没有现实的还款能力的情况下,应该认定为具有非法占有目的。即使行为人确实想在赚钱以后还债的,也是不确定的,并不能保证行为人以后赚得到钱,对此行为人也知道,行为人也愿意面对可能无法归还的局面,在此情况下依然强借,应该认定为具有非法占有目的,不然,不利于对公民合法财产权益的保护。但是还款能力不足也不代表本案被告人一点都不想还和一点都不能还,其债务有70万,如果100万强借成功,归还70万债务后还有30万,在

---

① 相关证据参见中华人民共和国最高人民法院刑事审判第一、二、三、四、五庭主办:《刑事审判参考》2009年第1集(总第66集),法律出版社2009年版,第10页。

有借条的情况下,并不能充分说明这30万也一定不还,这30万还是在强迫交易的范围内。所以,被告人的强迫借款行为虽然和其他交易行为有点不同,但是,依然具有既符合抢劫罪,又符合强迫交易罪犯罪构成的特点,按照从一重处断原则,认定为抢劫罪。

本案被告人最终没有从被害人处获取钱财,但是,其暴力行为造成了被害人轻伤,根据2005年《最高人民法院关于审理抢劫、抢夺刑事案件适用法律若干问题的意见》第10条的规定:"抢劫罪侵犯的是复杂客体,既侵犯财产权利又侵犯人身权利,具备劫取财物或者造成他人轻伤以上后果两者之一的,均属抢劫既遂。"所以,本案被告人应该按照抢劫既遂认定。

第七部分

侵犯公民人身权利、民主权利罪案例

26. 刘祖枝故意杀人案

——帮助他人自杀的如何定罪处罚

一、基本案情

被告人刘祖枝系被害人秦继明（男，殁年49岁）之妻。秦继明因患重病长年卧床，一直由刘祖枝扶养和照料。2010年11月8日3时许，刘祖枝在其暂住地北京市朝阳区十八里店乡西直河孔家井村1869号院出租房内，不满秦继明病痛叫喊，影响他人休息，与秦发生争吵。后刘祖枝将存放在暂住地的敌敌畏倒入杯中提供给秦继明，由秦继明自行服下，造成秦继明服毒死亡。

北京市人民检察院第二分院以被告人刘祖枝犯故意杀人罪，向北京市第二中级人民法院提起公诉。

二、争议焦点

本案涉及帮助自杀行为构成故意杀人罪的法理问题。

被告人刘祖枝的辩护人提出，刘祖枝没有杀人的故意，本案的事实性质应该定为自杀而非他杀。在客观行为上，刘祖枝的行为为被害人自杀提供了辅助作用，敌敌畏是为了杀苍蝇用的，并不是为了杀被害人准备的，刘祖枝只是为秦继明的自杀创造条件，其行为不必然导致秦继明服毒死亡，该结果在刘祖枝的意料之外，故刘祖枝的行为不构成犯罪。

公诉人认为，刘祖枝故意杀人的动机是非常明确的。刘祖枝首先明知秦某有过轻生念头，极有可能会喝下毒药，仍向秦某提供毒药，说明她至少具有间接杀人的故意；其次，秦某喝下毒药后，刘祖枝有时间对秦某进行救助，而且敌敌畏中毒的救助措施并不困难，但刘祖枝不仅不履行救助义务，而且在女儿提出要打120的时候又进行阻止，在主观上已将间接故意转化为积极追求秦某死亡的直接故意。刘祖枝提供敌敌畏，是出于与丈夫发生争执后泄愤的目的。秦某不是简单的自杀行为，而是在心理压力的驱使下才喝毒药的。

---

① 案例来源：中华人民共和国最高人民法院刑事审判第一、二、三、四、五庭主办：《刑事审判参考》2012年第1集（总第84集），法律出版社2012年版，第11～16页。

有学者认为,不能因为同情善良的罪犯,就判定他无罪,因为他毕竟实施了犯罪行为,我们不能背离原则。但是在量刑方面可以从轻考量。也有人质疑,如果对此类罪犯施以轻刑,那么一些与罪犯家庭背景类似的人会以此为"挡箭牌",实施犯罪行为,逃避应承担的法律制裁。这类犯罪的实施者通常都会以自己是"善良的罪犯"在法庭上进行辩解,以求逃避重刑的制裁。①

三、案件处理

北京市第二中级人民法院认为,被告人刘祖枝与患重病长年卧床的丈夫秦继明因故发生争吵后,不能正确处理,明知敌敌畏系毒药,仍向秦继明提供,导致秦继明服毒死亡,其行为构成故意杀人罪,应依法惩处。鉴于本案系家庭纠纷引发,刘祖枝长年坚持扶养、照料患重病卧床的秦继明,秦因不堪忍受病痛折磨,曾多次有轻生念头,且刘祖枝将敌敌畏倒入杯中提供给秦继明,由秦继明自行服下,是在双方发生争吵时冲动所为,故刘祖枝故意杀人的主观恶性与人身危险性与普通故意杀人存在一定区别。同时,刘祖枝归案后如实供述自己的罪行,且能够认罪、悔罪,秦继明的亲属亦对刘祖枝表示谅解,请求法院对其从宽处理,故本院对刘祖枝予以从轻处罚。关于刘祖枝所提不是故意杀害秦继明的辩解及其辩护人所提刘祖枝没有杀人的犯罪故意,秦继明系自杀,刘祖枝的行为不构成犯罪的辩护意见,经查,刘祖枝在与秦继明发生言语冲突后,明知将敌敌畏提供给长年患病卧床并有轻生念头的秦继明,会导致秦继明服毒身亡的后果发生,仍不计后果而为之,事发后又不采取任何积极的措施送秦继明到医院救治,放任危害后果的发生,导致秦继明死亡;秦继明虽是自行服下刘祖枝提供的敌敌畏,但刘祖枝的行为与死亡结果之间存在因果关系,故刘祖枝的行为构成故意杀人罪,应依法惩处。故本院对该辩解及辩护意见不予采纳。对辩护人所提刘祖枝具有法定、酌定从轻处罚情节的辩护意见,经查属实,本院予以采纳。依照《中华人民共和国刑法》第232条、第55条第1款、第56条第1款、第67条第3款、第61条,判决如下:被告人刘祖枝犯故意杀人罪,判处有期徒刑七年,剥夺政治权利一年。

一审宣判后,被告人刘祖枝未提出上诉,检察机关亦未提出抗诉,判决已发生法律效力。

四、分析思考

本案的分析要从自杀行为的性质入手,一致的观点认为,自杀行为是不具有

---

① 参见杨柳:《贤妻"毒杀"久病丈夫 专家:"善良罪犯"可宽量刑严定罪》,http://news.jcrb.com/jx-sw/201106/t20110616_557006.html,访问日期:2013年8月15日。

可罚性的。对于自杀行为不可罚的理论根据,有几种不同见解:(1)阻却违法说,认为自杀者对自己的生命有处分的自由,因而自杀行为不具有违法性;(2)阻却责任说,认为自杀行为有违法性,但由于无期待可能性而阻却责任。(3)阻却可罚的违法说,认为自杀行为有违法性,但缺乏可罚的违法性。①

从人的自我决定权的角度,人应当具有处分自己生命的自由,所以上述第一种阻却违法性的观点在德日是最具有代表性的观点。②我国也有学者明确指出:"如果一个人具有责任能力并且在不实施自杀行为上没有任何外在的障碍,但他基于自己的意思实施了自杀行为,那么无论他具有何种动机,他的自杀在法规范上都是完全自由地处置自己生命的行为。"③但是按照共犯限制从属性理论④,阻却违法说在说明教唆、帮助自杀行为的可罚性上存在逻辑障碍,因为既然自杀的人不违法,帮助自杀的行为也应该相应地不具有违法性。我国也有刑法学者以此为理由否定教唆、帮助自杀构成故意杀人罪。⑤但在规定了教唆、帮助自杀罪的国家,如日本《刑法》第202条规定了"参与自杀、同意杀人罪",就需要对其可罚性作出理论上的解释,持阻却违法性说的日本学者从家长主义的角度进行论证:"事关生命这种重大法益的自己处分,刑法禁止他人介入是具有充分合理性的。"⑥用威权主义解释虽然不失为一种途径,但是没有回答为什么国家可以禁止他人介入重大法益的自己处分。按理,越是重大法益的自己处分,在权利人需要的时候,他人越应该提供帮助才是,为什么要禁止呢?另一角度,既然国家禁止他人介入生命法益的自己处分,那么阻止自杀或救助自杀者就成为一种妨害自由处分的违法行为,自杀者本人或者第三人可以进行正当防卫。这样的结论显然是民众的法感情所不能接受的,相反,对于自杀者进行积极的救助是社会道德的基本要求。⑦

根据上述第3种观点阻却可罚的违法说,因为自杀行为本来是违法的(只是自杀者本人阻却可罚的违法性),参与这种行为也是违法的,而且在这种场合具有可罚的违法性。但是此说会使人产生这样的疑问:参与无可罚的违法性的行

---

① 参见〔日〕西田典之:《日本刑法各论》,刘明祥、王昭武译,中国人民大学出版社2007年版,第16页。
② 参见〔日〕山口厚:《刑法各论》,王昭武译,中国人民大学出版社2011年版,第13页。
③ 冯军:《刑法的规范化诠释》,《法商研究》2005年第6期。
④ 共犯限制从属性理论是指狭义共犯(教唆犯、帮助犯)的可罚性决定于正犯的违法性,不存在"没有正犯的共犯",即正犯不具有违法性,共犯也不能构成犯罪。
⑤ 参见陈兴良:《规范刑法学》,中国政法大学出版社2003年版,第459页。
⑥ 〔日〕西田典之:《日本刑法各论》,刘明祥、王昭武译,中国人民大学出版社2007年版,第16~17页。
⑦ 参见李洁、谭堃:《论教唆、帮助自杀行为的可罚性》,载《政治与法律》2013年第6期。

为,不是也应该理解为没有可罚的违法性吗?①

根据上述第 2 种观点阻却责任说,由于自杀的正犯行为违法,所以教唆、帮助自杀的共犯行为也具有违法性,这在逻辑上是通透的。但推论的起点存在问题,即为什么自杀是违法行为呢? 人不是自由的吗? 为什么不能决定自己的命运呢?

在德国,自杀中的参与人原则上都是无罪的。② 明文规定教唆、帮助他人自杀构成犯罪的国家大致有三种情况。一种情况是只要行为人实施了教唆他人自杀或者帮助他人自杀的行为,不论是否产生自杀后果,均构成犯罪,如日本刑法;第二种情况是行为人必须是出于利己或其他动机而教唆或帮助他人自杀的,如瑞士刑法;第三种情况是要求他人的自杀行为必须已遂或者虽然未遂但却造成了严重的伤害结果,如巴西刑法。③ 我国刑法没有明文规定教唆、帮助自杀构成犯罪,但通说理论认为,在对自杀者进行精神鼓励的场合,对自杀的原因力较小,危害也不大,可以不追究故意杀人的刑事责任;但在为自杀提供物质帮助的场合,对于自杀的结果发生具有较大的原因力,原则上应构成故意杀人罪,但由于自杀与否是自杀者本人的意思决定,可对帮助者从轻或减轻处罚。④ 但是既然是自杀者本人的意思决定,为什么可以对帮助者进行处罚呢? 通说显然没有解决教唆、帮助自杀可罚性依据的问题。长期以来,司法实践秉持通说的观点,将教唆、帮助自杀的行为认定为故意杀人罪。这一点在司法解释中也有体现,2001 年《最高人民法院、最高人民检察院关于办理组织和利用邪教组织犯罪案件具体应用法律若干问题的解释(二)》第 9 条规定,"组织、策划、煽动、教唆、帮助邪教组织人员自杀、自残的,依照《刑法》第 230 条、第 234 条的规定,以故意杀人罪、故意伤害罪定罪处罚"。在具体案例的论证上,法院通常的解释是,帮助他人自杀行为是符合故意杀人罪构成要件的行为,并和死亡具有因果关系。但学界也不时有疑问,教唆、帮助自杀的行为是否属于杀人罪构成要件中类型化的实行行为? 为什么对于死亡没有直接作用力和控制力的行为能够成为故意杀人的实行行为? 也有学者从间接正犯的角度进行论证,但间接正犯必须对犯罪具有支配性,帮助自杀的行为,无论如何都不能说存在犯罪的支配性。到目前为止,对于帮助自杀构成犯罪的解释还没有找到明确的法理依据。日本等国刑法明文规定了帮助自杀罪,如果学理上对其可罚性的论证存在漏洞的话问题还不大,因

---

① 参见〔日〕西田典之:《日本刑法各论》,刘明祥、王昭武译,中国人民大学出版社 2007 年版,第 16 页。
② 参见〔德〕克劳斯·罗克辛:《德国刑法学总论》(第一卷),法律出版社 2005 年版,第 263 页。
③ 参见陈兴良:《教唆或者帮助他人自杀行为之定性研究——邵建国案分析》,《浙江社会科学》2004 年第 6 期。
④ 参见高铭暄、马克昌主编:《刑法学》,北京大学出版社、高等教育出版社 2011 年版,第 462 页。

为毕竟有刑法的明文规定。但我国就不一样了，如果不能根据法理进行符合逻辑的论证，就会陷入违反罪刑法定原则的困境。这也导致司法实践中对于帮助自杀的案件，律师基本会进行无罪辩护——虽然司法裁判的结果通常都是构成故意杀人罪。有学者表示，考虑中国的文化传统和现实，将教唆、帮助自杀按故意杀人罪认定，"司法实践的上述做法具有妥当性。但是，如何从刑法上寻找处罚根据，还值得研究。倘若不能找到刑法上的处罚根据，就只能认为司法实践的上述做法违反了罪刑法定原则"。① 或许，这也是没有明文规定帮助自杀罪的德国干脆不将帮助自杀行为认定为犯罪的原因。

本书认为，从生命的社会价值、刑法理论的逻辑性等角度，自杀行为阻却责任的观点是可行的。虽然自由是现代社会的核心价值和刑法的思想基础，但由于生命的特殊重要性，法律可以对生命的处分决定加以限制。人的生命不仅是自己的，同时也是社会的。人都为人子女，为人父母，每个人都是社会上的一个节点。人具有社会的贡献，也包含着社会的成本。生命是一种权利，但也是一种责任。珍爱生命是社会对每个人的合理要求，法律可以对人发出珍爱生命的指令。当自我决定有违于社会利益时，刑法进行干预是能够成立的，比如自伤不构成犯罪，但军人战时自伤就构成犯罪，因为这时军人的身体健康维系着社会的安全。同样，因为生命维系着社会的延续，法律不应允许对生命的随意处分。人不应该自杀是具有伦理基础的。事实上，认为自杀属于不法行为的见解在德文文献中也有悠久的历史，德国联邦最高法院在2001年的判决中还强调，人的生命在宪法价值秩序中是最高级别的被保护的法益。因此法规范认为，自杀除了极端例外情形之外，也是违法的，只是对自杀不加处罚。② 所以，可以认为，不能自杀是人类共同的价值观。当然，自杀者总是由于思想上一时的混乱或生理、精神上的困苦，所以，自杀未遂者因缺乏责任能力或期待可能性而阻却责任。但对于教唆、帮助自杀的人，因为自杀者的正犯行为具有违法性而成为故意杀人罪的共犯，同时相对于身处特殊情状的自杀者，法律对教唆、帮助者具有合法性的期待，可以按故意杀人罪认定。对于其中一些特殊的帮助行为，比如经被绝症晚期折磨得痛苦不堪的被害人的再三请求而实施的近亲属之间的帮助自杀行为，也可以用期待可能性出罪。

基于上述看法，回到本案，被告人刘祖枝明知被害人秦继明受病痛折磨，还以言语刺激，在被害人明确表示自杀意向时，还为其倒上农药敌敌畏，导致秦继明自杀身亡，构成故意杀人罪。本案量刑有期徒刑7年，比之一般的帮助自杀案件的量刑要重，主要是考虑了被害人秦继明当夜一开始并无自杀意念，是由于被告

---

① 张明楷：《刑法学》，法律出版社2011年版，第761页。
② 参见王钢：《自杀的认定及其相关行为的刑法评价》，《法学研究》2012年第4期。

人刘祖枝对被害人无法忍受病痛折磨喊叫进行指责,并用言语刺激起被害人的自杀意念。被害人实际并不想死,长期的病痛,加上被告人的指责和刺激,才导致彻底心灰意冷。刘祖枝的行为中带有部分促进自杀的成分,法院因而作出了量刑 7 年的判决。但是法院或许可以多考虑一点刘祖枝对被害人长达 10 多年的尽心照顾,曾经对被害人父母的服侍孝敬,被害人亲属的谅解和强烈的从宽请求,左邻右舍村民们的联名请求。正如一位学者所言,如果我国的重症残障人士保障制度能够完善,也许能在一定程度上避免此类家庭悲剧的发生。政府应该结合慈善基金建立一些供养或者托养机构,给予一定的护理补助等,这对于有重病或者残障人士的家庭,将会在一定程度上缓解家属的精神和经济压力。①

需要指出的是,本案法官案后撰写的裁判理由认为,"刘祖枝的行为主要包括两个阶段:一是将农药提供给秦继明,并对其进行了言语刺激;二是在秦继明喝下农药后未采取任何救助措施。""关于第二阶段的行为。刘祖枝在秦继明喝下农药毒性发作后未采取任何救助措施,导致秦继明中毒身亡后果的行为,符合不作为故意杀人罪的特征,不作为犯罪是指行为人负有实施某种积极行为的特定法律义务,且能够履行而不履行,从而导致危害后果发生的情形。"②用不作为犯罪理论来论证被告人的行为构成故意杀人罪,从表面上看起来为本案提供了刑法理论支撑。但是,如果将这一观点推而广之,任何犯罪均由作为和不作为构成,比如凡杀人者均有救助的义务,不救就是一种不作为犯罪。这在刑法理论上可以称为作为和不作为的竞合。在作为和不作为竞合之处,按作为处理即可,因为作为比不作为更具有刑法上的可谴责性,在已经可以评价为作为时,没有必要再另行评价不作为,除非作为和不作为属于前后两个行为应分别评价。③ 本案被告人的帮助行为,是一种作为,所以就没有必要再评价后面不救助的行为,如果出现救助行为,则应该判断为犯罪中止。裁判法官之所以强调被告人的不作为,应该是和帮助自杀行为实行性论证上的困境有关,无法证成的实行行为性用不作为进行补充,因为不作为也是实行行为的一种,如此就算帮助行为的实行性受到质疑,但不作为的实行性还是能够成立的。殊不知,实行行为有作为和不作为,帮助行为也有作为和不作为,既然本案被害人是自杀的,那么不管是作为还是不作为,都是自杀的帮助行为。不履行救助义务的通常案件,可以评价为不作

---

① 参见杨柳:《贤妻"毒杀"久病丈夫 专家:"善良罪犯"可宽量刑严定罪》,http://news.jcrb.com/jx-sw/201106/t20110616_557006.html,访问日期:2013 年 8 月 15 日。
② 中华人民共和国最高人民法院刑事审判第一、二、三、四、五庭主办:《刑事审判参考》2012 年第 1 集(总第 84 集),法律出版社 2012 年版,第 13 页。
③ 参见〔德〕耶赛克、魏根特:《德国刑法教科书》,徐久生译,中国法制出版社 2001 年版,第 726 页。

为的实行行为,但对于不救自杀者,只能评价为不作为的帮助行为。论证了本案被告人刘祖枝的行为构成不作为,仅是证成了刘祖枝实施了不作为的帮助行为而已,既无助于实行行为性的论证,也是对被告人的双重评价,即对同一行为,用作为和不作为评价两次加重了被告人的责任。

27. 吕锦城故意杀人和拐卖儿童、黄高生拐卖儿童案[①]

——以出卖为目的偷盗婴幼儿过程中杀害婴幼儿亲属的行为如何定性

一、基本案情

2008年8月下旬,被告人吕锦城、黄高生商议拐卖儿童赚钱。黄高生提议偷盗其邻居黄金花(被害人,女,殁年26岁)夫妇的男婴黄伟艺(2008年1月4日出生)贩卖,如果被发现就使用暴力抢走孩子。二人为此进行了踩点,并购买了撬门的工具和行凶的匕首、啤酒瓶等物,黄高生还通过潘荣国(同案被告人,已另案判刑)联系了买主。9月2日3时许,黄高生骑摩托车载吕锦城至福建省南安市罗东镇罗溪村黄金花家屋外,由黄高生在屋外接应,吕锦城从屋顶潜入黄金花家,在客厅盗走黄金花的诺基亚2610型手机一部(价值人民币312元)。吕锦城潜入黄金花、黄伟艺卧室时,被黄金花发现。黄金花喊叫,吕即捂住黄的嘴,并用啤酒瓶砸黄,在未砸中后又用拳头殴打黄。睡在隔壁的黄金花的奶奶戴术治(被害人,殁年75岁)听到动静过来与吕锦城搏斗,吕将戴推倒在地。后吕锦城见不能制伏被害人,便拔出匕首朝黄金花颈部捅刺一刀,并推倒黄金花,抱着婴儿准备逃离。当发现戴术治坐在地上盯着其看,便又持匕首朝戴颈部捅刺一刀。黄金花因颈部动脉横断致失血性休克死亡,戴术治因右颈静脉离断致失血性休克并脑功能障碍经送医院抢救无效而死亡。吕锦城、黄高生带着黄伟艺逃离现场后,将黄伟艺以37000元的价格卖给了潘荣国联系的洪金钟。破案后,黄伟艺被解救。

福建省泉州市人民检察院以被告人吕锦城、黄高生犯故意杀人罪、拐卖儿童罪,向泉州市中级人民法院提起公诉。

[①] 案例来源:中华人民共和国最高人民法院刑事审判第一、二、三、四、五庭主办,《刑事审判参考》2011年第5集,法律出版社2012年版,第32~39页。

二、争议焦点

对于本案被告人在偷盗被害人黄伟艺的过程中实施暴力的行为,一种观点认为,被告人以出卖为目的,实施了偷盗婴幼儿的行为,属于《刑法》第240条第1款第6项"以出卖为目的,偷盗婴幼儿的"情形。另一种观点认为,属于240条第1款第5项"以出卖为目的,使用暴力、胁迫或者麻醉方法绑架妇女、儿童的"情形。被告人在预谋时即同时具备偷盗和抢夺婴儿以贩卖的两种故意。绑架是指暴力手段劫持或以实力控制他人,而被告人在偷盗过程中被发现,实施暴力行为抢走婴儿的行为与之相符。本罪中儿童是指不满14岁的人,其中,不满1岁的为婴儿,1岁以上不满6岁的为幼儿。也就是说,婴幼儿属于儿童,暴力劫走婴儿的行为属于绑架儿童的行为。①

被告人黄高生是否构成故意杀人罪,也存在不同的意见,检察院以构成故意杀人罪进行指控,被告人黄高生的辩护人认为指控构成故意杀人罪的证据不足。法院在讨论时也存在不同意见。否定的意见认为,鉴于没有证据证实被告人黄高生与吕锦城预谋杀害被害人,黄高生主观上无杀害被害人的故意,客观上没有实施杀人行为,不能认定其行为构成故意杀人罪。但属于240条第1款第7项"造成被拐卖的妇女、儿童或者其亲属重伤、死亡或者其他严重后果的"情形。②

三、案件处理

泉州市中级人民法院认为,被告人吕锦城、黄高生以出卖为目的,结伙偷盗婴幼儿,其行为均构成拐卖儿童罪;吕锦城在偷盗过程中被发现,持刀杀死两人,其行为又构成故意杀人罪;吕锦城犯数罪,应当数罪并罚。公诉机关关于被告人黄高生的行为构成故意杀人罪的指控,经查,没有证据证实黄高生与吕锦城预谋杀害被害人,黄高生主观上无杀害被害人的故意,客观上没有实施杀人行为,不能认定其行为构成故意杀人罪,对黄高生辩护人提出不构成故意杀人罪的辩护意见予以采纳,但黄高生应对致人死亡的后果承担法律责任。关于吕锦城的辩护人提出吕锦城有立功表现的辩护理由,经查,侦查机关是通过技术侦查手段确定黄高生的位置并将黄高生抓获,吕锦城的行为未对抓获黄高生提供直接帮助,不能认定有立功表现。依照《中华人民共和国刑法》第232条,第240条第1款第6项、第7项,第274条,第57条第1款,第25条第1款,第26条第1款、第4款,第27条,第23条,第48条第1款,第69条,判决如下:

---

① 参见中华人民共和国最高人民法院刑事审判第一、二、三、四、五庭主办:《刑事审判参考》2011年第5集,法律出版社2012年版,第36页。

② 参见同上书,第37页。

1. 被告人吕锦城犯故意杀人罪,判处死刑,剥夺政治权利终身;犯拐卖儿童罪,判处无期徒刑,剥夺政治权利终身,并处没收个人全部财产;决定执行死刑,剥夺政治权利终身,并处没收个人全部财产。

2. 被告人黄高生犯拐卖儿童罪,判处死刑,剥夺政治权利终身,并处没收个人全部财产。

一审宣判后,被告人吕锦城上诉提出,其系受被告人黄高生胁迫作案,作案过程中因精神失控而杀害被害人。其辩护人提出,吕锦城刺死黄金花的行为属于间接故意杀人。

被告人黄高生及其辩护人基于以下上诉理由提请对黄高生从轻处罚:(1)被告人黄高生与被告人吕锦城预谋偷抱婴儿,如被发觉仅仅是制伏,没有伤害被害人的犯意,黄高生不应对被害人死亡承担责任;(2)根据黄高生的犯罪动机、作案手段,黄高生不属于拐卖儿童情节特别严重。

福建省高级人民法院经审理认为,原判认定事实清楚,证据确实、充分,定罪准确,量刑适当,审判程序合法。依照《中华人民共和国刑事诉讼法》(1996)第189条第1项的规定,裁定驳回上诉,维持原判,并依法报请最高人民法院核准。

最高人民法院经复核认为,被告人吕锦城与黄高生以出卖为目的,绑架儿童,其行为均构成拐卖儿童罪;被告人吕锦城在实施绑架行为时,持刀捅刺二被害人,致二被害人死亡,其行为构成故意杀人罪,应依法数罪并罚。被告人黄高生所犯拐卖儿童罪造成二人死亡,罪行极其严重,但没有与被告人吕锦城共谋杀人,亦未具体实施杀人的行为,对其判处死刑,可不立即执行。第一审判决、第二审裁定认定的事实清楚,证据确实、充分,定罪准确,对吕锦城量刑适当,审判程序合法。但对被告人黄高生量刑不当,对被告人吕锦城、黄高生适用《中华人民共和国刑法》第240条第1款第6项不当,应适用《中华人民共和国刑法》第240条第1款第5项。依照《中华人民共和国刑事诉讼法》(1996)第199条、《最高人民法院关于复核死刑案件若干问题的规定》第7条和《中华人民共和国刑法》第240条第1款第5项、第7项,第48条,第57条第1款,第25条第1款,第26条第1款、第4款,判决如下:

1. 核准福建省高级人民法院(2009)闽刑终字第473号刑事裁定中维持第一审对被告人吕锦城以故意杀人罪判处死刑,剥夺政治权利终身;以拐卖儿童罪判处无期徒刑,剥夺政治权利终身,并处没收个人全部财产;决定执行死刑,剥夺政治权利终身,并处没收个人全部财产的部分。

2. 撤销福建省高级人民法院(2009)闽刑终字第473号刑事裁定和泉州市中级人民法院(2009)泉刑初字第93号刑事附带民事判决中对被告人黄高生以拐卖儿童罪判处死刑,剥夺政治权利终身,并处没收个人全部财产的部分。

3. 被告人黄高生犯拐卖儿童罪,判处死刑,缓期二年执行,剥夺政治权利终身,并处没收个人全部财产。

四、分析思考

对于本案被告人在偷盗婴幼儿的过程中实施暴力的行为,本书认为应该同时适用《刑法》第240条第1款第5项和第6项。第5项"以出卖为目的,使用暴力、胁迫或者麻醉方法绑架妇女、儿童的",《刑法》所要评价的是绑架的行为。① 妇女、儿童本就是拐卖妇女罪成罪的对象条件,不属于法定刑升格条件,亦即本项升格条件只评价绑架的行为而不评价对象的特殊性。《刑法》基于婴幼儿特殊的依赖性和更易受侵犯性,用第6项进行特殊保护,所以,如果对象是特定的儿童——婴幼儿,应按照第6项另行评价。一、二审法院按第6项认定,最高院按第5项认定,都不能充分评价本案拐卖行为所包含的危害性。另一方面,如果仅按照第6项偷盗婴幼儿认定,对于被告人黄高生造成亲属死亡的后果就不具有充分的说明力,因为本案两个被害人是被暴力致死的。如果仅按照第5项认定为绑架行为,会出现处罚上的空隙,比如双方的预谋仅是偷盗婴幼儿,并且望风的人明确表示不要使用暴力,但实行的人还是实施了暴力行为,由于按第5项适用,望风的人不具有暴力的故意,又不符合偷盗婴幼儿的情形,就不具有法定刑升格条件了,这显然是不适当的。"法律不应该含有规定的漏洞",②仅按第5项适用不符合体系解释的要求。

在秘密性的夺取方式之上,再增加暴力的内容,并不妨碍偷盗的成立。刑法通说理论将盗窃罪解释为秘密窃取,是基于《刑法》另有抢夺罪的规定。通说理论认为公开夺取为抢夺,以此和盗窃进行区分。但是,也有学者反对这一解释结论,主张公开盗窃的观点。③ 本书此处不涉公开盗窃的争论,但认为,由于拐卖儿童罪没有抢夺婴幼儿的法定刑升格情节,所以,应该将公开夺取婴幼儿的行为,解释为偷盗婴幼儿的。从文理上看,偷盗和盗窃用词不同,不必进行相同的解释。而且,就算相同的词汇,在不同的法条中,也可以进行不同的解释。比如抢劫罪的胁迫和强奸罪的胁迫就应进行不同的解释,抢劫的胁迫应限于暴力胁迫,而强奸的胁迫不限于暴力,以名誉进行胁迫的也可以构成强奸罪。盗可以具有公开性,盗贼即表示强盗和小偷,偷盗可以进行扩大解释涵盖公开的夺取行为。行为人当着被害人的面夺取婴幼儿,比之秘密性地夺取,在危害性上并不轻,这就使我们有理由进行合目的解释。当然,我们还要看解释的结论是否超出

---

① 参见王作富主编:《刑法分则实务研究》,中国方正出版社2007年版,第939页。
② 〔德〕英格博格·普珀:《法学思维小课堂》,蔡圣伟译,北京大学出版社2011年版,第62页。
③ 参见周光权:《刑法各论》,中国人民大学出版社2011年版,第96~97页;张明楷:《刑法学》,法律出版社2011年版,第877~878页;曲新久:《刑法学》,中国政法大学出版社2012年版,第457~459页。

公民的预测可能性,这是是否符合罪刑法定原则的关键。行为人当着婴幼儿父母的面快速抱走婴幼儿贩卖的行为,更能造成社会的恐惧氛围和不安定感,一般民众对之有更强烈的处罚要求,认定为偷盗婴幼儿能为一般社会民众所接受,不会令人大吃一惊、无法理解。所以,对本案二被告人同时适用第5项和第6项,从目的、文理和体系论上都是成立的,并可以对拐卖儿童犯罪行为进行充分评价,不至于使法律出现不应该有的漏洞。

一、二审法院认为,吕锦城在偷盗过程中被发现,持刀杀死两人,其行为又构成故意杀人罪,应当数罪并罚。但是,既然故意杀人是拐卖行为之外独立的行为,而故意杀人又没有包含在共同的故意内,就属于过限的行为,过限行为当由过限者承担责任。如此让被告人黄高生在拐卖儿童罪的范围内承担被害人死亡的刑事责任就存在逻辑上的障碍,至多应该就被害人死亡的结果另行对黄高生进行评价,即因为预谋中包含了暴力的内容,根据部分犯罪共同说或行为共同说,黄高生应该承担故意伤害致人死亡的刑事责任,并与拐卖妇女罪实行数罪并罚。一、二审法院将实行犯吕锦城认定为两个独立的行为,而应该在事实上从属于实行者的黄高生,却认定为一个行为,是不合适的。

最高院的意见认为:"本案中,被告人吕锦城入室偷盗婴儿时被发现,为制止婴儿母亲黄金花的反抗,持刀杀害黄金花,唯恐罪行败露又将婴儿曾祖母戴术治杀害,后抢走婴儿与被告人黄高生共同贩卖。被告人吕锦城持刀捅刺二被害人的行为不属于拐卖儿童的手段行为,而是属于为排除妨碍、防止罪行败露实行的杀、伤行为。"①但这多少有点自相矛盾,既然吕锦城是为制止反抗而实施的暴力行为,那么其暴力行为就应该评价为拐卖儿童的手段行为。拐卖儿童的实行行为中也包括暴力行为,《刑法》第240条第2款规定:"拐卖妇女、儿童是指以出卖为目的,有拐骗、绑架、收买、贩卖、接送、中转妇女、儿童的行为之一的。"暴力是绑架中重要的方式。最高院一方面认为应适用第240条第1款第5项"以出卖为目的,使用暴力、胁迫或者麻醉方法绑架妇女、儿童的",另一方面又认为吕锦城的杀害行为不属于拐卖儿童的手段行为。既然暴力行为不属于拐卖的手段行为,不更应该适用第6项"以出卖为目的,偷盗婴幼儿的"?而且最高院同时适用第7款"造成被拐卖的妇女、儿童或者其亲属重伤、死亡或者其他严重后果的",造成后果当然是拐卖的行为造成,如果不是拐卖的行为造成,不能成立结果加重关系,因为按照通行的理论,成立结果加重犯一般情况下要求基本罪行为和加重结果之间具有直接的因果关系。②最高院一方面认为结果加重关系成

---

① 中华人民共和国最高人民法院刑事审判第一、二、三、四、五庭主办:《刑事审判参考》2011年第5集,法律出版社2012年版,第38页。
② 参见〔德〕克劳斯·罗克辛:《德国刑法学总论》(第一卷),法律出版社2005年版,第219~221页。

立,另一方面又认为不是拐卖的手段行为造成了死亡结果,其中的逻辑令人匪夷所思。犯罪行为总是以某种方法表现出来,行为和方法不能分解,就本案而言,因为婴儿当时还在亲属的控制范围,被告人的行为是突破控制的方式,即吕锦城用暴力的方式实施拐卖的行为。从整体上看,吕锦城在完全控制婴儿前,并不具有实施两个独立行为的性质。正如在盗窃的过程中被发现,当场实施暴力的,看做一个行为,可以直接按抢劫评价。

而且判决一方面认为本案被告人吕锦城的暴力行为不属于拐卖行为,而属于故意杀人的行为,处死刑,另一方面对吕锦城以拐卖儿童罪处无期徒刑,适用的又是240条第1款第5项"以出卖为目的,使用暴力、胁迫或者麻醉方法绑架妇女、儿童的"和第5项"造成被拐卖的妇女、儿童或者其亲属重伤、死亡或者其他严重后果的",对一个暴力行为和死亡结果,分别评价在故意杀人罪和拐卖儿童罪中,并进行数罪并罚,进行了两次评价,违反了不能重复评价的刑法基本原理。

本书认为,对于被害人黄金花,因为被告人吕锦城使用暴力使其不能实现对婴儿的控制,属于夺取儿童的拐卖实行行为。其暴力行为又同时符合故意杀人罪的犯罪构成,与拐卖儿童罪属于一个行为触犯数个罪名的想象竞合关系,从一重处断。如果以拐卖儿童罪评价,具有3个法定刑升格情节,而且对死亡结果又是故意的,属于情节特别严重。拐卖儿童罪对情节特别严重规定了相对确定的死刑:"情节特别严重的,处死刑",而且"并处没收财产",与故意杀人罪"处死刑、无期徒刑、10年以上有期徒刑"的量刑幅度比较为重,应按拐卖儿童罪处死刑。就被害人戴术治而言,由于被告人吕锦城是杀人灭口的行为,另构成故意杀人罪,并与拐卖儿童罪数罪并罚。

被告人黄高生与吕锦城在预谋范围内包含暴力行为,黄高生虽不具有杀人的故意,但暴力行为导致死亡的结果,也在一般人认识能力的范围内,所以,可以将被害人黄金花死亡的结果归责于黄高生。但被害人戴术治是被灭口杀害,并不在预谋范围内。杀人灭口和使用暴力排除反抗不同,灭口的行为和拐卖行为也没有刑法上的因果关系,也不在一般人的预见范围内。杀人灭口是吕锦城的过限行为,黄高生不应该对戴术治的死亡承担责任。所以,黄高生应按拐卖儿童罪认定,具有3个法定刑升格条件,但由于不是实行犯,没有直接使用暴力导致被害人死亡,最高院最终判决处死刑缓期二年执行,量刑适当。但最高院的论证是不通透的,除开前述暴力行为认定上的问题,最高院一方面认为黄高生主观上不能预见吕锦城杀人行为,另一方面又认为黄高生应承担导致被害人死亡的刑事责任,[①]这违反了犯罪必须要有故意或过失的罪过的责任原则。[②]

[①] 参见中华人民共和国最高人民法院刑事审判第一、二、三、四、五庭主办:《刑事审判参考》2011年第5集,法律出版社2012年版,第38~39页。

[②] 故意的要求是明知,能够预见但没有预见是过失,不能预见是意外事件。

28. 张兴等绑架案[①]

——绑架犯罪案件中第三人导致被害人死亡的，能否认定为"致使被绑架人死亡"

一、基本案情

被告人张兴与被害人王凤英（女，殁年34岁）于2008年12月开始保持不正当两性关系。2009年4月30日晚，王凤英与几名男子在东莞市万江区共联溜冰场玩，张兴见到此情况欲将王带走，但遭王拒绝，二人遂发生矛盾。后张兴纠集被告人符安仁、张文青、张启刚以及符来贵、张启明、陈勇（后三人另案处理）等六人，试图将王凤英强行带走，反遭与王凤英在一起玩的几名男子殴打。当晚，张兴等人密谋绑架王凤英。次日中午，王凤英打电话约张兴见面，张兴等7人在东莞市道滘镇小河村一出租屋将被害人绑架。此后，张兴等人殴打王凤英并索要人民币5000元钱。王凤英被迫拿出1000元后，又打电话给其他亲戚朋友，要他们将钱汇至张兴提供的账户。后张兴等人怕被发现，欲将王凤英转移。当张兴等人行至道滘镇绿福酒店门前路段时，所乘出租车与一辆小汽车发生碰撞，张兴、符安仁、张启刚三人逃离，王凤英因钝性外力打击头部致严重颅脑损伤死亡。

广东省东莞市人民检察院以被告人张兴、符安仁、张文青、张启刚犯绑架罪，向东莞市中级人民法院提起公诉。

二、争议焦点

本案的争议焦点在于，被告人的行为能否按照《刑法》第239条第2款"致使被绑架人死亡"来认定。

第一种观点认为，张兴等人在实施绑架行为时，因为害怕被发现而转移被害人王凤英，在此过程中发生了王凤英死亡的结果，被告人的绑架行为和被害人死亡具有因果关系，因此可以适用"致使被绑架人死亡"的规定。

第二种观点认为，张兴等人在转移被害人王凤英的过程中，因车祸这一介入

[①] 案例来源：中华人民共和国最高人民法院刑事审判第一、二、三、四、五庭主办：《刑事审判参考》2012年第4集（总第87集），法律出版社2013年版，第36～42页。

因素导致了被害人死亡,死亡结果并不是绑架行为导致的,因此,绑架的实行行为和死亡结果之间没有因果关系,不能适用"致使被绑架人死亡"这一规定。

三、案件处理

东莞市中级人民法院认为,被告人张兴、符安仁、张文青、张启刚以勒索财物为目的绑架他人,其行为均构成绑架罪,依法应当惩处。张兴等人在控制被害人王凤英的过程中,虽有殴打行为,但在转移王凤英途中发生交通事故,在案证据不足以证实王凤英头部损伤系殴打行为所致,且不能排除王凤英头部受到损伤系交通事故所致,故不认定张兴、符安仁、张文青、张启刚的行为属绑架致人死亡情形。据此,东莞市中级人民法院判决如下:

1. 被告人张兴犯绑架罪,判处有期徒刑15年,剥夺政治权利5年,并处罚金2万元。
2. 被告人符安仁犯绑架罪,判处有期徒刑13年,剥夺政治权利3年,并处罚金1万元。
3. 被告人张文青犯绑架罪,判处有期徒刑8年,并处罚金1万元。
4. 被告人张启刚犯绑架罪,判处有期徒刑6年,并处罚金8千元。

宣判后,张兴等人没有提出上诉,检察院没有抗诉。该判决已发生法律效力。

四、分析思考

《刑法》第239条第2款规定:"犯前款罪,致使被绑架人死亡或者杀害被绑架人的,处死刑,并处没收财产。"①这是绑架罪很受关注的规定,绝对确定的死刑规定,在刑法分则中并不多见。即使是故意杀人罪,刑法规定的也是相对确定的法定刑,虽然在刑种的排列上,将死刑放在前面,但最终量刑还是要考虑具体情节,很可能不判处死刑。所以,绑架罪第2款是极其严厉的规定,在适用中要十分慎重。

认为本案应当按照第239条第2款规定处理的观点的主要理由是,死亡结果发生在绑架过程中,没有被告人的绑架行为也就无所谓被害人的死亡结果,因此绑架行为与死亡结果存在因果关系,应当适用"致使被绑架人死亡",处死刑。这种观点是经不起推敲的,如果按此观点进行延伸,就可以得到这样的结论:那就是只要在绑架过程中发生了被告人死亡的结果,哪怕行为人没有故意和过失,都得按照"致使被绑架人死亡或者杀害被绑架人的"来承担死刑的严厉责任。

---

① 该款规定现已经被将于2015年11月1日生效的《刑法修正案(九)》修改为:"犯前款罪,杀害被绑架人的,或者故意伤害被告人,致人重伤、死亡的,处无期徒刑或者死刑,并处没收财产。"

这是客观归罪,显然是不合理的。本书认为,本案并不是被告人的绑架行为导致被害人死亡,对被害人的死亡也不存在故意和过失,不能按照第 239 条第 2 款处理。

第一,从主观上看。在张兴等被告人转移被害人途中,被害人是遭遇车祸死亡的,被告人对被害人的死亡既没有故意,也没有过失,对被害人死亡结果的发生完全不可能预见,因此也就不存在非难可能性。张明楷教授也认为,绑架罪中"致使被绑架人死亡",主观心态限于过失,只能是绑架行为过失导致他人死亡。[1] 也就是说,适用第 239 条第 2 款必须坚持责任原则,要求行为人对于被绑架人的死亡具有故意或者过失。如果对于被绑架人的死亡,主观上是故意的,要按照"杀害被绑架人的"处理。如果要认定为"致使被绑架人死亡",那么在主观心态上应当是过失,否则就缺乏了定罪量刑的主观基础。虽然刑法没有明文规定,但学界普遍承认,责任原则是刑法的基本原则,在绑架罪中也不例外。严格责任原则(无过失责任原则)让人不敢从事许多社会活动,也就无法保证国民的自由。因此,罪过责任不仅仅在我国是刑法的基本原则,哪怕是在英美法系国家,对严格责任的认可也极为有限。"从道德上说,惩罚一些意外造成社会危害而不是基于自己意志造成了社会危害的人是不正当的。"[2]

第二,从罪刑相适应原则的角度看。我国《刑法》第 5 条规定:"刑罚的轻重,应当与犯罪分子所犯罪行和承担的刑事责任相适应。"罪刑相适应原则作为刑法的基本原则,贯穿于刑法的全部。这一原则的具体要求是:刑罚既要与犯罪性质相适应,又要与犯罪情节相适应,还要与犯罪人的人身危险性相适应,做到重罪重罚,轻罪轻罚,罚当其罪,罪刑相称。本案中,被害人的死亡是由车祸导致,而非张兴等人故意或者过失行为直接造成,可以认为,张兴等人犯罪性质并非极其恶劣,犯罪情节并非极其严重,人身危险性和社会危害性也相对较小。根据《刑法》第 48 条,死刑只适用于罪行极其严重的犯罪分子。因此,如果将张兴等人按照"致使被绑架人死亡"来定罪量刑,就显然违背了罪刑相适应这一基本原则。

最后,从因果关系的角度看。绑架罪中"致使被绑架人死亡",是指绑架人的绑架行为导致被绑架人死亡,绑架行为与被绑架人的死亡之间具有直接因果关系。"犯前款罪,致使被绑架人死亡",文理上看,法条的这一语法结构清楚地表明了原因和结果的关系,也就是作为原因的绑架行为与作为结果的死亡具有直接的联系,是"前款罪"(绑架行为)"致使""死亡结果"。高铭暄教授也认为,绑架罪中规定的"致使被绑架人死亡",要求绑架行为与被绑架人死亡结果之间

---

[1] 参见张明楷:《刑法学》,法律出版社 2011 年版,第 795 页。
[2] 〔美〕约书亚·德雷斯勒:《美国刑法精解》,王秀梅等译,北京大学出版社 2009 年版,第 110 页。

具有直接的因果关系,实践中主要包括以下几种情形:"(1) 在实施暴力劫持过程中,因用力过猛伤及要害部位,或因堵嘴捂鼻引起窒息,过失致被害人死亡;(2) 在关押过程中,因被害人哭闹、挣扎,对其堵嘴捂鼻或者为其注射麻醉剂过量,过失引起死亡;(3) 对被绑架人残酷殴打、折磨致使在关押期间因重伤死亡;(4) 被绑架人因不堪忍受折磨自杀死亡,等等。但是,不包括被绑架人亲属因精神受到打击而自杀身亡。如果在被绑架期间,被绑架人死亡,经查明与绑架行为没有直接因果关系,行为人对死亡不能承担刑事责任。"① 因此,如果被害人的死亡结果是因为其他介入因素所致,那么行为人的绑架行为与被害人死亡结果之间不存在刑法上的因果关系,也就不能让行为人承担"致使被绑架人死亡"的刑事责任。当然,在有介入因素的情况下,不能一概认为绑架行为和死亡结果没有因果关系,如果绑架行为和介入因素具有高度的相关性,那么,也可以在绑架行为和死亡结果之间建立起因果关系。陈兴良教授和周光权教授认为,致使被绑架人死亡,绑架行为和被害人的死亡结果之间应当具有刑法上的因果关系。在因果关系的整个进程中,如果介入了一些特别的因素,比如第三者的行为、被害人本身的行为等,此时判断绑架行为与死亡结果之间的因果关系,就需要综合考察实行行为导致介入因素发生的可能性、介入因素对结果发生的作用、介入因素的异常性等方面情况,在整体考虑这些问题的基础上,才能对因果关系是否存在下结论。② 张明楷认为,在有介入因素的情况下,需要考虑四个方面的因素:(1) 行为人实行行为导致结果发生的危险性的大小;(2) 介入因素异常性大小;(3) 介入因素对结果发生的作用大小;(4) 介入因素是否属于行为人的管辖范围。③ 在介入因素导致结果具有通常性时,才能认定因果关系。

本案被告人的绑架行为对于被害人车祸死亡的结果虽然不是完全没有意义的(因为如果不绑架、不转移,车祸也不会发生),但是车祸发生的确是如此不同寻常,以至于不能认为是绑架行为导致的。换言之,被害人车祸死亡纯属偶然,和绑架行为并不具有刑法上的因果关系。现有证据也不能证明被告人实施了其他行为造成被害人死亡,所以,本案不能认定为"致使被绑架人死亡",被害人死亡的结果可以作为酌定情节予以考虑。

本案另有一个问题是到底应该定抢劫罪还是绑架罪。对于抢劫罪和绑架罪的区别,2005 年《最高人民法院关于审理抢劫、抢夺刑事案件适用法律若干问题的意见》规定:"绑架罪是侵害他人人身自由权利的犯罪,其与抢劫罪的区别在于:第一,主观方面不尽相同。抢劫罪中,行为人一般出于非法占有他人财物的

---

① 高铭暄:《刑法专论》,高等教育出版社 2006 年版,第 678 页。
② 参见陈兴良、周光权:《刑法学的现代展开》,中国人民大学出版社 2006 年版,第 574 页。
③ 参见张明楷:《刑法学》,法律出版社 2011 年版,第 185 页。

故意实施抢劫行为,绑架罪中,行为人既可能为勒索他人财物而实施绑架行为,也可能出于其他非经济目的实施绑架行为;第二,行为手段不尽相同。抢劫罪表现为行为人劫取财物一般应在同一时间、同一地点,具有'当场性';绑架罪表现为行为人以杀害、伤害等方式向被绑架人的亲属或其他人或单位发出威胁,索取赎金或提出其他非法要求,劫取财物一般不具有'当场性'。绑架过程中又当场劫取被害人随身携带财物的,同时触犯绑架罪和抢劫罪两罪名,应择一重罪定罪处罚。"本案被告人将被害人控制后向其索要5000元,被害人被迫拿出1000元,这个行为已经构成抢劫罪。然后被告人逼迫被害人打电话给亲戚朋友向被告人的账户汇钱,后来被告人又怕被发现而转移。这就说明被告人让被害人亲戚知道了被害人被控制的情况,并以此逼迫亲戚将钱汇到被告人的账户,这就符合了将他人作为人质进行勒索的绑架罪构成条件。在相类似案件中,如果行为人始终只向被害人要钱,被害人向他人筹钱时也没有说明自己被控制,这种情况下行为人的行为仍然具有当场性,应该按照抢劫罪认定。但本案不具有当场性,应该认定为绑架罪。所以,本案被告人的行为同时构成抢劫罪和绑架罪,根据最高人民法院的司法解释,择一重罪定罪处罚,应该定绑架罪。

综上,本案被告人张兴等人抢劫、绑架被害人王凤英,在将被害人转移过程中,被害人由于车祸死亡,被害人死亡与被告人的绑架行为没有直接因果关系,张兴等人的行为不能认定为"致使被绑架人死亡"。抢劫罪和绑架罪择一重罪定罪处罚,以绑架罪认定,法院判决定罪准确,量刑适当。

29. 韦风强奸、故意杀人案①

——被害人因躲避强奸落水溺亡的,如何定性

一、基本案情

2011年6月26日晚,被告人韦风驾驶摩托车外出。当晚10时40分许,在无锡市崇安区广勤中学附近看到被害人李某(女,殁年17岁)独行,即上前搭讪,后将李某强行带至无锡市通江大道安福桥南岸桥洞下斜坡处,并采用语言威胁、拳打、卡喉咙等暴力手段欲对李某实施强奸,因遭到李某反抗而未果。李某在逃离过程中滑落河中。韦风看到李某在水中挣扎,明知李某处于危险状态而不履行救助义务,并逃离现场。后李某溺水死亡。

江苏省无锡市人民检察院以被告人韦风犯强奸罪、故意杀人罪,向无锡市中级人民法院提起公诉。

二、争议焦点

本案的焦点在于对被害人溺水死亡如何认定。

第一种意见认为,本案被害人是在被强奸过程中逃离,并滑落河中溺水死亡,这个结果是由强奸行为造成的,符合强奸罪"致使被害人重伤、死亡或者造成其他严重后果的",应当按照强奸罪的结果加重犯处理。

第二种意见认为,本案被告人因强奸行为导致被害人滑落河中,被告人因先行行为具有救助的义务,其能救助而不救助,是一种不作为,其也明知在夜间不救助会导致被害人溺水死亡,所以其行为构成不作为的故意杀人罪。本案被告人应当以强奸罪和故意杀人罪数罪并罚。

三、案件处理

无锡市中级人民法院认为:被告人韦风采用暴力手段,强奸妇女,构成强奸罪,系未遂。韦风因实施强奸行为置被害人李某于危险境地,李某落水后,其负

---

① 案例来源:中华人民共和国最高人民法院刑事审判第一、二、三、四、五庭主办:《刑事审判参考》2013年第1集(总第90集),法律出版社2013年版,第63~67页。

有救助义务,在有能力救助的情况下不予救助,最终导致李某溺水死亡,该行为符合间接故意杀人的法律特征,不属于刑法规定的强奸"造成其他严重后果"的情形。韦风故意杀人,致一人死亡,后果极其严重,应当对其判处死刑,但鉴于其系间接故意杀人,且有坦白情节,对其判处死刑,可不立即执行。韦风两次曾因犯罪被判过刑,人身危险性较大,又未能赔偿被害人近亲属的经济损失,亦未取得被害人近亲属的谅解,据此决定对其依法适用限制减刑。据此,无锡市中级人民法院判决如下:

1. 被告人韦风犯故意杀人罪,判处死刑,缓期二年执行,剥夺政治权利终身;犯强奸罪,判处有期徒刑三年;决定执行死刑,缓期二年执行,剥夺政治权利终身。

2. 对被告人韦风限制减刑。

一审宣判后,被告人韦风未上诉,检察机关也未提出抗诉。无锡市中级人民法院将此案依法报送江苏省高级人民法院核准。江苏省高级人民法院经复核认为,原审判决对被告人韦风定罪准确,量刑恰当,审判程序合法,遂裁定核准无锡市中级人民法院对被告人韦风的定罪量刑。现判决已发生法律效力。

四、分析思考

(一) 本案被告人的强奸行为和被害人溺水死亡具有直接性,但不应按结果加重犯处理

成立结果加重犯,要求基本犯罪行为和加重结果之间具有直接的因果关系,即要求是基本犯罪行为的典型风险造成了加重结果,如此才能和结果加重犯严格的刑事责任相对应。本书认为,对于直接性的理解,不能机械,关键要从基本犯罪行为的典型风险上分析问题,如果和基本犯罪行为的典型风险有高度相关性,那么就算在过程上不是直接连接,也应该认为具有直接性。德国刑法理论虽然也坚持直接性原则,但是也并不固守不变,在一起被害人受伤害送医后因医生处理死亡的案件,德国联邦最高法院认定为结果加重。[1] 就被害人逃跑导致死亡而言,一般情况下不判断为和基本犯罪行为具有直接性,因为在很多犯罪中都有被害人逃跑的情况,如果按结果加重犯处理,会导致不同犯罪处刑的不均衡。但本案被害人逃跑有一定的特殊性,被害人尚未成年,被告人的强奸行为在被害人心理上产生的恐惧感更为强烈,被告人将被害人强带至河边桥洞下强奸,就已经使被害人处于随时落水的危险中,当时又是深夜,被害人在被告人强奸行为的压迫之下慌乱逃跑,落水是再正常不过的发展。换言之,由于本案特殊的时间、地点和人物,被告人的强奸行为一开始就包含着被害人落水死亡的风险,最后被

---

[1] 参见[德]克劳斯·罗克辛:《德国刑法学总论》(第一卷),法律出版社2005年版,第219页。

害人落水溺亡,应该认为是强奸罪典型风险的实现。

但是,能否以强奸罪的结果加重犯,即强奸致使被害人死亡来处理本案呢?这就涉及强奸罪的结果加重犯中对加重结果的罪过问题。一般认为,刑法使用"'致使'被害人死亡的",表示行为人对被害人的死亡在主观上是过失的,故意的并不包括在内。所以,应当认为,强奸罪的结果加重犯并不包括故意导致被害人死亡的情形。张明楷教授也认为,"如果行为人为了强奸妇女而以杀人的故意对妇女实施足以致人死亡的暴力,在妇女昏迷期间奸淫妇女,不管妇女事后是否死亡,都应认定为故意杀人罪与强奸罪的想象竞合犯。"①其中道理在于如果强奸行为人对于被害人的死亡在主观上是过失的,仅以一般的过失犯罪处理不能实现罪刑相适应,所以需要按照结果加重犯相对严格的刑事责任处理。但如果行为人对于被害人死亡的结果,在主观上是故意的,因为故意杀人罪的刑事责任更加严格,认定为故意杀人罪更符合罪刑相适应的原则,这时就不应以结果加重犯处理。如下文的分析,本案被告人对于被害人的死亡主观上是故意的,所以,不应该以强奸罪的结果加重犯处理。

(二) 本案被告人构成不作为的故意杀人罪

本案被告人韦风强奸行为导致被害人逃跑落水,其有救助的义务,但没有实施任何救助行为并逃离现场,导致被害人溺水死亡,构成不作为犯罪。其不作为犯罪的义务来源是先行行为的义务。先行行为的义务"是指由于行为人的行为使刑法所保护的社会关系处于危险状态时,行为人负有以采取有效措施排除危险或防止结果发生的特定义务"。② 先行行为的义务虽然长期以来作为通说四个义务来源之一,但是其中也有很多争议。比如符合法律规定的行为,是否产生作为的义务。如正常行驶汽车,撞上突然窜出马路的行人,是否具有保证人义务。德国判例认为没有,但德国刑法有不予救助的规定,虽没有保证人义务,但有帮助义务(在事故、公共危险和危难时,帮助对自己没有重要危险,应履行帮助义务)。在我国,有观点认为有义务,也有观点认为没有义务。周光权教授则认为,合法行为造成损害结果是伪命题,既然造成损害结果,就是违法行为,具有保证人义务。③ 本书认为,考虑到开车本就是对社会的风险,根据我国的立法例,从公平和社会整体利益的角度,肯定保证人义务更合适。合法行为造成危险的,一定是本身就带有风险性的行为,为了社会的发展,法律容许这些风险。但既然是给社会造成风险的行为,要求行为人在风险实现时,履行作为的义务,也不过分。先行行为的义务中和本案有关的争议点是犯罪行为能否产生作为的义

---

① 张明楷:《刑法学》,法律出版社2011年版,第779页。
② 高铭暄、马克昌主编:《刑法学》,北京大学出版社、高等教育出版社2011年版,第68页。
③ 周光权:《刑法总论》,中国人民大学出版社2011年版,第92页。

务。比如故意伤害他人导致重伤,行为人是否具有作为的义务。从均衡的角度看,认为行为人具有作为的义务比较合适。因为连合法行为都具有作为的义务,违法犯罪行为就更应该具有作为的义务。不然,如果合法行为导致伤害,不救,被害人死亡,定故意杀人罪;而故意伤害行为导致受伤,不救,被害人死亡,却只认定为故意伤害罪,明显不均衡了。所以,对于故意伤害导致被害人重伤的,要求行为人履行救助的义务,如果不予救助,导致被害人死亡的,应该认定为故意杀人罪。同样,本案被告人强奸犯罪行为导致被害人落水,产生溺水而亡的危险,被告人具有救助的义务,其能救助而不救助,客观上构成不作为。

从主观上而言,本案被告人是故意的,即被告人明知自己的不救助行为,会导致被害人溺水死亡的结果,却放任这种结果的产生。案发当时是深夜,落水的被害人又是一个年仅17岁的未成年人,这时不去救她,死亡结果很容易发生,这是在任何一个人的常识中的,本案被告人也不例外。所以,被告人主观上的故意是可以认定的。

被告人客观上不作为的行为导致被害人溺水死亡的结果,主观上明知而放任,所以构成不作为的故意杀人罪。

(三) 本案应该以强奸罪(未遂)和故意杀人罪数罪并罚

犯罪行为可以产生作为的义务,按照不作为犯罪认定,这样处理也会碰到棘手问题,即最终如何认定罪数。比如故意伤害重伤后不救导致被害人死亡,是直接定故意杀人罪一罪,还是定故意伤害致人重伤和故意杀人罪想象竞合,还是定故意伤害致人重伤和故意杀人数罪并罚?如果定故意杀人一罪,那么如何解释前面故意伤害的行为?如果以故意伤害罪和故意杀人罪数罪并罚,那么实际行为人只实施了一个行为,却被数罪并罚。所以,否定论者批判道,"行为人的行为造成法益受侵害,却没有直接得到一个处罚,而是拟制成法益受到两次侵害,甚而是有两个法益受到侵害,而给予行为人双重处罚"。① 应当说,其中的问题确实值得进一步深入研究。本书暂时持数行为说,即应该数罪并罚。因为本书既然承认犯罪行为可以产生作为的义务,那么从逻辑上,就应该对新产生的不作为进行独立的判断,被告人前后实施了两个行为,即作为的强奸罪和不作为的故意杀人罪,应该数罪并罚。这也和我国刑法理论判断罪数的基本立场相一致,"在我国,以犯罪构成为标准区分一罪与数罪是一种通说。据此,行为符合一个犯罪构成的,是一罪;行为符合数个犯罪构成的,成立数罪;行为数次符合同一个犯罪构成的,也是数罪。"②

综上,本书赞同法院的判决,以强奸罪(未遂)和故意杀人罪对被告人数罪并罚。

---

① 许玉秀:《主观与客观之间——主观理论与客观归责》,法律出版社2008年版,第228页。
② 张明楷:《刑法学》,法律出版社2011年版,第412~413页。

第八部分 侵犯财产罪案例

30. 蔡苏卫等抢劫案

——以借钱为名劫取财物使用后归还并付利息的行为如何定性

一、基本案情

2009年12月初，为获取巨款去澳门赌博，被告人蔡苏卫、赵磊商议，以竞标为由去湖南省汝城县向被害人胡玉龙"借款"，并由赵磊准备枪支，将其强行劫持至南昌市。同月5日，赵磊指使余建民（另案处理）租赁南昌市洪城时代广场1栋2203室作为将来限制胡玉龙的人身自由场所。同月10日，蔡苏卫电话纠集被告人冯德义一同前去"借款"，并安排其负责开车以及看管胡玉龙。

同月11日14时许，赵磊从家中携带3支枪、1副手铐及59发子弹，同蔡苏卫、冯德义三人在南昌会合，由冯德义驾驶一辆越野车前往湖南省汝城县。当日21时许，三人登记入住该县汝城大酒店。次日21时许，蔡苏卫以谈业务为由将胡玉龙骗至该酒店。23时许，又按计划以外出吃夜宵为由将胡玉龙骗上越野车。冯德义驾驶该车驶离酒店，蔡苏卫、赵磊即各自掏出1支枪，赵磊则用手铐将胡玉龙铐在车门。然后，三人威逼胡玉龙，强行向其"借款"人民币2000万元，胡玉龙被迫答应。蔡苏卫又返回酒店驾驶胡玉龙的全顺牌小车，四人分乘两辆车连夜驶往南昌。

同月13日7时许，冯德义驾车来到南昌市洪城时代广场，将胡玉龙带进该小区1栋2203室。蔡苏卫驾车随后到达。在出租房内，蔡等人限制胡玉龙的人身自由，胡玉龙被迫以帮他人借钱竞标为由打电话向亲友筹集银行承兑汇票11张（价值2000万元），并指示其公司员工熊小贞将汇票交给蔡苏卫。同月14日17时许，在南昌市沿江路迪欧咖啡店，蔡苏卫从熊小贞处接到该11张银行承兑汇票并出具了收条。

此后，蔡苏卫、赵磊持汇票前往广东省，冯德义则留下看管胡玉龙。同月15日，赵磊返回南昌市，蔡苏卫一人持承兑汇票前往澳门特别行政区赌博。同月

---

① 案例来源：中华人民共和国最高人民法院刑事审判第一、二、三、四、五庭主办：《刑事审判参考》2012年第1集（总第84集），法律出版社2012年版，第32~37页。

16日中午,蔡苏卫返回南昌,将银行承兑汇票还给胡玉龙。当日16时许,三被告人带胡玉龙来到南昌市老福山中国银行,蔡苏卫将从澳门赌博后带来的650万元分给赵磊245万元,分给冯德义125万元,通过转账付给胡玉龙30万元作为利息,余款250万元则归其自己所有。随后,胡玉龙被允许离开。

(其余犯罪事实略)

江西省南昌市人民检察院以被告人蔡苏卫、赵磊、冯德义犯抢劫罪(其余指控略),向南昌市中级人民法院提起公诉。

二、争议焦点

在审理过程中,对本案的定性存在三种不同意见:①

第一种意见认为,蔡苏卫等三被告人强行将被害人从湖南省汝城县带到江西省南昌市早已准备好的出租屋内,以借钱为名,采用暴力威胁手段,逼迫被害人以帮他人借钱竞标为由打电话向亲友筹集银行承兑汇票11张(价值2000万元),并指示其公司员工熊小贞将汇票交给蔡苏卫。蔡苏卫等三被告人的行为已经构成抢劫罪。蔡苏卫持汇票前往澳门赌博,虽然赢利后将汇票返还被害人并偿付利息,然后将其释放,但这些行为属于抢劫既遂后的后续行为,不影响对蔡苏卫等三被告人行为的定性。

第二种意见认为,蔡苏卫等三被告人以谈业务为由将被害人骗至汝城大酒店,又按计划以外出吃夜宵为名将被害人骗上越野车,并强行将被害人从湖南省汝城县带到江西省南昌市并拘禁在早已准备好的出租屋内,表明蔡苏卫等被告人完全控制了被害人的人身自由。三被告人采用暴力威胁手段,逼迫被害人向第三人筹集银行承兑汇票,符合绑架罪的构成要件,应当以绑架罪定罪处罚。

第三种意见认为,蔡苏卫等三被告人的行为构成强迫交易罪。首先,蔡苏卫等三被告人主观上是否具有非法占有目的难以认定。蔡苏卫等人逼迫被害人借款,双方约定3日内还本付息,蔡等人收到承兑汇票后出具了收条,并依约履行了还本付息的约定。蔡等人虽然明知可能因赌博输钱而导致最终无法偿还借款,但其行为特征主要表现为借款用于赌博以期赢利来还本付息。其次,从客观上看,蔡苏卫等人有强迫交易的行为:一是蔡苏卫等人实施了持枪械拘禁和威胁被害人,逼迫其借款的强迫行为。虽然手段恶劣,情节较为严重,但是并未造成被害人损伤或财物损失的后果。二是通过强迫行为,蔡苏卫等人与被害人形成了明晰的债权债务关系。被害人依约借款给蔡苏卫等人,并获得利息,而蔡苏卫等人取得借款,并在3日内还本付息。三被告人的行为符合强迫交易罪的构成

---

① 参见中华人民共和国最高人民法院刑事审判第一、二、三、四、五庭主办:《刑事审判参考》2012年第1集(总第84集),法律出版社2012年版,第35~36页。

特征,应以强迫交易罪论处。

三、案件处理

南昌市中级人民法院认为,被告人蔡苏卫、赵磊、冯德义以非法占有为目的,采取持枪威胁、限制人身自由的方法抢劫他人财物,劫得银行承兑汇票11张,价值2000万元,其行为构成抢劫罪,在抢劫犯罪中,蔡苏卫、赵磊系主犯,冯德义系从犯,对冯德义可以从轻处罚。据此,南昌市中级人民法院判决如下:被告人蔡苏卫犯抢劫罪,判处无期徒刑,剥夺政治权利终身,并处没收个人全部财产。被告人赵磊犯抢劫罪,判处有期徒刑十五年,剥夺政治权利五年,并处罚金二十万元。被告人冯德义犯抢劫罪,判处有期徒刑十三年,剥夺政治权利三年,并处罚金十万元。

一审判决后,蔡苏卫、赵磊、冯德义向江西省高级人民法院提起上诉。上诉人蔡苏卫、赵磊、冯德义及其辩护人辩称三位上诉人不构成抢劫罪,应以强迫交易罪论处,原判定性错误导致量刑过重。

江西省高级人民法院经审理后认为,上诉人及其辩护人提出原判定性错误导致量刑过重的理由不能成立,原判定性和量刑并无不当,所提改判请求不予支持。原审判决认定事实清楚,定罪准确,量刑适当,审判程序合法。裁定驳回上诉,维持原判。

四、分析思考

本案的关键是三被告人在行为时主观上是否具有非法占有的目的。通说认为,非法占有为目的是"以将公私财产转为自己或者第三者不法所有为目的。"[①]但这一定义相对笼统,并没有具体说明非法占有为目的的内容。目前有影响力的观点认为:"非法占有为目的,是指排除权利人,将他人的财物作为自己的所有物进行支配,并遵从财物的用途进行利用、处分的意思。"[②]其中包括排除意思和利用意思。排除意思是指将自己作为财物的所有人进行支配的意思;利用意思是指遵从财物的经济用途进行利用的意思。前者的机能主要在于使盗窃、诈骗罪与一时使用他人财物的不可罚的盗用行为、骗行为相区别,因为盗用、骗用行为人并没有将自己居于所有人的支配地位,用完之后还是要归还的,不能认为构成盗窃、诈骗罪;后者的机能主要在使盗窃罪、诈骗罪与故意毁坏财物罪相区别,因为故意毁坏财物的行为人虽然将自己居于了所有人的支配地位处分财物,但并没有利用财物的经济价值的意思。虽然学界在抢劫等财产犯罪构成要

---

① 高铭暄、马克昌主编:《刑法学》,北京大学出版社、高等教育出版社2011年版,第496页。
② 张明楷:《刑法分则的解释原理》,中国人民大学出版社2011年版,第437页。

件要素中是否需要非法占有的目的、非法占有的目的究竟是排除意思还是利用意思等问题上还存在争论,但非法占有为目的的前述定义,是目前学界的主流观点。

本案被告人对被害人的票据具有利用意思自无疑问,关键在于是否存在排除意思。形式上看,被告人要求借钱,而且在接受票据的时候还出具了收条,最终的结果也是归还了票据并支付了利息,似乎只存在利用意思而不存在排除意思。但是,排除意思究竟是指什么呢?除开认为排除意思是指将自己作为财物的所有人进行支配、处分的意思之外,目前学界对此进行进一步研究的方向主要在哪些盗用、骗用行为可以认为具有排除意思应该认定为以非法占有为目的,比如长时间偷开机动车后归还的,因为存在相当价值的损耗,应认定为具有排除意思。但是对于具有归还表示或意思,但不能用价值损耗判断的行为如何认定,学界目前还没有更深入的研究,比如偷人钱物时留下个借条,比如类似本案的强借行为。对于此类行为,是否应该认定为具有排除意思,或者在具备哪些因素时可以认定为具有排除意思?本书认为,刑法的目的是保护法益,应从被害人财产所有权被侵害的可能性出发,区别对待此类行为。如果行为人事实上想归还,而且从其借用后的使用方向看,符合社会一般伦理,使用过后一般也有能力归还,同时被害人能够锁定行为人的,不宜认定为具有排除意思。比如为了给父母治病,而采用暴力手段强借邻居5万元,出具借条的,因为其使用方向符合伦理,从将来正常预期的收入看也能够偿还5万元,不宜认定为抢劫罪,构成犯罪的,按其他罪处罚。但是,如果行为人虽然表示借钱,但其使用方向不符合伦理,甚至违反法律规定,或者并没有能力归还,或者并不能使被害人锁定行为人的,则应该认定为具有排除意思。对于排除意思,"在作具体判断之时,不能仅以有无返还意思、使用时间的长短作为标准,还应该考察该擅自使用行为给权利人所造成的损害以及损害的可能性"。①

本案被告人强行借款的数额达到2000万元,借款后的使用方向是去澳门赌博,赌博是一种概率行为,赌场的胜率是经过科学计算的,参赌的人获利的概率在总体上是低于赌场的。被告人在行为时明知这一点,赌输也在其预判之中。而且,在人们的一般预期中,赌输这2000万才是正常的。被告人暴力借款时,并没有赌博风险的承受能力。如果赌输,他们并没有相应的偿还能力,被害人的损失(所有人地位被排除)将会成为定局。被赌场的胜负概率所决定,被告人具有50%以上的赌输可能而无法偿还,所以在其行为时,排除意思的比例大于50%,已经越过事物性质的临界点,非法占有为目的是可以成立的。简言之,当有50%以上的概率导致被害人面临完全损失时,可以认定具有排除意思。虽然最

---

① 〔日〕西田典之:《日本刑法各论》,刘明祥、王昭武译,中国人民大学出版社2007年版,第16页。

终被告人是获利而归,但不能否定被告人实施行为时,实际具有的超过五成概率不能归还2000万元的认识。2001年最高人民法院印发的《全国法院审理金融犯罪案件工作座谈会纪要》指出:"根据司法实践,对于行为人通过诈骗的方法非法获取资金,造成数额较大资金不能归还,并具有下列情形之一的,可以认定为具有非法占有的目的:(1)明知没有归还能力而大量骗取资金的;……(4)使用骗取的资金进行违法犯罪活动的。"其中虽然将"没有归还能力"和"进行违法犯罪活动"作为认定非法占有为目的的情形,但还需要"资金不能归还"的条件。2010年《最高人民法院关于审理非法集资刑事案件具体应用法律若干问题的解释》第4条第2款规定:"使用诈骗方法非法集资,具有下列情形之一的,可以认定为'以非法占有为目的':……(四)将集资款用于违法犯罪活动的。"这里已经没有"资金不能归还"作为限制条件了,因为进行违法犯罪活动的资金属于犯罪工具,对于行为人而言并不存在归还的可能,应该直接认定为具有非法占有的目的。同样,当本案在事实上存在无法偿还的可能性,特别是这种可能性大于50%的时候,应该认定为具有非法占有的目的。

法律规范在适用过程中,并不都是清晰的,因为社会生活是复杂的。"实证法也几乎无法以其普遍的规范,直接且无疑问地判断一个真实具体的案件;法律只有在使用数字概念时才是狭义的'明确',因为只有数字概念是不模糊的。"[①]看起来精确的概念实际并不精确,因为概念的边界必定是模糊的,法律适用时,"一方面针对规范调适生活事实,另一方面针对生活事实调适规范"。[②] 对大小前提进行加工,应始终以法律精神和目的为指导,如果最终能够进行演绎推理的,就可以形成判决。只有这样才能不但符合罪刑法定原则的要求,而且符合正义的要求。非法占有为目的作为主观要件要素,不可避免具有很强的模糊性;而本案事实也具有复杂性、非典型性。但是,通过对规范和事实的调适,可以证成大小前提。最后需要考虑的是,这个结论是否符合正义的要求?本书认为可以给出肯定回答。法秩序不会允许某种行为被争相效仿而导致财产秩序受到重大破坏,如果不对本案行为以抢劫罪认定,就会使法秩序存在一个无成本套利的漏洞。即如果想要发财,就可以通过强借等方式获取资金,然后进行赌博、炒股等博利行为,如果输了,大不了轻罪入狱,还可以一走了之,但如果赢了,可能脱罪暴富,即可享受无本万利的成功。这种无因暴富之路,会吸引多少人趋之若鹜!而在这种无成本套利的争相效仿中,又有多少公民的合法财产被侵犯!

所以,本案法院判决以抢劫罪认定是合理的,至于被告人最后归还2000万

[①] 参见〔德〕亚图·考夫曼:《法哲学》,刘幸义等译,法律出版社2004年版,第112页。
[②] 〔德〕亚图·考夫曼:《类推与"事物的本质"——兼论类型理论》,吴从周译,学林文化事业有限公司1999年版,第91页。

元票据和支付 30 万元利息的行为,属于犯罪既遂之后的行为。既遂之后,犯罪形态就已经形成定局,既遂之后的行为,并不对行为性质产生影响,但可以作为量刑情节考虑。本案具有两个法定刑升格情节,持枪抢劫和抢劫数额特别巨大,三被告人最高被判处无期徒刑,法院已经充分考虑了这一情节。

最后简单谈一下本案不构成绑架罪的理由。绑架罪是以勒索财物为目的或出于其他政治、社会等非法目的,将他人劫持为人质,利用第三人对人质安全的担忧实现非法目的。如果行为人始终要求被控制的人交付财物,没有利用第三人的担忧而获取财物的,应以抢劫罪认定。本案被告人要求被害人筹钱,被害人以帮助他人竞标为名筹钱,就属于没有利用第三人的担忧而使第三人交付财物的情况,不认定为绑架罪。

31. 黄卫松抢劫案[①]

——进入卖淫女出租房嫖宿后实施抢劫是否构成"入户抢劫"

一、基本案情

2012年7月25日22时30分许,被告人黄卫松于台州市黄岩区东城街道山亭街路,见被害人龚某向其招嫖,遂起意抢劫,黄卫松随龚某来到山亭街羊头塘里35号二楼,在龚的出租房内与龚发生性关系后,持事先准备的弹簧刀威胁龚,劫得龚价值人民币1091元的黄金戒指两枚和现金300余元。在逃离现场过程中,黄卫松遭到龚某、方象初、陈意林等人抓捕时,持刀朝对方乱挥乱刺,致龚某、方象初、陈意林身体多处受伤,后被群众抓获。现赃物赃款已追回返还龚某。

浙江省台州市黄岩区人民检察院以被告人黄卫松犯抢劫罪,向台州市黄岩区人民法院提起公诉。

二、争议焦点

本案的争议焦点在于进入卖淫女出租房嫖宿后实施抢劫是否构成"入户抢劫"。

主张构成"入户抢劫"的观点认为,黄卫松实施抢劫的场所为被害人的出租房,该出租房是被害人生活起居的场所,具有封闭性和私密性,对于被害人而言,该出租房具有家庭的功能。被害人虽从事卖淫活动,但该出租房不对外开放,要进入被害人的出租房,需经被害人同意,故其实际承载的功能是被害人日常家居生活,该出租房符合"户"的功能特征和场所特征,黄卫松抢劫的场所系"户"。黄卫松犯意在户外产生,以抢劫为目的入户,入户的目的具有非法性,所以,黄卫松的行为应构成"入户抢劫"。

主张不构成"入户抢劫"的观点认为,"入户抢劫"是指为实施抢劫行为而进入他人生活的与外界相对隔离的住所,该住所要具有供他人家庭生活的特征。

[①] 案例来源:中华人民共和国最高人民法院刑事审判第一、二、三、四、五庭主办:《刑事审判参考》2013年第2集(总第91集),法律出版社2014年版,第25~29页。

本案被害人龚某将该出租房作为从事卖淫活动的场所,在卖淫当时,并不具有家庭生活功能。因此,本案在发生时,被害人的出租房不具有"户"的功能特征,被告人黄卫松不属于"入户抢劫"。

三、案件处理

浙江省台州市黄岩区人民法院一审认为,被告人黄卫松以非法占有为目的,采用暴力手段强行劫取他人财物,其行为构成抢劫罪,依法应予惩处。公诉机关指控被告人的罪名成立,但指控黄卫松入户抢劫不妥,应予纠正。黄卫松归案后能够如实供述犯罪事实,认罪态度较好,依法予以从轻处罚。根据本案犯罪事实、性质、情节,依照《中华人民共和国刑法》第263条、第67条第3款,台州市黄岩区人民法院以抢劫罪判处被告人黄卫松有期徒刑5年,并处罚金人民币2000元。

一审宣判后,台州市黄岩区人民检察院以被告人黄卫松的行为构成"入户抢劫"为由提出抗诉。认为一审法院未认定黄卫松有"入户抢劫"的加重情节,属于适用法律错误,导致量刑畸轻,要求二审纠正。台州市人民检察院支持该抗诉意见。

二审法院台州市中级人民法院经审理认为,"入户抢劫",是指为实施抢劫行为而进入他人生活的与外界相对隔离的住所。本案案发时被害人龚某已在站街招嫖,并没有在其出租房内进行家庭生活,而是将该出租房作为从事卖淫活动的场所,此时该出租房发挥的是性交易场所的功能,而非家庭生活功能。因此,本案被害人的出租房在案发期间不具有"户"的功能特征,被告人不属于"入户抢劫"。原判定罪和适用法律正确,量刑适当,审判程序合法,遂依照《中华人民共和国刑事诉讼法》第225条第1项,裁定驳回抗诉,维持原判。

四、分析思考

"入户抢劫",要求住所具有供家庭生活的功能特征和与外界相对隔离的场所特征,同时要求行为人入户的目的具有非法性。认定时,还要考虑到入户抢劫严格的刑事责任,从罪刑相适应的角度,进行合理的处理。

(一)卖淫女出租房性质是否为"户"

2000年《最高人民法院关于审理抢劫案件具体应用法律若干问题的解释》第1条规定:"入户抢劫的意思是指,为了实施抢劫而非法进入他人生活的与外界相对隔离的住所,主要包括:为生活租用的房屋、渔民作为家庭生活场所的渔船、牧民的帐篷等进行抢劫的行为。"虽然有司法解释作为指导,但有关入户抢劫中"户"的范围的分歧仍然很大。在刑法学界,对入户抢劫中的"户",有几种不同观点:"其一,'户'指居民住宅(包括住室和宅院),不包括其他场所。其二,

'户'指固定住所,即以此为家的场所,如私宅及学生宿舍等,但不包括宾馆房间以及值班宿舍等临时性住宅场所。其三,'户'指人长期或固定生活、起居或者栖息的场所,包括私人住宅以及宾馆房间、固定值班人员的宿舍等场所。其四,'户'指私人住宅,以及供人们生活、学习的建筑物,例如,国家机关、企事业单位、人民团体、社会团体的办公场所、公众生产、生活的封闭性场所。"①针对理论和实践中的分歧,2005年最高人民法院《关于审理抢劫、抢夺刑事案件适用法律若干意见的问题》第1条,对"户"作了补充规定:"认定'入户抢劫'时,应当注意以下三个问题:一是'户'的范围。'户'在这里是指住所,其特征表现为供他人家庭生活和与外界相对隔离两个方面,前者为功能特征,后者为场所特征。一般情况下,集体宿舍、旅店宾馆、临时搭建工棚等不应认定为'户',但在特定情况下,如果确实具有上述两个特征的,也可以认定为'户'。二是'入户'目的的非法性。进入他人住所须以实施抢劫等犯罪为目的。抢劫行为虽然发生在户内,但行为人不以实施抢劫等犯罪为目的进入他人住所,而是在户内临时起意实施抢劫的,不属于'入户抢劫'。三是暴力或者暴力胁迫行为必须发生在户内。入户实施盗窃被发现,行为人为窝藏赃物、抗拒抓捕或者毁灭罪证而当场使用暴力或者以暴力相威胁的,如果暴力或者暴力胁迫行为发生在户内,可以认定为'入户抢劫';如果发生在户外,不能认定为'入户抢劫'。"

　　按上述司法解释的规定对本案进行判断,依然会得出两种结论,一种观点认为,卖淫女虽然在其住所内从事卖淫活动,但这仅能表明其住所兼具性交易场所的性质,其主要发挥的仍然是生活功能,因而应当认定为刑法意义上的"户"。另一种观点认为,卖淫女出租房的性质必须结合抢劫行为实施当时的实际状况进行区分判断。对于以家居场所掩盖非法营利活动的住所,抢劫行为发生时该场所实际承载的功能特征即是该场所的实质功能特征,本案卖淫女出租房不应该认定为"户"。② 本书认为,从司法解释的文理以及本案出租房的特性进行分析,上诉两种观点都有合理性。仅仅从司法解释的文理和本案事实本身,并不能得出上述哪种观点更合理的结论,因为本案出租房确实承载了家居和卖淫两种功能,在这种情况下,不管认为是不是"户",都有充分的理由。所以,本案在认定时,不能仅仅从字面上分析符合不符合"入户抢劫",而应该从规范的目的出发,分析本案是否应当认定为"入户抢劫"。

　　"入户抢劫"是法定刑升格的情节加重行为,量刑的幅度是10年以上有期徒刑、无期徒刑和死刑。之所以如此严厉,主要是考虑到入户抢劫侵入了人们最

---

① 袁剑湘:《论入户抢劫中"户"的界定——兼论入户时的犯罪目的》,《河北法学》2010年4月第4期。
② 参见中华人民共和国最高人民法院刑事审判第一、二、三、四、五庭主办:《刑事审判参考》2013年第2集(总第91集),法律出版社2014年版,第26页。

后的安全堡垒,而安全堡垒被侵入之后,反而因为封闭性会变得更加危险。人们也可能会因为被入户抢劫,而永远丧失安全生活的感觉。因而入户抢劫行为比之一般的抢劫行为具有更强的危险性和可罚性。如果一个发生在室内的抢劫行为,并不具有前述的危险和对安全感的侵害,那么在解释时,就没有必要往入户抢劫的方向上思考。本案发生于被害人卖淫期间,从案情的发展看,并不具有一般入户抢劫的侵略性和危害性,如果将被告人的行为认定为入户抢劫判处重刑,从罪刑相适应的角度,用常识去感知,也会觉得是偏重的,如此,在解释时,就确定了一个方向,即往不构成入户抢劫的方向上进行论证。

法律规范是文字表述,而文字是模糊的。事实虽然是客观发生的,但事实是复杂的、立体的,不同视角会有不同形状。在规范和事实大小前提对应的过程中,具有很大的弹性。这就需要法律适用者坚守正义,坚持常识,多运用朴素情感,多思考法律精神、法律目的,这样才能使法律的适用结果符合公正的要求。

由此,本书认为,"户"的构成需同时具备一定封闭性的场所特征和供家庭生活起居使用的功能特征两方面特征,本案卖淫女的出租房兼具卖淫活动场所和日常生活住所的性质,该出租房所表现出的双重性质在一定条件下可以相互转化。当卖淫女在从事卖淫活动时,该出租房实际承载的功能是淫乱牟利的场所,此时该出租房虽然具有"户"的场所特征,但却不具有"户"的功能特征;当卖淫女不从事卖淫活动时,该出租房仅供卖淫女日常生活起居之用,同时具有相对封闭性和私密性,其性质表现为家居生活住所,此时应当被认定为刑法意义上的"户"。本案被告人黄卫松经被害人龚某招嫖进入出租房,在出租房内与被害人发生性关系之后拿刀进行抢劫,他只是在具有"户"的场所特征而不具有"户"的功能特征的室内抢劫,因此,不构成入户抢劫。

(二) 入户抢劫的其他构成条件

1. 入户目的的非法性

根据司法解释,入户目的要具有非法性,即以实施抢劫等犯罪目的而进入他人住所,这里的条件是主观上的。入户有合法的入户与非法的入户,在非法入户情况下,因为司法解释将入户目的的非法性表述为"以实施抢劫等犯罪为目的",因而非法目的的入户也就不限于抢劫的非法行为,只要非法入户,一般可以认定具有入户目的的非法性。如果入户的形式是合法的,入户时也没有不法目的,即使入户后实施了抢劫犯罪,也不能认定为入户抢劫。比如煤气公司职工进入户内是因为检查煤气,但进入户内后因发现巨额财物而产生抢劫行为,就只能认定为一般抢劫。在合法入户的情况下,不能因为形式上是合法的,就否定入户目的的非法性。虽然入户在形式上合法或符合权利人的意思,但如果主观目的具有非法性,依然可以认为符合入户目的的非法性,比如敲门而进入,但进入的目的是抢劫,应当认定为入户抢劫。张明楷教授的不同意见认为,鉴于入户抢劫严厉的刑事责任,因而要对入户抢劫进行限制解释,比如,并不能只要行为人具有抢劫目的入户就认定为入户抢劫,还要对入户方式进行限制,即入户方式应限定为携带凶器入户或者使用暴力、胁迫方式入户。① 本书认为,入户抢劫的危害性主要不是体现在入户的方式上,而是体现在行为人侵入户内实施抢劫这种行为类型上,以抢劫为目的但不携带凶器和不用暴力、胁迫方式进入户内的,实际危害结果超过携带凶器和暴力、胁迫进入的比比皆是。所以,刑法要特别预防的是入户抢劫行为本身。如果携带凶器或暴力、胁迫入户,那必须在入户抢劫的基础上进一步严格刑事责任。

本案因在客观上否定了卖淫女的出租房是户,因而也无所谓入户的非法性问题,但有一点是可以肯定的,即本案被告人是以非法目的进入被害人出租房的,虽然其进入行为符合被害人意志。

2. 对户的明知

入户抢劫是一种特殊的行为类型,入户是一个特别的客观要素,而且这个客观要素对于量刑产生重要的影响,从立法论上看,完全可以将入户抢劫作为特殊抢劫类型规定为独立的犯罪。既然是决定行为类型的客观要素,就要求行为人对此有明知,即知道自己是入户抢劫,这样才能要求行为人承担相应的刑事责任。如果行为人不知道自己进入的是户,那么就缺乏对自己行为性质的明知,就不能构成入户抢劫。张明楷教授也认为,"行为人必须认识到自己进入的是他人的家庭住所。误将家庭住所当做卖淫场所、普通商店而实施抢劫的,不应认定为入户抢劫"。本案被告人黄卫松因被害人招嫖而进入被害人出租房,在他的认知上,是进入卖淫女卖淫的场所,他并不知道这个出租房还是被害人生活的场所,即他并没有把出租房认作"户",而只是根据一般大众的思维方式来判定这只是卖淫女的卖淫场所而已。所以,就算认定本案被害人的出租房是"户",被告人也没有对户的明知,也不能认定为入户抢劫。

综上,本案被害人的出租房只具有"户"的场所特征而不具有"户"的功能特征,不属于刑法意义上的"户"。而且,即使将被害人的出租房认定为"户",被告人黄卫松也没有"户"的认识。因此,被告人进入卖淫女出租房嫖宿后实施的抢劫行为不构成"入户抢劫"。

---

① 参见张明楷:《论入户抢劫》,《现代法学》2013年9月第5期。

32. 李培峰抢劫、抢夺案[①]

——加"霸王油"的行为如何定性

一、基本案情

2012年2月7日4时许,被告人李培峰经预谋,驾驶牌号为豫PC5561、挂豫PC776的集装箱卡车,至上海市宝山区沪太路5688号上海宝山宝刘加油站加入291.4升0号柴油后,为逃避支付加油费,驾车驶离加油站。该加油站工作人员经艇抓住驾驶室门阻拦,李培峰便加大油门,迫使经艇放手后驶离加油站。经鉴定,涉案柴油价值人民币2124.31元。

2012年2月20日12时许,李培峰经预谋,驾驶牌号为豫PC5561、挂豫PC776的集装箱卡车,至上海市浦东新区杨高北路3000号上海杨园加油站加入234.68升0号柴油后,为逃避支付加油费,驾车驶离加油站。该加油站工作人员傅卫东抓住驾驶室门及座椅阻拦,李培峰行驶十余米后,强行扯开傅卫东的手后驾车逃离,并致使傅倒地受伤。经鉴定,涉案柴油价值1710.82元。

2011年12月13日5时许,李培峰经预谋,驾驶牌号豫PC5561、挂豫PC776的集装箱卡车,至上海市宝山区宝杨路3076号上海华迪加油站加入323升0号柴油后,为逃避支付油费,乘工作人员不备,高速驾车驶离加油站。经鉴定,涉案的柴油价值2354.67元。此外,李培峰还采用相同手法在其他三个加油站分别加入0号柴油257.07升、308.64升、297.26升。经鉴定,价值分别为1866.75元、2249.99元、2167.03元。

2012年2月28日,李培峰接到公安机关电话通知后主动投案,如实供述了上述加"霸王油"事实,其后,又如实供述了其他三起加"霸王油"事实。案发后,李培峰在家属的帮助下向被害单位退赔了涉案全部油款。

上海市浦东新区人民检察院以被告人李培峰犯抢劫罪、抢夺罪,向浦东新区人民检察院提出公诉。

[①] 案例来源:中华人民共和国最高人民法院刑事审判第一、二、三、四、五庭主办:《刑事审判参考》2013年第3集(总第92集),法律出版社2014年版,第81~86页。

二、争议焦点

本案争议的焦点在于被告人李培峰加"霸王油"的行为如何定性。

第一种意见认为构成盗窃罪。盗窃罪与抢夺罪的区别在于是否采取对物暴力的方式取得财产,如果以平和方式取得财物的,应认定为盗窃罪。本案被告人李培峰在加油过程中并未使用暴力手段,只是在加油后乘人不备逃离现场。被告人主观上以非法占有他人柴油为目的,客观上采用平和手段获取涉案柴油,故其行为应当认定为盗窃罪。

第二种意见认为构成诈骗罪。本案被告人李培峰在加油时隐瞒了不想付钱的真相,致使加油站工作人员误以为其加完油后会给钱,因而将柴油交付,吴某某取得柴油后便驾车加速逃离,行为符合诈骗罪用虚构事实或者隐瞒真相的方法骗取数额较大的公私财产的构成要件。

第三种意见认为构成抢夺罪。本案被告人李培峰不想付钱的想法是其主观意思,并不能认为是客观的"真相",不能以此认为被告人隐瞒真相。加油站工作人员将柴油注入吴某的油箱后,该部分柴油依旧未脱离加油站的控制范围,属于加油站紧密占有的财产,在李培峰付款前,工作人员还没有交付柴油,故李培峰加"霸王油"的行为属于夺取占有,构成抢夺罪。①

三、案件处理

上海市浦东新区人民法院经审理认为,被告人李培峰以非法占有为目的,采用暴力方法劫取单位财产,其行为构成抢劫罪;以非法占有为目的,乘人不备公然抢夺单位财产,数额巨大,其行为构成抢夺罪,应当两罪并罚。李培峰犯罪后自动投案,如实供述抢劫犯罪事实,系自首,对抢劫犯罪可以从轻处罚;到案后如实供述抢夺犯罪事实,可以从轻处罚;李培峰能够积极退赔犯罪所得,可以酌情从轻处罚。据此,上海市浦东新区人民法院依照《中华人民共和国刑法》第67条第1款、第67条第3款、第69条、第53条,以被告人李培峰犯抢劫罪,判处有期徒刑4年9个月,罚金人民币6千元;以犯抢夺罪,判处有期徒刑3年6个月,罚金人民币4千元;决定执行有期徒刑7年6个月,罚金人民币1万元。

被告人李培峰不服,向上海市第一中级人民法院提出上诉。其上诉理由为:其对原判认定的事实并无异议,但提出其并未使用暴力手段,主观上也未具有伤害被害人的故意,其行为不构成抢劫罪,且其具有自首情节,原判量刑过重。

上海市第一中级人民法院经审理认为,上诉人李培峰以非法占有为目的,乘

---

① 参见江苏检察网:《加"霸王油"的行为该如何定性?》,http://www.js.jcy.gov.cn/jianchaguanshuofa/201307/t1250231.shtml,访问日期:2015年2月17日。

人不备公然抢夺单位财产,数额巨大,其行为构成抢夺罪。李培峰在抢夺过程中为抗拒抓捕而当场使用暴力,其行为构成抢劫罪。依法应予两罪并罚。一审法院根据本案的犯罪事实、性质、情节以及对社会的危害程度等,所作判决并无不当,且审判程序合法。据此,上海市第一中级人民法院依照《中华人民共和国刑事诉讼法》(1996)第189条第1项之规定,裁定驳回上诉,维持原判。

四、分析思考

本案思考有两个层次,首先判断被告人加"霸王油"的行为是否构成诈骗。其次,如果认为被告人的行为不构成诈骗,那么应该认定为盗窃还是抢夺。

(一) 本案是否认定为诈骗罪

诈骗罪,是指以非法占有为目的,虚构事实或隐瞒真相,骗取数额较大的公私财产的行为。反对本案构成诈骗的一种理由是,不想付钱是被告人的内心意思,并不属于客观真相,本案被告人没有隐瞒真相。本书认为,隐瞒不想付钱的内心意思可以认为是隐瞒真相,因为行为的性质由主客观共同决定,比如客观上拿别人东西,究竟是偷还是借,只有结合了主观上的意思,才能认定。如果一个人一直向人借钱,从来不想还钱,我们会说这个人骗钱。所以,本案以被告人客观实施的是和通常无异的加油行为,没有隐瞒真相为由否定诈骗是不能成立的。本书认为,本案不构成诈骗的关键是加油站工作人员本质上还没有处分财物,被告人实际是夺取占有的。"诈骗罪(既遂)的基本构造为:行为人实施欺骗行为——对方(受骗者)产生(或继续维持)错误认识——对方基于错误认识处分财产——行为人或者第三人取得财产——被害人遭遇财产损害。"①如果不符合这个构造,就不能认定为诈骗罪。本案虽然已经加完了油,但由于还在加油站,在被告人付款前,可以认为加油站员工还占有着柴油。就如行为人到商店买东西,营业员将商品交与行为人后,行为人转身就跑,这种行为不认定为诈骗,一般认定为盗窃。或许有人会说,如果行为人到饭店里骗吃,吃完逃跑,应该认定为诈骗,本案和到饭店骗吃一样,不同的只是用集卡车"骗吃"了柴油。本书认为,这里还是存在性质上的区别,饭店食物被消费之后,不可能再认为饭店员工占有着食物,但加油站员工对柴油的支配性,并不会因为柴油进了油箱而消失,如果恢复,在物理上是存在可能的。所以,本案被告人不是因被骗人主动处分财物而获得财产利益,而是由于突然从加油站逃跑夺取柴油的占有而取得财产,不应该认定为诈骗罪。

(二) 本案认定为盗窃还是抢夺

本案定性涉及是否承认公开盗窃的问题,对此,通说持否定态度:"盗窃罪,

---

① 张明楷:《诈骗罪与金融诈骗罪研究》,清华大学出版社2006年版,第7页。

是指以非法占有为目的,秘密窃取公私财物,数额较大,或者多次盗窃、入户盗窃、携带凶器盗窃、扒窃公私财物的行为。"①秘密窃取的观点符合盗窃的通常含义,也符合人们对于盗窃的一般理解,也是在我国刑法立法例下很自然的解释结论。对于以非法占有为目的,违背他人意志非法取得他人占有财产的行为,有两种立法规制模式。第一种是两分模式,即只规定盗窃和抢劫两个罪名,不规定抢夺罪,德国、日本以及世界大多数国家都采取两分模式。第二种是三分模式,即规定盗窃、抢夺、抢劫三个罪名。俄罗斯刑法是三分模式,我国刑法最初制定时由于参考了苏联的刑法,所以也采用三分模式。在两分模式中,没有抢夺罪的规定,盗窃罪和抢劫罪界分的标准是暴力胁迫是否达到足以压制被害人反抗的程度,"'使用暴行或者胁迫强取他人财产'……必须达到足以压制被害人反抗的程度,成立抢劫罪"。②对于大多数暴力胁迫程度不足以压制被害人反抗的犯罪行为,在正常情况下仅成立盗窃罪。在三分模式中,惩处偷抢行为按盗窃罪、抢夺罪、抢劫罪分别处理,由此产生盗窃与抢夺的界分。"俄罗斯刑法中界分标准是:'秘密'还是'公开'。俄罗斯《刑法》第158条规定:偷窃,即秘密侵占他人财产;第161条规定:抢夺,即公开夺取他人财产的。公开的、明目张胆的、周围人一目了然地因而是非常粗暴地使财产脱离他人占有的方式是抢夺罪最突出的特点。"③我国刑法理论长期以来借鉴了这种界分模式,将是否具有秘密性作为抢夺与盗窃区分的基本标准,盗窃为秘密窃取,抢夺为公然夺取。

但是将秘密性作为盗窃和抢夺的界分标准,也存在一系列的问题,在一些案件中似乎存在自相矛盾之处。比如,甲在公交车上盗窃,除开受害人之外,其他乘客都发现了甲的盗窃行为,对甲还是应该按照盗窃罪认定。对此通说以秘密窃取的相对性进行说明:"'相对性',是指秘密窃取是相对财物所有人、保管人而言,而不是对受害人以外的人而言。在窃取财物时即使被他人发现或暗中注视,不影响盗窃罪的成立。"④但问题是,如果客观上被财物所有人或保管人注视,也应该认定为盗窃。比如甲到居民乙家盗窃,甲在厅里翻查财物,乙在卧室被惊醒,乙怕引起暴力而没有声张,但在门缝里注视着甲的一举一动,在甲离开后才报警。对甲的行为,依然应该认定为盗窃罪。对此,通说的解释是,秘密窃取的秘密是行为人自认为的秘密,"本罪的客观方面一般表现为秘密窃取的方法,将公私财物转移到自己的控制之下,并非法占有的行为。秘密窃取是指行为人采用自认为不使他人发觉的方法占有他人财物。只要行为人主观上是意图秘

---

① 高铭暄、马克昌主编:《刑法学》,北京大学出版社、高等教育出版社2011年版,第504页。
② 〔日〕山口厚:《刑法各论》,王昭武译,中国人民大学出版社2011年版,第252～253页。
③ 阮齐林:《论盗窃与抢夺界分的实益、倾向和标准》,《当代法学》2013年第1期。
④ 高铭暄、马克昌主编:《刑法学》,中国法制出版社2007年版,第597页。

密窃取,即使客观上已被他人发觉或者注视,也不影响盗窃性质的认定。"①但这样解释,似乎也有点自相矛盾,一方面说秘密性是客观要件,另一方面又将秘密性解释为主观要件,秘密性究竟是客观要件还是主观要件?而且,一些案件,即使行为人自认公开的,也应该按照盗窃罪处理。比如甲见乙搬家,就冒充搬场人员,当着乙的面将财物搬走了,但甲出门后没有将财物搬上货运车,而是逃离了。甲的行为不能认为是诈骗,因为搬场人员对财物只是辅助占有者,不是刑法意义上的占有者,在乙的意识中,甲只是辅助其对财物的占有,乙没有向甲处分财物的意思和行为,所以,乙允许甲搬运财物不存在受骗处分财物的问题,所以不能认定为诈骗。而如果将甲的行为认定为抢夺,显然也是不合适的,无论如何,甲的行为和观念上的夺取相差甚远。所以,甲的行为只能认定为盗窃。但这个结论和"行为人自认为秘密"是相冲突的,因为甲不认为自己是秘密的。

另外,由于立法上的原因,秘密窃取的观点也会导致出现案件处理的不均衡,比如2013年国家司法考试试题就提示了这个问题,甲潜入他人房间欲盗窃,忽见床上坐起一老妪,哀求其不要拿她的东西。甲不理睬而继续翻找,拿走一条银项链(价值400元)。以秘密窃取的观点,因甲作案时未携带凶器,也未秘密窃取财物,又不符合抢夺罪"数额较大"的要件,无法以侵犯财产罪追究甲的刑事责任。②但是如果甲的行为没有被发现,因入户盗窃,可以定盗窃罪,在甲被发现的情况下,其行为的恶性上升了,却不能按照犯罪处理,显然不均衡了。

针对秘密窃取的这些问题,张明楷教授借鉴德日刑法理论提出了公开盗窃的观点,认为盗窃罪和抢夺罪界分的标准不在于是否秘密,而在于是否对物使用可能导致人身危险的暴力。抢夺行为并不直接对人使用暴力,但因对物实施强力,具有致人伤亡的一般危险性。抢夺的对象必须是被害人紧密占有的财物,如果对象是和被害人分开的财物,就不存在致人伤亡的危险性,按盗窃处理。③ 所以,盗窃罪和抢夺罪的主要区别在于对象是否属于他人紧密占有的财产,行为是否构成对物暴力。④ 公开盗窃的观点,在逻辑上具有一定的合理性,存在的主要问题是解释结论不太符合人们对盗窃的通常理解,因为人们总认为盗窃是偷偷摸摸的事情,哪有公开的。另一个问题是盗窃和抢夺的区分标准——是否对物实施可能致人伤亡的强力,也是很难把握的。如果财物仅仅是和他人连接,对物实施强力并不一定会对人伤害,有些情况下是不可能有伤害的,比如轻轻握在手中的手机,突然抢走,是不可能有人身危险的,但按公开盗窃的观点,依然要判断为抢夺。

---

① 高铭暄、马克昌主编:《刑法学》,北京大学出版社、高等教育出版社2011年版,第505页。
② 参见2013年国家司法考试试卷二第60题。
③ 参见张明楷:《刑法学》,法律出版社2011年版,第883页。
④ 参见张明楷:《盗窃与抢夺的界限》,《法学家》2006年2期。

本书认为,任何观点都不是完美的,鉴于目前秘密窃取的观点深入人心,司法实践中一般均采用秘密窃取的观点来处理案件,在公开盗窃观点还没有压倒性优势的情况下,还是按秘密窃取的观点处理案件比较合适。针对前文所述的秘密窃取论所面对的问题,本书为其辩解如下:(1)自认为秘密地窃取是客观要件,行为性质总是要和主观意思结合起来确定,客观要件不可能是纯客观的,正如前文所言,确定偷,肯定要结合偷的意思判断。所以,秘密窃取不存在究竟是主观要件还是客观要件的疑问。(2)冒充搬运工搬走他人财物,虽然物主看到了,但物主并不理解他所看到的,物主的意识是搬运工辅助占有,所以在搬离物主视野后,在搬上货运车前,财物应该依然认为在物主的控制之下,行为人搬离具有秘密性。(3)入户盗窃时被发现,虽然可以评价为抢夺,但依然不妨碍盗窃的认定。正如约定盗窃的两人,一人在户外望风,一人在户内实施了抢劫,对于户外望风的人仍然按照盗窃既遂来认定。抢夺比盗窃多了公开而已,在不能证明公开,或不能评价公开时,按公开不存在处理,公开不存在,即是盗窃。

按通说秘密窃取的观点处理本案,加油站工作人员在为集装箱卡车加油后,由于被告人李培峰还没有付款,柴油应该认为还在加油站工作人员的占领和控制之下,被告人公然开车强行逃离,符合抢夺罪的犯罪构成。其中几起案件,在加油站工作人员抓住驾驶室门阻拦其离开时,李培峰继续加速行驶从而导致工作人员倒地受伤,此时李培峰的行为应按《刑法》第269条的规定,以转化抢劫处理。

综上所述,本书认同一审、二审法院对被告人按抢劫罪和抢夺罪数罪并罚的判决和裁定。

33. 林华明等敲诈勒索案
——如何区分抢劫罪与敲诈勒索罪

一、基本案情

2004年6月中旬的一天凌晨,在佛山市禅城区张槎大富皓昕首饰厂工作并住该厂305宿舍的覃欣发现自己放在宿舍的前几天用100多元购买的皮带不见了。当天早上,覃欣在佛山市禅城区张槎大富皓昕首饰厂403宿舍发现自己的皮带在被害人陈明仁的床上,怀疑系被害人陈明仁所偷,后覃欣将此事告诉与其同住该厂305宿舍的工友。次日上午8时许,覃欣与被告人林华明、戴福东、刘伦松、陈平、蒋建福、陈松(均住305室,另案处理)到403宿舍找到被害人陈明仁,责问皮带来源,并提出要报公司保安部门处理,因被害人提出要私了,被告人林华明便叫被害人陈明仁一同出外吃早餐并解决该事。吃完早餐后,覃欣因加班先回厂上班,被告人林华明、戴福东、刘伦松、陈平与被害人陈明仁一起回厂,路经佛山市禅城区张槎上朗佛开高速公路跨线桥下一废品收购站门口时,被告人林华明将被害人陈明仁叫到一边,并打了被害人陈明仁两耳光。被害人陈明仁承认盗窃皮带事实后,被告人林华明又要求其赔偿305宿舍被盗其他财物的损失,陈表示同意,此后,被告人林华明将被害人愿意赔偿305宿舍被盗财物一事告知被告人戴福东、刘伦松、陈平,并要其他被告人报出各自在305宿舍被盗物品的情况,各被告人均称失窃了财物不等,根据被盗财物价值,被告人林华明要求被害人赔偿5000元,限定其当天给钱,由于被害人当时没有那么多现金,便写下欠条。当天下午4时许,被害人到305宿舍门口,交给被告人林华明2000元,并要求被告人戴福东作证。当晚,被告人林华明叫其他被告人一起吃饭,花去约200元,余款用于赌博输掉。

佛山市禅城区人民检察院以被告人林华明、戴福东、刘伦松、陈平犯抢劫罪,向佛山市禅城区人民法院提起公诉。

二、争议焦点

本案的争议焦点在于林华明等人构成抢劫罪还是敲诈勒索罪。
构成抢劫罪的观点认为,本案被告人以被害人陈明仁盗窃他人皮带为借口,采用暴力手段,先逼被害人当场写欠条,后于当天下午取得了财物 2000 元,其行为属于使用暴力排除被害人反抗后获取财物,符合抢劫罪的构成。

构成敲诈勒索罪的观点认为,虽然被告人具有殴打被害人的行为,且于当天下午取得了财物,但殴打是让被害人承认盗窃事实,被害人之所以愿意赔钱,是因为被告人抓住了他盗窃皮带的事实,怕他们向单位告发。故被告人是采用要挟的手段,敲诈勒索他人财物,构成敲诈勒索罪。

三、案件处理

佛山市禅城区人民法院经审理认为,被告人林华明、戴福东、刘伦松、陈平以非法占有为目的,伙同他人敲诈勒索他人人民币,其行为均已构成敲诈勒索罪。佛山市禅城区人民检察院指控被告人林华明、戴福东、刘伦松、陈平犯抢劫罪定性不当。被告人林华明在共同犯罪中起主要作用,是主犯,依法应当按照其所参与的全部犯罪处罚,被告人戴福东、刘伦松、陈平在共同犯罪中起次要作用,是从犯,依法应当从轻处罚。被告人戴福东、刘伦松、陈平犯罪情节轻微,可免予刑事处罚。依照《中华人民共和国刑法》第 274 条、第 36 条第 1、4 款、第 27 条、第 37 条,判决如下:

1. 被告人林华明犯敲诈勒索罪,判处有期徒刑 8 个月。
2. 被告人戴福东犯敲诈勒索罪,免予刑事处罚。
3. 被告人刘伦松犯敲诈勒索罪,免予刑事处罚。
4. 被告人陈平犯敲诈勒索罪,免予刑事处罚。

四、分析思考

抢劫罪和敲诈勒索罪的区分是刑法上的一个难点,大多数情况下,对于两者的区分并没有实际意义。比如通说教材认为抢劫罪和敲诈勒索罪有以下不同:手段不同,抢劫罪只能以使用暴力相威胁,敲诈勒索罪既可以暴力相威胁,也可以揭发隐私、告发违法犯罪、毁坏财产等非暴力手段相威胁;方式不同,抢劫罪的威胁只能当着被害人的面,由行为人直接发出,敲诈勒索罪的威胁,既可以当面发出,也可以通过书信、电话、电报、第三人转达等方式来间接地发出;时间不同,抢劫罪扬言的威胁是能够当场立即实现的,敲诈勒索罪所扬言的威胁内容一般不具有立即实现的性质,从威胁发出到予以实现之间有一定的时间间隔,使得被害人有一定的回旋余地;对象不同,抢劫罪所占有的对象通常认为只能是动产,敲诈勒索罪占有的财物可以是动产,也可以为不动产;时限不同,抢劫罪的行为人是迫使被害人当场交出财物,敲诈勒索罪的行为人既可以当场取得财物,也可以在威胁发出之后的一段时间内取得财物。① 但是,这些不同并不能完全区分抢劫罪和敲诈勒索罪,因为在各个比较点都有相同的部分,而区分的关键之处不在于不同点,而在于重合的相同点,比如抢劫罪以使用暴力相威胁,而敲诈勒索罪也可以用暴力相威胁,在这个点上如何区分。抢劫罪和敲诈勒索罪的区分,最困难之处就是行为人当场使用暴力或以暴力胁迫并当场取得财物的行为。比如甲乙丙三人到有过几面之交的老乡处,敲门进入后,跟老乡说最近缺钱想借点钱。问借多少,说500元。老乡说没钱。甲乙丙等人就拿出匕首插在桌子上,并对老乡说如果不借钱,他以后就没好日子过,问老乡到底有没有钱。老乡说没现金,但银行卡里有钱。甲用银行卡去取钱,卡里有1万多元,但甲只取了500元,将银行卡还给老乡后,再找其他老乡去"借钱"。甲乙丙的行为是抢劫还是敲诈勒索?

可以发现,对于上述案例的判断,就不能用手段不同、方式不同、时间不同等来区分,因为在这些点上,抢劫罪和敲诈勒索罪可以是相同的。要进行区分,就应放弃这些不同的观点,用重合的观点看问题。即抢劫罪和敲诈勒索罪的行为方式可以是相同的,只是如果暴力的程度达到完全压制被害人的程度时,可以认定为构成抢劫罪,但也不否定其依然具有敲诈勒索的行为性质。张明楷教授认为:"敲诈勒索罪与抢劫罪不是对立关系,凡是符合抢劫罪的犯罪构成的行为,必然符合敲诈勒索罪的犯罪构成(数额要求除外),但符合敲诈勒索罪的犯罪构成的行为,不一定符合抢劫罪的犯罪构成。因此,不应当简单地说:'抢劫罪是足以压制他人反抗程度的暴力、胁迫手段强取财物,敲诈勒索罪只能是以没有达到足以压制他人反抗程度的暴力、胁迫取得财物。'而应当说:'敲诈勒索罪的成立不要求暴力、胁迫手段达到足以压制他人反抗的程度;如果暴力、胁迫手段达到足以压制他人反抗的程度,则以抢劫罪论处。'"②周光权教授也认为:"但是,将暴力排除在敲诈勒索罪的手段行为之外这一观点可能值得商榷。行为人为迫使被害人在将来的某个时间交付财物,对被害人进行威胁,为了迫使被害人承诺其索要财物的要求或者巩固对被害人造成的精神强制,往往可能实施暴力;此外,当场实施暴力,并以今后进一步实施暴力相威胁的,也可能成立敲诈勒索罪。所以,在敲诈勒索罪中,行为人并非根本没有使用暴力,只不过暴力的程度低于抢劫而已。"③以此思路分析前述案例,甲乙丙等人的行为符合敲诈勒索罪的犯罪构成,而且由于上门人数较多,过程中又拔出匕首插在桌子上威胁,已经达到足以压制被害人反抗的程度,可以按抢劫罪认定。

---

① 参见高铭暄、马克昌主编:《刑法学》,中国法制出版社2007年版,第616页。
② 张明楷:《刑法学》,法律出版社2011年版,第872页。
③ 周光权:《刑法各论》,中国人民大学出版社2011年版,第113页。

就本案而言,被告人林华明确实对被害人实施过暴力,但仅为几个耳光,这个暴力程度较轻,还不足以达到压制被害人反抗的程度,被害人交付钱财,主要还是由于怕自己的盗窃行为被揭发,想通过私了的方式解决问题。所以,认定为敲诈勒索罪是合适的。

和本案有关的另一个问题是当场性的问题,通说认为,抢劫罪要符合两个当场:当场使用暴力、胁迫和当场劫取财物。① 周光权教授持同样的观点:"使用暴力、胁迫或者其他方法,当场取得财物的,才能构成抢劫罪。当场意指暴力、胁迫手段和财物取得之间具有时间上、场所上的紧密连续性,但是对'当场'的理解又不能过于狭隘,使用暴力迫使被害人交付财物,但被害人身无分文,行为人长时间跟随被害人到距离相当远的场所取得财物的,也是'当场'。实施暴力、胁迫当场未取得财物,要求被害人日后交付财物的,构成抢劫罪未遂和敲诈勒索罪。"② 张明楷教授持不同意见,认为只要行为人以暴力、胁迫等强制手段压制被害人的反抗,与夺取财产之间存在因果关系,就应认定为抢劫,故并不限于当场取得财物,例如明知被害人当时身无分文,但使用严重暴力,压制其反抗,迫使对方次日交付财物的,应认定为抢劫罪。③ 对此,本书认为,既然已经放被害人离开,就不能认为压制了被害人反抗。换言之,行为人前面压制被害人反抗的行为,并没有取得财物,所以是抢劫罪未遂,要求次日交付财物,属于敲诈勒索。放被害人离开,被害人已经自由,不存在反抗被压制的问题。要求被害人交付财物,不过是以日后将继续兑现当日的暴力威胁而已。面对威胁,被害人离开后,或报警,或不予理睬,或逃避,不存在被压制不得不交付财产的问题。所以,本书认为,抢劫罪的认定,需要两个当场性,没有当场性,体现不出被害人被压制不能反抗的特性。就本案而言,被告人林华明上午对被害人使用暴力,分开后,被害人下午4点到被告人宿舍交付2000元钱,暴力和交付财物在时间和空间上都有分离,并不具有当场性,从这个角度看,本案也不能认定为抢劫罪。

综上,本书赞同法院对被告人林华明等人构成敲诈勒索罪的认定。

---

① 参见高铭暄、马克昌主编:《刑法学》,中国法制出版社2007年版,第592~593页。
② 周光权:《刑法各论》,中国人民大学出版社2011年版,第83~84页。
③ 参见张明楷:《刑法学》,法律出版社2011年版,第852页。

34. 谢家海等敲诈勒索案

——控制他人向家属要钱的性质

一、基本案情

2007年10月3日晚23时许,董小武、不羊、秦款、秦涛和被害人董方明、周建森、符小彬、王润京、陈小吉等人在逍遥谷吃消夜散席后,董小武、不羊、秦款、秦涛到二环路烧烤园找董小武的女朋友林佩玲,并与林佩玲同座的十几名青年发生矛盾。董小武和不羊随后将4把刀装入袋子放在二环路拐弯处准备打架,并将此事通知董方明等人。此情形被在二环路旁聊天的被告人谢家海、谢小律、谢海锋、谢家立、谢家若、谢国击、谢亚四看到。当晚凌晨零点许,多琏村的谢国材(批捕在逃)告知谢家海等人说前面几个男孩准备打架,谢家海等人随后走过去,对留在现场的董方明、周建森、符小彬、王润京、陈小吉拳打脚踢,并将五被害人带到二环路拐弯处。谢家海等人质问五被害人是否准备抢劫,被害人予以否认。七被告人商量后,让被害人家属每人交1500元后放人,并以报警为要挟,逼迫王润京等人用谢小律的手机与家人联系。王润京的父亲王颖到场后,谢海锋已拨打110报警,王颖等人要求私了,并与被告人一起避开接到报警前来现场的警车。后经熟人担保,王颖将王润京带回家,符小彬也通过熟人担保回家。董方明的母亲王玉梅赶到现场后,将1500元交给谢家海,将董方明带走。周建森的母亲吴淑庄交给谢家海440元后将周建森带走,陈小吉因没联系到家人,一直到次日早上6点多钟公安机关将七被告人抓获后才被解救回家。公安机关当场从谢家海的身上缴获赃款1880元。

海南省临高县人民检察院以被告人构成绑架罪提起公诉。

二、争议焦点

本案在定性上有以下几种意见:

第一种意见认为,七被告人以勒索财物为目的,非法侵犯他人的人身自由权,其行为构成绑架罪。

---

① 案例来源:《中华人民共和国最高人民法院公报》2009年第10期,第44~48页。

第二种意见认为，七被告人的行为不构成绑架罪。七被告人虽然控制了被害人，但没有以威胁或其他胁迫方法绑架被害人，并且在被害人亲属给钱后放回被害人，这显然不是侵犯人身自由权，而是侵犯了财产所有权。谢海锋等七被告人是由于发现被害人准备刀具预谋犯罪后才控制被害人，并随后报警。如果被害人的亲属不同意出钱私了此事，七被告人也会将被害人移送派出所处理，这点是完全不符合绑架特征的。谢海锋的行为符合敲诈勒索罪的构成要件。此外，被害人准备与他人打架，七被告人控制被害人制止了一起打架斗殴事件的发生，并且在案发后积极将钱退还给被害人，没有造成损失，其犯罪后果是轻微的。

第三种意见认为，七被告人的行为属于强拿硬要，情节严重的行为，应认定为寻衅滋事罪。

三、案件处理

海南省临高县人民法院一审认为：

本案中，被告人谢家海、谢小律、谢海锋、谢家立、谢家若、谢国击、谢亚四以非法占有为目的，利用向公安机关举报被害人董方明、陈小吉、符小彬、周建森、王润京预谋实施犯罪为要挟，造成被害人及其家属产生精神恐惧，从而勒索他人钱财，其上述行为符合敲诈勒索罪的犯罪特征。首先，七被告人具有非法强索他人财物的目的。七被告人在发现五被害人准备刀具预谋实施犯罪后，对被害人加以控制，以报警送交公安机关处理为要挟，逼迫被害人通知亲属交钱，明显具有非法强索他人财物的犯罪目的。其次，七被告人以被害人预谋实施犯罪为由，以报警为要挟手段，迫使被害人及其亲属交出财物，属于《刑法》第 274 条规定的以威胁、要挟、恫吓等手段迫使被害人交出财物的敲诈勒索犯罪行为。根据《刑法》第 274 条，所谓迫使被害人交付财物，是指由于行为人实施了威胁、要挟、恫吓的手段，造成被害人精神恐惧，不得已而交出财物。本案中，七被告人虽然在一定程度上限制了五被害人的人身自由，且在为了控制住被害人时采取了轻微的暴力，但主要还是以向公安机关举报被害人预谋实施犯罪为要挟，迫使被害人及其家属交出财物。因此，七被告人的行为符合敲诈勒索罪的特征，应当以敲诈勒索罪定罪处罚。

此外，被告人谢家海、谢小律、谢海锋、谢家立、谢家若、谢国击、谢亚四的行为不符合绑架罪的犯罪特征。根据《刑法》第 239 条，所谓以勒索财物为目的，是指行为人绑架被害人的目的在于以加害被害人相威胁，迫使被害人的近亲属交出财物。本案中，七被告人虽然在一定程度上控制了被害人的人身自由，且在为了控制住被害人时采取了轻微的暴力，但被告人的上述行为是为了阻止被害人实施犯罪并以此为要挟进行敲诈。根据本案事实，七被告人并未使用暴力、胁迫、麻醉或者其他方法劫持被害人，亦未将被害人藏匿并将被害人控制地点进行保密,在作案过程中还有报警行为。因此可以认定,七被告人不具有绑架他人的犯罪故意,亦未实施绑架他人的犯罪行为,不符合绑架罪的犯罪特征。

综上,被告人谢家海、谢小律、谢海锋、谢家立、谢家若、谢国击、谢亚四以非法占有为目的,利用报警手段要挟被害人董方明、陈小吉、符小彬、周建森、王润京及其家属,使当事人产生恐惧,从而勒索他人钱财人民币1940元,数额较大,七被告人的行为构成敲诈勒索罪。公诉机关指控绑架罪,定性不准确,不予采纳。谢家海、谢小律辩解其行为构成寻衅滋事罪的辩护理由,与事实不符,不予采纳。谢海锋、谢家立的辩护人认为谢海锋、谢家立的行为构成敲诈勒索罪的辩护意见,理由充分,应予采纳。七被告人属于共同犯罪,在实施犯罪过程中均起主要作用,依法应按照其所参与的犯罪处罚。据此,海南省临高县人民法院根据《刑法》第274条、第25条第1款,于2008年6月3日判决如下:

1. 被告人谢家海犯敲诈勒索罪,判处有期徒刑3年。
2. 被告人谢小律犯敲诈勒索罪,判处有期徒刑3年。
3. 被告人谢海锋犯敲诈勒索罪,判处有期徒刑3年。
4. 被告人谢家立犯敲诈勒索罪,判处有期徒刑3年。
5. 被告人谢家若犯敲诈勒索罪,判处有期徒刑3年。
6. 被告人谢国击犯敲诈勒索罪,判处有期徒刑3年。
7. 被告人谢亚四犯敲诈勒索罪,判处有期徒刑3年。

海南省临高县人民检察院不服一审判决,向海南省海南中级人民法院提起抗诉。临高县检察院抗诉理由和二审检察机关支持抗诉理由为:一审首先是认定事实错误,即没有把原审被告人谢家海、谢小律、谢海锋、谢家立、谢家若、谢国击、谢亚四威胁被害人董方明、陈小吉、符小彬、周建森、王润京砍脚砍手及威胁被害人家属不交钱就来收尸的话以及一些暴力行为写进事实部分,从而导致定性错误,即本案应定性为绑架罪,而不是敲诈勒索罪,其次,原审被告人威胁、殴打了被害人,并控制被害人几个小时,这些均符合绑架罪的特征。

谢家海、谢小律、谢海锋、谢家立、谢家若、谢国击、谢亚四亦不服一审判决,提起上诉,均认为一审量刑过重。主要理由是:上诉人没有采取暴力,仅取得一千多元并已退回,后果不严重,认罪态度较好;同时,被害人董方明、陈小吉、符小彬、周建森、王润京是持刀准备抢劫作案,上诉人因此控制他们并不是进行绑架,应以敲诈勒索罪定罪并再予以从宽处罚。

上诉人谢家海的辩护人认为,七上诉人没有预谋,是路过发现一帮人准备持刀作案,七上诉人去控制这些暴徒,也是为治安做好事。后来发展到向被害人家属要钱,并控制被害人不准离开,并以报警相威胁,应属敲诈勒索。检察机关抗诉认为应认定为绑架,明显不符合法律规定,也不符合罪刑相适应原则。

海南中级人民法院二审认为,上诉人谢家海、谢小律、谢海锋、谢家立、谢家若、谢国击、谢亚四以非法占有为目的，对准备持刀作案的被害人进行控制，以报警送交公安机关处理为要挟，勒索被害人董方明、陈小吉、符小彬、周建森、王润京人民币 1940 元，数额较大，其行为均已构成敲诈勒索罪。本案中，上诉人虽然在一定程度上限制了被害人的人身自由，并采取了轻微的暴力殴打行为，但上诉人的上述行为是为了阻止被害人实施抢劫并以此为由进行敲诈。根据本案事实，七上诉人并未使用暴力、胁迫、麻醉或者其他方法劫持被害人，亦未将被害人藏匿并将被害人控制地点进行保密，在作案过程中还有报警行为。因此可以认定，七上诉人不具有绑架他人的犯罪故意，亦未实施劫持他人的犯罪行为，不符合绑架罪的犯罪特征。七上诉人在实施犯罪过程中，始终以被害人已准备刀具预谋犯罪为把柄，以报警送交公安机关处理为要挟，敲诈勒索被害人的钱财，其行为符合敲诈勒索罪的犯罪特征，一审以敲诈勒索罪定罪处罚正确。

关于上诉人谢家海、谢小律、谢海锋、谢家立、谢家若、谢国击、谢亚四要求从宽处罚的辩护意见，二审法院认为，一审已根据本案事实和情节予以综合考虑，并已从轻判处，故对上述意见不予采纳。

对于检察机关的抗诉意见，二审法院认为，检察机关要求增加认定的事实，一审判决均未认定，起诉书中也没有指控。二审中，有关砍手砍脚等暴力威胁的事实只有被害人及其家属的陈述，七上诉人均不承认。根据现有证据，不足以认定该事实。七上诉人虽然对被害人实施了轻微的暴力和控制行为，但并未以暴力、胁迫、麻醉或者其他方法劫持被害人，其主要是用报警送交公安机关处理为要挟手段进行敲诈，使被害人产生惧怕心理，从而达到强索被害人及其家属钱财的目的。综上，上诉人的行为构成敲诈勒索罪，且数额较大。一审判决认定事实清楚，证据确实、充分，适用法律正确，定罪量刑适当，审判程序合法，应予维持。

据此，海南中级人民法院依照《中华人民共和国刑事诉讼法》(1996)第 189 条第(1)项，于 2008 年 10 月 28 日裁定如下：驳回上诉抗诉，维持原判。

四、分析思考

耶林说，目的是全部法律的创造者。法律在适用过程中，应始终以法律精神和法律目的为指导。绑架罪是重罪，原来其起点刑是 10 年有期徒刑，2009 年《刑法修正案(七)》增加了情节较轻的 5 年～10 年的量刑幅度，但其 5 年的起点刑依然高于故意杀人罪的 3 年。刑法之所以这样规定，是由于绑架行为具有特别严重的人身侵害危险性。在绑架罪适用过程中，应该从这一立法精神出发，合理适用。

通说认为，绑架罪的客体主要是他人的人身自由权利。[①] 但这一解释结论

---

① 高铭暄、马克昌主编：《刑法学》，中国法制出版社 2007 年版，第 557 页。

不无疑问,人身自由的价值应该低于生命价值,当绑架罪的起点刑高于故意杀人罪时,仅仅将绑架罪的客体认为是人身自由权利,就会出现不协调的问题。这样解释的结果,也容易导致不应该认定为绑架罪的行为可能被认定为绑架罪。本案就是例证。因为本案七被告人将五个被害人控制,侵害了被害人的人身自由权利,而且也实施了向家属勒索财物的行为。

对于绑架罪勒索财物的目的应产生于控制被害人之前还是之后,理论上有一定分歧,有观点认为勒索财物的目的要产生于控制他人之前,控制他人之后再产生勒索财物的目的的,不构成绑架罪;另有观点认为,勒索财物的目的并不需要存在于整个过程中,控制他人之后产生勒索财物目的的,也可以构成绑架。①本书认为,目的必须要在行为之前,但是控制他人是一个持续的过程,控制他人之后产生勒索财物的目的,控制状态依然在持续,也符合以勒索财物为目的将他人控制为人质的构成条件。所以,如果将本罪的客体解释为人身自由权利,本案七被告人的行为是符合绑架罪的构成条件的,检察院以绑架罪提起公诉和抗诉,或多或少与此有关。

法院判决否定七被害人构成绑架罪,是从七被告人客观行为的角度进行论证的,根据通说的观点,"所谓绑架,一般是指以暴力、胁迫、麻醉或其他使人不能反抗或不知反抗的方法,挟持他人离开家庭或所在处所,转移到其他地方予以拘禁,使被害人处于行为人的实力控制之下"。② 判决据此认为,七被告人并未使用暴力、胁迫、麻醉或者其他方法劫持被害人,亦未将被害人藏匿并将被害人控制地点进行保密,所以不符合绑架罪的犯罪特征。但是首先,通说的观点是对绑架方法的例举以及通常绑架行为外在表现的描述,符合这些特征的并不一定是绑架,不符合这些特征的也不一定不是绑架。换言之,我们习惯的绑架行为并不是全部的绑架行为,我们不习惯的绑架也能构成绑架。犯罪构成条件是根据法律的规定确定,而不是我们习惯的方式。对于本案而言,没有将被害人转移藏匿,和我们习惯的绑架方式不一样,但我们不能以此为理由否定绑架罪的构成,不然会出现将习惯的情况认定为法律规定的不合理局面。比如行为人在大街上当场用刀控制女孩要求警察提供车辆的,没有转移藏匿行为,依然要认定为绑架。其次,判决认为七被告人并未使用暴力、胁迫、麻醉或者其他方法劫持被害人,也是不成立的。因为事实上被害人已经被七被告人控制,如果七被告人并未使用暴力、胁迫、麻醉或者其他方法,被害人又是如何被控制的?这显然是不顾事实、不符合逻辑的结论。再次,绑架罪从犯罪构成的角度,和非法拘禁罪是重合的,亦即,绑架罪具备非法拘禁罪的构成条件。某行为不构成非法拘禁罪,就

---

① 参见赵秉志主编:《刑法分则要论》,中国法制出版社2010年版,第312页。
② 高铭暄、马克昌主编:《刑法学》,中国法制出版社2007年版,第558页。

不可能构成绑架,当然,构成非法拘禁也不一定构成绑架。但是,如果某一行为构成非法拘禁,要否定构成绑架,就必须从其他角度去分析判断。本案七被告人控制被害人构成非法拘禁自无疑问,接下来要从七被告人行为的人身侵害性方式、可能、程度的角度进行判断是否构成绑架,而不能以七被告人并未使用暴力、胁迫、麻醉或者其他方法劫持为由否定构成绑架。在事实上控制了被害人的情况下,七被告人是否使用暴力、胁迫、麻醉等方法控制,已经没有意义了。比如将人骗至某一场所锁起来,然后以杀害威胁家属勒索财物的,其并没有使用暴力、胁迫、麻醉等方法,也构成绑架罪。

判决同时认为,七被告人"主要是用报警送交公安机关处理为要挟手段进行敲诈,使被害人产生惧怕心理,从而达到强索被害人及其家属钱财的目的"。用这个理由否定绑架罪是成立的。但如果放在绑架罪客体是人身自由权利的前提下,就出现了不协调之处。因为不管用什么理由勒索钱财,都不影响对人身自由权利的侵害,既然如此,控制了被害人,勒索了钱财,侵害了人身自由权利,为什么不构成绑架罪呢?所以,必须要正确理解绑架罪的客体,绑架罪的客体是被绑架者的行动自由以及被绑架者的身体安全。① 本书认为,一个行为只有不但侵害被害人的行动自由,同时对被害人的身体安全具有现实的或潜在的严重危险时,才能够评价为绑架的行为。本案七被告人因抓住被害人准备违法行为的软肋而临时起意弄些"小钱",一边和被害人家属交涉1500元"赎人",一边报警,有熟人担保还先行放人,这些行为特征不具有绑架犯罪的凶险性,表明七被告人不具有对被害人严重加害的可能性。过程中,七被告人虽然也可能有些人身伤害和威胁,但是,从社会常情的角度判断,并没有真实的可能性。因为犯罪也是一个利益衡量的过程,在本案发展态势如此开放的情况下,为了一些"小钱",行为人不至于这么干,社会一般人是不可能从中闻到浓浓"杀气"的。对于一些人身威胁,被害人和被害人家属也并不会当真。可以轻易化解的危险,一般并不会是真的危险。② 所以,以绑架罪的客体是人身自由和身体安全的立场评价,法院判决认定七被告人用报警送交公安机关处理为要挟手段进行索财的行为构成敲诈勒索罪,不构成绑架罪,是合理的。

另外,本案被告人的行为也属于强拿硬要的行为,破坏了社会秩序,也符合寻衅滋事罪的犯罪构成,其与敲诈勒索罪形成竞合关系,只是根据本案的具体情况,按敲诈勒索罪认定更加合理。这种竞合属于法条竞合还是想象竞合,理论上还没有形成统一意见。在判断时需要注意的是,因为存在竞合关系,所以,不要用非此即彼的思路看问题,而应该以按哪一个罪认定更符合罪刑相适应的原则来确定。

---

① 参见张明楷:《刑法学》,法律出版社2011年版,第793页。
② 当然,如果有充分的证据证明行为人具有严重加害可能性的,虽是为了小钱,也能构成绑架罪。

35. 杨志成盗窃案[①]

——电脑员利用管理本单位电脑便利破译软件，
将作废积分卡激活并消费的性质

一、基本案情

被告人杨志成原就职的郑州丹尼斯有限公司，开发有VIP积分卡系统程序，属于郑州丹尼斯有限公司的内部程序。顾客向郑州丹尼斯有限公司团购部购买VIP积分卡时，由团购部向该公司财务部提出申请，财务部将空白的VIP积分卡充值后向顾客发行。被告人杨志成原系郑州丹尼斯有限公司人民路店2号馆电脑员，主要负责电脑维护、收款机维护及进销存系统维护等工作。杨志成所在的电脑室隶属于郑州丹尼斯有限公司信息研究开发中心，作为郑州丹尼斯有限公司VIP积分卡系统程序的研究、开发部门，该中心及其下属电脑馆的工作人员虽有机会接触到VIP积分卡系统程序，但按照公司规定，不准私自破译密码进入该程序，亦不具有管理或者控制公司财物的职权。

2006年10月份以后，被告人杨志成利用管理、维护公司电脑的工作便利，以破译程序软件的手段，进入郑州丹尼斯有限公司的VIP积分充值系统，将作废的VIP积分卡激活重新充值后用于个人消费，消费金额共计8.5万元。案发后已退还郑州丹尼斯有限公司赃款赃物合计11万余元。

河南省郑州市金水区人民检察院以被告人杨志成犯盗窃罪，向河南省郑州市金水区人民法院提起公诉。

二、争议焦点

杨志成作为郑州丹尼斯有限公司人民路店2号馆电脑员，利用管理本单位电脑的职务便利实施涉案行为，应认定为职务侵占罪还是盗窃罪。

一种观点认为构成职务侵占罪。被告人杨志成属于郑州丹尼斯有限公司的员工，管理电脑是其职权行为，其利用职权实施的窃取行为应按照职务侵占罪认定。

[①] 案例来源：《中华人民共和国最高人民法院公报》，2008年第11期，第40～43页。

另一种观点认为构成盗窃罪。被告人杨志成虽然是郑州丹尼斯有限公司的员工，但其职务范围仅是电脑的管理，对于积分系统而言，杨志成没有任何权限，其侵入积分系统实施的行为，应按照盗窃认定。

三、案件处理

郑州市金水区人民法院一审认为：被告人杨志成原系郑州丹尼斯有限公司人民路店 2 号馆电脑员，负责维护公司电脑，不具有管理郑州丹尼斯有限公司 VIP 积分卡充值系统的职责。杨志成利用破译 VIP 积分卡系统程序软件的方法，进入郑州丹尼斯有限公司 VIP 积分充值系统，将作废的 VIP 积分卡激活重新充值后用于个人消费，其行为属于以非法占有为目的，秘密窃取他人财物的盗窃行为，且盗窃数额特别巨大，已构成盗窃罪。公诉机关指控的罪名成立。杨志成及其辩护人关于杨志成的行为构成职务侵占罪而不构成盗窃罪的辩护意见不成立，不予采纳。郑州市金水区人民法院于 2007 年 11 月 27 日判决：被告人杨志成犯盗窃罪，判处有期徒刑 10 年，并处罚金 10000 元。

杨志成不服一审判决，向郑州市中级人民法院提起上诉，其主要上诉理由是：包括上诉人在内的郑州丹尼斯有限公司电脑室的工作人员均有权进入该公司 VIP 积分卡充值系统，上诉人系利用职位之便实施涉案犯罪行为。因此，上诉人的行为不构成盗窃罪，应以职务侵占罪定罪处罚。一审判决定性错误，请求二审依法改判。

郑州市中级人民法院二审认为，根据《刑法》第 264 条的规定，盗窃罪是指以非法占有为目的，秘密窃取数额较大的公私财物的行为。根据《刑法》第 271 条的规定，职务侵占罪是指公司、企业或者其他单位的人员，利用职务上的便利，将本单位数额较大的财物非法占为己有的行为。

盗窃罪与职务侵占罪都是《刑法》第五章规定的侵犯财产类犯罪。两者的共同之处是：行为人主观上都具有非法占有公私财物的犯罪目的，都侵犯了公私财产的合法权利。两者的区别之处是：一、职务侵占罪的犯罪主体是特殊主体，即只能是公司、企业或者其他单位的人员。盗窃罪的主体则为达到刑事责任年龄、具有刑事责任能力的一般主体；二、职务侵占罪在客观上表现为利用职务上的便利，将本单位数额较大的财物非法占为己有的行为，具体的非法占有行为方式多种多样，包括窃取、骗取、直接侵吞等。盗窃罪在客观上则表现为秘密窃取公私财物；三、职务侵占罪的犯罪对象是行为人所在单位的财物，而盗窃罪的犯罪对象则是不特定的公私财物。

判断上诉人杨志成的行为究竟构成盗窃罪还是职务侵占罪，关键在于分析杨志成实施涉案犯罪行为时是否利用了自身的职务便利。

根据《刑法》第 271 条关于职务侵占罪的规定，所谓"利用职务上的便利"，是指行为人在实施犯罪时，利用自身的职权，或者利用自身因执行职务而获取的主管、管理、经手本单位财物的便利条件。这里的"主管"，是指行为人在一定范围内拥有调配、处置本单位财产的权力；所谓"管理"，是指行为人对本单位财物直接负有保管、处理、使用的职责，亦即对本单位财产具有一定的处分权；所谓"经手"，是指行为人虽然不负有主管或者管理本单位财物的职责，但因工作需要而在特定的时间、空间内实际控制本单位财物。因此，构成职务侵占罪，就必然要求行为人在非法占有本单位财产时，以其本人职务范围内的权限、职责为基础，利用其对本单位财产具有一定的主管、管理或者经手的职责，在实际支配、控制、处置本单位财物时实施非法占有行为。如果行为人仅仅是在自身工作中易于接触他人主管、管理、经手的本单位财物，或者熟悉作案环境，而利用上述工作中形成的便利条件秘密窃取本单位的财产，则不属于"利用职务上的便利"，应依照《刑法》第264条，以盗窃罪定罪处罚。本案中，上诉人杨志成在实施涉案行为非法占有本单位财物时，虽然在一定程度上确实利用了身为郑州丹尼斯有限公司电脑室人员易于接触公司电脑的工作便利，但其既不具有主管、管理或者经手本单位财物的职责，也不具有管理本单位VIP积分卡充值系统的职责，亦不掌握VIP积分卡充值系统的程序密码，其最终实现非法占有本单位财产的犯罪目的，是通过实施秘密窃取的盗窃行为，而非利用其自身职务上的便利。

　　首先，郑州丹尼斯有限公司VIP积分卡的发行程序，决定了上诉人杨志成在实施涉案犯罪行为时不具有职务上的便利条件。顾客购买郑州丹尼斯有限公司的VIP积分卡，必须向该公司团购部购买，由团购部向公司财务部提出申请，最后由财务部将空白的VIP积分卡充值后向顾客发行。可见，作为郑州丹尼斯有限公司人民路店2号馆电脑员，上诉人对于郑州丹尼斯有限公司的财物根本不具有主管、经手、管理的职责，当然也就不存在利用职务上的便利实施涉案犯罪行为的基础。

　　其次，上诉人杨志成的工作职责，主要是负责郑州丹尼斯有限公司人民路店2号馆电脑、收款机及进销存系统的维护。杨志成所在的电脑室隶属于郑州丹尼斯有限公司信息研究开发中心，作为郑州丹尼斯有限公司VIP积分卡系统程序的研究、开发部门，该中心及其下属电脑馆的工作人员虽有机会接触到VIP积分卡系统程序，但不具有管理或者控制该系统的职责，且按照公司规定，亦不准私自破译密码进入该程序。可见，上诉人在实施涉案犯罪行为时，仅是利用了自己担任电脑管理人员、易于接触公司电脑的"工作便利"，但该"工作便利"不能直接导致上诉人非法占有本单位财产。

　　最后，根据本案事实，上诉人杨志成系出于非法占有的目的，违反本单位的规定，私自破译密码进入本单位VIP积分卡充值管理系统程序，而后将作废的VIP积分卡激活并重新充值后用于个人消费。因此，上诉人并非利用自身职务便利进入本单位 VIP 积分卡充值管理系统程序,而是利用自己熟悉电脑技术的专长,以非法破译密码的方式侵入该系统程序,继而实施涉案犯罪行为,其行为属于秘密窃取,应以盗窃罪定罪处罚。

据此,郑州市中级人民法院于 2008 年 3 月 19 日裁定:驳回上诉,维持原判。

四、分析思考

本书同意法院的判决,法院判决的论证也非常充分,这里,稍作一点理论背景介绍。职务侵占是指公司、企业或者其他单位的人员,利用职务上的便利,将本单位财物非法占为己有的行为。通说认为,利用职务上的便利"是指利用自己在职务上所具有的主管、管理或者经手本单位财物的方便条件"。① 如何理解其中的职务,理论界有分歧。一种观点认为,以利用自己职务上的权力为条件,如果行为人没有利用自己决定、办理及处置某事务的权力,而是利用从事劳务、服务的便利,非法占有单位财产的,不构成本罪。另一种观点认为,利用职务上的便利,不仅是指利用职务上的权力的便利,而且包括利用从事劳务等工作中持有单位财产的便利。②

这个分歧关联于职务侵占罪与贪污罪中"利用职务上的便利"的理解是否应该相同,肯定说认为,职务侵占罪和贪污罪中"利用职务上的便利"含义完全相同,即指利用自己主管、管理、经营、经手单位财物的便利条件。否定说认为,由于贪污罪中的行为人是在行使国家公权力,职务侵占罪的行为人是在实施业务行为,两罪对是否利用权力要求不同。③

否定说的观点具有妥当性。贪污罪的量刑重,最高刑是死刑,立法上体现了从严吏治的特点,所以,对于利用职务上的便利,应该严格解释,否则导致刑罚的不均衡。而职务侵占罪的最高刑为 15 年有期徒刑,在解释上相对可以宽和一点。所以,随时间的推移,对"利用职务上的便利"的理解呈现扩大趋势,即单位的人员不论其职务有没有管理性,都属于职务侵占罪之职务。④

但是,"对于'职务'内涵的理解,既不能与'职权'画等号,从而导致失之过窄,以致混淆与盗窃等罪的界限;同时也不能与'临时一次性地接受委托从事某项单位事务的机会'相混同,从而导致失之过宽,以致混淆与侵占罪的界限"。⑤

将本单位财物非法占为己有的行为,刑法没有具体列举,通说根据《刑法》

---

① 赵秉志主编:《刑法新教程》,中国人民大学出版社 2001 年版,第 681 页。
② 赵永红、钱业弘:《试论职务侵占罪的几个问题》,《人民检察》2001 年第 4 期。
③ 郭泽强:《关于职务侵占罪主体问题的思考》,《法学评论》2008 年第 6 期。
④ 阮齐林:《刑法学》,中国政法大学出版社 2011 年版,第 554 页。
⑤ 黄祥青:《职务侵占罪的立法分析与司法认定》,《法学评论》2005 年第 1 期。

第 382 条贪污罪的规定,认为侵占手段包括盗窃、侵吞、骗取等各种手段。① 其中的窃取是指监守自盗,如果利用因义务比较熟悉作案环境,比较容易进入作案场所,比较容易接近作案目标,并不是利用职务上的便利的窃取,不构成职务侵占罪。可以发现,通说对窃取的解释导致出现了两种意义完全不同的窃取,即一种窃取是基于占有的,另一种窃取是破坏占有的。通常情况下,刑法中的概念应作相同的解释,在有必要作不同解释时,差异也不应太大。但通说在职务侵占罪窃取手段的解释上,将实际是侵占的手段解释为了窃取,从而容易导致侵占罪中窃取和盗窃罪的窃取的混淆,因而也就增加了将侵占罪认为是盗窃罪、盗窃罪认为是侵占罪的错误判断的可能性。本案被告人及其辩护人也是混沌于两个窃取,因而错误认为构成的是职务侵占罪。对此,张明楷教授认为:"窃取,是指违反占有者的意思,利用职务上的便利,将他人占有的公共财物转移给自己或者第三者占有。刑法理论一般认为,这里的窃取就是'监守自盗',如出纳员窃取自己管理的保险柜内的金钱。可是,这种'监守自盗'行为属于将自己占有、管理的财物据为己有的'侵吞'。其实,只有当行为人与他人共同占有公共财物时,行为人利用职务上的便利窃取该财物的,才属于贪污罪中的'窃取'。"②

  本案判断的关键是,被告人杨志成是否基于职务而占有 VIP 积分,显然,电脑员之于 VIP 积分的身份,犹如木工之于办公桌抽屉中钱款的身份,木工维护和修缮办公桌,并没有占领和控制钱款的地位。

---

① 高铭暄、马克昌主编:《刑法学》,北京大学出版社、高等教育出版社 2011 年版,第 517 页。
② 张明楷:《刑法学》,法律出版社 2011 年版,第 1046 页。

36. 崔勇、仇国宾、张志国盗窃案①

——将出租给他人的贷记卡中的钱转走的性质

一、基本案情

2009年4月,被告人仇国宾委托被告人崔勇在沪帮其办一张可以透支的银行贷记卡,并将身份证等证件交给崔勇。同年5月,崔勇通知仇国宾来沪,在罗长影陪同下,以仇国宾的名义办理了卡号为6222021001015592865和银行POS机捆绑的e时代卡。该卡由崔勇保管。6月上旬,崔勇通过罗长影将该卡出租给被害人牟驰敏使用。6月下旬,牟驰敏在银行ATM机上使用该卡时,因操作不慎被吞卡。牟驰敏即通过罗长影请求崔勇、仇国宾帮助领卡。崔勇得知后,即与仇国宾、被告人张志国商议,由仇国宾到银行挂失并趁机侵吞卡内钱款,张志国、仇国宾均表示同意。

同年6月底,被害人牟驰敏与罗长影因联系不到被告人崔勇、仇国宾,驱车到崔勇、仇国宾的老家寻找二人未果,便要求仇国宾的亲属转告仇国宾卡内的钱款是牟驰敏做生意赚的,动了要犯法。当晚,仇国宾的女友陈亚打电话告知仇国宾涉案卡内有人民币300000元左右,牟驰敏已来老家找仇国宾,要求他不要动用卡内钱款。仇国宾接电话时,崔勇、张志国均在场。

同年7月2日,被告人崔勇、仇国宾、张志国到上海市中国工商银行股份有限公司延长中路支行,由仇国宾出面办理涉案银行卡的挂失、补卡手续。因补卡7天后才能领取新卡,三被告人于当天离沪返回苏州,其间三被告人的所有花费均由张志国承担。7月9日,三被告人再次来到工行延长支行,由仇国宾出面办理领卡手续,新卡卡号为6222021001032908011,内存人民币298742.09元。随后,三被告人到上海市延长中路790号工商银行延长新村支行提取现金人民币68700元,仇国宾、张志国各分得人民币10000元,余款由崔勇占有。同时,崔勇当场为自己办理了卡号为6222021001026089901的e时代卡1张。三被告人又赶至上海市南京西路377号工商银行人民广场支行,在崔勇、张志国的劝说下,仇国宾将卡内余额人民币230000元转存至崔勇新卡内。后三人逃离上海,崔勇

---

① 案例来源:《中华人民共和国最高人民法院公报》2011年第9期,第464页。

又分给仇国宾、张志国人民币各 10000 元,并将人民币 50000 元转存至张志国前妻周莉的银行账户内。后仇国宾投案自首。

二、争议焦点

本案一审的主要意见有以下几种:①

盗窃罪。盗窃罪中的"秘密窃取"是指行为人采用自认为不被财物所有者或保管者当场发觉的非暴力手段,违背财物所有者或保管者的意志,将物转移为自己或第三者占有的行为。本案中,被告人崔勇、仇国宾、张志国明知卡内钱款属于他人所有,在实施获取卡内钱款的行为时,被害人牟驰敏不在场也不知情,三名被告人获取卡内钱款的行为是在自认为不会被被害人牟驰敏当场发觉的情形下实施的,完全符合"秘密窃取"的法律特征,故被告人崔勇、仇国宾、张志国的行为应当构成盗窃罪。

诈骗罪。崔勇、仇国宾、张志国三被告人在已明知 e 时代卡内存有 30 万元巨额钱款的情况下,仍然积极编造理由、虚构事实、隐瞒真相,谎称卡是自己使用不慎而被银行 ATM 机所吞没的,致使银行相信了仇国宾等人的谎言,进行挂失、补卡,才使得牟驰敏的 30 万元财产受到了损失。对于崔勇、仇国宾、张志国三被告人没有直接与牟驰敏发生面对面的关系而不符合传统诈骗罪构成要件的特征,这种观点认为可以用三角诈骗罪的理论予以论证,即在诈骗罪中,存在着受骗人(财产处分人)与被害人不是同一人(或不具有同一性)的现象,其中真正的受骗人是第三人。

侵占罪。崔勇、仇国宾、张志国三被告人在主观上虽然具有"非法占有目的",但 e 时代卡是仇国宾以其真实身份证实名办理的,特别是挂失、补卡是在被害人的要求及委托下公然办理的,手续合法,程序合理,三名被告人的行为根本不符合"秘密窃取"的要件。在被害人因操作不慎致使 e 时代卡被吞没且要求联系仇国宾到银行领卡时,被害人与被告人之间已形成民事上的委托与被委托关系,被告人负有保管新卡的义务直至将卡交还被害人。因此崔勇等人在实施占有行为之时,被侵占之物已处在被告人的实际控制之下。被害人牟驰敏在 e 时代卡被吞没且无法联系到仇国宾时,已明知卡内钱款有可能被取走,故仇国宾等人去银行办理挂失、补卡、取款等行为,因实际已被被害人所觉察而不构成"秘密窃取"。被告人取走的钱款存储于仇国宾的 e 时代卡内,已为仇国宾所实际占有。而盗窃罪的构成要件要求的是行为人必须窃取他人占有之下的财物,故本案行为显然不构成盗窃罪,而是构成侵占罪。本案被告人和辩护人也持这一立场。

---

① 杨兴培:《提取他人存放在借用本人银行卡内钱款行为的性质认定》,《法治研究》2011 年第 1 期。

三、案件处理

上海市黄浦区人民法院一审认为，被告人崔勇、仇国宾、张志国主观上具有非法占有他人财物的目的。根据被告人崔勇、仇国宾、张志国的当庭供述、被害人牟驰敏的陈述以及证人罗长影、陈亚的证言，可以认定三被告人均明知仇国宾名下的涉案银行卡内的钱款不属仇国宾所有，而是牟驰敏存储的个人财产。当涉案银行卡被吞、牟驰敏要求仇国宾帮助领取银行卡时，三被告人不是协助取回涉案银行卡并交还牟驰敏，而是积极实施挂失、补卡、取款、转账等行为，将卡内钱款瓜分，明显具有非法占有他人财物的目的。

被告人崔勇、仇国宾、张志国的行为具有秘密窃取的性质。根据本案事实，被告人崔勇、仇国宾与被害人牟驰敏之间存在以POS机和e时代卡为标的物的特殊租赁关系，即与POS机捆绑的涉案e时代卡属仇国宾名下，而出租给牟驰敏使用。牟驰敏因操作失误致卡被吞，故请求崔勇、仇国宾帮助取卡。此后，当牟驰敏通过罗长影仍无法联系崔勇、仇国宾时，牟驰敏已预感卡内钱款可能会被崔勇、仇国宾取走，且在经查询确认卡内钱款已被转移时，牟驰敏当即断定系崔勇、仇国宾等人所为。据此，三被告人的辩护人认为，三被告人挂失、补卡、取款等行为，因实际已被被害人觉察而不具备秘密窃取性质。法院认为，上述情节不影响三被告人行为的秘密窃取本质。盗窃罪中的"秘密窃取"是指行为人采用自认为不被财物所有者或保管者当场发觉的手段，违背财物所有者或保管者的意志，将财物转移为自己或第三者占有的行为。盗窃罪中的"秘密窃取"具有主观性、相对性、当场性的特征。主观性是指行为人主观上自认为盗窃行为不会被发觉，至于实际上是否被发觉，不影响"秘密窃取"的成立；相对性是指行为人自认为盗窃行为不会被财物的所有者或保管者发觉，至于是否会被第三者发觉，不影响"秘密窃取"的成立；当场性是指行为人自认为在实施盗窃行为当时不会被发觉，至于事后是否被发觉，不影响"秘密窃取"的成立。本案中，三被告人虽然是公然实施挂失、补卡、取款、转账等行为，但被害人并没有当场发觉，更无法阻止三被告人的行为。被害人虽然对三被告人可能侵犯其财产存在怀疑和猜测，并在案发后第一时间察觉了三被告人的犯罪行为，但这与被害人当场发觉犯罪行为具有本质区别。因此，三被告人的行为完全符合盗窃罪"秘密窃取"的特征。辩护人的辩护意见不能成立，不予采纳。

被告人崔勇、仇国宾、张志国的行为符合盗窃罪"转移占有"的法律特征。本案中，被害人牟驰敏从被告人仇国宾处租用与POS机捆绑的涉案e时代卡后，更改了密码，通过持有涉案银行卡并掌握密码，形成对卡内钱款的实际占有和控制。此后，虽然因操作失误致使涉案银行卡被吞，但被害人基于对密码的掌握，依旧保持对卡内钱款的实际控制。卡被吞后，牟驰敏通过罗长影请求被告人崔勇、仇国宾帮忙取卡,该请求内容明确限于取卡,而不涉及对卡内钱款的委托保管。在此期间,牟驰敏曾明确要求仇国宾的女友转告仇国宾不能动用卡内钱款,仇国宾的女友也将牟驰敏的要求如实转告仇国宾。因此,可以认定,牟驰敏从未作出委托被告人保管卡内钱款的意思表示,三被告人对此亦明知。三被告人的辩护人关于被害人请求仇国宾到银行领卡,双方之间即形成民事上的委托关系,涉案银行卡及卡内存款因此而为仇国宾实际控制的辩护意见不能成立。

如前所述,涉案银行卡被吞后,被害人牟驰敏虽然失去了对卡的实际控制,但基于掌握密码,并未丧失对卡内钱款的占有和控制。被告人崔勇、仇国宾、张志国如果仅仅协助被害人取回涉案银行卡,不可能控制卡内钱款。三被告人是通过积极地实施挂失、补办新卡、转账等行为,实现了对涉案银行卡内钱款的控制和占有。上述行为完全符合盗窃罪"转移占有"的法律特征。三被告人的辩护人关于涉案银行卡内钱款为仇国宾占有、控制,三被告人的行为不具有"转移占有"性质的辩护意见不能成立,不予采纳。据此,上海市黄浦区人民法院于2010年7月12日判决如下:

1. 被告人崔勇犯盗窃罪,判处有期徒刑10年,并处罚金人民币10000元。
2. 被告人仇国宾犯盗窃罪,判处有期徒刑6年,并处罚金人民币6000元。
3. 被告人张志国犯盗窃罪,判处有期徒刑7年,并处罚金人民币7000元。
4. 违法所得依法追缴,发还被害人。

张志国不服一审判决,向上海市第二中级人民法院提出上诉,上海市第二中级人民法院于2010年9月7日裁定如下:驳回上诉,维持原判。

四、分析思考

本案的关键点有两个,一是存款的占有人是谁,二是银行对存款是否具有处分的地位。如果认为本案存款由银行卡的名义人仇国宾占有,则本案应该认定为侵占罪;如果认为仇国宾不占有,则要考虑银行是否具有处分存款的地位,如果肯定银行的处分地位,则本案应该认定为诈骗罪,如果否定银行的处分地位,本案应该认定为盗窃罪。

对于存款的占有,判决认为被害人牟驰敏是占有人,通过持卡和掌握密码占有存款。被吞卡后,依然通过密码占有存款。本书同意判决的这个结论,但对于理由有不同看法。

首先,持卡并不代表占有存款,持卡只是表示对银行卡的占有,并不代表对银行存款的占有。因为银行是存款的事实上的占有人,储户是法律上的占有人(如果承认存款的法律上的占有的话),储户对存款法律上的占有,通过契约设立账户,并通过账户占有存款,是一种观念上的占有,即在储户事实上不占有存款的情况下在观念上承认储户对存款的占有。而这种承认,从来是指向储户,而不是实际持卡人,银行卡仅是银行进行身份识别进入账户的工具。法律上的占有既然是观念上的占有,就必须通过观念的方式进行判断,因为储户是存储法律关系的权利人,所以储户才是存款的占有人,其他人如果没有得到储户的授权就不能成为占有人。如果一方面认为储户对存款是法律上的占有,另一方面又通过持卡的事实路径来说明占有,这不得不说是逻辑上的矛盾。根据《刑法》第196条第1款第3项,冒用他人信用卡的,构成信用卡诈骗罪,就充分说明了刑法的立场:实际持卡并不占有存款。2013年《最高人民法院、最高人民检察院关于办理盗窃刑事案件适用法律若干问题的解释》第5条规定:"盗窃有价支付凭证、有价证券、有价票证的,按照下列方法认定盗窃数额:(一)盗窃不记名、不挂失的有价支付凭证、有价证券、有价票证的,应当按票面数额和盗窃时应得的孳息、奖金或者奖品等可得收益一并计算盗窃数额;(二)盗窃记名的有价支付凭证、有价证券、有价票证,已经兑现的,按照兑现部分的财物价值计算盗窃数额;没有兑现,但失主无法通过挂失、补领、补办手续等方式避免损失的,按照给失主造成的实际损失计算盗窃数额。"记名的有价票证没有兑现,同时失主可以通过挂失、补领、补办手续等方式避免损失的,不计为盗窃数额。如果认为持卡即是占有存款,那么不管兑现与否,均应该计入盗窃数额,显然司法解释不是这个立场。在这个问题上,司法解释有一个转变的过程,现已废止的1998年《最高人民法院关于审理盗窃案件具体应用法律若干问题的解释》第5条规定,盗窃可以即时兑现的有价票证,按票面数额计算,按当时司法解释的立场,占有存折即认为占有了存款。最高院应该是注意到了这样解释和立法的冲突,在新的司法解释中进行了修正。① 对于上述2013年司法解释第1项,不记名、不挂失的有价票证按票面数额计算,是否意味着承认持卡人即是存款占有人呢?回答是否定的,因为记名、不记名是两种不同属性的票证。不记名、不挂失的有价票证,对其占有的判断不是从法律的、观念的途径进行,而本就是从事实占有的角度进行的,这里不包含出票人对于持有人身份识别的内容,如同现金的占有,是没有任何障碍的支配。如果存折被偷还没有被取款,权利人可以让银行进行身份识别,通过挂失避免损失,权利人没有损失,盗窃的人也不能说是偷到。但不记名、不挂失的票证被偷,由于没有权利人身份识别的内容,损失就立即形成。这就说明了不记名、不挂失票证只能以事实上的控制、支配来确定占有。

其次,同样的道理,掌握密码与否,和存款的占有也没有关系,输入密码犹如开锁,仅是操作程序问题,不决定法律关系的性质。他人占有银行卡,并知晓密

---

① 其中还有一个问题是,盗窃记名票证如果兑现的,兑现部分是否应该按盗窃认定?其中有两种情形,一是到机器上取钱,根据机器不能被骗的观点,计入盗窃数额没有问题;二是到银行等机构柜台领取,因为盗窃实际没有造成他人损失,假冒身份的行为才是造成损失的原因,所以这里存在盗窃和诈骗的观点之争。

码,不能认为他人就占有了存款,同样,密码被他人修改,也不能认为失去了对存款的占有。判断存款占有关系,必须从观念的、法律关系的角度进行,即法律关系上账户的控制、占有人才是存款的占有人。

　　本案被告人仇国宾是账户的名义人,但是因为其和被害人牟驰敏签订了契约,将账户出租给牟驰敏使用,虽然这一出租行为违法,但在事实上形成出租关系时,为保证社会财产关系的稳定,应承认被害人牟驰敏对账户及存款的观念上的占有关系。就如违法出租房屋,并不能因为出租违法,而否定承租人对置于承租房屋内的财物的占有关系。对违法出租,只能通过法定的途径恢复法秩序,绝不能以前行为违法为理由而放任导致法秩序进一步混乱的行为。这也和我国刑法通说理论的立场是一致的,即虽为违法的占有,但一旦占有形成,就是刑法所保护的法益。① 如此,因为被告人仇国宾和被害人牟驰敏之间没有就账户的出租问题另行约定,所以牟驰敏对账户及其下存款始终具有占有关系,银行卡被吞及牟驰敏要求仇国宾帮助取卡,都是与账户的使用关系无涉的事项,不改变存款的占有关系。如同房屋出租,房东手里还留有房门钥匙,或者承租人钥匙掉了、密码锁的密码忘了向房东寻求帮助,都不会改变房屋的占有关系。

　　有论者基于存款的法律占有说认为:"因此,如果将'法律占有说'逻辑一以贯之,则仇某作为和银行 POS 机捆绑的能用于经常性提取现金的 e 时代卡的名义人即占有存款,而卡内存款的 298742.09 元真正的所有权归牟某,显然符合侵占罪的犯罪构成要件,应该按照侵占罪来定性。"② 但是如果按此观点,被害人牟驰敏就既不是法律占有人,也不是事实占有人,那么,在被害人牟驰敏掌握银行卡时的支取行为是否就成为一种犯罪行为?因为根据我国刑法的通说理论,对自己不占有的具有所有权的财物也是可以构成盗窃等财产犯罪的。所以,承认法律占有说,必须考虑在银行卡有非法租约的情况下,存款的占有关系是否因租约而有变动。

　　另有持侵占罪观点的论者指出:"正因为占有是一种客观状态,所以即使 e 时代卡是不允许出借的,但这并不影响我们对 e 时代卡实际上被出借,且已处于牟驰敏占有、控制之下的客观事实的认定。""但是当 e 时代卡因牟的操作失误为 ATM 机吞没后,牟对 e 时代卡的占有、控制状态事实上已经结束,对 e 时代卡的占有和控制已转移到了银行手里,而且从法律的层面,无法证明此卡为牟所有并为牟所使用,因而卡内的资金也无法直接证明为牟所有。此时的 e 时代卡包括卡内的资金已经为银行所暂时控制、占有。正像汽车因违章而被扣押后,其所

---

① 参见高铭暄、马克昌主编:《刑法学》,中国法制出版社 2007 年版,第 588~589 页。
② 刘杨东:《提取他人存放在借用本人银行卡内钱款行为的认定——基于"占有"两种学说的解读》,《甘肃警察职业学院学报》2012 年第 4 期。

有权不发生变化,但其占有、控制关系发生了变化,已属于扣押部门一样。"①既然承认卡在被害人手中时,被害人对卡里的存款具有占有,那么,没有理由仅凭银行 ATM 吞卡而否定被害人对存款的占有关系,因为被告人和被害人之间的契约依然存在。e 时代卡的占有和存款的占有不同,前文已述,对存款的占有不决定于对银行卡的实际占有,而在于因契约而设立的状态。对于银行卡使用关系及卡内资金的所有权的证明问题和客观事实问题是两个层面的问题,一个是程序问题,一个是实体问题,在实体问题已经确定的情况下,证明问题就没有意义了,换言之,已经证明的事项,不能以无法证明为理由否定。银行吞卡和汽车被扣押也不同,吞卡只是吞掉了进入账户的工具,如同扣留了车的钥匙。银行卡被吞的情况很多,但不能因为卡被吞就否定储户对存款的占有,当账户存在一种租赁关系时,应适用同样的原理,所以,不能以银行吞卡否定被害人牟驰敏对存款的占有,本案不能认定为侵占。

判决对于三被告人的行为具有盗窃罪的秘密性进行了大段论证,这是以传统刑法理论进行的论证,应该说也言之成理。如果以公开盗窃的观点,只要以非法占有为目的,以平和的手段破坏占有,并建立一种新的占有,就符合盗窃的特征。② 但本案是否构成盗窃罪的关键点不在于此,而在于银行是否具有处分储户存款的地位。如果银行不具有处分的地位,三被告人的行为构成盗窃罪的间接正犯,即利用没有罪过的银行工作人员实施盗窃行为。如果银行具有处分的地位,则本案不存在夺取占有,因为本案行为均在银行柜台完成,则银行工作人员是受骗人和财物处分人,被害人是牟驰敏,属于三角诈骗,三被告人构成诈骗罪。"至于如何判断被骗者是否具有处分被害者财产的权限或地位,一般来说,如果被骗者有明示的甚至是法律上明确规定的代理权,在其代理权范围内的行为,自然能肯定其具有诈骗罪的交付行为性。"③银行是客户资金运作的平台,如果银行没有处分的地位,客户的资金流转活动就不可能展开,所以,不管是从法律规定还是存储契约授权的角度看,银行都具有处分存款的地位。既然如此,本书认为,本案应该认定为诈骗罪。另外,由于本案被告人利用的是真实的银行卡,所以,不能认定为信用卡诈骗罪。

---

① 杨兴培:《提取他人存放在借用本人银行卡内钱款行为的性质认定》,《法治研究》2011 年第 1 期。
② 参见张明楷:《刑法学》,法律出版社 2011 年版,第 877—878 页。
③ 刘明祥:《财产罪比较研究》,中国政法大学出版社 2001 年版,第 249 页。

37. 许霆盗窃案

——利用 ATM 机故障取钱的性质

一、基本案情

2006年4月21日晚21时许，被告人许霆到广州市天河区黄埔大道西平云路163号的广州市商业银行自动柜员机（ATM）取款，同行的郭安山（已判刑）在附近等候。许霆持自己不具备透支功能、余额为176.97元的银行卡准备取款100元。当晚21时56分，许霆在自动柜员机上无意中输入取款1000元的指令，柜员机随即出钞1000元。许霆经查询，发现其银行卡中仍有170余元，意识到银行自动柜员机出现异常，能够超出账户余额取款且不能如实扣账。许霆于是在21时57分至22时19分、23时13分至19分、次日零时26分至1时06分三个时间段内，持银行卡在该自动柜员机指令取款170次，共计取款174000元。许霆告知郭安山该台自动柜员机出现异常后，郭安山亦采用同样手段取款19000元。同月24日下午，许霆携款逃匿。

自动柜员机故障的原因是，2006年4月21日17时许，运营商广州某公司对涉案的自动柜员机进行系统升级。该自动柜员机在系统升级后出现异常，1000元以下（不含1000元）取款交易正常；1000元以上的取款交易，每取款1000元按1元形成交易报文向银行主机报送，即持卡人输入取款1000元的指令，自动柜员机出钞1000元，但持卡人账户实际扣款1元。

公诉机关广东省广州市人民检察院指控许霆盗窃金融机构，数额特别巨大。

二、争议焦点

本案争议的焦点在于许霆的行为是否构成盗窃罪。

构成盗窃罪的观点认为，许霆的银行卡里没有钱，他利用了 ATM 的故障，从 ATM 机中取钱。表面上许霆是利用银行卡取钱，实际上银行卡不过是他实施犯罪的工具。许霆在银行不知道的情况下，以非法占有为目的，获取 ATM 机中的现金，符合盗窃罪主客观方面构成要件，应以盗窃罪认定。

---

① 案例来源：媒体报道。

否定构成盗窃罪的观点各异,有的认为许霆用自己的卡取钱因而无罪;有的认为是银行自己通过 ATM 机交付的,因而许霆无罪;有的认为许霆是公开的行为因而不构成盗窃;有的认为许霆的行为只是不当得利;有的认为许霆的行为构成侵占,等等。

三、案件处理

广东省广州市中级人民法院审理认为,被告人许霆以非法占有为目的,伙同同案人采用秘密手段,盗窃金融机构,数额特别巨大,其行为已构成盗窃罪。对于辩护人关于被告人的行为不构成盗窃罪的辩护意见,该院认为,现有证据足以证实被告人主观上有非法占有的故意,被告人的银行卡内只有 170 多元,但当其发现银行系统出现错误时即产生恶意占有银行存款的故意,并分 171 次恶意提款 17 万多元而非法占有,得手后潜逃并将赃款挥霍花光,其行为符合盗窃罪的法定构成要件,当以盗窃罪追究其刑事责任。该院依照《中华人民共和国刑法》第 264 条第(1)项、第 57 条、第 59 条、第 64 条,判决被告人许霆犯盗窃罪,判处无期徒刑、剥夺政治权利终身,并处没收个人全部财产。

许霆不服广州市中级人民法院的判决,认为自己无罪,向广东省高级人民法院提起上诉。

广东省高级人民法院经审理认为,原审判决认定被告人许霆犯盗窃罪事实不清,证据不足。裁定撤销广州市中级人民法院判决,发回广州市中级人民法院重新审判。

广州市中级人民法院经重审认为,许霆系利用自动柜员机系统异常之机,自以为银行工作人员不会及时发现,非法获取银行资金,与储户正常、合法的取款行为有本质区别,且未退还赃款,表明其主观上具有非法占有银行资金的故意,客观上实施了秘密窃取的行为。许霆的行为符合盗窃罪的主客观特征,构成盗窃罪。许霆盗窃金融机构,数额特别巨大,依法本应适用"无期徒刑或者死刑,并处没收财产"的刑罚。鉴于许霆是在发现银行自动柜员机出现异常后产生犯意,采用持卡窃取金融机构经营资金的手段,其行为与有预谋或者采取破坏手段盗窃金融机构的犯罪有所不同;从案发具有一定偶然性看,许霆犯罪的主观恶性尚不是很大。根据本案具体的犯罪事实、犯罪情节和对于社会的危害程度,对许霆可在法定刑以下判处刑罚。该院于 2008 年 3 月 31 日判决被告人许霆犯盗窃罪,判处有期徒刑 5 年,并处罚金 2 万元。

许霆不服判决,再次向广东省高级人民法院提起上诉。

2008 年 5 月 23 日,广东省高级人民法院作出刑事裁定,驳回许霆的上诉,维持了广州市中级人民法院的判决。因对许霆在法定刑以下量刑,宣判后广东省高级人民法院依法报请最高人民法院核准。

2008年8月20日,最高人民法院核准了广东省高院的裁定,许霆被以盗窃罪判处5年有期徒刑正式生效。

四、分析思考

本书认为,许霆的行为构成盗窃罪。虽然对许霆的行为究竟如何认定,可谓众说纷纭,但众多的不同意见并不能否定许霆构成盗窃罪。

（一）关于许霆的行为是否公开的问题

有观点认为,在本案中,许霆没有采取秘密行为。许霆获得巨额财产的过程是通过人机数据互动形成的,许霆取款时使用的是其合法持有的有效卡片,其身份信息已为银行所知悉。当磁卡插入后,计算机一定会通过网络将卡上信息传输给开户行,确认用户身份,并从数据库调用相应的存取款资料。只有开户行对用户的身份和存取信息完全确认的情况下,ATM机才向客户输出特定的信息并作出特定的动作,如出钞、收钞等。而且,许霆的整个过程是被摄像监控的,银行准确地得知了取款人的个人信息,毫无秘密可言。此种情况下,失主能够很快找到取得财物的人。许霆取款后,公安机关未采用侦查手段,立马就查到是许霆所为,原因就在于他是公开获取的。

按通说的观点,盗窃罪的核心是行为人用自以为权利人或管理人不知道的方式取得所有人或管理人保管的财产。秘密窃取是指"行为人用自己认为不被财物的所有人、保管人发觉的方法,暗中将公私财物取走。其主要特征是:其一,秘密是指取得财物时没有被发觉,暗中进行;其二,秘密是针对财物的所有人、保管人而言的;其三,秘密是指行为人自认为没有被财物的所有人、保管人发觉。"[①]所以,行为人在实施盗窃行为时,其行为在客观上是否为他人知道,并不影响盗窃罪的成立,在实践中,存在大量旁观者或被盗者知晓盗窃者行为的案例,甚至不乏窃贼为自诩能耐而故意留下身份的情形,但我们不能因为他的行为被他人发觉或身份被知晓而否定其盗窃行为的性质。只要是行为人在实施非法占有行为的时候,自认为财产所有人或管理人当时不知道,就足以认定其盗窃性质。回到本案,许霆在实施取款行为的时候,他自认当时银行还不知道,银行读取信息和录象监控,都不会改变许庭取款当时认为银行不知道的事实。如果按公开盗窃的观点,这就更不是一个问题了,"首先,盗窃行为虽然通常具有秘密性,其原本含义也是秘密窃取,但是,如果将盗窃限定为秘密窃取,则必然存在处罚上的空隙,造成不公正现象。所以,国外刑法理论与司法实践均不要求秘密窃取,事实上完全存在公开盗窃的情况"[②]。

---

① 赵秉志主编:《新刑法全书》,中国人民公安大学出版社2000年版,第940页。
② 张明楷:《刑法学》,法律出版社2003年版,第768页。

(二) 关于 ATM 机识别就是银行知道

有观点认为,ATM 机是一个可进行人机对话的机器人,是银行的员工,银行卡使用人在 ATM 机上操作,实际上是进行人机对话,在客户与 ATM 机进行交易的时候,ATM 机就是银行的代表,它知道了,就应当视作银行知道。而它的知道方式是对每一笔交易按照银行既有的指令进行记录。许霆的每一笔取款都被 ATM 记录了下来,也就应当视作银行知道。那么许霆在取钱的时候,是知道他的多次取款都被 ATM 机记录下来的,许霆并没有自认为他的多次取款未被 ATM 机记录下来。

此观点将具有智能的机器系统和人混同,从性质上对机器人进行分类,恐怕没有人将机器人分在"人"一类,都会将它归入机器。人是人,机器是机器,虽然在智能上具有相像的地方,但不能将二者混为一谈。盗窃罪的客观方面特征是在所有人和管理人不知道的情况下,并不是机器不知道的情况下。ATM 机处理是银行实现财产控制的方式,ATM 机更接近于存放财产的物体,ATM 的所有记录一定要等到银行工作人员读取之后才被银行所知道。银行工作人员不检查,银行永远不会知道。这也是符合常识的,正如我们打开电脑之后,发现文件被删改,就会说不知道电脑什么时候被攻击了,不会说电脑知道就是自己知道。

(三) 关于按约定的方式在 ATM 机上取款不是危害行为

有观点认为许霆完全是按照正常和正当程序操作,许霆是用和银行约定的方式,通过自己的银行卡和交易密码取款,他所实施的是我们每个储户取款时都采用的方法,他的这种行为若是构成犯罪,那么每个在自动取款机上取款的银行客户都将构成盗窃。生活中大量发生的故意超出卡片余额输入取款金额的行为,虽因机器正常没有得逞,是否应该认定为盗窃未遂而加以惩处?

生活中,取款人在 ATM 机上超出卡片余额输入取款金额的现象大量存在,但是通常不具有任何社会危害性,也不为法律所禁止。因为事实上,在通常情况下,这一行为不可能发生非法占有的后果,刑法当然不会将不可能导致危害结果发生的行为认定为危害行为。我们也不用顾虑常人超出余额取款,或由于疏忽超出余额取款又恰巧碰到机器故障是否要承担刑事责任。因为如果机器是好的,这个行为没有社会危害性,如果机器是坏的,退还给银行就是了,如果不还也只是侵占而已,不会因为机器故障而要客户承担盗窃责任。但本案中,我们需要对许霆在取款中进行的一系列操作进行分析。许霆在第一次取款完成前的所有动作完全符合银行既定的程序和规则,不是危害行为。但当他认识到机器故障后,超出卡片余额输入取款金额这个动作就另当别论了。问题的关键在于许霆认识到自动取款机的程序错误,并刻意地利用了这种错误实施了非法占有行为,行为所具有的为刑法所不容的危害性也就产生了。行为的违法性是由客观和主观共同决定的。

(四) 关于没有破坏占有关系不符合盗窃特征

有观点认为,根据刑法理论,盗窃首先要破坏原来的占有关系,并确立一种新的占有关系。[①] 就本案而言,许霆取得的现金在从 ATM 机吐出之前,是被银行占有,吐出以后,则被许霆占有,占有关系发生了改变。如果许霆采取了破坏程序的方式或者是砸开 ATM 机将钱取出来,那么可以认为许霆破坏了原来的占有关系。但如果现金是 ATM 机主动吐出来的,就等于是银行主动把钱交到许霆手上,占有的改变是银行自己的行为所导致的。

这一观点将盗窃行为对占有的"破坏性"理解为对于对防护措施的破坏,刑法上讲的"破坏"是对于占有关系的破坏,这种破坏不以对防护措施的破坏为成立要件。没有破坏防护措施,却利用防护措施的漏洞,依然可以实施破坏占有关系的行为。占有是对于物的占领和控制,破坏占有关系就是使他人无法实现占领和控制,只要违背所有人和管理人的意志,使所有人和管理人占有不能,不管采用什么方法,均成立刑法上对占有关系的破坏。许霆利用 ATM 的漏洞,发出指令支取现金,就是破坏银行占有的行为,这和利用他人疏忽忘了关门,长驱直入取财并无二致,不能因为他人没有防盗措施而认为没有破坏占有关系。

(五) 关于盗窃是单方行为,而许霆案是相互的行为

有观点认为盗窃行为是单方行为,即只有盗窃者的行为。而本案是双方的行为产生的结果,除了许霆的取款行为,还有自动取款机的程序操作行为。本案的性质是许霆向银行要钱,银行主动交付的行为,不符合盗窃罪的特征。

此观点将通常盗窃所具有的特点概括为所有盗窃行为本身应该具有的特点,是否单方行为或相互行为,对盗窃的性质不产生影响,很多盗窃案件具有他人主动交付的情形,比如假装买金项链以假换真,或者在超市将贵重物品放在廉价包装箱内,虽然是营业员主动交付财物,但依然是盗窃。是否构成盗窃是看行为人对财产的占有是否符合所有人或管理人的意志,如果不符合就具有了盗窃的一个特征。更何况,许霆案本不是一个相互的行为,向一个精神正常的成年人要钱是相互行为,但向一个精神失常的人讨钱却不是相互的行为。

(六) 关于许霆的行为构成侵占罪

有观点认为许霆的行为仅构成侵占罪,许霆从 ATM 机里取款是不当得利,其后将相关款项占为己有,属于侵占的行为。

许霆第一次的行为确实属于不当得利益,但他后来的行为,都是主动地利用了 ATM 机的漏洞,可以评价为盗窃了。亦即,如果一个获利行为没有法律依据,也不能评价为其他违法行为,那么就按不当得利认定。但当一个获利行为可以评价为其他违法行为时,就应该按照其他规定评价。不当得利只是在没有具体

[①] 参见陈兴良主编:《刑法学》,复旦大学出版社 2003 年版,第 416 页。

法律规定时的兜底规定。

(七) 结论

《刑法修正案(八)》之前的《刑法》第264条规定:"盗窃公私财物,数额较大或者多次盗窃的,处三年以下有期徒刑、拘役或者管制,并处或者单处罚金;数额巨大或者有其他严重情节的,处三年以上十年以下有期徒刑,并处罚金;数额特别巨大或者有其他特别严重情节的,处十年以上有期徒刑或者无期徒刑,并处罚金或者没收财产;有下列情形之一的,处无期徒刑或者死刑,并处没收财产:(一)盗窃金融机构,数额特别巨大的;(二)盗窃珍贵文物,情节严重的。"同时1998年《最高人民法院关于审理盗窃案件具体应用法律若干问题的解释》第3条规定的数额特别巨大的标准为:个人盗窃公私财物价值人民币3万元至10万元以上的,为数额特别巨大。

自动取款机是银行营业场所的空间延伸,倘以自动取款机作为盗窃对象,自然构成了盗窃金融机构。1998年《最高人民法院关于审理盗窃案件具体应用法律若干问题的解释》第8条规定:"《刑法》第264条规定的'盗窃金融机构',是指盗窃金融机构的经营资金、有价证券和客户的资金等,如储户的存款、债券、其他款物,企业的结算资金、股票,不包括盗窃金融机构的办公用品、交通工具等财物的行为。"根据2000年《最高人民法院关于审理抢劫案件具体应用法律若干问题的解释》第3条,抢劫银行运钞车的,也属于抢劫金融机构。可见,根据立法和司法解释的精神,盗窃或抢劫金融机构,实际上是指盗窃、抢劫金融机构管理和控制之下的金融财产。ATM中的资金的所有权、管理权属于金融机构,应为金融机构的组成部分。所以,许霆盗窃金融机构能够成立,而且盗窃数额超过10万,为数额特别巨大,按当年的规定,适用的法定刑幅度为无期徒刑或者死刑。

但是《刑法》第5条规定:"刑罚的轻重,应当与犯罪分子所犯罪行和承担的刑事责任相适应。"《刑法》第63条第2款规定:"犯罪分子虽然不具有本法规定的减轻处罚情节,但是根据案件的特殊情况,经最高人民法院核准,也可以在法定刑以下判处刑罚。"就本案而言,其社会危害性远不足称其为严重:第一,其行为并不可复制,而为其他人所利用;其行为结果在银行ATM机不出现故障的情况下是不可能重现的,故其行为模式不具有传播性和扩散性;第二,其危害的对象仅限于银行,不会作用到其他个体;第三,许霆犯罪的隐蔽性弱,对当事人的危害的可恢复性较强;第四,从常人的角度看,面对这一情况下金钱的诱惑,克服它确实要具有较大的毅力,从许霆的经历和一贯表现看,也是一个本分的青年,只是面对偶然的诱惑一时没有控制住自己,主观恶性和人身危险性较小,理应减轻刑罚。广州中院重审在法定刑以下判处刑罚,以盗窃罪处5年有期徒刑是合理的。

38. 廖承龙、张文清盗窃案[①]

——帮助他人盗回本属于自己公司经营财产的行为如何定罪量刑

一、基本案情

2011年6月,张华镇将一辆价值人民币78000元的本田雅阁轿车委托被告人张文清经营的浙江省金华市百通汽车租赁有限公司出租。同年7月21日,被告人廖承龙使用伪造的名为"孙勤新"的机动车驾驶证,从张文清处租赁该本田轿车,签订租赁合同并交纳2000元租车费后,将该车开回江西省丰城市。7月28日,廖承龙以资金周转困难为由,向廖梅借贷45000元,并将租来的本田轿车质押给廖梅,双方约定廖承龙在10日内归还50000元本息以赎回该车。廖承龙将借款用于赌博,到期未能还款。同时,廖承龙向张文清陆续支付8000元租金后未继续支付。同年11月5日,张文清因无法联系到廖承龙,遂赴丰城市找到廖承龙要车,廖承龙表示该车已被其当掉,无钱赎回。当晚,张文清与廖承龙在丰城市上塘镇找车未果,张文清回到金华市。11月7日,张文清通过浙江省某公司GPS定位系统发现该车停在丰城市上塘汽车站,遂于当晚到丰城市找到廖承龙。11月8日6时许,张文清、廖承龙来到上塘汽车站,廖承龙持张文清提供的备用钥匙,将该车从汽车站车库内开走并隐藏。11月9日廖承龙将该车交给张文清,张文清驾驶该车返回浙江途中被抓获。公安机关将该车发还给张华镇。

江西省丰城市人民检察院以被告人廖承龙犯合同诈骗罪、盗窃罪,被告人张文清犯盗窃罪,向丰城市人民法院提起公诉。

二、争议焦点

本案的争议不在于被告人廖承龙的行为性质,而在于被告人张文清的行为定性。

一种意见认为,被告人张文清本人对涉案车辆并无非法占有目的,且当事人

[①] 案例来源:中华人民共和国最高人民法院刑事审判第一、二、三、四、五庭主办:《刑事审判参考》2013年第2集(总第91集),法律出版社2014年版,第55~60页。

廖梅也不享有该车辆的所有权。因此本案被告人张文清的行为既不符合盗窃的主观条件，也不具有侵犯他人法益的可能性，不应认定为盗窃罪。

另一种意见认为，被告人张文清以帮助犯的身份与廖承龙构成盗窃罪的共犯。虽然张文清为索回本属于自己公司经营的汽车，不具有通过秘密窃取行为增加自己财产利益的目的，但因廖承龙具有非法占有目的，张文清明知廖承龙具有非法占有目的，还积极实施帮助行为，属于盗窃共同犯罪中的帮助犯。

三、案件处理

丰城市人民法院认为，被告人廖承龙以非法占有为目的，在签订、履行合同过程中，骗取对方当事人财物，数额巨大，其行为构成合同诈骗罪。被告人廖承龙、张文清以非法占有为目的，采取秘密手段窃取财物，数额特别巨大，其行为均构成盗窃罪。在共同盗窃中，廖承龙起主要作用，属主犯；张文清起次要作用，属从犯，应当依法减轻处罚。廖承龙在刑罚执行完毕后5年内再犯应当判处有期徒刑以上刑罚之罪的，属于累犯，依法应当从重处罚。据此，依照《中华人民共和国刑法》第224条第1项，第264条，第65条第1款，第25条第1款，第26条第1款、第4款，第27条，第69条，判决如下：

1. 被告人廖承龙犯合同诈骗罪，判处有期徒刑5年，并处罚金1000元；犯盗窃罪，判处有期徒刑11年，并处罚金2000元；决定执行有期徒刑13年，并处罚金3000元。

2. 被告人张文清犯盗窃罪，判处有期徒刑5年，并处罚金1000元。

一审宣判后，被告人廖承龙、张文清均提出上诉。廖承龙提出，其不属主犯，原判量刑过重。张文清提出，廖承龙与廖梅之间的质押合同无效，廖梅非法占有涉案车辆；其无非法占有他人财物的目的，其行为未侵犯他人财产所有权，不构成盗窃罪。

江西省宜春市中级人民法院经二审审理认为，原审对上诉人廖承龙定罪准确、量刑适当，廖承龙上诉所提其属从犯、原审量刑过重的意见不成立。上诉人张文清明知廖承龙无法回赎被质押的车辆，转而采取秘密手段窃取涉案车辆，仍积极为廖承龙提供帮助，其行为构成盗窃罪的共犯，故张文清关于不构成盗窃罪的上诉意见不成立。鉴于张文清帮助廖承龙盗窃的目的在于取回其受委托出租的车辆，主观恶性较小，又系从犯，对其可免予刑事处罚。据此，依照《中华人民共和国刑法》第224条第1项，第264条，第25条第1款，第26条第1款、第4款，第27条，第65条第1款，第69条，第37条和《中华人民共和国刑事诉讼法》(1996)第189条第1项、第2项，判决如下：

1. 维持江西省丰城市人民法院(2012)丰刑初字第104号刑事判决中第一项。

2. 撤销江西省丰城市人民法院(2012)丰刑初字第104号刑事判决中第二项,即被告人张文清犯盗窃罪,判处有期徒刑5年,并处罚金1000元。

3. 被告人张文清犯盗窃罪,免予刑事处罚。

四、分析思考

(一)从财产罪的客体进行的分析

传统理论认为财产罪侵犯的客体是所有权,但由于所有权说过于缩小了刑法对财产的保护范围,因此出现了占有说,后来学者对前两种学说进行了折中,提出了中间说。

1. 所有权说。我国传统观点认为财产罪侵犯的是所有权,认为财产罪侵犯的主要是公私财产所有权。财产所有权是指所有人依法对自己的财产享有占有、使用、收益和处分的权利,最核心的是处分权,即按照所有人自己的意志对财产进行自由处置的权利。[①] 由于现代社会经济关系日益复杂,同一财产往往被附上所有权、其他物权、债权等多项权利,所有权与占有之间的分离成为普遍现象,因此将财产罪客体仅限制为所有权将无法对财产进行周全的保护,所有权说的缺陷显而易见。例如,甲将出租给乙的机器偷了回来,甲没有侵害乙的所有权,但如果认为甲的行为不构成盗窃,显然不妥当。

2. 占有说。该说认为侵犯财产罪的客体是占有制度。为了保护财产所有权,首先必须保护对财产占有本身。因为从维护财产秩序,提高财产保护的效率,以适应财产高速流转的现代经济社会要求的角度上讲,以保护财产的占有本身更为适宜。只有保护财产的占有本身,才能维护社会生活中的经济秩序,达到保护财产的最终目的。因此无论侵犯的财产是合法占有,还是无法律依据的占有,均应当认定为财产犯罪。由于占有说过度地保护了占有这一事实状态,导致非法占有也受到刑法保护,扩大了刑法的处罚范围。尤其当所有权与非法占有相对抗时,刑法仍然保护非法占有,是不合适的。比如所有者偷回被他人盗窃的财物时,依然认为构成盗窃罪,是不符合一般社会情理的。

3. 中间说。在所有权说的扩张和占有说的限缩下产生了中间说,也称为混合说,目前该说在我国刑法学界颇具影响力。中间说认为,财产犯罪的法益首先是财产所有权及其他本权,其次是需要通过法定程序改变现状(恢复应有状态)的占有;但在非法占有的情况下,相对于本权者恢复权利的行为而言,该占有不是财产犯的法益。这里的"财产所有权"可以依据民法确定,包括财产的占有权、使用权、收益权和处分权。"其他本权"包括合法占有财物的权利(他物权);在合法占有财产的情况下,占有者虽然享有占有的权利,但不一定享有其他权

---

① 高铭暄、马克昌主编:《刑法学》,北京大学出版社2010年第4版,第553页。

利,尤其不享有处分权。"需要通过法定程序改变现状(恢复应有状态)的占有"的意思是,如果要违背占有人的意志改变其占有现状(如没收、追缴、将财物转移给他人占有等),就需要通过法定程序(其中的占有,不限于对财物的占有,还包括对财产性利益的占有)。① 该学说归纳起来可以理解为,对基于合法权利的占有进行无一例外的保护;对不具有民法权原的、甚至是通过犯罪行为而形成的占有状态原则上也进行保护,但当非法占有对抗本权时,该占有不受刑法保护。

用目前被广泛接受的中间说来分析,本案虽没有侵害所有权,但是却侵害了当事人廖梅合法的占有状态。虽然本案轿车的属性导致并不能建立合法的质押权,当事人廖梅在质押权设立过程中有一定的疏忽,但是廖梅毕竟是合法地借钱给廖承龙之后占有该车,对于这种因合法债权而取得的对于财物的占有,刑法给予一定的保护,也是合理的。从另一角度,虽然本案轿车的质押权并不合法,但廖承龙偷走轿车后,如果事实并没有被发现,那么,按照民间的习惯,廖梅将承受45000元的债权损失。所以廖梅对于轿车的占有应该得到刑法的保护,廖承龙盗窃该汽车的行为构成盗窃罪。张文清在知道廖承龙将车辆质押给廖梅,并且没有钱赎回后,仍然帮助廖承龙窃回该车,如对汽车进行 GPS 定位,向廖承龙提供备用钥匙等,构成盗窃罪的帮助犯。

(二) 被告人张文清的行为不是自救行为

自救行为,是指权利受到侵害的人,如果履行法定程序,等待国家机关的救济,就会使权利在事实上不可能或者难以恢复,而以自己的力量恢复权利的私力救济行为。例如,盗窃罪的被害人,在其他场合发现盗窃者开着他失窃的摩托车,来不及通过司法机关的情况下,先拦下盗窃者夺回摩托车,就是自救行为。显然,自救行为是一种事后救济行为。自救行为虽然有利于保全、恢复权利,但对既存的社会秩序确实可能会造成一定的破坏。因此,自救行为受到严格的限制。通常认为,自救行为应具备以下几个要件:②

第一,法益已经受到了违法侵害,不问该侵害是刚刚结束还是经过了一定的时间。也就是说,法益侵害行为已经结束,但法益受到侵害的状态仍然存在。这是自救行为与正当防卫的关键区别。

第二,通过法律程序、依靠国家机关不可能或者明显难以恢复受侵害的法益。具有恢复权益的紧迫性,即一旦错失良机,即使事后积极寻求公力救济也于事无补。

第三,救济行为的手段具有适当性,所造成的侵害与救济的法益具有相当性。

---

① 参见张明楷:《刑法学》,法律出版社 2011 年版,第 838 页。
② 参见同上书,第 220 页。

本案中,被告人张文清为尽快挽回损失,协助廖承龙将该车盗回,并不符合自救行为的第二个要件。因为当时占有该轿车的廖梅并没有进行毁灭或隐匿等事后难以恢复权利人权益的行为,张文清完全可以通过法律程序,依靠国家机关来恢复自己的权益,案发后,公安机关将汽车发还给车主也说明了可以通过国家机关解决问题。因此,张文清在可以通过法定程序维护权益的情况下,擅自采用盗窃手段取回汽车,不具备恢复权益的紧迫性,不能认定为自救行为,而应该按照盗窃罪的帮助犯认定。

(三) 量刑时应当充分考虑张文清犯罪的特殊性

虽然张文清这种私力救济行为可能会给社会造成新的混乱,而为法律秩序所不容,但是毕竟情有可原。他本是廖承龙合同诈骗的受害人,急于挽回损失,认为只是找回自己经营租赁业务的车辆,从出发点看,并不是侵夺他人财产利益,其主观恶性弱,再犯可能性低。从一般民众社会情感的角度看,张文清的行为具有可同情之处,并不会认为其是一个"很坏"的人,也不会认为其做了"很坏"的事情,只是觉得其采用了不妥当的方式去实现本来可以通过合法方式实现的目的。对其适用较重的刑罚,并不会有很好的社会效果。所以,一审法院以盗窃罪对张文清处刑5年,明显偏重。二审法院以盗窃罪免除处罚,一方面在法律上否定张文清的行为,另一方面充分考虑张文清犯罪的特殊性,即仅作法律上的宣告即可,没有必要处以刑罚,很好地结合了案件的法律效果和社会效果。

综上所述,本案被告人张文清帮助他人盗回本属于自己公司经营的财产,应认定为盗窃罪。但鉴于其犯罪行为出于恢复自己合法权益,有其特殊性,且是从犯,对其以盗窃罪免除处罚是适当的。

39. 何鹏盗窃案[①]

——从自己卡里取出不属于自己钱的性质

一、基本案情

2001年3月2日晚，就读于原云南公安专科学校，时年21岁的何鹏，持个人在中国农业银行陆良县支行办理的"金穗储蓄卡"到校外ATM机上查询余额时，奇怪地发现卡面上余额有百万元之多，于是便在当晚和第二天，在昆明市建设银行、中国银行、工商银行等多家银行的7台ATM机上，分215次共取款429700元。同年3月5日，陆良县公安机关找到何鹏，何鹏父母遂将这些现金悉数上缴，公安机关以涉嫌信用卡诈骗罪将何鹏拘留。后经审查，公安机关认为是银行电脑系统故障，何鹏不构成信用卡诈骗罪，并于同年3月12日将其释放。同年4月6日，陆良县检察院又以何鹏涉嫌盗窃罪对其批捕，当天，何鹏被送入陆良看守所，同年11月13日，何鹏被取保候审再次获释。2002年3月11日，何鹏的取保候审被宣布取消，再次进入看守所。后云南省曲靖市人民检察院指控何鹏构成盗窃罪。

上述案情为何鹏案宣判后媒体报道的案情，和云南省曲靖市中级人民法院经公开审理确认的事实有一定出入，该院认定的事实是：2001年3月2日，被告人何鹏于2001年3月2日持只有10元的农行金穗储蓄卡到设在云南民族学院的建行ATM自动柜员机上查询存款余额，未显示卡上有钱。被告人何鹏即按键输入取款100元的指令，时逢农行云南省分行计算机系统发生故障，造成部分ATM机失控，ATM机当即按何鹏指令付出现金100元，被告人何鹏见状，即继续按键取款，先后6次取出现金4400元。当晚，何鹏返回学校请假并住宿于翠湖旁边政协宾馆。3月3日上午，被告人何鹏持卡到中国银行翠湖储蓄所、胜利广场储蓄所、云南省分行、北市区支行、东风支行以及中国工商银行武成分理处等7台ATM机上，连续取款215次，共取出现金425300元。两日共取款429700元。当天下午，被告人何鹏将钱送回陆良县马街镇家中藏匿，并在返回昆明途中打电话通知其母到中国农业银行为金穗储蓄卡挂失。返回昆明后被告人何鹏以

[①] 案例来源：媒体报道。

其同学伏丽仙的名字存入交通银行 7300 元;以金政波的名字存入 47000 元,又购买了手机等物品挥霍。

在金穗银行卡里是否有巨额余款的问题上,媒体报道和法院认定的不同,本书认为,何鹏在查询银行卡余额时,卡里有巨额余款是可以确定的。第一,如果何鹏发现卡里只有 10 元,何鹏不会故意输入取款 100 元指令,何鹏之所以这样做,肯定是不敢相信卡里的巨额数字,所以输入 100 元试试,在发现真的能取出后才开始大肆取款。第二,法院认定农行的计算机系统和 ATM 机故障失控,但何鹏持农行的金穗卡到建行的 ATM 上查询取款,建行的 ATM 机没有故障,如果何鹏的卡上没有余额,是不可能取出钱来的,就算建行的 ATM 机器也故障,但是何鹏还到中国银行、工商银行等 7 台 ATM 机上取款,如果这些银行的计算机系统和 ATM 机都出故障,这是不可思议的。所以唯一的解释是何鹏的卡上有巨额款项。

二、争议焦点

学界探讨何鹏案都认为何鹏的农行卡里有百万余额,并在此基础上分析何鹏案的性质,争议的焦点在于银行的存款由谁占有,何鹏的行为是否构成盗窃罪。

否定盗窃的观点认为,进入储户账户的资金,就是储户控制的财物,何鹏取款的行为,并不侵害银行的占有,至多按侵占来认定。

构成盗窃的观点认为,虽然储户的账面上有数字,但现金是银行占有的,何鹏从 ATM 机上取出的是银行占有的现金,这不属于何鹏所有和占有,因而何鹏的行为构成盗窃。

三、案件处理

云南省曲靖市中级人民法院认为,被告人何鹏以非法占有为目的,利用银行电子计算系统出现故障,自动柜员机丧失识别能力之机,使用仅有人民币 10 元的储蓄卡,从自动柜员机里窃取了银行的人民币 429700 元,被告人何鹏恶意占有银行 429700 元的主观故意是明显的。从客观方面看,虽然其取款的每一笔交易均会在银行留下记录,表面上看不属于秘密窃取的方式,但从其挂失并弃储蓄卡这一情形看,其主观目的是造成一种银行资金损失不是其行为所致,也就是将公开的记录转变为秘密的窃取的过程,所以其行为方式实质上属于秘密窃取,其行为已构成盗窃罪,且盗窃数额特别巨大。2002 年 7 月 12 日,云南省曲靖市中级人民法院判决被告人何鹏犯盗窃罪,处无期徒刑,剥夺政治权利终身,并处没收个人全部财产。

一审判决后,何鹏以无罪为由向云南省高级人民法院提起上诉。

云南省高级人民法院经审理认为,上诉人何鹏无视国法,趁银行计算机系统出故障之机,套取巨额现金占为己有,其主观上具有非法占有的目的,客观上实施了使用储蓄卡非法套取巨额现金又虚假挂失的行为,其行为具有秘密窃取的性质,构成盗窃罪,且数额特别巨大,应依法惩处。上诉人何鹏提出其行为不构成犯罪,原判定罪错误的上诉理由,与事实不符,不予采纳。该院于2002年10月17日驳回了何鹏的上诉。

何鹏的父母以原判定罪量刑错误,何鹏属于无罪为由,向云南省高级人民法院提出申诉。2003年7月8日申诉被驳回。

此后,何鹏的父母向最高人民法院提出申诉,2006年7月20日,最高人民法院立案庭认为,申诉不符合《中华人民共和国刑事诉讼法》规定的再审条件,决定不对该案提起再审。

许霆案发生之后,何鹏案再次引起了媒体的注意,2008年4月10日,何鹏父母又赶到云南省高院提出申诉。这次,云南高院决定提起再审。

2009年11月18日,云南省高院作出再审判决,判决认定何鹏构成盗窃罪,刑期由无期徒刑改判为8年零6个月。由于判决在法定量刑幅度以下量刑,云南省高院依法报请最高人民法院核准。

2010年1月12日,最高人民法院核准了何鹏案的改判。

2010年1月16日,何鹏刑满获释。

四、分析思考

对于何鹏案,张明楷教授认为,何鹏的行为构成盗窃罪,理由是:第一,何鹏占有自己的储蓄卡,并不意味着其事实上占有了储蓄卡中记载的现金,作为有体物的储蓄卡本身不等于现金;第二,即使是持卡人存入银行的现金,也已不再由持卡人事实上占有,而是由银行事实上占有。这是因为,持卡人将现金存入银行后,该现金完全由银行使用、支配;持卡人不可能事实上占有,也不可能认定为持卡人与银行共同事实上占有。如果认为持卡人存入银行的现金,依然由持卡人事实上占有,意味着持卡人对存入银行的现金不可能成立盗窃罪,这是不可思议的。既然如此,由于机器故障误记入持卡人储蓄卡内的现金,更不可能由持卡人事实上占有。或者说,更不可能由形式上握有信用卡的人事实上占有。第三,之所以认为侵占罪的对象包括法律上占有的财产,是因为行为人对法律上占有的财产具有处分可能性。但是,这并不意味着凡是在法律上占有财物的人,都不可能对该财物构成盗窃罪。相反,在财物事实上由他人占有,即使法律上占有了某财物的人,也能对该财物构成盗窃罪。何鹏对账户上的100万元是否存在法律上的占有,是有疑问的。更为重要的是,由于行为人可以盗窃自己法律上占有但事实上没有占有的他人财物,所以,即使承认何鹏法律上占有了存款,何鹏的行为依然成立盗窃罪。①

本书不同意张明楷教授的观点,针对张明楷教授上述理由,本书认为:

第一,何鹏对100万属于法律上的占有。首先,既然储户可以对账户进行存取、转账、支付等操作,就说明储户对账户中的资金具有支配力,而这个支配力的取得是以占有为前提的,如果不占有就不可能有支配,否定储户对账户资金法律上的占有是不符合基本逻辑的。其次,只要账户合法,并且不存在非法行为,那么,在账户中的存款就应该是储户合法占有。对于他方错误转账来的款项也应该如此认定,不然,储户会由于没有任何违法行为而非法占有存款。对于何鹏账户中的100万,何鹏具有法律上的占有,如果不是这样认定,假设这100万元,银行没发现,何鹏没发现,那么何鹏始终不法占有了银行的财产,在何鹏没有任何行为的情况下,就被套上了不法占有的标签,这是一个无法让人接受的结论。

第二,名义上的权利人应该默认为权利人,同样,在名义人账户下的存款应该默认为名义人所有,在可对抗的事实出现之前,必须承认合法地位。对于误转的存款而言,属于重大误解的民事行为,也不是当然无效,虽不符合行为人意志,但默认为有效,只有在行为人主张撤销的前提下,才可能发生自始无效的效果,误转款人完全可以接受误转的结果。误转款并不表明误转人当时无意识,误转也是一种意思表达,只是说仅符合了其表面意思,但既是意思下的行为,当然得认定,收款人对于收款的占有是符合转款人意思的。为保障交易的稳定性,应确认形式上的合法性。

第三,对于法律上占有的判断,应该和事实上占有的判断一样,以实际的支配和控制能力为主要依据。就银行存款而言,具备下列条件就应该认为法律上的占有:(1)为存款的名义人;(2)名义人能够采用符合约定的手段控制、支配;(3)名义人控制、支配能力的行使没有被限制。

第四,占有账户资金就等于占有银行现金。货币仅是符号而已,不管是在银行账户中的数字,还是在现金上的数字,都是符号。货币的真正意义在于其数值,而不在于其载体。通过ATM机取出现金,仅是将银行信息系统记载的电子货币符号转化为现金货币符号而已,这种货币载体的转换在权属上不具有重要意义,人为割裂账户数据和现金之间的关系,是不合适的。

第五,只是法律上占有,能否构成盗窃,关键看取得财物的方式。不是事实上占有,只是法律上占有,可以构成盗窃,但不能说肯定构成盗窃。关键的问题,是采用何种行为可以构成盗窃。存款人砸坏取款机取款,是盗窃,因为其采用了"非约定的存取款方式"。但是用卡取款就不是盗窃,因为采用的是约定的取款方式。不能以存款人砸机器取款是盗窃这个前提,当然地推导出何鹏用储蓄卡

---

① 参见张明楷:《罪刑法定与刑法解释》,北京大学出版社2009年版,第111~112页。

取钱也是盗窃的结论。对于提单也是如此,虽拥有提单,但采用了"非提单提货方式"盗窃提单下的财物,构成盗窃。如果用提单提货,是不可能构成盗窃的。显然,何鹏的行为类似于拿了误增数量的提单提货,不应该按盗窃认定。所以,"不是事实上占有,只是法律上占有,能构成盗窃",只是可能,是否构成盗窃,还得仔细判断是否属于可以构成盗窃的情况。可以发现,在法律上的占有者,通过非法律上占有的途径,可以构成盗窃罪;法律上的占有者,基于法律上的占有实施的后续行为,不构成盗窃罪。

第六,张明楷教授曾经论证过这样一个案例:甲用乙的身份证开了一张银行卡,再将这张乙名下的银行卡登记为自己的工资卡,甲还让乙保管这张银行卡,后乙将卡中甲的工资转入自己的银行卡。张明楷教授认为乙的行为构成侵占罪。① 这个案例本质上和何鹏案是一样的,同样是自己的卡,别人的钱,但张明楷教授将本案认定为侵占罪,而将何鹏案认定为盗窃罪。或许有的人会说两个案例还是不同的,一个取的是现金,一个是转账,但是,不管账转到何处,总要消费或提取现金。退一步说,仅因为是否提现金,而将具有同样侵害性的行为认定为不同的性质,是不妥当的。

由于银行或者汇款人的差错而使得钱款汇入了其他人的账户,其他人对于该钱款是否占有的问题,黎宏教授认为,就储户与在其账户之内金钱的关系来看,一般来说,存在只要储户愿意,其随时都可以通过在银行的柜台上或者通过自动取款机,取出其账上存款额度之内的金钱。特别是在通过自动取款机取款的场合,银行方面几乎没有任何实质性的审查。这就意味着,储户对于其账户内的金钱,是具有实质上的支配和控制的。对于储户而言,此时的银行不过是一个保险箱或者一种保管财物的手段而已,尽管在形式上看,银行在占有财物,但实际上,在储户的银行账户的范围之内,储户对其财物具有支配、控制权。由于某种原因而进入储户的账户之内、本不属于其所有的财物,对于储户而言,属于不当得利,储户必须返还。拒绝返还的场合,一定条件下,构成侵占罪。就何鹏案而言,对于这百万元之财物,何鹏处于"想取的话,随时都可以取走"的实际支配状态,因此,属于其占有的财物。从此意义上讲,何鹏将自己不意占有的他人财物据有己有,应当构成侵占罪,而不可能构成盗窃罪。② 本书同意黎宏教授的观点,认为何鹏的行为不构成盗窃罪,至于是否构成侵占罪,因为其中涉及是否具备侵占罪"拒不返还的"要件,关于这方面的事实,所能掌握的信息有限,本书不作进一步的讨论。

---

① 参见张明楷:《诈骗罪和金融诈骗罪研究》,清华大学出版社 2006 年版,第 659 页。
② 参见黎宏:《论存款的占有》,《人民检察》2008 年第 15 期。

40. 臧进泉等盗窃、诈骗案[①]

——网络钓鱼类取人钱财的如何处理

一、基本案情

2010年6月1日,被告人郑必玲骗取被害人金某195元后,获悉金某的建设银行网银账户内有305000余元存款且无每日支付限额,遂电话告知被告人臧进泉,预谋合伙作案。臧进泉赶至网吧后,以尚未看到金某付款成功的记录为由,发送给金某一个交易金额标注为1元而实际植入了支付305000元的计算机程序的虚假链接,谎称金某点击该1元支付链接后,其即可查看到付款成功的记录。金某在诱导下点击了该虚假链接,其建设银行网银账户中的305000元随即通过臧进泉预设的计算机程序,经上海快钱信息服务有限公司的平台支付到臧进泉提前在福州海都阳光信息科技有限公司注册的"kissal23"账户中。臧进泉使用其中的116863元购买大量游戏点卡,并在"小泉先生哦"的淘宝网店上出售套现。案发后,公安机关追回赃款187126.31元发还被害人。

2010年5月至6月间,被告人臧进泉、郑必玲、刘涛分别以虚假身份开设无货可供的淘宝网店铺,并以低价吸引买家。三被告人事先在网游网站注册一账户,并对该账户预设充值程序,充值金额为买家欲支付的金额,后将该充值程序代码植入到一个虚假淘宝网链接中。与买家商谈好商品价格后,三被告人各自以方便买家购物为由,将该虚假淘宝网链接通过阿里旺旺聊天工具发送给买家。买家误以为是淘宝网链接而点击该链接进行购物、付款,并认为所付货款会汇入支付宝公司为担保交易而设立的公用账户,但该货款实际通过预设程序转入网游网站在支付宝公司的私人账户,再转入被告人事先在网游网站注册的充值账户中。三被告人获取买家货款后,在网游网站购买游戏点卡、腾讯Q币等,然后将其按事先约定统一放在臧进泉的"小泉先生哦"的淘宝网店铺上出售套现,所得款均汇入臧进泉的工商银行卡中,由臧进泉按照获利额以约定方式分配。

被告人臧进泉、郑必玲、刘涛经预谋后,先后到江苏省苏州市、无锡市、昆山

[①] 案例来源:2014年6月26日《最高人民法院关于发布第七批指导性案例的通知》指导案例27号。

市等地网吧采用上述手段作案。臧进泉诈骗 22000 元,获利 5000 余元,郑必玲诈骗获利 5000 余元,刘涛诈骗获利 12000 余元。

浙江省杭州市人民检察院指控被告人臧进泉、郑必玲的行为构成诈骗罪、盗窃罪,被告人刘涛的行为构成诈骗罪,向浙江省杭州市中级人民法院提起公诉。

二、争议焦点

本案争议焦点是被告人臧进泉非法获取被害人网银账户内 30.5 万元钱款的行为构成盗窃罪还是诈骗罪。

对于此类案件的定性,一般认为应当定性为诈骗罪,因为被告人获取被害人钱款都是建立在被害人主动支付的基础之上。被告人臧进泉、郑必玲及臧进泉的辩护人均认为臧、郑二人获取被害人金某 30.5 万元的行为构成诈骗罪,而非盗窃罪。

不同的意见认为,臧进泉等人的两种作案手段貌似相同,却存在实质区别:相同之处在于被告人都实施了虚构事实、隐瞒真相的欺骗行为,被害人也都受到了欺骗,陷入了错误认识;但被害人的处分意识存在实质差别。在臧进泉非法获取小额货款的犯罪行为中,被害人确实具有支付被骗货款的意识,在臧进泉非法获取 30.5 万元的犯罪行为中,被害人仅有支付付款链接所标注的"1 元"的意识,并无支付其网上银行账户内 30.5 万元的意识,被害人对于支付该 30.5 万元既不明知也非自愿。因此,臧进泉非法获取该 30.5 万元的行为符合盗窃罪的特征,与诈骗罪中基于被害人支付而获取财物的行为特征不相符。网络钓鱼类案件应区分两种情况认定:一是被告人实施欺骗行为,诱骗被害人同意为购买商品支付货款,因被害人具有处分货款的意识,被告人获取货款基于被害人的处分行为,应定诈骗罪。二是被告人采取欺骗方法,诱骗被害人同意支付小额钱款,但同时使用计算机程序秘密窃取被害人网上银行账户内巨额存款,被告人获取该存款系在被害人未察觉的情况下秘密窃得,应定盗窃罪。①

三、案件处理

杭州市中级人民法院认为,盗窃是指以非法占有为目的,秘密窃取公私财物的行为;诈骗是指以非法占有为目的,采用虚构事实或者隐瞒真相的方法,骗取公私财物的行为。对既采取秘密窃取手段又采取欺骗手段非法占有财物行为的定性,应从行为人采取主要手段和被害人有无处分财物意识方面区分盗窃与诈骗。如果行为人获取财物时起决定性作用的手段是秘密窃取,诈骗行为只是为

---

① 参见朱敏明、刘宏水:《从处分意识区分网络钓鱼类刑事案件的定性》,《人民司法》2013 年第 12 期。

盗窃创造条件或作掩护,被害人也没有"自愿"交付财物的,就应当认定为盗窃;如果行为人获取财物时起决定性作用的手段是诈骗,被害人基于错误认识而"自愿"交付财物,盗窃行为只是辅助手段的,就应当认定为诈骗。在信息网络情形下,行为人利用信息网络,诱骗他人点击虚假链接而实际上通过预先植入的计算机程序窃取他人财物构成犯罪的,应当以盗窃罪定罪处罚;行为人虚构可供交易的商品或者服务,欺骗他人为支付货款点击付款链接而获取财物构成犯罪的,应当以诈骗罪定罪处罚。本案中,被告人臧进泉、郑必玲使用预设计算机程序并植入的方法,秘密窃取他人网上银行账户内巨额钱款,其行为均已构成盗窃罪。臧进泉、郑必玲和被告人刘涛以非法占有为目的,通过开设虚假的网络店铺和利用伪造的购物链接骗取他人数额较大的货款,其行为均已构成诈骗罪。对臧进泉、郑必玲所犯数罪,应依法并罚。

关于被告人臧进泉及其辩护人所提非法获取被害人金某的网银账户内305000元的行为,不构成盗窃罪而是诈骗罪的辩解与辩护意见,经查,臧进泉和被告人郑必玲在得知金某网银账户内有款后,即产生了通过植入计算机程序非法占有目的;随后在网络聊天中诱导金某同意支付1元钱,而实际上制作了一个表面付款"1元"却支付305000元的假淘宝网链接,致使金某点击后,其网银账户内305000元即被非法转移到臧进泉的注册账户中,对此金某既不知情,也非自愿。可见,臧进泉、郑必玲获取财物时起决定性作用的手段是秘密窃取,诱骗被害人点击"1元"的虚假链接系实施盗窃的辅助手段,只是为盗窃创造条件或作掩护,被害人也没有"自愿"交付巨额财物,获取银行存款实际上是通过隐藏的事先植入的计算机程序来窃取的,符合盗窃罪的犯罪构成要件,依照《刑法》第264条、第287条的规定,应当以盗窃罪定罪处罚。故臧进泉及其辩护人所提上述辩解和辩护意见与事实和法律规定不符,不予采纳。

浙江省杭州市中级人民法院于2011年6月1日作出(2011)浙杭刑初字第91号刑事判决:

1. 被告人臧进泉犯盗窃罪,判处有期徒刑13年,剥夺政治权利1年,并处罚金人民币30000元;犯诈骗罪,判处有期徒刑2年,并处罚金人民币5000元,决定执行有期徒刑14年6个月,剥夺政治权利1年,并处罚金人民币35000元。

2. 被告人郑必玲犯盗窃罪,判处有期徒刑10年,剥夺政治权利1年,并处罚金人民币10000元;犯诈骗罪,判处有期徒刑6个月,并处罚金人民币2000元,决定执行有期徒刑10年3个月,剥夺政治权利1年,并处罚金人民币12000元。

3. 被告人刘涛犯诈骗罪,判处有期徒刑1年6个月,并处罚金人民币5000元。

宣判后,臧进泉提出上诉。

浙江省高级人民法院于 2011 年 8 月 9 日作出 (2011) 浙刑三终字第 132 号刑事裁定,驳回上诉,维持原判。

四、分析思考

诈骗罪和盗窃罪的区分,历来是刑法理论的热点和难点问题。随着互联网的普及,特别是进入移动互联网时代,网络购物成为人们日常购物的主要方式。与此相对应,利用网购进行的诈骗和盗窃犯罪活动也随之增加。区分网购过程中的盗窃罪和诈骗罪,使盗窃罪和诈骗罪区分这一重要理论问题更具有了时代的特色。

盗窃罪和诈骗罪区分的关键点是被害人(三角诈骗中的财产处分人亦同)有没有对财物的处分行为,有处分行为的是诈骗,没有处分行为的是盗窃。一般认为,处分是客观面和主观面的结合,被害人不但要有处分的行为,还要有处分的意识,即被害人认识到自己在处分财物并对自己处分财物的内容有所认识。比较有分歧的是,被害人对财物的认识达到何种程度时,才能认为对财物处分有认识?第一种观点认为被害人对财物的价值、数量、种类、性质有完全的认识,才能认为具有处分意识。按此观点,进库磅重量时车上装石头,库内卸石头装货,再磅重量出库的行为,应该认定为盗窃,因为被害人对财物的数量没有认识,没有处分的意识。第二种观点认为处分意识只是对财物的外形转移的认识,即被害人只要认识到自己在处分财物就可以认为具有处分意识。按照这种观点,上述案例因为被害人对货物出库有认识,具有处分意识。第三种是比较折中的观点,认为在重量、数量和价值有错误认识的场合,处分意识依然成立;但在财物种类和性质有错误认识的场合,不能认为有处分意识。比如上述案例,因被害人只是对同种货物的数量认识错误,有处分意识;但如果在车上装了其他不同种类的货,比如将仓库里的推车塞在车厢里出库,就是盗窃。张明楷教授持第三说,即折中说。① 但是他的观点在数量认识错误的场合的结论是值得商榷的,一概认为数量认识错误不影响处分意识成立并不妥当。张明楷教授自己的逻辑也能够支持数量认识错误影响处分意识的成立。比如,他认为在一个照相机盒子里放两个相机结账的,应该认定为诈骗,因为被害人只是在数量上有错误认识,但对财物的种类和性质没有错误认识,所以是诈骗。而在方便面箱子中放照相机结账的②,"在受骗者没有意识到财产的种类而将财产转移给行为人时,不宜认定具有处分意识,上述例三即方便面案,不宜认定店员对照相机具有处分意识。因为

---

① 参见张明楷:《诈骗罪与金融诈骗罪研究》,清华大学出版社 2006 年版,第 163 页。
② 张明楷教授这里有一个操作性的问题,在商场是不可能完成将照相机放置入方便面箱子的行为,因为照相机是专柜卖的;也几乎不可能完成在购买照相机时将两台照相机放进一个盒子的行为。

在根本没有意识到方便面箱子中有照相机的情况下,不可能对照相机具有处分意识。其实,行为人将照相机放入方便面箱子中只交付方便面的货款,与行为人在购买方便面时将照相机藏入自己的大衣口袋里只交付方便面的货款一样,对于店员而言没有实质区别。如果将后者认定为盗窃罪,那么,对前者(方便面案)也应认定为盗窃罪。"①显然,按照这一逻辑,在照相机盒子中放两台照相机的行为应该得出同样的结论,将上述推论改编一下:"其实,行为人将另一只照相机放入盒子中只交付一只照相机货款,与行为人在购买照相机时将照相机藏入自己的大衣口袋里只交付一只照相机的货款一样,对于店员而言没有实质区别。如果将后者认定为盗窃罪,那么,对前者也应认定为盗窃罪。"同样是张明楷教授的逻辑,但对盒子中放两个照相机的行为,推理出了完全不同的结论。

本文思考的是,在数量认识错误的场合究竟应该如何处理?本文初步的结论是,在这个问题上也取折中的观点,如果行为人对数量有错误认识,但其对财物有一个概括性的整体认识,则认定为具有处分意识。比如行为人在已经称重贴条形码的开放式捆扎的蔬菜中偷塞几根去结账的行为,应该认定为诈骗,因为偷塞的蔬菜至少在店员的视觉范围内,店员在结账时对所有蔬菜有概括性的整体认识。但是,在封闭的并且内装确定财物的盒子中,偷塞同种财物结账的,店员是确定的财物认识,根本不存在对偷塞财物的认识。既然没有认识到财物,怎么能说有处分意识呢?皮之不存,毛将焉附?所以这种情况下,应该认为没有处分意识,按照盗窃处理。

臧进泉等人非法获取被害人金某的网银账户内30.5万元的行为,法院认定为盗窃,本书同意判决的结论。但需要指出的是,盗窃和诈骗区分的标准,并不取决于主要方法是秘密还是欺骗。判决认为臧进泉等人主要手段是秘密性行为,所以构成盗窃。判决将此和被害人没有处分行为共同作为论证构成盗窃罪的路径。应该说,以主要手段是秘密还是欺骗对盗窃和诈骗进行区分,是司法实践中长期采用的观点。但是,这个区分标准并不确切,在没有确定行为性质之前,无法确定哪个行为是主要手段。比如偷了别人的储物卡去柜台领取,无法说清到底秘密是主要手段,还是欺骗是主要手段。而一旦确定了行为性质,再反过来说哪个是主要手段,就变成多此一举了。更何况理论上存在盗窃是否要求秘密的争论。盗窃和诈骗区分的关键在于被害人有没有处分财物的行为,前文已述,其中还应该包含处分的意识。本案被害人金某没有处分行为,所以不能构成诈骗,只能认定为盗窃。因为被害人金某虽然有支付的意识,但是其支付意识是确定的,是1元钱。虽然30.5万随同该次支付,但被害人对此根本没有认识。

---

① 张明楷:《诈骗罪与金融诈骗罪研究》,清华大学出版社2006年版,第167页。

这是一次数量上的认识错误,但是,这次数量上的认识错误,被害人对30.5万元不存在概括的、抽象的整体认识,不具有如一把菜、一袋米这样的概括性,只是确定的1元钱。在这种数量认识错误的场合,应该认为被害人没有对30.5万元的认识,因而不存在处分意识,不构成诈骗罪。

41. 王爱国诈骗案①

——设置圈套诱骗他人参赌的性质

一、基本案情

2011年3月初,被告人王爱国和朱军(另案处理)商量将事先准备好的"雷子"(一种用于控制赌局输赢的工具)放在淮阴区三树镇高尚村胡长春家,通过控制赌局的方式赚钱。3月7日晚上,被告人王爱国联系周成松(另案处理)等人一起将位于淮阴区果林场附近其出租屋内的"雷子"运至胡长春家西边一无人居住的房屋门前并埋在地下。3月10日晚上,被告人王爱国和朱军等人将控制"雷子"的电瓶等物品运至赌博地点,并安装调试好。2011年3月11日,被告人王爱国和朱军联系了杨保猛、王志成等人至该赌场参赌,王爱国还分别安排周成松等人做"媒子"诱使他人赌博。在赌博过程中,由朱军掷骰子,被告人王爱国采用通过遥控器控制骰子点子大小的手段来控制输赢,共骗取杨保猛、王志成、李美林、朱学梅等人现金38000元,另外,被害人杨保猛在赌博期间向被告人王爱国借现金人民币2万元,后将该笔钱输掉,因该案案发,被告人王爱国未索要到该笔借款。

淮安市淮阴区人民检察院指控,被告人王爱国骗取杨保猛、王志成、李美林等人共约58000元。被告人王爱国对起诉罪名没有异议,但对犯罪数额提出异议。被告人王爱国辩解称,当时赌场上有其他人跟在自己后面赢钱,自己只骗取到现金人民币22000元,另外杨保猛尚欠2万元,不应算在诈骗金额内。

二、争议焦点

本案争议点有两个。

一是犯罪性质如何确定。被告人王爱国设置圈套诱骗他人参赌获取钱财的行为应该认定为赌博罪还是诈骗罪。

---

① 案例来源:最高人民法院中国应用法学研究所编:《人民法院案例选(季版)·2012年第2辑(总第80辑)》,人民法院出版社2012年版,第70~76页。淮安市淮阴区人民法院(2011)淮刑初字第0591号(2011年12月15日)。

二是犯罪数额如何确定。跟在被告人王爱国后面的人赢钱的数额是否计算在诈骗犯罪总额中；被告人王爱国借给被害人杨某的2万元又赢回来了，但后来未索要到，该笔借款是否应该计算在诈骗犯罪总额中。

三、案件处理

淮安市淮阴区人民法院经审理认为，被告人王爱国作为诈骗犯罪实施人，明知在场群众跟在他们后面参赌会赢钱，但为了掩盖诈骗，没有阻止其他人参赌，被害人杨保猛、王志成、李美林、朱学梅的损失系被告人王爱国等人的犯罪行为导致的，被告人王爱国应当对被害人的实际损失负责；至于其辩称杨保猛借其2万元用于赌博尚未归还，可在量刑时予以考虑。被告人王爱国伙同他人诈骗私人财物，数额较大，其行为已构成诈骗罪，属共同犯罪。淮安市淮阴区人民检察院指控罪名成立，法院予以采纳。被告人王爱国在刑罚执行完毕5年以内，再犯应当判处有期徒刑以上刑罚之罪，系累犯，应当从重处罚；其归案后如实供述自己的犯罪事实，系坦白，可以从轻处罚。淮安市淮阴区人民检察院建议对被告人王爱国在有期徒刑2至3年之间量刑，并处罚金，该量刑建议适当，予以采纳。依照《中华人民共和国刑法》第266条，第25条第1款，第65条第1款，第67条第3款，第64条，判决如下：

1. 被告人王爱国犯诈骗罪，判处有期徒刑2年，并处罚金人民币4万元。
2. 暂扣于淮安市公安局淮阴分局的作案工具予以没收，涉案赃款发还被害人。

一审判决后，被告人王爱国未提起上诉，公诉机关未提起抗诉，一审判决生效。

四、分析思考

1991年3月12日《最高人民法院研究室关于设置圈套诱骗他人参赌获取钱财的案件应如何定罪问题的电话答复》认为，对于行为人以营利为目的，设置圈套，诱骗他人参赌的行为，需要追究刑事责任的，应以赌博罪论处。1995年11月6日《最高人民法院关于对设置圈套诱骗他人参赌又向索还钱财的受骗者施以暴力或暴力威胁的行为应如何定罪问题的批复》认为，行为人设置圈套诱骗他人参赌获取钱财，属赌博行为，构成犯罪的，应当以赌博罪定罪处罚。参赌者识破骗局要求退还所输钱财，设赌者又使用暴力或者以暴力相威胁，拒绝退还的，应以赌博罪从重处罚；致参赌者伤害或者死亡的，应以赌博罪和故意伤害罪或者故意杀人罪，依法实行数罪并罚。以上2个司法文件均认为设置圈套诱骗他人参赌获取钱财的案件应当认定为赌博罪。

但是，赌博的输赢具有偶然性，亦即，各赌博参与方是通过博运气的方式来确定输赢,其中虽有牌技等智力因素起作用,但总体上,输赢概率大致是接近的。如果其中有人控制了输赢,俗称"出老千",那么就不能称之为赌博,而是一种以非法占有他人钱财为目的的诈骗行为。所以,上诉两个司法文件的结论在学界产生了很大的争议。对于最高院的解释结论,很多学者采用进一步解释以压缩解释适用空间的方式。比如有学者认为:"行为人设置圈套欺骗他人参赌获取钱财中的欺骗应仅限于引诱他人参加赌博方面,赌博活动本身应是凭偶然因素决定输赢的,如此才能认定为赌博罪,否则,如果是以诈骗财物为目的,在赌博中弄虚作假,例如在赌具中设置机关,或者同伙之间互相串通,共同欺骗不知情的参赌受害者,进而骗取后者财物的,应当以诈骗罪论处。"[1]也就是说,骗别人来赌博,没有出老千,才是赌博行为,如果出老千了,就是诈骗。更有学者直接认为最高院解释规定的设置圈套诱骗他人参赌获取钱财的案件是"圈套型赌博",而非"赌博型诈骗"。"圈套型赌博"只是设置圈套骗别人来赌博,赌博的过程和输赢凭牌技、运气,这才是最高院解释规定的案件,按赌博罪认定;而操纵输赢,以赌博为名骗取他人钱财的,属于赌博型诈骗,应以诈骗罪认定。[2] 目前刑法学界多数意见认为,赌博中通过控制输赢获取钱财的案件,应该按诈骗罪认定。[3]

本书认为,上述学者通过对司法解释进行限制解释的方法,未必符合最高院的本意与两个解释的文义。

首先,1991年3月12日《最高人民法院研究室关于设置圈套诱骗他人参赌获取钱财的案件应如何定罪问题的电话答复》指出:"对于行为人以营利为目的,设置圈套,诱骗他人参赌的行为,需要追究刑事责任的,应以赌博罪论处。"仅就答复的文句而言,认为最高院仅指欺骗他人参与赌博的诱赌行为,而不涉及出老千的赌博行为,是有解释空间的。但是我们不能忽略,最高院的答复所针对的是四川省高院的请示案件:"我省一些地方不断出现设置圈套诱骗他人参赌从中获取钱财的案件,这种案件一般都是多人结伙在公共汽车、火车等公共场所公开进行的,常见的是猜红、蓝铅笔,以猜中者赢,猜不中为输诱骗他人参赌,由于设赌人在红、蓝铅笔上做手脚,设机关,以致猜红变蓝,猜蓝变红,参赌者有输无赢,设赌者包赢不输。设赌者为骗取参赌者的信任,还常以同伙参赌'赢钱'为诱饵,诱使他人就范。"请示案件中的行为人在赌具上做手脚,设赌者包赢不输,显然是出老千的案件。因而,从基本的逻辑关系上看,1991年的解释将利用诈术的赌博认定为赌博罪。学者对此进行的限制解释不符合解释的基本原理,

---

[1] 陈兴良主编:《刑法学》,复旦大学出版社2005年版,第630页。
[2] 参见黎宏:《刑法学》,法律出版社2012年版,第816页。
[3] 类似观点参见苏惠渔主编:《刑法学》,法律出版社2001年版,第621页;阮齐林:《刑法学》中国政法大学出版社2011年版,第598页;张明楷:《刑法学》,法律出版社2011年版,第949页;周光权:《刑法各论》,中国人民大学出版社2011年版,第332页。

使得最高院出现了答非所问的窘境,即四川高院问,赌博中使用诈术如何处理,最高院回答,骗人来参赌以赌博罪论处!

其次,1995 年 11 月 6 日《最高人民法院关于对设置圈套诱骗他人参赌又向索还钱财的受骗者施以暴力或暴力威胁的行为应如何定罪问题的批复》认为:"参赌者识破骗局要求退还所输钱财,设赌者又使用暴力或者以暴力相威胁,拒绝退还的,应以赌博罪从重处罚",其中"参赌者识破骗局",正常的理解是参赌者在赌博过程中发现设赌者使用了诈术。① 如果将此理解为参赌的人在赌博过程中识破了是被诱惑来参与赌博的"骗局",这在常识和文理上是很难成立的,如果识破的是被诱惑参赌的骗局,正常的反应仅应是不参与赌博,只有识破的是赌博过程中的诈术,才会另有退还财物的要求。因为当一般人明白自己是被诱惑来赌博时,只会认为自己禁不住诱惑、控制力不强而参与赌博,而且,民间有愿赌服输的心理,一般也不会要求退还所输钱财,如果有人这样做,会被其他人认为没有赌品。只有发现对方出老千,才会要求对方还钱,这也是赌博的"规矩"。

从社会日常语言上看,人们理解圈套赌博就是赌博出老千。将圈套型赌博解释为诱赌,人为地设立一个和现实不相对应的概念,导致概念上的混乱,以至于无法正常沟通,甚至对同一学者的表述也会出现理解上的困难,其文中的"设置圈套诱骗"到底是指什么,是诱人来赌还是出老千?虽不能要求法律语言和日常生活语言完全一致,但至少法律语言要以日常生活语言为基础,这是法律作为社会规范的当然要求。所以,按最高院解释的结论,使用诈术的赌博应认定为赌博罪。

学者们不同意最高院解释的结论,却又试图在最高院解释的基础上纠偏,这种努力并不能说是成功的,因而也导致目前司法实践中不同地方法院对同一类案件进行了不同的裁判,有的认定为赌博罪,有的认定为诈骗罪,甚至同一地方不同法院的裁判结果也不一样。②

本书认为,对于设置圈套的赌博行为,应该按照诈骗罪进行认定。行为人使用诈术,控制了输赢,就不存在决定输赢的偶然因素,对方基于认识错误处分财物,并遭受损失,完全符合诈骗罪的构成要件。而且,从社会危害性的角度,赌博型诈骗比之一般的诈骗有过之而无不及,其发案范围广,被骗参与赌博的人,往

---

① 参见张明楷:《刑法分则的解释原理》,中国人民大学出版社 2011 年版,第 299 页。
② 比如被告人秦某设置圈套诱人赌博获取钱财被上海市金山区人民法院以赌博罪认定(http://www.lawyee.org/Case/Case_Display.asp?ChannelID=2010100&RID=239326&keyword=%E5%9C%88%E5%A5%97%E8%B5%8C%E5%8D%9A%E7%BD%AA+,访问日期:2013 年 7 月 15 日);被告人董某等设置"二八杠"赌博骗局被上海市青浦区人民法院以诈骗罪认定,被告人上诉后,上海市第二中级人民法院维持原判(http://www.lawyee.org/Case_Display.asp?ChannelID=2010100&RID=1113104&keyword=%E5%9C%88%E5%A5%97%E8%B5%8C%E5%8D%9A%E7%BD%AA+,访问日期:2013 年 7 月 15 日)。

往越输越想翻本,输光后不惜写下高利借贷字据继续赌博。现实生活中,因赌博被骗以致整个家庭被逼债,进而家破人亡的事例比比皆是,严重破坏了社会生活的稳定和安宁。赌博罪的最高刑是3年,而诈骗罪的最高刑是无期徒刑,赌博型诈骗的社会危害性又大于一般的诈骗行为,从法律解释均衡性的要求出发,在诈骗型赌博完全满足诈骗罪构成条件时,理当按诈骗罪定罪处刑。从刑罚预防犯罪的角度,也是合理的。在目前最高院解释结论为赌博罪的背景下,基于解释进行的再解释意义不大,因为过于牵强,或许徒增学术资料。不如直接从刑法规定的犯罪构成要件出发进行解释,因为赌博罪和诈骗罪的犯罪构成条件不同,行为人一旦使用欺骗手段控制了输赢,就不再是赌博,而是诈骗行为。2005年《最高人民法院、最高人民检察院关于办理赌博刑事案件具体应用法律若干问题的解释》第7条规定:"通过赌博或者为国家工作人员赌博提供资金的形式实施行贿、受贿行为,构成犯罪的,依照刑法关于贿赂犯罪的规定定罪处罚。"可见最高人民法院也认为,当以赌博之名,行贿赂之实时,应按其实质的行为性质认定。同样的道理也应该适用于赌博型诈骗。

对于诈骗罪的数额,从来是一个复杂的问题,司法实践中一般以行为人实际骗取的数额认定。① 本案公诉机关指控被告人王爱国骗取的数额为58000元,其中包括了跟在王爱国后的人赢走的16000元和被害人借王爱国的20000元。对于跟在王爱国后面的人赢的16000元,法院判决确定计入诈骗数额。本书同意这个结论,非法占有的目的,不限于为本人非法占有,也包括为他人非法占有,比如欺骗他人为自己的母亲转一笔钱,也是诈骗。跟在王爱国后面的人赢钱,客观上是因为王爱国对输赢的控制行为,王爱国也明知自己积极追求赢钱的结果,必然伴生跟在后面的人同时赢钱,所以,将16000元评价在诈骗数额内,是符合主客观一致原则的。对于被告人王爱国借给被害人杨某又赢回来的20000元,因后来未索要到,法院判决表示可以在量刑时考虑,即这笔钱应作为诈骗既遂数额认定,但量刑上可以从宽。本书也认为这20000元应该作为既遂数额认定,现金的流转规则是占有即所有,当被告人王爱国将钱借给被害人杨某后,杨某即取得了20000元现金的所有权,被告人王爱国再将杨某所有的钱赢过来了,不能说钱还没有到手,没有既遂。假如这20000元中的10000元被跟在被告人王爱国后面的人赢走了,也不能说他们还没有赢到钱。借钱和赌钱是两个行为,不能混为一谈,正如被害人向其他人借钱后输给被告人,并不能以被害人是否偿还来决定是否既遂。

---

① 周光权:《刑法各论》,中国人民大学出版社2011年版,第106页。

42. 曹海平诈骗案

——买首饰后与店主一起回家取钱途中趁店主不备溜走的行为,如何定性

一、基本案情

1. 2011年9月27日至10月2日,被告人曹海平在台州市黄岩区沙埠镇沙埠街"阿春家具店",谎称家里装修向该店订购家具,骗取店主徐秀春的信任,然后以借款为由,先后四次骗取徐秀春总计人民币4700元。

2. 2011年10月2日16时30分许,曹海平在台州市黄岩区沙埠镇繁新街112号"卫飞打金店",向店主虚报身份,谎称其姊妹小孩"对周"(即满一周岁),向该店购买金饰品,骗取店主陈卫飞销售价总计为6260元的金项链、金手链各一条和金戒指一只及金镶玉佩饰一块。曹海平将上述物品销赃后得赃款4500余元。

3. 2011年10月3日8时许,曹海平在台州市黄岩区院桥镇老街"王勇银铺店",谎称其姊妹小孩"对周",向该店购买金饰品,店主王勇将曹海平挑选的价值总计4762元的金项链、金手链各一条及金戒指一只包装后交给曹海平。之后,曹海平又谎称其未带钱,让王勇随其到家里取钱,途中曹海平趁王勇不备溜走。当日,曹海平将上述物品销赃后得赃款4280元。

浙江省台州市黄岩区人民检察院以被告人曹海平犯诈骗罪、盗窃罪,向台州市黄岩区人民法院提起公诉。

二、争议焦点

本案被告人曹海平前两节行为构成诈骗罪没有疑问,对于第三节犯罪行为,即虚构事实,待店主交付商品后,谎称未带钱,在回家取钱途中趁店主不备溜走的行为,定性为盗窃罪还是诈骗罪存在异议。

第一种意见认为,曹海平第三节犯罪行为构成盗窃罪。曹海平在收取店主

---

① 案例来源:中华人民共和国最高人民法院刑事审判第一、二、三、四、五庭主办:《刑事审判参考》2012年第6集(总第89集),法律出版社2013年版,第68~72页。

王勇交给其挑选好的金项链、金手链及金戒指后,谎称未带钱,在回家取钱途中,趁王勇不备溜走,属于秘密窃取行为,应认定为盗窃罪。

第二种意见认为,曹海平的该节犯罪行为构成诈骗罪。曹海平以非法占有为目的,采取虚构事实、隐瞒真相的方法,使王勇信以为真,将曹海平挑选好的金项链、金手链及金戒指交付给曹海平,曹海平的行为符合诈骗罪的构成要件。曹海平携带金项链、金手链及金戒指趁王勇不备而溜走的行为,属于诈骗既遂后的事后行为。

三、案件处理

台州市黄岩区人民法院经公开审理认为,被告人曹海平以非法占有为目的,采用虚构事实的方法,骗取他人财物,数额较大,其行为构成诈骗罪,依法应予惩处。公诉机关指控曹海平犯罪的事实清楚,证据确实、充分,但指控曹海平第三节犯罪系盗窃罪的定性不当,应予纠正。曹海平归案后认罪态度较好,依法可以从轻处罚。依照《中华人民共和国刑法》第266条、第67条第3款,台州市黄岩区人民法院以被告人曹海平犯诈骗罪,判处有期徒刑1年3个月,并处罚金6000元。

一审判决后,被告人曹海平没有提起上诉,检察机关亦未提出抗诉,一审判决现已生效。

四、分析思考

本案属于骗中有偷,偷中有骗的情况,认定本案的关键是看被害人是否处分了财物。区分盗窃罪与诈骗罪,应当注意盗窃罪的占有转移是违背被害人的主观意志的,不存在财物所有人自愿的处分行为;而诈骗罪则是由于被害人受到欺骗而陷入错误认识之后,具有主动自愿地处分个人财产或财产性权益的行为。张明楷教授认为:"在行为人已经取得财产的情况下,二者的关键区别在于被害人是否基于认识错误而处分财产。如果不存在被害人处分财产的事实,则不可能成立诈骗罪。"[①]处分财物应从处分行为和处分意思等方面来把握:

第一,基于错误认识处分(交付)财物。之所以将处分行为作为诈骗罪成立必不可少的要件,理由主要有以下两点:一是诈骗罪的本质是骗取他人财产,骗取是在对方陷于错误的基础上,得到其财物或财产性利益的,也就是说对方的错误与行为人取得财产之间必须要有因果关系,否则,就不能称之为骗取。而表明两者之间有因果关系的重要环节就是被欺诈者的处分行为。如果缺少被欺骗者的处分行为,即使被欺骗者陷于错误,并且行为人也取得了财产,也表明两者之

---

① 张明楷:《刑法学》,法律出版社2011年版,第897页。

间没有因果关系,不可能构成诈骗。二是诈骗罪与盗窃罪的本质区别在于,盗窃罪属于夺取罪,而诈骗罪是一种交付罪。夺取罪是以违反财物占有者的意思转移财物的占有为特征的,而诈骗罪作为一种交付罪,是以被骗者基于瑕疵意思处分财物或财产性利益为成立条件的。在盗窃案件中,也可能掺杂有行为人的欺骗行为,此时确定行为性质的关键是看有无被害人处分财物的行为。① 处分财产不限于民法意义上对于所有权权能的处分,只需要将财产转移为行为人占有。② 不过,如果行为人虽然事实上占有了财产,但是被害人只是临时性地转移财物占有的,不能认为是处分财物。比如,行为人问被害人借打手机,被害人交付手机之后,行为人逃离,就不能认为构成诈骗。

第二,处分意思。处分行为的成立,不仅要在客观上有处分财产的事实,主观上还必须要有处分财产的意思。作为处分行为主观上要素的处分意思,是指对转移财物的占有或财产性利益及其所引起的结果的认识。如果只是表面上的交付形式而没有真正的基于意思的处分,不可能构成诈骗罪。例如,幼儿或精神病患者由于不可能具有转移占有财物的处分意思,他们的行为也因此不能被认定为诈骗罪中的财物处分行为。③ 处分意思要求对所交付的具体财产有明确认识。既然处分行为的成立以具有处分意思为必要,那么必然要求受骗者对所交付的具体财产有明确的认识。如果受骗者对所交付的财产缺乏明确的认识,则不成立诈骗罪的处分行为。例如,行为人在超市购物时将贵重物品藏于便宜商品的外包装内,骗取收银员按外包装标明的价格结算,从而取得藏于外包装内的贵重商品。表面上看收银员按物品外包装上的价格结算后,将商品交给了行为人,但收银员并不知道外包装内藏有超市的其他贵重物品,因此,对于收银员来说,由于其对所交付的财产缺乏明确的认识,所以他没有将外包装内所藏的贵重物品转移给行为人的交付意思,不能认为收银员对该贵重物品有交付行为。④

第三,直接性。从诈骗罪的构造上看,被害人因为受骗陷于错误认识而处分财物,并因处分财物而受到损失。目前一种有力的观点认为,处分行为必须是直接引起损害发生的行为。比如假装成顾客到服装店试穿衣服,穿上之后以上厕所为名逃走,就不构成诈骗罪。因为衣服的损失并非是由店员的行为所直接造成,而是介入了行为人的逃跑行为。⑤ 这个观点虽然还有一些不同意见,但是本书认为,直接性是符合诈骗罪构造的,因为既然诈骗罪构造要求被害人因处分财物而受到损失,直接性应该是题中应有之义的要求。反对的意见认为,有些诈骗

---

① 参见刘明祥:《财产罪比较研究》,中国政法大学出版社2001年版,第223页。
② 参见张明楷:《刑法学》,法律出版社2011年版,第891页。
③ 参见刘明祥:《财产罪比较研究》,中国政法大学出版社2001年版,第226页。
④ 参见张明楷《刑法学》,法律出版社2011年版,第892页。
⑤ 参见刘明祥:《财产罪比较研究》,中国政法大学出版社2001年版,第229页。

案件并不需要直接性,比如诉讼诈骗,即虚假诉讼欺骗法官作出错误判决以骗取财产的场合,处分行为是法官作出的,但损害的发生是以被害人履行判决或强制执行判决造成,处分行为和损害之间介入了其他行为,不具有直接性。本书认为,在一般的三角诈骗场合,也是能够很明显地体现直接性的,比如冒用他人的信用卡购物,营业员处分之后直接导致了信用卡所有人的损失。在诉讼诈骗场合,可以认为,一旦法官作出生效判决,就在法律上确定了财产的归属,也就是说,在法律效果上,被害人的损失已经形成。

回到本案被告人曹海平第三节的行为,被害人王勇将曹海平挑选的首饰交给曹海平之后,曹海平谎称其未带钱,骗王勇随其回家取钱。本书认为,在这种情况下并不能认为被害人王勇已经将首饰处分给了曹海平,因为处分必须是基于曹海平已经付款,或者确信曹海平以后会付款的情况下才能成立。但是,当天曹海平说没有带钱,王勇并没有同意赊账让其走,而是跟随曹海平回家取钱。显然在王勇的意识中,还处于一手交钱一手交货的交易过程中。一手交钱一手交货反过来说,就是如果不交钱就不交货。所以,在曹海平还没有付款之前,虽然首饰已经转移到曹海平的手中,但只能理解为是王勇让其临时占有,一旦不付钱,马上取回首饰。在王勇的意识中,不会是如果曹海平不付钱,以后向他讨要买首饰的钱,只会是如果不付钱,那么不能将首饰拿走。所以,首饰转移到曹海平手中,只是表面上的一种财产转移,并不符合诈骗罪处分财物的行为,也没有处分财物的意思。换言之,王勇没有将首饰完全交与曹海平的意思,其保留着随时将首饰要回的内心意愿。一路上,王勇紧紧地跟随曹海平也说明了这一点,如果已经完成了处分行为,并且也有处分的意思,定会解除对财物的监控,而任由行为人支配。比如哪怕不涉及所有权权能的处分,将车借给他人,一旦将车转移给他人占有,就不再对车进行紧密的看管,而任由借车人占领和控制。所以,本案被害人王勇跟随曹海平回家取钱,就说明了王勇转移占有的行为,不能按照处分财物行为来认定,应将首饰作为王勇的占领物看待,曹海平还只是一个辅助占有者。

换个角度进行说明,假设这一切都发生在柜台前,曹海平说要买首饰,王勇将曹海平挑选好的首饰交给曹海平,曹海平不付钱马上逃走,这种情况下认定为诈骗显然是不合适的。那么,如果曹海平在逃跑前为了转移王勇的注意力,说钱放在内衣兜里,等他慢慢掏出来,在王勇等他掏钱时突然转身逃跑了,这种情况下认定为诈骗也显然不合适,因为王勇让曹海平拿走首饰是以将钱掏出来为前提的。所以,在曹海平付钱之前,只要王勇没有同意曹海平赊账的意思,就不能认为王勇有处分首饰的行为和处分首饰的意思。本案实际的情况是曹海平说钱在家里,需要王勇和他回家取钱,这和在柜台前让王勇等一下,在内衣兜里拿钱是一样的,只是时间和场所上有所不同,但由于王勇在时间和空间转移的过程中始终是跟随的,进而发生的一切和在柜台前就没有本质的不同了,因为仅仅是在内衣兜里掏钱和回家拿钱的表面区别而已,本质上都是等付钱后给货。所以,本案不能认为王勇有处分的行为和处分意思。

另外,从直接性的角度进行分析,因为王勇并没有同意赊账,所以,在将首饰交与曹海平占有时,由于王勇还是处于对首饰的监控中,王勇还没有损失。损失的实际造成,是由于曹海平的逃跑行为,在交付和财产损失之间介入了曹海平的逃跑行为,并不具有直接性,不符合诈骗罪的结构,不能认定为诈骗罪。

综上,本案被害人王勇在随被告人曹海平回家取钱的路上,将首饰交曹海平占有,因存在随时取回首饰的内心意愿和可能,并不能认为是处分财物行为和具有处分财物意思。王勇仍然占有着首饰,曹海平趁王勇不备拿着首饰逃走,是违背王勇意志的夺取行为,符合盗窃罪的犯罪构成。

43. 刘俊破坏生产经营案

——以低于公司限价价格销售公司产品的行为,如何定性

一、基本案情

被告人刘俊于2007年12月至2009年5月,先后担任某公司销售员、店长、产品采购经理等职务,负责某公司电脑产品的对外销售。2008年3月至2009年5月,刘俊为了达到通过追求销售业绩而获得升职的个人目的,违反某公司销售限价的规定,故意以低于公司限价的价格大量销售电脑产品,而在向公司上报时所报的每台电脑销售价格则高于公司限价100元至200元,每台电脑实际销售价格与上报公司的销售价格一般相差700元至1000元。因公司有不成文的规定,当月向大宗客户销售电脑的货款可在两个月后入账,刘俊利用该时间差,用后面的销售款弥补前账。后来因销量过大,本人又无经济能力,导致亏空金额越来越大。最后,刘俊直接造成公司亏损533万元。2009年6月,刘俊在与公司负责人谈话期间,主动陈述了上述事实。

上海市静安区人民检察院以被告人刘俊犯破坏生产经营罪,向静安区人民法院提起公诉。

二、争议焦点

关于本案的定性,在审理过程中存在三种不同意见:②

第一种意见认为,刘俊的行为构成破坏生产经营罪。具体理由如下:(1)刘俊出于个人升职目的,为了一己私利不惜损害公司利益,符合刑法关于破坏生产经营罪主观构成要件中的"其他个人目的";(2)刘俊在客观上实施了低价销售公司电脑产品等法律规定的其他方法,破坏了公司电脑销售的正常经营活动,并给公司造成重大经济损失,对公司的生产经营活动产生影响;(3)刘俊在明知自己的行为会造成公司损失的情况下,仍采取放任态度,最终导致公司损失500余

---

① 中华人民共和国最高人民法院刑事审判第一、二、三、四、五庭主办:《刑事审判参考》2011年第6集(总第83集),法律出版社2012年版,第10~14页。
② 同上书,第11~12页。

万元,具有间接故意,而间接故意同样符合破坏生产经营罪的主观要件。

第二种意见认为,刘俊的行为构成故意毁坏财物罪。被告人刘俊主观上明知自己没有经济能力填补低价销售的亏空,仍采用放任的心态,长期以低于限价价格销售公司电脑,造成公司经济损失500余万元的结果,实际是减损了公司的电脑价值,其行为符合故意毁坏财物罪的全部要件。

第三种意见认为,刘俊的行为不构成犯罪。被告人刘俊利用其销售员的职务便利,为了达到个人升迁的目的,滥用公司赋予的权利,以低于限价价格销售公司电脑,其行为既不符合破坏生产经营罪的构成条件,也不符合故意毁坏财物罪的构成要件。由于刘俊系公司、企业人员,非国家机关工作人员,虽然其行为是一种滥用职权的行为,但缺乏滥用职权罪的主体构成要件。同时,刘俊的行为本质上是一种背信行为,但因不符合国有公司、企业、事业单位人员滥用职权罪,徇私舞弊低价折股、出售国有资产罪,背信损害上市公司利益罪的构成特征,故也不构成上述犯罪。根据罪刑法定原则,应宣告刘俊无罪。

三、案件处理

上海市静安区人民法院认为,被告人刘俊在先后担任某公司销售员、店长、产品采购经理等职务期间,出于扩大销售业绩以助个人升职的动机,违反公司限价规定,擅自低于进价销售电脑产品,其行为不符合破坏生产经营罪。同时,刘俊的行为不符合故意毁坏财物罪的构成要件。根据罪刑法定原则,依照《中华人民共和国刑法》第3条和《中华人民共和国刑事诉讼法》(1996)第162条第2项之规定,判决被告人刘俊无罪。

宣判后,公诉机关未抗诉,一审判决已经生效。

四、分析思考

对于本案是否构成故意毁坏财物罪,和"毁坏"的理解相关。刑法理论上对此主要有三种学说:(1)效用侵害说。认为毁损是指损害财物的效用的所有行为,不仅直接造成财物全部或部分毁坏,导致其丧失效用的情形构成对财物的毁损,而且财物的外形并未毁坏,只是其效用受损者,也应视为毁损。其中又分为一般的效用侵害说与本来的用法侵害说。前者认为,只要侵害了财物的一般效用,就构成毁损;后者认为,只有造成财物处于不能按其本来的用法使用的状态,才能视为毁损。(2)有形侵害说。认为毁损是指对财物施加有形的作用力,从而使财物的无形价值、效用受损,或者损害物体的完整性的情形。(3)物质的毁损说。认为毁坏是指对财物的整体或部分造成物质的破坏或毁坏,从而使此种财物完全不能或部分不能按其本来的用法使用。① 不同观点在处理结论上有很大的差异,比如将戒指扔进大海的行为,按效用侵害说构成故意毁坏财物罪,按物质的毁损说不构成故意毁坏财物罪,有形侵害说内部对是否存在有形力观点不同,得出的结论也不同。

因为毁坏含义的三种学说主要是德日刑法理论上的争端,近年来才被介绍进我国,我国传统刑法理论并不存在就毁坏的含义持哪一种主张的问题,但从通说理论的表述来看,所持的应该是物质的毁损的立场。比如,"损毁财物的方法有多种,包括砸毁、撕毁、压毁等",②所例举的全部属于物质毁损的方法。又比如,"毁坏包括毁灭和损坏两种行为。所谓毁灭,是指使公私财物灭失或全部损坏,使其已经不存在或者虽然存在,但已经丧失全部使用价值。所谓损坏,是指使公私财物受到破坏,从而部分地丧失价值或者使用价值。"③从其核心词"灭失""全部损坏""破坏"等看,显然是从物质的角度来进行评判的。再比如,"所谓毁坏,是指毁灭、损坏,也就是使财物的价值或使用价值全部丧失或使物品受到破坏而部分地丧失价值或使用价值"④其核心词是物品受到破坏,也体现了物质性毁损的色彩。目前有些学者认为通说的观点过于限制了处罚范围,开始持效用侵害说的立场。⑤ 主张本案构成故意毁坏财物罪的人,所持的是效用侵害说,因为被告人刘俊的行为导致了电脑价值的贬损,属于财物效用受损,应认为是毁坏。本案判决持物质的毁损说,本案法官案后总结的裁判理由指出,"电脑产品不会因为被贱卖而丧失其自身的使用价值,这与通过焚烧、摔砸电脑产品使其使用价值完全或部分丧失的毁坏财物行为有本质的区别"。⑥ 所以判决认为不构成故意毁坏财物罪。

本书倾向于效用侵害说,因为对于财物的权利人而言,关键不在于财物是否受到破坏,而在于财物的效用是否能够实现。财物物理上还存在,但效用不能实现,对权利人而言,跟灭失没有区别。物质的毁损说处罚面过窄,不利于保护社会财产秩序。但是,效用侵害说存在边际模糊不容易把握的问题,和罪刑法定原则的明确性要求似有冲突。所以,在日本,近年来支持物质的毁损说的学者有逐渐增加的趋势。⑦ 本书认为,效用侵害说在总体上是合理的,但是也必须适度控

---

① 参加刘明祥:《财产罪比较研究》,中国政法大学出版社2001年版,第418～420页。
② 高铭暄、马克昌主编:《刑法学》,北京大学出版社、高等教育出版社2011年版,第523页。
③ 王作富主编:《刑法分则实务研究》,中国方正出版社2007年版,第1183页。
④ 赵秉志主编:《刑法新教程》,中国人民大学出版社2001年版,第689页。
⑤ 参见张明楷:《刑法学》,法律出版社2011年版,第910;周光权:《刑法各论》,中国人民大学出版社2011年版,第124页;黎宏:《刑法学》,法律出版社2012年版,第769页。
⑥ 中华人民共和国最高人民法院刑事审判第一、二、三、四、五庭主办:《刑事审判参考》2011年第6集(总第83集)》,法律出版社2012年版,第13页。
⑦ 参见刘明祥:《财产罪比较研究》,中国政法大学出版社2001年版,第420页。

制处罚圈,在行为人对物具有合法的支配和控制地位时,不宜认定成立故意毁坏财物罪。就本案而言,被告人刘俊对公司电脑就处于合法的支配和控制地位,其只是滥用了公司的授权进行低价销售,本质上是滥用公司职权造成公司损失的行为。虽然滥用了公司授权,但这种授权使被告人刘俊事实上具有了对财物的完全的处分力。就导致财物效用减损而言,比之没有授权的行为,在可罚性上要弱得多。本案不以故意毁坏财物罪处理,具有合理性。如此处理,也可以和侵占罪保持均衡。在受托保管财物时,受托人也获得了事实上的支配和控制力,如果产生非法占有的目的,不归还权利人,按侵占罪认定。侵占罪是告诉才处理的,最高刑是5年。但托管人擅自低价出卖给他人,并将得款给权利人,如果按照故意毁坏财物罪来认定,是公诉罪,最高刑是7年。在同种样态下,具有非法占有目的的行为,其可罚性要强于导致价值受损的行为,比如同样在侵害占有样态下,盗窃罪重于故意毁坏财物罪。在相同的占有样态下,擅自低价卖出的行为也应该轻于不归还占为己有的行为,如果反而认定为重于侵占的故意毁坏财物罪,就不均衡了。本案被告人刘俊具有对财产的管控地位,不应该按照故意毁坏财物罪处理。

对于被告人刘俊是否构成破坏生产经营罪,可以先从本罪的客体入手。有学者认为破坏生产经营罪的客体是正常的生产经营活动。① 通说的观点认为本罪既侵犯了公私财产所有权,又侵犯了生产经营的正常秩序。② 本书认为,破坏生产经营罪规定于"侵犯财产罪"一章,在确定法益时,不能缺少侵犯财产权的内容,所以,通说的观点是妥当的。在判断是否构成破坏生产经营罪时,不能仅看有没有造成经济损失,还要看有没有指向财物的破坏行为。换言之,本罪行为是指通过破坏财物进而破坏生产经营秩序的行为,而不是指所有扰乱、破坏生产经营秩序的行为。刑法规定本罪的方法是"毁坏机器设备、残害耕畜或者以其他方法破坏生产经营的",有学者认为其他方法是指任何方法,只要该种方法足以破坏生产经营的正常活动就可构成本罪。③ 但也有学者认为,其他方法不是泛指任何方法,是指与"毁坏机器设备、残害耕畜"相类似的方法。④ 本书认为,从本罪的法益应该包含财产权的内容出发,后一种观点是妥当的。如果仅是扰乱生产经营秩序造成损失的,属于扰乱社会秩序的行为,符合聚众条件的,按聚众扰乱社会秩序罪认定。破坏生产经营罪和故意毁坏财物罪具有竞合的关系,

---

① 参见刘宪权主编:《刑法学》,上海人民出版社2012年版,第632页。
② 参见高铭暄、马克昌主编:《刑法学》,中国法制出版社2007年版,第618页。
③ 参见王作富主编:《刑法分则实务研究》,中国方正出版社2007年版,第1187页;赵秉志主编:《刑法新教程》,中国人民大学出版社2001年版,第689页。
④ 参见张明楷:《刑法学》,法律出版社2011年版,第911页;高铭暄、马克昌主编:《刑法学》,中国法制出版社2007年版,第618页。

破坏生产经营的行为必然符合故意毁坏财物的行为特征,前文已述,本案被告人刘俊的行为不能认定为故意毁坏财物,亦即,没有通过故意毁坏财物的方法破坏生产经营,所以不能认定为破坏生产经营罪。

从主观构成要件的角度,本罪是目的犯,行为人"由于泄愤报复或者其他个人目的",才构成破坏生产经营罪。其他个人目的应指非法目的,本案法官认为被告人刘俊为追求升职的目的,与泄愤报复的恶意目的有本质的不同,以此否定刘俊构成破坏生产经营罪。① 但也有学者认为只要没有正当理由,就可以认定为具有其他个人目的。② 本书认为对其他个人目的作一定的限制是妥当的,如果只要没有正当理由就具有法定的目的条件,本罪的目的要件就多余了,因为破坏行为肯定不具有正当理由。"法律不说多余的话",③虽然不可能是绝对的,但这也是解释的一般要求。

我国刑法理论一般认为,目的犯只能由直接故意构成。但也有学者认为,通说观点存在疑问。犯罪目的和犯罪故意是两个方面的问题,《刑法》分则规定某个犯罪为故意犯罪,就应该认为既可以直接故意构成,也可以间接故意构成。有的犯罪,旧刑法规定了犯罪目的,新刑法没有规定犯罪目的,或相反,故意并不因为刑法规定了目的而不同。不能因为目的犯通常由直接故意构成,解释者就将自己熟悉的情形判断为刑法规定。④

本书初步认为,不能说目的犯只能由直接故意构成,也不能说目的犯一定由直接故意和间接故意构成。在犯罪目的实现必须以前行为为条件的情况下,就只能由直接故意构成。比如绑架罪,勒索财物是犯罪目的,不控制人质不可能实现目的,绑架罪应只能是直接故意。从心理学上看,人的行为过程为:需要—动机—行为—目标,行为由需要启动,由目标指引。目标是人追求的结果,对应到心理上,就是目的。一个目的的实现,可能包含一系列的行为和过程,可以对这一过程进行分解,分解成阶段性的行为和目的。例如,假设我们在森林里露营,需要一张桌子,这就是我们的目标。但森林中只有各种树木。我们追求如下目标过程:斧头—砍树—劈成合适的尺寸—刨光—装上桌脚—桌子。最终目标,因为一系列分解目标的实现而实现,所以,当行为人希望最终的结果出现,必然希望一系列中间结果的出现,不然,最终的结果就变成了无源之水、无本之木。再比如甲以和女性结婚为目的,甲必然会去交往女性,结婚的目标决定了交往的对象。不可能存在以和女性结婚为目的,但无所谓交往的对象是不是女性。甲以

---

① 参见中华人民共和国最高人民法院刑事审判第一、二、三、四、五庭主办:《刑事审判参考》2011年第6集(总第83集)》,法律出版社2012年版,第12页。

② 参见张明楷:《刑法学》,法律出版社2011年版,第911页。

③ 参见〔德〕英格博格·普珀:《法学思维小课堂》,蔡圣伟译,北京大学出版社2011年版,第56页。

④ 参见张明楷:《刑法分则的解释原理》,中国人民大学出版社2011年版,第422页。

结婚为目的,和女性的交往,必定是认识到并希望的,就算甲认识到对方仅可能是女性,甲也会希望对方是女性。当事物内部本身存在一系列的因果关系,心理当须与此对应,追求果,就必追求因;放任果,才会放任因。和最终结果实现具有条件关系的阶段性结果,必定是行为人期望的。如此,当刑法仅将这些和最终目标具有条件关系的结果,作为犯罪构成条件时,应排除间接故意的存在。

当然,事物具有多面性,一个行为可能伴随多个结果,其中有的结果在行为人的期望中,有的结果为行为人忽略,更有的结果被行为人排斥。如果刑法将阶段性行为的其他附随结果也作为犯罪构成条件时,间接故意可以存在于目的犯中。换言之,在《刑法》将不和最终目的具有条件关系的结果规定为犯罪构成条件时,可以存在间接故意。比如第217条:"以营利为目的,有下列侵犯著作权情形之一,违法所得数额较大或者有其他严重情节的,处三年以下有期徒刑或者拘役,并处或者单处罚金;违法所得数额巨大或者有其他特别严重情节的,处三年以上七年以下有期徒刑,并处罚金:(一)未经著作权人许可,复制发行其文字作品、音乐、电影、电视、录像作品、计算机软件及其他作品的;(二)出版他人享有专有出版权的图书的;(三)未经录音录像制作者许可,复制发行其制作的录音录像的;(四)制作、出售假冒他人署名的美术作品的。"除开和"营利目的"具有条件关系的"数额",侵犯著作权罪还规定了选择成罪条件"其他严重情节",其可以是某种附随结果,和"营利目的"之间并不一定具有承接性,所以,行为人对于可以作为"严重情节"的某种犯罪结果完全可能是放任的,因而本罪可以包含间接故意。

破坏生产经营罪仅将"破坏生产经营"和"由于泄愤报复或者其他个人目的"规定为构成条件,如此,破坏生产经营是满足个人目的的条件,所以行为人应追求破坏生产经营的结果,可以认为是直接故意犯罪。本案被告人刘俊追求的目的是销量,生产经营破坏并不是其追求的,所以,从主观角度也不宜认定被告人刘俊构成破坏生产经营罪。但需要说明的是,这只是本书的初步结论,犯罪是复杂的,确实不能以我们的经验来代替法定的犯罪圈。破坏生产经营罪或其他目的犯,是否真的只能由直接故意构成,还需要继续研究。比如,为了给自己的设备配一个螺丝钉,而盗窃工厂机器上的配件,破坏了生产经营,究竟是直接故意还是间接故意?

其他罪,如滥用职权罪、国有公司、企业、事业单位人员滥用职权罪、徇私舞弊低价折股、出售国有资产罪、背信损害上市公司利益罪等,由于被告人刘俊并不具有相应罪的主体身份条件,也不能构成上述各罪。所以本书赞同法院无罪的判决。

第九部分 妨害社会管理秩序罪案例

44. 万才华妨害作证案[①]

——虚假民事诉讼行为的性质

一、基本案情

2009年10月,被告人万才华明知他人向其催讨欠款并已向法院提起民事诉讼,为逃避因败诉所应承担的还款义务,于同年11月虚构其向韩斌(另案处理)借款人民币300万元的事实,指使韩斌以原告身份向上海市浦东新区人民法院提起民事诉讼追讨欠款,并提请财产保全。后经法院调解,韩斌与万才华达成所谓的调解协议,并由法院制作民事调解书确立双方的债权债务关系。

上海市浦东新区人民法院查实韩斌诉被告万才华民间借贷一案系虚假诉讼案件后,遂于2011年7月启动再审程序。在再审诉讼中,韩斌提交撤诉申请,且万才华亦无异议。据此,上海市浦东新区人民法院依法作出民事裁定,撤销原民事调解书并准许韩斌撤诉。公安机关经立案侦查,于2011年5月10日将万才华抓获归案。

上海市卢湾区人民检察院指控被告人万才华犯妨害作证罪,向原上海市卢湾区人民法院提起公诉。后因上海市区划撤并,本案由上海市黄浦区人民法院审理。

二、争议焦点

本案争议焦点体现在以下几个方面:[②]

(一)被告人万才华实施的虚假诉讼行为是否构成犯罪

有观点认为,万才华的行为不能构成犯罪,理由是我国《刑法》中没有设虚假诉讼这一罪名,根据"法无明文规定不为罪"的基本原则,不能对万才华定罪。

另有观点认为,万才华实施的虚假诉讼行为,无论从犯罪构成理论角度还是从其刑事可罚性角度来看,均应认定为犯罪,理由如下:其一,从犯罪构成理论角

[①] 案例来源:《最高人民法院公报》2012年第12期,第41~42页。
[②] 参见方希伟、赵武罡、彭建波:《虚假诉讼行为的入罪及其定性分析——万才华妨害作证案》,http://shfy.chinacourt.org/article/detail/2012/10/id/672107.shtml,访问日期:2013年8月4日。

度来看,万才华实施的虚假诉讼行为符合《刑法》分则第六章"妨害司法罪"一节中该类罪名的统一的犯罪构成,万才华明知自己的行为会误导法官陷入错误的认识并作出错误的裁判,仍通过其积极的作为追求这一结果的发生,最终侵害了诉讼活动的正常秩序和司法的公信力。其二,从万才华所实施的虚假诉讼行为的刑事可罚性角度来看,其行为至少具有以下几方面的社会危害性:一是妨害诉讼活动的正常秩序,严重损害法律的权威和尊严;二是增加法官的职业风险,使其无故承担错案责任;三是侵害第三人的合法权益;四是浪费稀缺的司法资源;五是对社会上诚信缺失的现状起到了推波助澜的作用。犯罪行为所具有的社会危害性反映了犯罪的本质属性,从这一角度看,虚假诉讼也应当认定为犯罪行为。被告人万才华实施的虚假诉讼行为具有严重的社会危害性,达到了构成犯罪的要求。

(二)被告人万才华实施的虚假诉讼行为是否属于指使他人作伪证

有观点认为,被告人万才华不构成妨害作证罪,而构成帮助伪造证据罪。理由是,本案中因被告人万才华虚构而成立的民事诉讼原告韩某的身份并非证人,而是当事人,似与妨害作证罪中作为客观要件的"证人"身份不符,从被告人万才华的行为来看,定为帮助伪造证据罪更为妥当。

不同的意见认为,根据《刑法》第307条第1款,以暴力、威胁、贿买等方法阻止证人作证或者指使他人作伪证的,处3年以下有期徒刑或者拘役;情节严重的,处3年以上7年以下有期徒刑。这一规定中"他人"的概念不限于证人,还应当包括所有在案件审理过程中可以提出证据或提供审判辅助的人,如证人、当事人、鉴定人、公证人、翻译人员等,他们可以向法庭提出证人证言、当事人陈述、鉴定结论、公证书等证据,相应地,也就可以成为行为人"指使"作伪证的对象。在本案中,被告人万才华指使韩某向法院提起诉讼并作虚假陈述,完全符合妨害作证罪中"指使他人作伪证"的情形。因此,以虚假诉讼中韩某的原告身份为由否定被告人万才华构成妨害作证罪的意见是站不住脚的。

(三)被告人万才华实施的虚假诉讼行为方式是否属于暴力、威胁、贿买等方式

有观点认为,被告人万才华所实施的虚假诉讼行为与《刑法》第307条第1款规定的"以暴力、威胁、贿买"等指使他人作伪证的方式不同,因其与韩某关系密切,无须通过上述方式就可以指使韩某为其作虚假陈述,所以被告人万才华的行为与妨害作证罪构成要件中客观方面的表现不符,不能构成本罪。

反对意见认为,《刑法》第307条第1款在"暴力、威胁、贿买"之后还使用了一个"等"字,说明法条本身也并没有将指使他人作伪证的方法仅限制为三种。应对该条文做合目的性解释,即刑法尽管仅列举了"暴力、威胁、贿买"三种指使他人作伪证的方法,但不应限于此,行为人通过其他积极的作为指使他人作伪证

的方法也应属此列。比如被指使的人碍于情面、出于哥们义气等出面作伪证的，其实际效果与上述三种方式基本无异，符合刑法对妨害作证罪中行为人具体行为方式的客观评价。

（四）被告人万才华的行为是否属于《刑法》第307条第1款规定的"情节严重"

一种意见认为，被告人万才华妨害作证涉及的是民事案件，也未造成严重后果，且对此罪情节严重的认定，无明确的相关司法解释，故不应适用《刑法》第307条第1款中"情节严重"的规定。

相反的观点认为，由于对妨害作证罪情节严重的认定目前尚无明确的司法解释，那么判断被告人万才华的犯罪行为是否属于情节严重之情形当属法官自由裁量的事项，应该由法官根据通行的刑法理论和审判经验作出综合判断。被告人万才华实施的虚假诉讼行为，从其逃避巨额债务的主观恶意、公然欺瞒法院提起虚假诉讼并成功骗取法院的调解书、对司法公信力造成了极大损害等角度来看，认定其行为属于情节严重并无不当，应在3至7年幅度内判处刑罚。

三、案件处理

上海市黄浦区人民法院一审认为，被告人万才华伙同韩斌实施虚假诉讼行为的动机，是为了逃避自己拖欠他人的巨额债务。具体行为方式是与韩斌串通，虚构自己向韩斌借款的事实并伪造相应凭证，然后指使韩斌向法院提起诉讼。而其最终追求的结果，是经过法院调解结案，确认其与韩斌之间的债务关系，将300万元"欠款"如数转移给韩某，借此制造自己没有偿债能力的假象，对其拖欠他人的巨额债务加以抵赖和逃避。万才华明知自己的行为会侵害债权人的合法利益，破坏正常的司法工作秩序和司法公信力，仍积极追求这一结果的发生，其行为明显具有社会危害性和刑事当罚性，亦符合刑法分则第六章"妨害司法罪"的犯罪构成。

根据《刑法》第307条第1款，妨害作证罪是指以暴力、威胁、贿买等方法阻止证人作证或者指使他人作伪证的行为。所谓"指使他人作伪证"，不能片面理解为指使证人作伪证，而是指使包括证人、当事人、鉴定人、公证人、翻译人员等在内的、一切在诉讼过程中可以提出证据或提供证据线索的人。所谓"伪证"，也不能片面理解为虚假的证人证言，而是包括言辞证据、书证、物证、鉴定结论等在内的一切证据材料。根据本案事实，被告人万才华指使韩斌向法院提起虚假的民事诉讼并提供虚假证据、作出虚假陈述，可以认定万才华的上述行为属于"指使他人作伪证"，完全符合妨害作证罪的犯罪构成。辩护人关于万才华的行为不构成妨害作证罪，而构成帮助伪造证据罪的辩护意见，不能成立。

辩护人认为被告人万才华妨害作证涉及的是民事案件，并未造成严重后果，且现行法律、司法解释对此罪情节严重的认定尚无明确规定,故对起诉书指控万才华的行为属于《刑法》第 307 条第 1 款规定的"情节严重"提出异议。对此法院认为,根据本案事实,万才华指使他人作伪证,进行虚假诉讼,不仅具有逃避巨额债务的主观恶意,而且严重侵害了司法机关工作秩序,对司法公信力造成了极大损害,其行为属于《刑法》第 307 条第 1 款规定的"情节严重"。

综上,被告人万才华的行为构成妨害作证罪,犯罪情节严重。鉴于万才华归案后能如实供述自己的罪行,认罪态度较好,可依法从轻处罚。上海市黄浦区人民法院依照《中华人民共和国刑法》第 307 条第 1 款、第 67 条第 3 款,于 2011 年 10 月 18 日判决如下:被告人万才华犯妨害作证罪,判处有期徒刑 3 年。

一审宣判后,被告人万才华在法定期限内未提起上诉,一审判决已经发生法律效力。

四、分析思考

虚假诉讼是指双方当事人为了牟取非法的利益,恶意串通,虚构民事法律关系和案件事实,虚构民事纠纷,提供虚假证据,骗取法院的判决书、裁定书、调解书的行为。① 近年来,虚假诉讼呈高发态势,分布面广,数量大,比如 2010 到 2012 年浙江省发生 349 件,2012 年福建省龙岩市 103 件,北京市丰台区 36 件,江苏南通市 30 件。② 原来对虚假民事诉讼一般以妨害民事诉讼的强制措施处理,但是,这种处理方式显然不足以遏制虚假诉讼行为。高发的虚假诉讼使本已不堪重负的法院更雪上加霜,严重妨害了司法秩序,也导致债权债务等其他社会关系的混乱。近年来,对虚假诉讼行为以犯罪处理的案例开始出现,"本案是上海首次对虚假诉讼行为作为刑事案件来处理,对于万才华实施的虚假诉讼行为能否构成犯罪,审判实践中争议还是比较大的"。③ 最高人民法院将本案作为公报案例,显然也是为了统一裁判规则,对今后出现的虚假诉讼案件,具有一定社会危害性的,按照犯罪处理。

对于民事诉讼中是否能够成立妨害作证罪,通说的观点认为,妨害作证罪既可能发生在刑事诉讼中,也可能发生在民事诉讼或行政诉讼中。④ 学界有不同的观点认为:"既然伪证罪仅限于刑事诉讼,就没有理由认为妨害作证罪可以发

---

① 参见卢建平、任江海:《虚假诉讼的定罪问题探究——以 2012 年〈民事诉讼法〉修正案为视角》,《政治与法律》2012 年第 11 期。
② 参见尚海明、彭雨:《论虚假诉讼的刑法规制——基于虚假诉讼发生与司法实践状况的实证研究》,《西南政法大学学报》2013 年第 2 期。
③ 方希伟、赵武罡、彭建波:《虚假诉讼行为的入罪及其定性分析——万才华妨害作证案》,http://shfy.chinacourt.org/article/detail/2012/10/id/672107.shtml,访问日期:2013 年 8 月 4 日。
④ 参见高铭暄、马克昌主编:《刑法学》,北京大学出版社、高等教育出版社 2011 年版,第 554 页。

生在其他诉讼领域。"① 这一观点不无道理，因为伪证行为和妨害作证行为，在社会危害性程度上是相当的，即对司法秩序具有同样程度的妨害，从伪证罪和妨害作证罪一样的法定刑幅度看，也可以得出这一结论。如果认为伪证行为只有在刑事诉讼中才构成犯罪，而妨害作证的行为不管在刑事诉讼中还是在民事、行政诉讼中都构成犯罪，那么必然的结论就是妨害作证的社会危害性要大于伪证行为。但是，其一，没有充分的依据来论证这一结论；其二，《刑法》第307条第2款规定了帮助毁灭、伪造证据罪，如果认为307条第1款不限于刑事诉讼，体系解释的结论是，帮助毁灭、伪造证据罪也不限于刑事诉讼，通说也是这个立场。② 但是，以民事诉讼中伪证行为不成立犯罪为前提进行推论，会推翻通说的这个结论：帮助当事人毁灭、伪造证据的社会危害性，显然要弱于伪证的行为，因为伪证行为已经直接地破坏了司法秩序，而帮助毁灭、伪造证据的行为离开司法秩序的实际破坏还有距离，具有间接性，其危害性最终是否体现，决定于当事人在诉讼中是否利用了行为人帮助毁灭、伪造的证据。如果在民事诉讼中的伪证行为不能按照犯罪处理，民事诉讼中帮助当事人毁灭、伪造证据的行为，就更不应按照犯罪处理了。如此，倒过来推论，如果《刑法》第307条第2款帮助毁灭、伪造证据罪只能发生在刑事诉讼中，体系解释的结论就是，第307条第1款妨害作证罪也只能发生在刑事诉讼中。

　　不同于上述推论的思考是，《刑法》第307条罪状描述没有具体指明何种诉讼，比如第1款罪状描述为"以暴力、威胁、贿买等方法阻止证人作证或者指使他人作伪证的"，按文理解释，可以包括所有的诉讼程序。所以，有论者指出，"还有学者认为《刑法》第307条只适用于刑事诉讼程序，但笔者认为根据文义解释原则，《刑法》第307条可以适用于民事诉讼程序、行政诉讼程序和刑事诉讼程序。"③ 2002年《最高人民检察院法律政策研究室关于通过伪造证据骗取法院民事裁判占有他人财物的行为如何适用法律问题的答复》指出："以非法占有为目的，通过伪造证据骗取法院民事裁判占有他人财物的行为所侵害的主要是人民法院正常的审判活动，可以由人民法院依照民事诉讼法的有关规定作出处理，不宜以诈骗罪追究行为人的刑事责任。如果行为人伪造证据时，实施了伪造公司、企业、事业单位、人民团体印章的行为，构成犯罪的，应当依照《刑法》第280条第2款的规定，以伪造公司、企业、事业单位、人民团体印章罪追究刑事责任；如果行为人有指使他人作伪证行为，构成犯罪的应当依照《刑法》第307条第1款的规定，以妨害作证罪追究刑事责任。"此答复虽然不能称为严格意义上的司法

---

① 张明楷：《刑法学》，法律出版社2011年版，第956页。
② 参见高铭暄、马克昌主编：《刑法学》，北京大学出版社、高等教育出版社2011年版，第554页。
③ 参见卢建平、任江海：《虚假诉讼的定罪问题探究——以2012年〈民事诉讼法〉修正案为视角》，《政治与法律》2012年第11期。

解释,但代表了最高人民检察院的立场,即在民事诉讼中可以成立妨害作证罪。2012年修正后的《民事诉讼法》第112条规定:"当事人之间恶意串通,企图通过诉讼、调解等方式侵害他人合法权益的,人民法院应当驳回其请求,并根据情节轻重予以罚款、拘留;构成犯罪的,依法追究刑事责任。"该条在立法上规定了民事诉讼中的虚假诉讼行为可以构成犯罪。但由于刑法没有虚假诉讼罪,对该条"构成犯罪的"意思,还是具有解释空间的。如果以前述否定民事诉讼中可以成立妨害作证罪的学者的立场,可以将"构成犯罪的"解释为如果构成诈骗等犯罪的。但是本书认为,将该条"构成犯罪的"解释为在民事诉讼中可以成立妨害司法的犯罪为妥当。因为该条前段规定了针对妨害司法行为的罚款、拘留等司法强制措施,后段"构成犯罪的"追究刑事责任,应该和前段司法强制措施有相同的评价角度,表示更严重的侵害司法秩序行为的法律后果。

确定了在民事诉讼中可以成立妨害司法的犯罪,接下来的问题就是如何处理民事诉讼中的伪证行为,以及如何使第305条伪证罪和第307条第1款妨害作证罪保持协调。施塔姆勒说,"一旦有人适用一部法典的一个条文,他就是在适用整个法典"。在本案的处理中也要遵循这一原则,对虚假诉讼按犯罪处理的结果,如果使得妨害诉讼秩序犯罪的各条文之间是均衡的,才可以说是符合法律规定的。本书的意见是,将民事诉讼中的伪证行为,认定为帮助伪造证据的行为。虚假的证言也是一种证据,虚假的陈述即是伪造的过程,而且必是帮助一方当事人的行为,所以将伪证行为认定为帮助伪造证据在文理上是能够成立的。如此解释的结果是,在刑事诉讼中的伪证行为按伪证罪认定,最高刑为7年。在民事诉讼中的伪证行为,按帮助伪造证据罪认定,最高刑3年。由于妨害作证行为和伪证行为在危害性程度上具有相当性,所以,在刑事诉讼中的妨害作证行为,其和伪证罪一样最高刑应为7年。而民事诉讼中的妨害作证行为(妨害作证罪),应和民事诉讼中的伪证行为(帮助伪造证据罪)相当,一般最高刑为3年。这样就可以均衡处理刑事诉讼和民事诉讼中的妨害司法行为了。

如此,本书同意法院对于本案被告人万才华行为性质的认定,对于指使他人作伪证应该进行合目的的扩大解释。指使当事人虚假起诉包含在"指使他人作伪证"的含义内,不违反罪刑法定原则。但是,通过前文的论证,本书显然也不同意对万才华在有期徒刑3~7年的幅度内量刑。本书认为,在民事诉讼中,如果没有特别严重的妨害司法秩序的行为,一般考虑在3年以下量刑,"情节严重"一般只考虑刑事诉讼中的妨害作证行为,只有这样,才能使妨害司法罪各条在体系上保持均衡。而且本案也确实难言情节严重。[①]

[①] 《刑法修正案(九)》已将本案类似行为规定为独立的恶意诉讼犯罪。

45. 李波盗伐林木案①

——盗挖价值数额较大的行道树的行为,如何定性

一、基本案情

2010年8至9月的一天,被告人李波在未经管理部门批准许可的情况下,对从事苗圃生意的王夫兴(另案处理)谎称其已与交通局的领导打好招呼,可以处理无锡市滨湖区锡南路葛埭社区路段两侧的香樟树,并让王帮忙卖掉其中10棵。王夫兴遂联系到买家苏州市望湖苗圃场经营者周建东。2010年9月20日,周建东安排人员至上述路段挖走香樟树共计10棵,其中胸径40厘米的1棵、38厘米的2棵、28厘米的7棵,林木蓄积量共计5.1475立方米,价值共计35496元。

当日,李波在上述挖树现场遇从事苗圃生意的陆文贤,陆得知李波系得到相关领导同意后而处理香樟树,即向李波提出购买部分香樟树,李波表示同意。陆文贤又与范建民、王吾兵商定将上述路段的香樟树卖与范、王二人。2010年9月22日,范建民、王吾兵各自带领工人在上述路段挖树时被公安人员当场查获。案发时,范建民、王吾兵已开挖香樟树17棵,其中胸径30厘米的2棵、29厘米的6棵、28厘米的3棵、27厘米的5棵、26厘米的1棵,上述林木蓄积量共计6.901立方米,价值共计53250元。案发后,王夫兴退赔被害单位3.2万元。

江苏省无锡市滨湖区人民检察院以被告人李波犯盗伐林木罪,向江苏省无锡市滨湖区人民法院提起公诉。

二、争议焦点

本案的争议焦点在于李波的行为构成盗伐林木罪还是盗窃罪。

构成盗窃罪的一种观点认为,本案被告人的行为侵犯了财产权利,由于道路两边的树木不能称为林木,所以,只能以盗窃罪认定。构成盗窃罪的另一种观点认为,"盗挖"和"盗伐"是不一样的,"盗伐"行为造成的破坏是不可逆转、无法恢

---

① 案例来源:中华人民共和国最高人民法院刑事审判第一、二、三、四、五庭主办,《刑事审判参考》2012年第3集(总第86集),法律出版社2013年版,第81~85页。

复的。"盗挖"行为虽然违反了有关城市绿化管理制度,但毕竟未终结树木生命,尚未对生态环境造成无法挽救的后果,因此其行为危害主要体现在侵害了树木的所有权。本案属于"盗挖"行为,被告人主观上追求的和行为最终实现的都是活体树木的经济价值,因此,构成盗窃罪。

构成盗伐林木罪的观点认为,盗伐林木罪,是指盗伐森林或者其他林木,数量较大的行为。本案中城市道路两旁栽植的成行的香樟树属于《刑法》规定的其他林木,本案被告人的行为构成盗伐林木罪。《城市绿化条例》第27条第2项规定,擅自修剪或者砍伐城市树木,构成犯罪的,依法追究刑事责任。该项规定对擅自修剪或者砍伐城市树木行为追究刑事责任提供了行政法上的指引。由上述规范可知,行道树属于"其他林木"的范畴,可以成为盗伐林木犯罪的对象。

三、案件处理

无锡市滨湖区人民法院认为,被告人李波以非法占有为目的,通过欺骗方式利用他人盗挖国家所有的行道树,其行为构成盗窃罪。公诉机关指控李波犯盗伐林木罪的事实清楚,证据确实充分,但指控的罪名不当,应予改正。李波的犯罪行为发生在2011年4月30日以前,依照《刑法》第12条第1款,应当适用《刑法修正案(八)》颁布前《中华人民共和国刑法》的相关条款。李波在实施其中一次犯罪过程中因意志以外的原因而未得逞,系犯罪未遂,可以比照既遂犯从轻、减轻处罚。李波归案后认罪态度较好,可酌情从轻处罚。无锡市滨湖区人民法院遂依法判决如下:

被告人李波犯盗窃罪,判处有期徒刑4年,并处罚金5000元。

一审宣判后,李波未上诉,公诉机关亦未提出抗诉,判决已经发生法律效力。

四、分析思考

(一)盗伐林木罪的对象

认为本案不构成盗伐林木罪的理由之一是道路两边的树木不能认为是林木。《刑法》第345条规定的盗伐林木罪的犯罪对象是"森林或者其他林木",森林不难理解,"其他林木"法律没有定义,也没有列举,所以需要结合"森林"理解"其他林木"。森林指大片生长的树木,[①]包括原始森林和人造森林,根据《中华人民共和国森林法》第4条的规定,森林分为防护林、用材林、经济林、薪炭林和特种用途林。其他林木显然是从规模上与森林区别,即虽然不是大片的树木,但

---

① 参见中国社会科学院语言研究所词典编辑室编:《现代汉语词典》,商务印书馆2015年版,第1124页。

也不是零星树木,是具有一定规模的树木。"林"是指成片的树木或竹子。① 所以,只要成片并有一定的规模,就可以认为是林。道路两边种植的树木,成排绵延数量很多,但人们习惯称之为一排树木或二排树木,一般不会说一片树木。在此情况下能否称之为林木?本书认为,用"排"只是人们的习惯称呼,道路两边的树木,具有林木的本质属性,即连续的、众多的树木数量,在自然意义和社会意义上,和人们一般理解的成片的树木是一样的。如果在一个开阔无际的平原上种植一排绵延无际的树木,我们也可以感慨地说,那是一排伸向远方的林木。根据《森林法》的规定,防护林是指以防护为主要目的的森林、林木和灌木丛,包括水源涵养林,水土保持林,防风固沙林,农田、牧场防护林,护岸林,护路林。其中护岸林、护路林完全可能单排或双排种植。所以,是否称为林木,关键是看连续的数量,只要连续的数量达到一定的程度,就可以称为林木。在汉语词汇中,有"林荫道"一词,即是指两边栽有高大茂密树木的通路,显然在汉语的词汇中,道路两边的树木是包括在"林"中的。另外,在统计数据上,有城市森林覆盖率的标准,城市中主要的植被是道路两边的树木。所以,本书认为,道路两边的树木属于《刑法》规定的其他林木,本案不能以此为理由否定构成盗伐林木罪。

(二) 盗伐和盗挖

另一个否定本案构成盗伐林木罪的理由是"盗伐"和"盗挖"是不一样的。"盗挖"是将栽于土地上的活体树木挖出后占为己有,保持树木的活体性。"伐"是用刀、斧、锯等把东西断开。伐木,就是用锯、斧等工具把树木弄断。实施"伐"的行为后,树木主干与其赖以生存的根部分离,根部留存于土中。而"挖"则是用工具或手从物体的表面向里用力,取出其一部分或其中包藏的东西的意思。挖木,就是用锄、铲、锹等工具把树木及其树根的主要部分从泥土中取出,将树整体与泥土分离。"伐"后树木必然死亡,而"挖"的目的是移走栽种的树木。"伐"与"挖"对林木资源和生态环境造成的影响存在本质的区别。本案被告人李波为了达到转手香樟树获利的目的,让人盗挖后出售,属于"盗挖"。盗伐林木罪所确定的核心行为"伐",即便是基于社会发展需要对"伐"作适度扩张性解释,也无法将"挖"的行为囊括进来。② 这一观点是本案判决的逻辑。本书认为,没有必要区分"盗伐"和"盗挖"。盗伐林木罪侵犯的客体是林木的所有权和生态环境,就所有权而言,不管是"盗伐"还是"盗挖",都是一样的侵犯。就生态环境而言,并不能说保持了树木的活体,对生态环境就没有影响。很多林木,只有在特定的地方,以特定的方式种植,才能起到保护生态环境的作用。《森林法》

---

① 参见中国社会科学院语言研究所词典编辑室编:《现代汉语词典》,商务印书馆1996年版,第798页。
② 参见中华人民共和国最高人民法院刑事审判第一、二、三、四、五庭主办:《刑事审判参考》2012年第3集(总第86集),法律出版社2013年版,第83页。

规定了不同的森林种类,也是这个原因。试想,如果盗挖走的是防护林的林木,即使在其他地方获得了完全成活的再种植,对生态环境依然会造成极大的破坏。而且,根据《最高人民法院关于审理破坏森林资源刑事案件具体应用法律若干问题的解释》第4条,盗伐幼树的也构成犯罪,盗伐林木"数量较大",幼树以一百至二百株为起点,幼株一般不具有木材价值,其价值在于种植,盗伐幼株,不大可能是以伐断的方式,一般是挖走到其他地方栽种。如果将"盗挖"排除出"盗伐",会使得司法解释盗伐幼树的规定变得多余,同时也会由于某些幼树的价格不高,导致盗挖幼树的行为也不能以盗窃罪认定,这样就在处罚上遗漏了盗挖幼株的行为。所以,本书认为,不能以"盗挖"为理由否定本案构成盗伐林木罪。

(三) 竞合的处理方式

本书认为被告人李波的行为构成盗伐林木罪,但是,也认同法院最后以盗窃罪对本案进行认定。盗伐林木罪和盗窃罪存在竞合的关系,理论上有法条竞合和想象竞合的分歧。从罪刑相适应原则出发,本案应当认定为盗窃罪。根据1998年《最高人民法院关于审理盗窃案件具体应用法律若干问题的解释》①第3条,盗窃公私财物价值人民币5百元至2千元以上的,为"数额较大"。盗窃公私财物价值人民币5千元至2万元以上的,为"数额巨大"。盗窃公私财物价值人民币3万元至10万元以上的,为"数额特别巨大"。当时江苏省的盗窃罪量刑标准是,盗窃数额较大的起点为1千元,盗窃数额巨大的起点是1万元,数额特别巨大的起点是6万元。被告人李波盗窃的香樟树价值共计35496元,按国家标准,达到数额特别巨大的档次,按江苏省的标准,也达到了数额巨大的档次。根据《刑法》第264条,盗窃数额巨大或者有其他严重情节的,处3年以上10年以下有期徒刑,并处罚金。根据2000年《最高人民法院关于审理破坏森林资源刑事案件具体应用法律若干问题的解释》第4条,盗伐林木"数量较大",以2至5立方米为起点;盗伐林木"数量巨大",以20至50立方米为起点;盗伐林木"数量特别巨大",以100至200立方米为起点。根据《刑法》第345条,盗伐森林或者其他林木,数量较大的,处3年以下有期徒刑、拘役或者管制,并处或者单处罚金。显然如果按照盗伐林木罪对本案进行认定,由于第一次盗伐的林木蓄积量只有5.1475立方米,即使加上未遂的第二次林木蓄积量6.901立方米,也只处于第一个量刑幅度内,只能在3年以下有期徒刑、拘役或者管制的幅度内量刑,和按照盗窃罪进行认定,差了一个量刑格度。

但是,被告人李波的行为,不仅是对所有权的侵害,也是对生态环境、城市绿化和城市风貌的损害,违法性比之一般的盗窃有过之而无不及。2000年《最高

---

① 当时适用。现已经被2013年《最高人民法院、最高人民检察院关于办理盗窃刑事案件适用法律若干问题的解释》取代。

人民法院关于审理破坏森林资源刑事案件具体应用法律若干问题的解释》第9条规定:"将国家、集体、他人所有并已经伐倒的树木窃为己有,以及偷砍他人房前屋后、自留地种植的零星树木,数额较大的,依照《刑法》第264条的规定,以盗窃罪定罪处罚。"倘若对严重的盗伐林木案件也只能适用盗伐林木罪,就必然出现以下不合理局面:(1)盗窃已被伐倒的他人树木,数额特别巨大的,可以按盗窃罪"处十年以上有期徒刑或者无期徒刑,并处罚金或者没收财产";而盗窃没被伐倒的生长中的他人树木,数量特别巨大的,只能按盗伐林木罪"处七年以上有期徒刑,并处罚金"。(2)盗窃他人房前屋后、自留地的生态功能小的零星树木,数额特别巨大的,"处十年以上有期徒刑或者无期徒刑,并处罚金或者没收财产";而盗窃他人林地的生态功能大的林木,数量特别巨大的,只能"处七年以上有期徒刑,并处罚金"。这两种局面明显违反了刑法的正义性。① 所以,以盗窃罪处理才符合罪刑相适应原则。

但以盗窃罪认定,必然会有的疑问是是否违反罪刑法定原则。对此的解决路径有两个。

一个是在认为盗伐林木罪和盗窃罪是法条竞合关系的情况下,承认重法优于轻法也是处理原则。张明楷教授认为,当一个行为同时触犯同一法律的普通法条与特别法条时,在特殊情况下,按照行为所触犯的法条中法定刑最重的法条定罪量刑。这里的"特殊情况"是指以下两种情况:第一,法律明文规定按重罪定罪量刑。如根据《刑法》第149条第2款,生产、销售第141条至第148条规定的特定伪劣产品,同时触犯《刑法》第140条即普通法条的,如果按第140条处刑较重,则按照第140条的规定定罪量刑。第二,法律虽然没有明文规定按普通法条定罪量刑,但对此也没作禁止性规定,而且按特别法条定罪不能做到罪刑相适应时,按照重法条优于轻法条的原则定罪量刑。在上述第二种情形下,适用重法条优于轻法条的原则必须符合以下三个条件:其一,行为触犯的是同一法律的普通法条与特别法条;如果行为触犯的是不同的法律,则应当严格适用特别法条优于普通法条的原则。其二,同一法律的特别法条规定的法定刑,明显低于普通法条规定的法定刑,而且,根据案件的情况,适用特别法条不符合罪刑相适应原则。其三,刑法没有禁止适用普通法条,或者说没有指明必须适用特别法条。否则,必须适用特别法条。亦即,当刑法条文规定了"本法另有规定的,依照规定"时,禁止适用普通法条。② 盗伐林木罪符合上述条件,在以盗伐林木罪处理案件出现不符合罪刑相适应原则时,可以按照盗窃罪认定。

另一个思考的路径是认定盗伐林木罪和盗窃罪之间存在想象竞合关系,因

---

① 参见张明楷:《盗伐林木罪与盗窃罪的关系》,《人民检察》2009年第3期。
② 参见张明楷:《刑法分则的解释原理》,中国人民大学出版社2011年版,第703页。

为法条竞合是法条和法条之间存在包容关系,在犯罪构成上是重合的,触犯特别法条,必然触犯普通法条。想象竞合则没有这个特点,只是由于行为的延展性和犯罪对象上客体的多样性才使得一个行为触犯数个罪名。盗伐林木罪包含多于盗窃罪的客体,除开所有权还有生态环境,如果盗伐的林木够多,但这种木材不值钱,那么完全可能构成盗伐林木罪而不构成盗窃罪,所以盗伐林木罪和盗窃罪不是包容的法条竞合关系,而是想象竞合关系。如此,按想象竞合择一重罪处罚,以盗窃罪认定不违反罪刑法定原则。

综上,本书认为,本案被告人李波的行为同时触犯了盗伐林木罪和盗窃罪,可以按照重罪盗窃罪认定。

46. 蒋泵源贩卖毒品案①

——明知他人从事贩卖毒品活动而代为保管甲基苯丙胺的行为如何定性

一、基本案情

被告人蒋泵源于2010年9月间，先后两次将吴江（另案处理）用于贩卖的262克甲基苯丙胺放在家中窝藏，后将其中的95克贩卖给吸毒人员"阿虎"，得款人民币35000元。但贩卖95克甲基苯丙胺只有蒋泵源口供。

蒋泵源还于2010年8月至9月间，先后4次将2.8克甲基苯丙胺贩卖给吸毒人员祖娟娟，得款500元。

2010年9月24日晚，蒋泵源在其居住地被公安机关抓获，公安机关查获甲基苯丙胺30克、氯胺酮8.01克等。

江苏省无锡市惠山区人民检察院以被告人蒋泵源犯贩卖毒品罪和窝藏毒品罪，向无锡市惠山区人民法院提起公诉。

二、争议焦点

本案争议的焦点在于蒋泵源代为保管甲基苯丙胺的行为，如何定性。

第一种意见认为，蒋泵源的行为构成非法持有毒品罪。蒋泵源主观上明知是毒品，客观上在一定时间内非法持续占有262克毒品，在案证据无法证实其具有将该部分毒品进行走私、贩卖、运输的故意和行为，因此应当构成非法持有毒品罪。

第二种意见认为，蒋泵源的行为构成窝藏毒品罪。蒋泵源明知吴江放在其家中保管的是毒品甲基苯丙胺，还代为保管50克以上，其行为严重妨碍司法机关对吴江贩毒行为的缉查，应当构成窝藏毒品罪，且属情节严重。

第三种意见认为，蒋泵源的保管行为系他人实施贩卖毒品活动的一个部分或者一个环节。蒋泵源明知吴江系贩毒分子，仍应其要求先后两次代为保管

---

① 案例来源：中华人民共和国最高人民法院刑事审判第一、二、三、四、五庭主办：《刑事审判参考》2012年第2集（总第85集），法律出版社2012年版，第71~75页。

262 克甲基苯丙胺,实际上对吴江的犯罪行为起到了配合、帮助作用,据此应当认定蒋泵源与吴江形成毒品犯罪的共犯关系,应当以贩卖毒品罪追究其刑事责任。

三、案件处理

无锡市惠山区人民法院认为,被告人蒋泵源明知是毒品甲基苯丙胺而予以贩卖,其行为构成贩卖毒品罪,且数量在 50 克以上,其中向"阿虎"贩卖 95 克甲基苯丙胺的行为属共同犯罪;蒋泵源为他人窝藏毒品甲基苯丙胺 167 克,其行为还构成窝藏毒品罪,且属情节严重,应当实行数罪并罚。依据《中华人民共和围刑法》第 347 条第 1 款、第 2 款、第 7 款,第 349 条第 1 款,第 25 条第 1 款,第 56 条条第 1 款,第 69 条,无锡市惠山区人民法院以被告人蒋泵源犯贩卖毒品罪,判处有期徒刑 15 年,剥夺政治权利 5 年,并处没收个人财产 5 万元;犯窝藏毒品罪,判处有期徒刑 3 年 6 个月;决定执行有期徒刑 16 年 6 个月,剥夺政治权利 5 年,并处没收个人财产 5 万元。

宣判后,被告人蒋泵源不服,以认定其贩卖 95 克甲基苯丙胺给"阿虎"的证据不足为由,提出上诉。

其辩护人提出的主要辩护理由和意见是:上诉人蒋泵源为吴江保管毒品的行为不能单独构成窝藏毒品罪,而系吴江实施贩卖毒品犯罪行为的从犯。

出庭支持公诉的检察员提出的意见是:上诉人蒋泵源明知吴江贩卖毒品,仍代为保管 262 克甲基苯丙胺,该行为与吴江的贩卖毒品犯罪行为构成共犯关系,蒋泵源在共同犯罪中起辅助作用,系从犯。蒋泵源的行为应当以贩卖毒品罪一罪追究刑事责任,建议二审予以改判。

无锡市中级人民法院经二审审理认为,上诉人蒋泵源明知他人贩卖毒品,代为他人保管甲基苯丙胺 50 克以上,蒋泵源还单独贩卖少量毒品,其行为均构成贩卖毒品罪。蒋泵源在共同犯罪中起辅助作用,系从犯。原判认定蒋泵源将代为保管的 95 克甲基苯丙胺贩卖给"阿虎"的事实,仅有蒋泵源本人的供述而无其他证据印证,不予认定。蒋泵源的行为应当以贩卖毒品罪一罪论处。原审判决适用法律错误,量刑不当,应予改判。鉴于蒋泵源在贩卖毒品犯罪中仅起辅助作用,可以对其予以较大幅度的减轻处罚。依照《中华人民共和国刑事诉讼法》(1996)第 189 条第 2 项、《中华人民共和国刑法》第 347 条第 2 款第 1 项、第 25 条第 1 款、第 27 条、第 56 条第 1 款,无锡市中级人民法院撤销无锡市惠山区人民法院(2011)惠刑初字第 47 号刑事判决,以上诉人蒋泵源犯贩卖毒品罪,判处有期徒刑 8 年,剥夺政治权利 2 年,并处罚金 2 万元。

四、分析思考

本案涉及的问题是贩卖毒品罪、非法持有毒品罪和窝藏毒品罪的关系问题。

非法持有毒品罪是指明知是毒品而持有数量较大的行为。和其他非法持有类罪名一样,非法持有毒品罪是救济性罪名,在没有证据证明构成其他毒品犯罪时,只要行为人明知是毒品而持有,就可以认定。持有毒品,是实施其他毒品犯罪的前提,所以实施其他毒品犯罪,必然触犯非法持有毒品罪。一般情况下,将非法持有毒品罪与其他罪的关系认定为吸收关系,即因为实施其他毒品犯罪必然触犯非法持有毒品罪,所以其他毒品罪就吸收非法持有毒品罪。本书认同这种基本的处理模式,但是如下文所述,在特殊情况下,也可以认定为想象竞合关系。

窝藏毒品罪是指为走私、贩卖、运输、制造毒品的犯罪分子窝藏毒品的行为。周光权教授的不同意见认为:"按照《刑法》的规定,明知是毒品而加以窝藏、转移、隐瞒的,就构成本罪。所以,他人的毒品通过何种途径得来,本犯是否构成走私、贩卖、运输、制造毒品罪,都并不关键。本罪与包庇毒品犯罪分子罪的立法表述明显不同,该罪将明知的对象限定为走私、贩卖、运输、制造毒品的犯罪分子,所以包庇盗窃、抢劫毒品犯罪者并不构成包庇毒品犯罪分子罪。而本罪对明知的内容并未作这种限制,明知是通过盗窃等财产犯罪取得的毒品、他人非法持有的毒品,出于使犯罪分子逃避刑事追究的意图,而加以窝藏、转移、隐瞒的,都具有本罪的故意。"[①]本书不同意周光权教授的观点。《刑法》第349条规定:"包庇走私、贩卖、运输、制造毒品的犯罪分子的,为犯罪分子窝藏、转移、隐瞒毒品或者犯罪所得的财物的,处三年以下有期徒刑、拘役或者管制;情节严重的,处三年以上十年以下有期徒刑。"从体系性的角度看,在同一个法条中,概念通常应该作相同的解释。前后"犯罪分子"的表述虽然有所不同,但从语言使用的习惯看,当前文已经对犯罪分子作出了限定,后面就没有必要再次加以限定,不然从语言表述上看就显得冗长和累赘,不具有立法的经济性,也不具有立法语言的美感和节奏感。而且,如果抢劫、盗窃毒品的犯罪分子也包括在内,文理上也不通,因为抢劫毒品的犯罪所得只是毒品,毒品是被禁止的,不能进行财物价值评价,不存在为抢劫毒品的犯罪分子窝藏犯罪所得的财物的问题。对此,黎宏教授也表示:"《刑法》第349条第1款对包庇毒品犯罪分子已经限定为'走私、贩卖、运输、制造'毒品的犯罪分子,那么,在接着的'窝藏、转移、隐瞒毒品或者犯罪所得财物'的'犯罪分子'前,即便没有写明犯罪分子的具体范围,也应当是指'走私、贩卖、

[①] 周光权:《刑法各论》,中国人民大学出版社2011年版,第386页。

运输、制造'毒品的犯罪分子。"①

《刑法》第349条第3款规定："犯前两款罪,事先通谋的,以走私、贩卖、运输、制造毒品罪的共犯论处。"但事中通谋的又如何处理呢？而且,具有共同犯罪的故意,并不一定需要相互谋划,只要存在明知,存在意思联络,只要知道自己的行为是加功于共同犯罪过程的,就可以认定为共同犯罪。从《刑法》第349条的表述看,为犯罪分子窝藏毒品,显然是要求明知对方是走私、贩卖、运输、制造毒品的犯罪分子。既然要求明知,是否应该以走私、贩卖、运输、制造毒品的共犯处理？周光权教授对此的意见是："与毒品犯罪分子事前有通谋,而为其窝藏、转移、隐瞒毒品、毒赃的,应以走私、贩卖、运输、制造毒品罪的共犯论处。所以,窝藏、转移、隐瞒毒品、毒赃的行为要成立本罪,必须发生在毒品犯罪分子实施走私、贩卖、运输、制造毒品之后,而且与毒品犯罪分子事前没有通谋。事前虽无通谋,但在他人走私、贩卖、运输、制造毒品过程中,明知是毒品、毒赃,明知他人的行为是毒品犯罪行为,而窝藏、转移、隐瞒毒品、毒赃的,属于帮助毒品犯罪分子,使其相应犯罪得以遂行的行为,应成立走私、贩卖、运输、制造毒品罪的共犯。对此,还值得进一步讨论。"②

本书基本同意周光权教授的观点,其中还值得进一步讨论的问题有两点：

一是行为人在事中为犯罪分子窝藏、转移、隐瞒毒品、毒赃,但其目的是帮助犯罪分子逃避司法机关的查处和追究,并不是为犯罪分子继续实施完成毒品犯罪,该如何处理？有意见认为,是否具有为犯罪分子逃避司法机关处罚的目的,是区分构成窝藏、转移、隐瞒毒品、毒赃罪和走私、贩卖、运输、制造毒品罪共犯的关键之处。本书不同意这个观点,既然明知自己的行为对于犯罪分子完成毒品犯罪有帮助,就完全具备了走私、贩卖、运输、制造犯罪共犯的所有条件,其中又增加一个帮助犯罪分子逃避处罚的目的,并不能阻却共犯条件的齐备。所以,只要在事中知道自己的窝藏、转移、隐瞒毒品、毒赃罪行为对犯罪分子完成走私、贩卖、运输、制造毒品罪是有帮助的,均可以按照共同犯罪认定。

第二个值得讨论的问题是,既然窝藏、转移、隐瞒毒品、毒赃只能发生在毒品犯罪分子实施走私、贩卖、运输、制造毒品之后,那么对于贩卖行为而言,如何能够成立呢？因为犯罪分子已经贩卖掉了毒品,对于毒赃而言虽然可以窝藏、转移、隐瞒,但如何能够为其窝藏、转移、隐瞒毒品呢？而如果承认可以为贩卖毒品的犯罪分子窝藏、转移、隐瞒毒品,那必须得承认发生在事中,即在明知对方贩卖毒品的情况下,也构成窝藏、转移、隐瞒毒品罪。对此问题,解决的路径有两个,一个是坚持窝藏、转移、隐瞒毒品、毒赃只能发生在毒品犯罪分子实施走私、贩

---

① 黎宏：《刑法学》,法律出版社2012年版,第893页。
② 周光权：《刑法各论》,中国人民大学出版社2011年版,第385页。

卖、运输、制造毒品之后,在贩卖毒品罪既遂之后,只存在为犯罪分子窝藏毒赃,不存在为犯罪分子窝藏毒品的情况。在贩卖毒品过程中帮助犯罪分子窝藏毒品的,按贩卖毒品罪的共同犯罪处理。另一个路径是,对于走私、运输、制造毒品罪,为犯罪分子窝藏、转移、隐瞒毒品必须发生在事后,但法律不说多余的话,既然在文理上不能否定为贩卖毒品的犯罪分子窝藏、转移、隐瞒毒品,就承认对于贩卖毒品罪而言,窝藏、转移、隐瞒毒品可以发生在事中,但属于想象竞合,即一个行为既构成窝藏、转移、隐瞒毒品罪,又构成贩卖毒品罪的帮助犯,按照一个重罪处理。本书目前初步倾向的处理路径为第二个,这样一方面坚持了法律不说多余的话的解释原则,另一方面处理起来比较灵活。

回到本案,由于窝藏毒品行为发生在犯罪分子贩卖毒品过程中,所以,就算行为人是出于帮毒品犯罪分子逃避处罚而窝藏毒品,依然构成贩卖毒品罪的共犯。

贩卖毒品罪、非法持有毒品罪和窝藏毒品罪的关系把握,应重视量刑的问题。窝藏毒品罪的量刑幅度是3年以下有期徒刑、拘役或者管制,情节严重的,处3年以上10年以下有期徒刑。《刑法》第348条规定:"非法持有鸦片一千克以上、海洛因或者甲基苯丙胺五十克以上或者其他毒品数量大的,处七年以上有期徒刑或者无期徒刑,并处罚金;非法持有鸦片二百克以上不满一千克、海洛因或者甲基苯丙胺十克以上不满五十克或者其他毒品数量较大的,处三年以下有期徒刑、拘役或者管制,并处罚金;情节严重的,处三年以上七年以下有期徒刑,并处罚金。"可以发现,非法持有毒品罪的法定刑高于窝藏毒品罪。但是窝藏毒品必然会持有毒品,有证据证明是为实施其他犯罪而持有毒品的,违法性应重于没有证据证明为实施其他犯罪而持有毒品的情况。如果认为只要有证据证明是为走私、贩卖、运输、制造毒品的犯罪分子逃避处罚而持有毒品,就只能按窝藏毒品罪处理,那会导致罪刑不相适应的局面,试想,假设行为人为制造毒品的犯罪分子窝藏了巨量的毒品,却只能以窝藏毒品罪处低刑,而如果这些毒品仅是一般持有的话,却可以非法持有毒品罪处重型,明显不合理。如果是那样,就司法机关办理案件而言,没有必要去证明毒品的来源,因为证明了来源反而导致犯罪分子面对较轻的刑罚,这显然是一个不合理的局面。解决的办法是,将窝藏毒品罪和非法持有毒品罪作为想象竞合犯处理。非法持有毒品罪主要是按照持有的毒品数量来量刑的,而窝藏毒品罪主要是按照犯罪情节来量刑的。当行为人为犯罪分子窝藏的毒品数量较少,则按照情节以窝藏毒品罪来认定。当行为人为犯罪分子窝藏的毒品数量较多,则按非法持有毒品罪认定。

回到本案,如果被告人蒋泵源为犯罪分子逃避司法机关的处罚而为犯罪分子窝藏毒品的,则其行为同时构成窝藏毒品罪、非法持有毒品罪和贩卖毒品罪的帮助犯,由于持有的毒品甲基苯丙胺的数量达到262克,远远超过了非法持有毒品罪7年以上有期徒刑或者无期徒刑的量刑幅度50克的起点,所以只在非法持有毒品罪和贩卖毒品罪的帮助犯中确定罪名。如果被告人蒋泵源不是为犯罪分子逃避处罚而持有毒品,则只构成非法持有毒品罪和贩卖毒品罪的帮助犯。由于贩卖毒品罪和非法持有毒品罪存在吸收关系,应以贩卖毒品罪认定。从量刑上也可以得出这个结论,贩卖毒品罪的量刑重于非法持有毒品罪,虽然从犯应当从轻、减轻或者免除处罚,但在适用结果上,依然可以重于非法持有毒品罪。所以,本案被告人帮吴江持有262克甲基苯丙胺的行为,应该以贩卖毒品罪认定。但是,在量刑上,二审法院处8年有期徒刑偏轻了,因为非法持有50克甲基苯丙胺的起刑点是7年,被告人蒋泵源为帮助贩毒者而持有甲基苯丙胺达到远远超过50克的262克,如果单纯地持有这些毒品,以非法持有毒品罪量刑,刑期应该比持有50克的长很多,但在同时构成贩卖毒品罪共犯的情况下,处刑却只有8年,这是一个明显不均衡的结果。

综上,本书认同二审法院的罪名认定,但认为量刑偏轻了。

47. 易大元运输毒品案

——运输毒品过程中暴力抗拒检查,造成执法人员重伤的行为如何定性

一、基本案情

2011年3月17日20时许,被告人易大元携带冰毒、麻古驾驶渝FF2602轿车沿渝万高速公路从重庆市梁平县前往重庆市万州区。当晚22时许,易大元驾车在渝万高速公路高梁收费站下道缴费时被万州区公安局禁毒支队民警蒲某等人拦住。蒲某走到渝FF2602轿车驾驶室前出示警官证并抓住易大元左手,易大元因害怕毒品被查获便加油门强行撞横杆冲出收费站,致使蒲某被渝FF2602轿车拖带并摔倒在收费站安全道的水泥台处,造成蒲某左面部多处挫裂伤,左侧眼眶外侧壁及外上壁等处骨折,损伤程度为重伤。易大元驾车逃出一段路后将车丢在路边,并将冰毒、麻古等抛弃在公路边的排水沟内后逃匿。当晚,公安机关在易大元丢弃车辆附近查获冰毒98.04克、麻古2.59克。经鉴定,均检出甲基苯丙胺成分。2011年3月18日,公安机关在梁平县将易大元抓获。

重庆市人民检察院第二分院以被告人易大元犯运输毒品罪、故意伤害罪,向重庆市第二中级人民法院提起公诉。

二、争议焦点

本案争议的焦点在于被告人易大元在收费站驾车冲撞对其执行检查和抓捕任务的民警蒲某,造成蒲某重伤损害后果的行为如何定性。

一种意见认为,在走私、贩卖、运输、制造毒品的过程中以暴力抗拒检查、拘留、逮捕,造成执法人员重伤、死亡后果的,应当以走私、贩卖、运输、制造毒品罪与故意伤害罪或者故意杀人罪数罪并罚。因为《刑法》第347条第2款第4项规定的"以暴力抗拒检查、拘留、逮捕,情节严重的",属情节加重犯,不包括"结果严重的"结果加重犯。如果造成重伤、死亡后果的,则应当单独以故意伤害罪或

---

① 案例来源:中华人民共和国最高人民法院刑事审判第一、二、三、四、五庭主办:《刑事审判参考》2012年第6集(总第89集),法律出版社2013年版,第84~88页。

者故意杀人罪定罪处罚。这也是公诉机关的指控意见。

另一种意见认为,在走私、贩卖、运输、制造毒品的过程中以暴力抗拒检查、拘留、逮捕,造成执法人员重伤、死亡后果的,属于走私、贩卖、运输、制造毒品的加重情节之一,不能单独构成其他犯罪。被告人易大元在运输毒品过程中因害怕毒品被查获,强行撞横杆冲出收费站,致公安人员被撞成重伤的行为属于《刑法》第347条第2款第4项规定的"以暴力抗拒检查、拘留、逮捕,情节严重的"情形,构成运输毒品罪。

三、案件处理

重庆市第二中级人民法院认为,被告人易大元运输甲基苯丙胺100.63克,并驾车撞伤对其执行检查和抓捕任务的民警蒲某,造成蒲某重伤,其行为已触犯《中华人民共和国刑法》第347条第1款,第2款第1项、第4项,构成运输毒品罪。易大元在运输毒品过程中,为抗拒检查、抓捕,驾车撞伤对其执行检查和抓捕任务的民警蒲某,造成蒲某重伤,其行为已触犯《中华人民共和国刑法》第347条第2款第4项,属于运输毒品的加重情节之一,不能单独构成其他犯罪。对公诉机关指控被告人易大元构成故意伤害罪以及辩护人提出被告人易大元抗拒检查、抓捕的行为构成妨害公务罪的意见均不予采纳。依照《中华人民共和国刑法》第347条第1款,第2款第1项、第4项、第57条第1款、第59条、第64条,判决如下:

1. 被告人易大元犯运输毒品罪,判处无期徒刑,剥夺政治权利终身,并处没收个人全部财产。
2. 查获的毒品和违法所得予以没收。

一审宣判后,重庆市人民检察院第二分院提出抗诉称,《刑法》第347条第2款第4项规定的"以暴力抗拒检查、拘留、逮捕,情节严重的",属情节加重犯,不属于"结果严重的"结果加重犯。造成重伤或者死亡结果是结果加重犯的范畴,故被告人易大元的行为应分别构成运输毒品罪和故意伤害罪,应数罪并罚,一审认定易大元的行为仅构成运输毒品罪系适用法律不当。

被告人易大元亦提出上诉。

重庆市高级人民法院经审理认为,原判认定事实清楚,证据确实、充分,定罪准确,量刑适当,审判程序合法,裁定驳回抗诉、上诉,维持原判。

四、分析思考

《刑法》第347条第2款规定:"走私、贩卖、运输、制造毒品,有下列情形之一的,处十五年有期徒刑、无期徒刑或者死刑,并处没收财产:(一)走私、贩卖、运输、制造鸦片一千克以上、海洛因或者甲基苯丙胺五十克以上或其他毒品数量较大的;(二)走私、贩卖、运输、制造毒品集团的首要分子;(三)武装掩护走私、贩卖、运输、制造毒品的;(四)以暴力抗拒检查、拘留、逮捕,情节严重的;(五)参与有组织的国际贩毒活动的。"本案被告人易大元运输毒品,并在收费站驾车撞伤对其执行检查和抓捕任务的民警蒲某,其行为符合《刑法》第347条第2款第4项规定的情节加重情形,即"以暴力抗拒检查、拘留、逮捕,情节严重的"。但问题是,347条第2款第4项确实是如公诉机关坚持的,属于情节加重,而并不属于结果加重的规定。本案因被告人驾车冲撞的行为而出现了重伤的结果,从犯罪构成的角度,也成立故意伤害罪。从情节的角度而言,驾车撞人并造成重伤可以评价为情节严重,并根据《刑法》的规定按情节加重犯法定刑升格处理。但如果按重伤结果这一角度评价的话,《刑法》并没有规定按结果加重犯处理,在罪名的认定上,是否必须如判决所持的立场,情节严重包含了重伤的严重后果,只能按运输毒品罪的情节加重犯处理呢?本书认为,在成立运输毒品罪的情节加重犯的情况下,不妨碍故意伤害罪的成立,可以按照想象竞合原则处理。

如果认为情节严重包含了严重结果,在《刑法》规定了情节严重时不能再从严重结果的角度进行评价,这是不符合立法精神的。强奸罪的法定刑升格条件中,就同时规定了情节和结果,《刑法》第236条第3款第1项是"强奸妇女、奸淫幼女情节恶劣的",第5项是"致使被害人重伤、死亡或者造成其他严重后果的"。《刑法》第248条规定:"监狱、拘留所、看守所等监管机构的监管人员对被监管人进行殴打或者体罚虐待,情节严重的,处三年以下有期徒刑或者拘役;情节特别严重的,处三年以上十年以下有期徒刑。致人伤残、死亡的,依照本法第二百三十四条、第二百三十二条的规定定罪从重处罚。"致人伤残、死亡的,当然属于情节特别严重,但是《刑法》对此另行评价。这就说明危害结果一方面可以说明情节的严重性,另一方面又有其独立的内容,当刑法没有将严重结果作为法定刑升格条件时,应承认对其另行评价的可能。又如《刑法》第226条强迫交易罪规定:"以暴力、威胁手段,实施下列行为之一,情节严重的,处三年以下有期徒刑或者拘役,并处或者单处罚金;情节特别严重的,处三年以上七年以下有期徒刑,并处罚金……"强迫交易因为使用暴力手段可能会造成伤害性后果,如果出现重伤的后果,则应该按照故意伤害罪处理。这时并不能说情节特别严重包含重伤后果,所以只能按照强迫交易罪处理。

再看《刑法》第318条:"组织他人偷越国(边)境的,处二年以上七年以下有期徒刑,并处罚金;有下列情形之一的,处七年以上有期徒刑或者无期徒刑,并处罚金或者没收财产:(一)组织他人偷越国(边)境集团的首要分子;(二)多次组织他人偷越国(边)境或者组织他人偷越国(边)境人数众多的;(三)造成被组织人重伤、死亡的;(四)剥夺或者限制被组织人人身自由的;(五)以暴力、威胁方法抗拒检查的;(六)违法所得数额巨大的;(七)有其他特别严重情节的。

犯前款罪,对被组织人有杀害、伤害、强奸、拐卖等犯罪行为,或者对检查人员有杀害、伤害等犯罪行为的,依照数罪并罚的规定处罚。"其中规定以暴力、威胁方法抗拒检查的,属于情节加重。而在暴力抗拒检查的时候,行为人实施的行为完全可能又是对检查人员的杀害或伤害行为。这时在处理时,不能说因为《刑法》已经将暴力抗拒检查行为作为法定刑升格条件,就不能以故意杀人罪或故意伤害罪和组织他人偷越国(边)境罪实行数罪并罚。如果这样,结果是不均衡的。因为组织他人偷越国(边)境罪在法定刑升格的情况下,最高刑是无期徒刑。但暴力抗拒检查造成检查人员死亡的,按故意杀人罪处理的话,最高刑是死刑。所以,在暴力抗拒检查造成检查人员死亡的情况下,应该以组织他人偷越国(边)境罪和故意杀人罪数罪并罚。但组织他人偷越国(边)境罪只能适用基本刑,不能适用升格刑,因为已经对暴力抗拒检查的行为独立评价了,如果再评价为组织他人偷越国(边)境罪的法定刑升格条件,就是重复评价了。

《刑法》第347条第2款第4项规定的"以暴力抗拒检查、拘留、逮捕"属于妨害公务的行为,对于妨害公务罪的罪数问题,学界的通说是,如果对公务人员造成轻伤以下的结果,按妨害公务罪处理,如果造成重伤以上的结果,按故意伤害罪处理。① 妨害公务罪有不同的情节,但是当妨害公务的行为造成重伤、死亡的后果时,不妨碍将行为同时认定为故意伤害罪或故意杀人罪。对"以暴力抗拒检查、拘留、逮捕,情节严重的"解释,本书认为,当暴力抗拒检查、拘留、逮捕,情节不严重时,按照走私、贩卖、运输、制造毒品罪和妨害公务罪数罪并罚。当暴力抗拒检查、拘留、逮捕,情节严重时,按照走私、贩卖、运输、制造毒品罪的情节加重犯处理。当暴力抗拒检查、拘留、逮捕造成检察人员重伤、死亡时,属于走私、贩卖、运输、制造毒品罪的情节加重犯和故意伤害罪或故意杀人罪的想象竞合犯,择一重罪处理。本书不认为可以数罪并罚,因为将重伤或死亡的结果同时作为走私、贩卖、运输、制造毒品罪的法定刑升格条件和故意伤害罪或故意杀人罪的构成条件,属于重复评价,对行为人是不公平的。但如果最终以故意杀人罪或故意伤害罪认定,应该和走私、贩卖、运输、制造毒品罪的基本刑数罪并罚,因为妨碍公务是一个独立的行为,《刑法》为严格刑事责任,才按照情节加重处理,在不按照法定刑升格条件处理时,当然应该独立评价;如果走私、贩卖、运输、制造毒品罪还有其他升格条件,那么可以以故意杀人罪或故意伤害罪与走私、贩卖、运输、制造毒品罪的升格刑数罪并罚,因为这不涉及重复评价的问题。

回到本案,如果单看妨碍公务的情节,被告人易大元构成运输毒品罪,在面对公安局禁毒支队民警蒲某检查时,强行冲关,造成蒲某重伤,符合运输毒品罪法定刑升格条件,同时其行为可以评价为故意伤害罪,按想象竞合处理,由于运

---

① 参见高铭暄、马克昌主编:《刑法学》,北京大学出版社、高等教育出版社2011年版,第529页。

输毒品罪升格法定刑的最高刑是死刑,所以,可以按照运输毒品罪认定。但是因为被告人还有运输毒品甲基苯丙胺数量达到 50 克以上这一法定刑升格条件,所以为实现罪刑均衡,应该对故意伤害行为独立评价,按照运输毒品罪的升格刑与故意伤害罪进行数罪并罚。

  法院坚持本案只按运输毒品罪的情节加重犯推理的理由是:"有些犯罪过程经常伴随其他犯罪行为,从而突显该类犯罪的社会危害性,刑法立法遂将伴随行为特别规定为该类犯罪的加重处罚情节,不实行数罪并罚,以体现从严打击该类犯罪的立法目的。"[①]情节加重犯的立法模式确实是这样,当按照数罪并罚处理或按其他犯罪处理并不能严厉惩处一些特定的危害社会的行为,刑法因此将特定犯罪中的特定行为规定为法定刑升格条件,这样,在法律后果上,要严厉于按数罪并罚或想象竞合处理的结果。本案判决按此精神对本案进行处理,总体而言,没有什么大问题。但是,如果按照想象竞合或者数罪并罚方式推理,不违反《刑法》,也更能够实现刑事责任,更符合公平原则,那么就没有必要强行按照情节加重犯一个路径推理。

  [①] 中华人民共和国最高人民法院刑事审判第一、二、三、四、五庭主办:《刑事审判参考》2012 年第 6 集(总第 89 集),法律出版社 2013 年版,第 86 页。

48. 董志尧组织淫秽表演案

——组织裸体私拍的行为如何定性

一、基本案情

2009年5月至2011年2月间,被告人董志尧单独或伙同蔡光明、沈琳等人(均已另案处理),由董志尧寻找模特或由蔡光明、沈琳等人招募模特提供给董志尧,再由董志尧通过互联网发布人体模特私拍摄影信息,招募参与私拍活动的摄影师,租借公寓或预定宾馆客房作为拍摄场地,安排模特分场次供摄影师拍摄。在拍摄过程中要求模特按照摄影师的需要,全裸、暴露生殖器以及摆出各种淫秽姿势。其中有的场次是"一对一"私拍活动。经鉴定,董志尧组织的私拍活动中有20余场系淫秽表演。

上海市长宁区人民检察院以被告人董志尧犯组织淫秽表演罪,向长宁区人民法院提起公诉。

二、争议焦点

本案在审理过程中主要有以下争议:

关于招募模特和摄影师,要求模特暴露生殖器、摆出淫秽姿势供摄影师拍摄的,是否构成组织淫秽表演罪。第一种观点认为,本案被告人董志尧的行为不构成组织淫秽表演罪。因为在董志尧组织的人体摄影活动中,虽然模特按照摄影师的要求摆出各种淫秽姿势,甚至暴露生殖器,但是这仅仅是为了满足摄影师的拍摄要求,为摄影创作提供素材,而不是为了满足观众的观看要求。这种拍照和摆拍行为在性质上不是表演行为,不符合刑法上淫秽表演的相关要求。第二种观点认为,董志尧的行为构成组织淫秽表演罪。在董志尧组织的人体摄影活动中,模特为配合摄影师的拍摄而裸露生殖器,摆出淫秽姿势,这会被摄影师的感官所直接接收,给作为观看者的摄影师带来不正常的刺激和兴奋,进而危害社会的道德风尚,属于刑法上的淫秽表演,对董志尧的行为应以组织淫秽表演罪

---

① 案例来源:中华人民共和国最高人民法院刑事审判第一、二、三、四、五庭主办:《刑事审判参考》2012年第2集(总第85集),法律出版社2012年版,第88~93页。

论处。

关于模特和摄影师组成的"一对一"私拍活动能否认定为淫秽表演。关于该种形式的表演能否计入董志尧组织淫秽表演的场次。一种观点认为,不能将这种形式的表演计入董志尧组织淫秽表演的场次。因为淫秽表演在客观方面表现为当众进行色情淫荡、挑动人们性欲的形体或动作表演,而在"一对一"形式的表演中,受众只有一人而不是多数人。另一种观点认为,应当将这种形式的表演计入董志尧组织淫秽表演的场次。因为尽管这种淫秽表演的受众只有一人,但该受众是董志尧从网上公开招募而来,这种方式具有不特定性和公开性,已经造成危害社会健康性风尚的影响。

三、案件处理

长宁区人民法院经不公开开庭审理认为,被告人董志尧以牟利为目的,单独或伙同他人组织模特进行淫秽表演,其行为构成组织淫秽表演罪,且情节严重,依法应予惩处。公诉机关指控的事实清楚,定性正确。鉴于董志尧到案后能如实供述自己的罪行,依法可从轻处罚。为维护社会良好风尚,依照《中华人民共和国刑法》第365条、第25条第1款、第67条第3款、第53条及《最高人民法院关于〈中华人民共和国刑法修正案(八)〉时间效力问题的解释》第4条,以被告人董志尧犯组织淫秽表演罪,判处有期徒刑4年,并处罚金人民币8000元。

宣判后,被告人董志尧没有上诉,检察机关也未提出抗诉,判决已发生法律效力。

四、分析思考

因为本案是国内首例裸模私拍案,也是全国首例将大尺度私拍活动定性为组织淫秽表演罪的案件,更因为案件牵涉到了某卫视相亲节目的当红女嘉宾,[①]所以受到了广泛的关注。

本书认为被告人董志尧的行为构成组织淫秽表演罪。组织淫秽表演罪的组织,是指策划、指挥、安排进行淫秽表演的行为。进行淫秽表演,是指露骨宣扬色情内容的表演,如展示妇女的乳房,展示人、动物的性器官,展示人的各种自然或者非自然的性行为等等。[②]首先,董志尧实施了组织行为,一方面董志尧招募模特,利用网络等媒介招募参与拍摄的人员,另一方面租用拍摄场地。其行为是对整个活动的策划和安排,符合组织行为的要求。其次,模特大尺度裸体展示,或

---

① 参见南都周刊,《闫凤姣案下的灰色私拍业》, http://www.nbweekly.com/news/observe/201112/28414.aspx, 访问日期:2015年2月28日。
② 参见张明楷:《刑法学》,法律出版社2011年版,第1033~1034页。

暴露性器官的行为,属于诲淫性的行为,根据《最高人民检察院、公安部关于公安机关管辖的刑事案件立案追诉标准的规定(一)》第86条的规定,以策划、招募、强迫、雇佣、引诱、提供场地、提供资金等手段,组织表演者进行裸体表演的,应予立案追诉。最后,模特裸体展示给一群摄影者属于表演。根据词典的解释,表演是指戏剧、舞蹈、杂技等演出,把情节或技艺表现出来,或做示范性的动作。① 演出是指把戏剧、音乐、舞蹈、曲艺、杂技等演给观众欣赏。② 所以,演出是把情节、技艺或动作表现出来,给观众欣赏。本案女模特摆出各种裸体造型,给众多摄影者拍摄,虽然和一般的演出有所不同,但没有本质的区别,因为也是向多数人展示和供人欣赏的示范性动作,至于摄影师除开能用眼欣赏之外,还能通过相机将过程拍摄下来,对于行为性质不会产生影响。正如摄影师带着摄影器材去看话剧,过程中有拍摄行为,并不会妨碍其观看演出的性质。

　　本案关键性的争端在于公众性的问题。反对的意见认为,表演具有公众性,但本案不具有公众性。本书认为,表演是内涵丰富、边际很宽的词汇,完全可以包含本案行为。人们说人生就是一场戏,每个人都是戏中角色,时时处处人们都在表演。这虽然是对表演的夸张说法,但也说明在人类社会中时时处处都可以是舞台,只要有人在展示,有多人在欣赏,就可以认为是表演活动。比如在一个亲朋好友的聚会上,有人兴之所至展示了一个魔术,人们完全可以说该人进行了一个魔术表演。当模特向众多摄影者展示裸体,就是具有公众性的表演。通说也认为,本罪在客观上表现为组织他人当众进行淫秽表演的行为,所谓当众,一般是指3人以上观看淫秽表演。③ 公众性应该是一个可以量化的词,并不是一定要开放性多数,表演也有开放式表演和封闭式表演,所以,只要受众是多人的,就可以认定具有公众性。众由于其多而成为众,不因其开放而为众。

　　关于"一对一"式的私拍是否属于淫秽表演,是一个争议更大的问题。对此,被告律师曾鑑清表示:"《刑法》中的罪名是不能推定的,被告人被定性为'组织淫秽表演罪'值得商榷。组织淫秽表演和拍摄人体照性质不同,从客观表现形态来说前者是在公共场合进行动态的表演,并且有很多人来观看,而被告人组织的人体摄影活动中,拍摄者都是摄影发烧友,所有和摄影无关的人员会被清场。这样的拍摄和绘画时请人体模特有什么区别?如果私拍限定在两个人之间,没有其他行为,就不构成犯罪。至于群拍,如果是为了满足性的感观刺激而

---

① 参见中国社会科学院语言研究所词典编辑室编:《现代汉语词典》,商务印书馆2015年版,第87页。
② 参见同上书,第1501页。
③ 参见高铭暄、马克昌主编:《刑法学》,中国法制出版社2007年版,第730页。

集体表演,组织者就涉嫌'组织淫秽表演罪'"。①对于组织淫秽表演罪被组织者是否需要多人的问题,周光权教授认为:"组织淫秽表演罪,是指组织多人进行淫秽表演的行为。"②这个观点反过来说,如果被组织者是一人的,就不构成组织淫秽表演罪。通说认为:"组织淫秽表演罪,是指组织他人进行淫秽表演的行为。"③从通说的表述看,只要是组织他人进行淫秽表演即可,并没有表述需要组织几个人,亦即组织一个人也在组织的范围内。张明楷教授认为,《刑法》明文规定的罪状是组织淫秽表演,并没有规定组织他人淫秽表演,所以不排除组织人和动物或组织动物的淫秽表演。④ 从这个判断推断,被组织对象并不需要多人。这个结论也可以从张明楷教授对于组织出卖人体器官罪的"组织"的论述推断出来,张明楷教授认为:"被组织出卖人体器官的人也不要求是数人。亦即,组织一人出卖人体器官的,也成立本罪。"⑤本书认同这一观点,认为被组织者只有一人也成立组织,因为表演并不一定需要多人,很多表演艺术是一个人的,比如单口相声、单人舞蹈等等,组织某个舞蹈演员的演出,未尝不可。

组织"一对一"式的私拍是否成立组织淫秽表演罪,在前一个"一"可以成立的情况下,后一个"一"是否能成立呢? 即对于观看的人是否一定要多数? 周光权教授认为:"组织者是否亲自参与淫秽表演,表演场合是否公开,是否有不特定多数人观看,对成立本罪都没有影响。"⑥通说认为,"这里的'组织',是指策划、指挥、安排进行淫秽表演的行为。如招聘、雇佣、联系他人进行淫秽表演,安排演出、提供进行淫秽表演的场所以及组织多人观看淫秽表演等等。"⑦张明楷教授也认为,组织淫秽表演的组织活动"如招聘、雇佣他人进行淫秽表演,联系演出、提供场所等进行淫秽表演,组织多人观看淫秽表演等。"⑧本书同意需要多人观看的观点。一对一,是一种隐私性的活动,和演出的公众性有距离。如果说拍摄者人数多的情况,在概念上处于"表演"的边缘地带,还可以进行扩大解释,让概念的外延所包括,但"一对一"的拍摄,边际实在太远,根本没有公众性,纯粹是私密性的活动,认为是表演,就有类推的嫌疑了。

有观点认为,组织"一对一"式裸体拍摄,与组织"一对一"式的网络裸聊具有一定的相似之处。司法实践中普遍认为,当行为人以营利为目的,组织他人在

---

① 参见华讯财经:《裸模私拍:组织淫秽表演与人体摄影如何界定》,http://stock.591hx.com/article/2012-07-23/0000539478s_5.shtml,访问日期:2015年2月28日。
② 周光权:《刑法各论》,中国人民大学出版社2011年版,第399页。
③ 高铭暄、马克昌主编:《刑法学》,北京大学出版社、高等教育出版社2011年版,第606页。
④ 参见张明楷:《刑法学》,法律出版社2011年版,第1033页。
⑤ 张明楷:《刑法学》,法律出版社2011年版,第773页。
⑥ 周光权:《刑法各论》,中国人民大学出版社2011年版,第399页。
⑦ 高铭暄、马克昌主编:《刑法学》,北京大学出版社、高等教育出版社2011年版,第607页。
⑧ 张明楷:《刑法学》,法律出版社2011年版,第1033页。

互联网上针对不特定的受众进行一对一的裸聊，并以体态性的动作宣扬色情讯息，从而引起聊天对象的性刺激、性兴奋时，应认定组织裸聊者为组织淫秽表演罪。本书认为两者不能进行类比，网络本是一个开放的场合，和封闭的宾馆房间不同。在网络上一对一，只是数据传输的一对一，就终端而言，完全是开放的，也就是说，一旦在网络上展开"一对一"裸聊，实际局面是否真的是"一对一"根本不是组织者能控制的，既然存在着被多人观看的现实可能，认定为表演，也未尝不可。而且，网络裸聊的组织者，一般是同时组织多人向多人进行"一对一"裸聊，认定为组织淫秽表演罪是合理的。这和"一对一"式拍摄完全私密的两人行为是不同的。

认为"一对一"式拍摄属于表演的另一个理由是被告人董志尧组织"一对一"式的表演次数多，受众人数达到多数。尽管从单个场次看，"一对一"式淫秽表演中的受众是单个个体，但董志尧在网上向不特定人招聘，反复多次组织该类淫秽表演活动，就其受众的覆盖面而言，数量上亦构成多数，且系不特定多数，符合淫秽表演的公开性特征。这一观点混淆了个体性和整体性之间的界限，被告人董志尧组织的每次"一对一"式拍摄，都是独立的，其独立实施的这一行为再多，都不能认为具有公众性。正如某人不停地更换恋爱对象，不能说其同时和多人谈恋爱；在网上公开招婚，不能说将和不特定的人结婚；经常和不特定的单个人在宾馆淫乱，不能认为其行为是聚众淫乱。组织淫秽表演罪侵害的客体是社会良好风尚，这种对社会风尚的侵害性，只有在一次面向多人的情况下才能体现出来，一次向多人淫秽表演和多次"一对一"淫秽展示，对于社会风向的侵害程度是不一样的。社会风尚实际来自人们的社会观念，在社会观念中，人们往往不能接受的是当众的行为，而并不是私密的行为。所以，在组织淫秽表演罪中应坚持观众的多数性。

综上，本案被告人董志尧组织淫秽拍摄20余场，其中多数场次观看淫秽表演人数多，表演时间长，应当认定为组织淫秽表演罪。但其中"一对一"式的拍摄不能计算在组织场次中。

第十部分 贪污贿赂罪案例

49. 王妙兴贪污、受贿、职务侵占案①

——国有公司改制中利用职务便利隐匿国有资产的行为如何定性

一、基本案情

新长征集团是由上海市普陀区长征镇人民政府和其投资成立的上海长征城乡建设开发有限公司共同出资设立。2004至2005年,长征镇政府决定对新长征集团实行改制,由国有公司改制为非国有公司,并委托上海万隆资产评估有限公司进行资产评估。其间,被告人王妙兴利用担任长征镇党委书记兼新长征集团董事长等职务便利,指使新长征集团会计金枫,在新长征集团资产评估前即2004年7月至2005年5月,秘密将长征镇政府拨给新长征集团发展资金等共计人民币9700万元划到由其个人控制和管理的长征镇集体经济合作联社账外账户,没有计入新长征集团的评估资产中,导致新长征集团改制的资产价值仅为1.7亿余元。2005年10月和2006年7月,王妙兴辞去了长征镇党委书记的职务,新长征集团通过两次改制,将其资产以1.7亿余元的价格转让给包括王妙兴在内的个人和其他私营性质的单位,其中王妙兴占有5%的股份。2005年12月至2007年2月,王妙兴又指使金枫将上述9700万元转到其个人控制和管理的原新长征集团账外账户,并将其中的2000余万元用于改制后新长征集团发放奖金、购买基金等。

此外,被告人王妙兴还利用担任长征镇政府镇长职务的便利,为上海嘉定区房地产(集团)有限公司等单位参与开发长征镇土地、项目建设等方面提供帮助,并收受上述单位负责人贿赂计630余万元;利用担任非国有性质的上海真北商务服务管理有限公司法定代表人和改制后新长征集团党委书记、董事长职务的便利,侵吞上述单位资金500余万元。

上海市人民检察院第二分院以被告人王妙兴犯贪污罪、受贿罪、职务侵占罪,向上海市第二中级人民法院起诉。

---

① 案例来源:中华人民共和国最高人民法院刑事审判第一、二、三、四、五庭主办:《刑事审判参考》2011年第5集(总第82集),法律出版社2012年版,第77~83页。

二、争议焦点

本案被告人王妙兴构成受贿罪和职务侵占罪没有争议,但对于9700万元是构成贪污罪还是国有公司人员滥用职权罪以及犯罪金额的认定上有争议。

关于9700万元的犯罪性质,一种观点认为构成国有公司人员滥用职权罪。被告人的行为属于滥用职权,造成国有公司严重损失,致使国家利益遭受重大损失,符合国有公司人员滥用职权罪的构成要件。另一种观点认为构成贪污罪。在国有公司改制过程中,被告人指使会计将国有财产划到由其个人控制和管理的账户,隐匿国有公司的财产,可以认定其具有非法占有的目的,符合贪污罪的构成要件。

关于犯罪金额的认定,第一种观点认为,对于9700万国有资产,被告人主观上没有非法占有全部的动机和目的,在国有公司转制后,隐匿的国有资产转到非国有公司,用于改制后新长征集团发放奖金、购买基金等,因此,只能以其在非国有公司占有的股份比例认定(即9700万的5%认定)。第二种观点认为,应当以隐匿的全部国有资产金额认定,贪污之后,将国有资产转入非国有企业,并将部分资金用于转制后新长征集团职工发放奖金、购买基金等,只能认为是对其非法占有的国有资产的一种处分行为。贪污罪的目的是为了防止公共财产被非法占有,因此为了更好地保护国有财产,就应当以隐匿的全部国有资产金额认定,如果仅仅以所占股份比例来认定,不利于充分保护国有财产。

三、案件处理

上海市第二中级人民法院认为,被告人王妙兴在新长征集团改制期间,利用担任长征镇党委书记兼新长征集团董事长等职务的便利,非法将9700万元国有资产隐匿在其个人控制的账户中,使长征镇政府失去了对该笔国有资产的控制,其行为构成贪污罪;王妙兴还利用担任长征镇政府镇长等职务的便利,非法收受他人贿赂630余万元,为他人谋取利益,其行为又构成受贿罪;王妙兴在担任非国有公司负责人期间,利用职务便利,非法将公司资金500余万元据为己有,其行为还构成职务侵占罪。据此,上海市第二中级人民法院以贪污罪判处王妙兴无期徒刑,剥夺政治权利终身,并处没收财产60万元;以受贿罪判处王妙兴有期徒刑12年,剥夺政治权利3年,并处没收财产30万元;以职务侵占罪判处王妙兴有期徒刑8年,并处没收财产10万元;决定对王妙兴执行无期徒刑,剥夺政治权利终身,并处没收财产100万元;贪污和职务侵占所得予以追缴并分别发还长征镇政府等单位,不足部分责令退赔;受贿所得予以没收。

一审宣判后,被告人王妙兴不服,以其主观上没有非法占有新长征集团9700万元的故意,其行为不构成贪污罪等为由,提出上诉。

上海市高级人民法院认为,被告人王妙兴在新长征集团改制过程中,利用担任长征镇党委书记兼新长征集团党委书记、董事长职务的便利,非法将9700万元国有资产隐匿在其个人控制的账户中,使长征镇政府失去对该笔国有资产的控制,其行为构成贪污罪,且贪污金额为9700万元。一审认定王妙兴犯贪污罪、受贿罪、职务侵占罪的事实清楚,证据确实、充分,适用法律正确,量刑适当,审判程序合法。裁定驳回王妙兴上诉,维持原判。

四、分析思考

20世纪90年代以来,随社会主义市场经济体制的建设和发展,为建立起"产权清晰、权责明确、政企分开、管理科学"的现代企业制度,国有企业改制工作开始进行。在改制过程中,特别是在管理层收购(MBO)中,出现了一些国家工作人员贪污、私分国有资产等职务犯罪案件,造成了大规模的国有资产流失,本案即是在这个过程中发生的案件。此类案件,往往比较复杂,在司法认定上会有一些困难。本书认为,本案被告人王妙兴对于9700万元构成贪污罪,数额应该按照9700万元认定。

(一)本案应该认定为贪污罪

贪污罪是指国家工作人员利用职务上的便利,侵吞、窃取、骗取或者以其他手段非法占有公共财物的行为。本案之所以在是否成立贪污罪问题上有争议,关键的原因在于被告人王妙兴是将9700万元划到长征镇集体经济合作联社账外账户,并没有将9700万划到自己的账户,主观上王妙兴似乎也不是为自己非法占有财物,而是将9700万元用于改制后新长征集团发放奖金、购买基金等。厘清这个问题,主要从两个方面来考虑,一是贪污罪的客体,二是非法占有的目的。对于贪污罪的客体,通说认为:"本罪的客体是复杂客体,即本罪既侵犯国家工作人员的职务廉洁性,也侵犯公共财产的所有权。"[1]其中,贪污罪的主要客体是国家工作人员的廉洁性。[2] 本书认同通说关于贪污罪是复杂客体的观点,但是认为贪污罪的主要客体是公共财产权。通说认为贪污罪的主要客体是国家工作人员的廉洁性的原因是贪污罪在《刑法》分则中处于"贪污贿赂罪"一章,并不处于侵犯财产罪一章。但是,在1979年《刑法》中,贪污罪是在"侵犯财产罪"一章的,到1997年《刑法》,为了在立法上重视腐败等职务犯罪的惩治,才将贪污贿赂罪单列为一章。《刑法》分则的编排,一方面要根据主要客体,另一方面也要考虑行为特点。比如生产、销售有毒、有害食品罪,虽然处于破坏社会主义市场经济秩序罪,但没人会认为经济秩序比生命更重要。而且,通说对贪污罪既

---

[1] 高铭暄、马克昌主编:《刑法学》,北京大学出版社、高等教育出版社2011年版,第621页。
[2] 参见高铭暄、马克昌主编:《刑法学》,中国法制出版社2007年版,第752页。

遂的判断,是以实际占领控制财产为标准的,最高人民法院2003年下发的《全国法院审理经济犯罪案件工作座谈会纪要》规定:"贪污罪是一种以非法占有为目的的财产性职务犯罪,与盗窃、诈骗、抢夺等侵犯财产罪一样,应当以行为人是否实际控制财物作为区分贪污罪既遂与未遂的标准。"显然这是以财产权为主要客体进行的判断。因为如果以职务行为的廉洁性为主要客体进行判断的话,一实施贪污行为就已经侵害了职务行为的廉洁性,并不需要等完全控制财物才成立既遂的,所以,贪污罪的主要客体应该是公共财产权,其次才是职务行为的廉洁性。如此,公共财产是否被侵夺,是判断是否成立贪污罪的最重要角度。

回到本案,国家9700万元的财产权已经因被告人王妙兴的职务行为受到了损失,这是客观的事实,最后是否成立贪污罪,就看被告人有没有非法占有的目的。王妙兴也是以自己没有非法占有为目的为自己辩护的,因为其没有将9700万元转移给个人,而是将钱转移给了改制后的新长征集团。但是,非法占有的目的,并不一定要为自己非法占有。高铭暄教授认为,非法占有为目的"并非仅指行为人自己将公司财物非法占有并享用,而是包括将其转归第三人非法所有。甚至即使行为人日后将贪污来的公款用于捐助他人,也不能改变其占有公款目的的非法性。因为,这只是其贪污公款以后的一种处分而已。这是以其自己首先非法占有为前提的"。① 张明楷教授认为,贪污罪"非法占有目的,与侵犯财产罪中的非法占有目的的含义相同"。② 侵犯财产罪"非法占有的目的,既包括使行为人自己非法占有为目的,也包括使第三者(包括单位)非法占有为目的"。③ 周光权教授也认为:"非法占有公共财物包括将公共财物在事实上或法律上永久地占为己有,也包括将公共财物取得后转移给他人。"④所以,被告人王妙兴将9700万元转移给改制后的新长征集团,并不妨碍非法占有目的的认定,就如为了他人而偷窃并不妨碍盗窃罪认定一样,更何况被告人王妙兴在改制后的新长征集团中拥有股份,为改制后的新长征集团非法占有,实际上就是为自己非法占有而已。2010年《最高人民法院、最高人民检察院关于办理国家出资企业中职务犯罪案件具体应用法律若干问题的意见》第1条规定,"国家工作人员或者受国家机关、国有公司、企业、事业单位、人民团体委托管理、经营国有财产的人员利用职务上的便利,在国家出资企业改制过程中故意通过低估资产、隐瞒债权、虚设债务、虚构产权交易等方式隐匿公司、企业财产,转为本人持有股份的改制后公司、企业所有,应当依法追究刑事责任的,依照《刑法》第382条、第383条的规定,以贪污罪定罪处罚"。可见,对王妙兴以贪污罪认定符合法律和法理。

---

① 高铭暄主编:《刑法专论》,高等教育出版社2006年版,第759页。
② 张明楷:《刑法学》,法律出版社2011年版,第1047页。
③ 同上书,第848页。
④ 周光权:《刑法各论》,中国人民大学出版社2011年版,第408页。

本案中涉及的国有公司人员滥用职权罪的问题,本书认为,本案也构成国有公司人员滥用职权罪。贪污的行为必然是滥用职权的行为,贪污罪和国有公司人员滥用职权罪是一种交叉竞合的关系,同时构成贪污罪和国有公司人员滥用职权罪的情况下,按照重罪贪污罪认定。如果国有公司人员滥用职权的行为,虽然造成了国有财产的巨大损失,但是行为人没有非法占有的目的,就只能认定为国有公司人员滥用职权罪而不能认定为贪污罪。

(二) 本案贪污数额应认定为 9700 万元

本案贪污的数额应该认定为 9700 万元,而不能根据被告人王妙兴所占的股份比例折算。正如上文所述,贪污罪侵害的主要客体是公共财产权,在本案中,国有财产实际遭受了 9700 万元的损失,如果以王妙兴所持改制后新长征集团股份比例折算,王妙兴占 5%,那么 9700 万元的国有财产中,95% 的部分没有得到保护。《刑法》的基本目的之一是法益保护,按比例折算的结果就是导致公共财产利益没有得到充分的保护。2003 年《全国法院审理经济犯罪案件工作座谈会纪要》规定,个人贪污数额"在共同贪污犯罪案件中应理解为个人所参与或者组织、指挥共同贪污的数额,不能只按个人实际分得的赃款数额来认定"。2010 年《最高人民法院、最高人民检察院关于办理国家出资企业中职务犯罪案件具体应用法律若干问题的意见》规定,在国家出资企业改制过程中隐匿公司财产,以贪污罪定罪处罚的,"贪污数额一般应当以所隐匿财产全额计算;改制后公司、企业仍有国有股份的,按股份比例扣除归于国有的部分"。因此,不能将个人贪污数额等同于个人据为己有的金额。王妙兴的犯罪数额是隐匿的全部国有资产金额 9700 万,而不能仅仅以王妙兴在改制后非国有公司所占股份比例认定。

综上,法院认定王妙兴构成贪污罪、受贿罪和职务侵占罪,适用法律正确,量刑适当。

50. 潘玉梅、陈宁受贿案①

——巧妙伪装的贿赂手段如何定性

一、基本案情

2003年八九月间,被告人潘玉梅、陈宁分别利用担任江苏省南京市栖霞区迈皋桥街道工委书记、迈皋桥办事处主任的职务便利,为南京某房地产开发有限公司总经理陈某在迈皋桥创业园区低价获取100亩土地等提供帮助,并于9月3日分别以其亲属名义与陈某共同注册成立南京多贺工贸有限责任公司(简称多贺公司),以"开发"上述土地。潘玉梅、陈宁既未实际出资,也未参与该公司经营管理。2004年6月,陈某以多贺公司的名义将该公司及其土地转让给南京某体育用品有限公司,潘玉梅、陈宁以参与利润分配名义,分别收受陈某给予的480万元。2007年3月,陈宁因潘玉梅被调查,在美国出差期间安排其驾驶员退给陈某80万元。案发后,潘玉梅、陈宁所得赃款及赃款收益均被依法追缴。

2004年2月至10月,被告人潘玉梅、陈宁分别利用担任迈皋桥街道工委书记、迈皋桥办事处主任的职务之便,为南京某置业发展有限公司在迈皋桥创业园购买土地提供帮助,并先后4次各收受该公司总经理吴某某给予的50万元。

2004年上半年,被告人潘玉梅利用担任迈皋桥街道工委书记的职务便利,为南京某发展有限公司受让金桥大厦项目减免100万元费用提供帮助,并在购买对方开发的一处房产时接受该公司总经理许某某为其支付的房屋差价款和相关税费61万余元(房价含税费121.0817万元,潘支付60万元)。2006年4月,潘玉梅因检察机关从许某某的公司账上已掌握其购房仅支付部分款项的情况而补还给许某某55万元。

此外,2000年春节前至2006年12月,被告人潘玉梅利用职务便利,先后收受迈皋桥办事处一党支部书记兼南京某商贸有限责任公司总经理高某某人民币201万元和美元49万元、浙江某房地产集团南京置业有限公司范某某美元1万元。2002至2005年间,被告人陈宁利用职务便利,先后收受迈皋桥办事处一党

---

① 案例来源:2011年12月20日《最高人民法院关于发布第一批指导性案例的通知》指导案例3号。

支部书记高某某21万元、迈皋桥办事处副主任刘某8万元。

综上,被告人潘玉梅收受贿赂人民币792万余元、美元50万元(折合人民币398.1234万元),共计收受贿赂1190.2万余元;被告人陈宁收受贿赂559万元。

江苏省南京市人民检察院以潘玉梅、陈宁犯受贿罪,向江苏省南京市中级人民法院提起公诉。

二、争议焦点

贿赂犯罪在现实中复杂多样,各种巧妙伪装的贿赂手段层出不穷,给贿赂犯罪的惩处带来了困难。本案涉及贿赂犯罪中的几个典型问题,如为他人谋取利益、变相受贿、受贿的既遂等。本案被选为最高人民法院第一批指导案例,也正是因为其中涉及了受贿罪的多个典型问题,以此作为指导案例,有利于统一裁判规则。本书关注本案的两个问题:

一是为他人谋取利益的解释。有观点认为为他人谋取利益客观上必须要有谋取利益的行为,不然不能认定为受贿罪;另有观点认为只要在主观上有为他人谋取利益的意思即可,并不需要客观行为;还有观点认为只要承诺为他人谋取利益即可。

二是受贿罪的既遂。有观点认为只要收受财物就构成既遂,有观点认为只有完成所有权转移才构成既遂,有观点认为只要索要贿赂就构成既遂。

三、案件处理

南京市中级人民法院认为:

关于被告人潘玉梅、陈宁及其辩护人提出二被告人与陈某共同开办多贺公司开发土地获取"利润"480万元不应认定为受贿的辩护意见,经查,潘玉梅时任迈皋桥街道工委书记,陈宁时任迈皋桥街道办事处主任,对迈皋桥创业园区的招商工作、土地转让负有领导或协调职责,二人分别利用各自职务便利,为陈某低价取得创业园区的土地等提供了帮助,属于利用职务上的便利为他人谋取利益;在此期间,潘玉梅、陈宁与陈某商议合作成立多贺公司用于开发上述土地,公司注册资金全部来源于陈某,潘玉梅、陈宁既未实际出资,也未参与公司的经营管理。因此,潘玉梅、陈宁利用职务便利为陈某谋取利益,以与陈某合办公司开发该土地的名义而分别获取的480万元,并非所谓的公司利润,而是利用职务便利使陈某低价获取土地并转卖后获利的一部分,体现了受贿罪权钱交易的本质,属于以合办公司为名的变相受贿,应以受贿论处。

关于被告人潘玉梅及其辩护人提出潘玉梅没有为许某某实际谋取利益的辩护意见,经查,请托人许某某向潘玉梅行贿时,要求在受让金桥大厦项目中减免100万元的费用,潘玉梅明知许某某有请托事项而收受贿赂;虽然该请托事项没有实现,但"为他人谋取利益"包括承诺、实施和实现不同阶段的行为,只要具有其中一项,就属于为他人谋取利益。承诺"为他人谋取利益",可以从为他人谋取利益的明示或默示的意思表示予以认定。潘玉梅明知他人有请托事项而收受其财物,应视为承诺为他人谋取利益,至于是否已实际为他人谋取利益或谋取到利益,只是受贿的情节问题,不影响受贿的认定。

关于被告人潘玉梅及其辩护人提出潘玉梅购买许某某的房产不应认定为受贿的辩护意见,经查,潘玉梅购买的房产,市场价格含税费共计应为121万余元,潘玉梅仅支付60万元,明显低于该房产交易时当地市场价格。潘玉梅利用职务之便为请托人谋取利益,以明显低于市场的价格向请托人购买房产的行为,是以形式上支付一定数额的价款来掩盖其受贿权钱交易本质的一种手段,应以受贿论处,受贿数额按照涉案房产交易时当地市场价格与实际支付价格的差额计算。

关于被告人潘玉梅及其辩护人提出潘玉梅购买许某某开发的房产,在案发前已将房产差价款给付了许某某,不应认定为受贿的辩护意见,经查,2006年4月,潘玉梅在案发前将购买许某某开发房产的差价款中的55万元补给许某某,相距2004年上半年其低价购房有近两年时间,没有及时补还巨额差价;潘玉梅的补还行为,是由于许某某因其他案件被检察机关找去谈话,检察机关从许某某的公司账上已掌握潘玉梅购房仅支付部分款项的情况后,出于掩盖罪行目的而采取的退赃行为。因此,潘玉梅为掩饰犯罪而补还房屋差价款,不影响对其受贿罪的认定。

综上所述,被告人潘玉梅、陈宁及其辩护人提出的上述辩护意见不能成立,不予采纳。潘玉梅、陈宁作为国家工作人员,分别利用各自的职务便利,为他人谋取利益,收受他人财物的行为均已构成受贿罪,且受贿数额特别巨大,但同时鉴于二被告人均具有归案后如实供述犯罪、认罪态度好,主动交代司法机关尚未掌握的同种余罪,案发前退出部分赃款,案发后配合追缴涉案全部赃款等从轻处罚情节。

据此,江苏省南京市中级人民法院于2009年2月25日以(2008)宁刑初字第49号刑事判决,认定被告人潘玉梅犯受贿罪,判处死刑,缓期二年执行,剥夺政治权利终身,并处没收个人全部财产;被告人陈宁犯受贿罪,判处无期徒刑,剥夺政治权利终身,并处没收个人全部财产。

宣判后,潘玉梅、陈宁提出上诉。

江苏省高级人民法院于2009年11月30日以同样的事实和理由作出(2009)苏刑二终字第0028号刑事裁定,驳回上诉,维持原判,并核准一审以受贿罪判处被告人潘玉梅死刑,缓期二年执行,剥夺政治权利终身,并处没收个人全部财产的刑事判决。

最高人民法院公布本案时归纳的裁判要点为:

1. 国家工作人员利用职务上的便利为请托人谋取利益,并与请托人以"合办"公司的名义获取"利润",没有实际出资和参与经营管理的,以受贿论处。

2. 国家工作人员明知他人有请托事项而收受其财物,视为承诺"为他人谋取利益",是否已实际为他人谋取利益或谋取到利益,不影响受贿的认定。

3. 国家工作人员利用职务上的便利为请托人谋取利益,以明显低于市场的价格向请托人购买房屋等物品的,以受贿论处,受贿数额按照交易时当地市场价格与实际支付价格的差额计算。

4. 国家工作人员收受财物后,因与其受贿有关联的人、事被查处,为掩饰犯罪而退还的,不影响认定受贿罪。

四、分析思考

(一) 为他人谋取利益

"为他人谋取利益"的解释,经历了旧客观说、主观说和新客观说的过程。

旧客观说认为,成立为他人谋取利益,至少要有现实的为他人谋利益的行为。但此说也并不要求实际谋到利益。1989 年《最高人民法院、最高人民检察院关于执行〈关于惩治贪污罪贿赂罪的补充规定〉若干问题的解答》指出:"非法收受他人财物,同时具有'为他人谋取利益'的,才能构成受贿罪。为他人谋取的利益是否正当,为他人谋取的利益是否实现,不影响受贿罪的成立。"此说面临的最大问题是,当行为人已经收受贿赂,但还没有来得及实施为他人谋取利益的行为时,不能按照受贿罪处罚。本来,"为他人谋取利益"这一构成条件的设置,是为了将没有请托事项的馈赠等行为排除出受贿的范围,但将"为他人谋取利益"解释为客观的谋取利益的行为或结果,却排除了不该排除的受贿行为,导致受贿罪的犯罪圈过于狭小。

主观说认为,"为他人谋取利益"是指意图为他人谋取利益,只要是以为他人谋取利益的意图收受财物的,就构成受贿。主观说在一定程度上弥补了旧客观说的不足,代表人物是陈兴良教授。① 但是,如果行为人心里想的只是收钱,根本不想帮别人办事,主观说就有处罚空隙了。按理,光收钱不办事的人,在伦理上更具有否定性,但因为行为人主观上没有为他人谋利益的意图,就不能定受贿罪,这也不符合国民情感。

现在的通说是新客观说,也可以称为"许诺说",即只要在收受贿赂时许诺为他人谋取利益,就构成受贿,许诺包括明示许诺,也包括默示许诺。新客观说将许诺行为也当做"为他人谋取利益"的组成部分,同时将默示许诺也认定为许

---

① 参见陈兴良:《规范刑法学(下)》,中国人民大学出版社 2008 年版,第 1007 页。

诺,最大限度地填补了受贿罪的处罚空隙,其最具代表性的人物是张明楷教授。[①] 此说也被2003年《全国法院审理经济犯罪案件工作座谈会纪要》所确认:"为他人谋取利益包括承诺、实施和实现三个阶段的行为。只要具有其中一个阶段的行为,如国家工作人员收受他人财物时,根据他人提出的具体请托事项,承诺为他人谋取利益的,就具备了为他人谋取利益的要件。明知他人有具体请托事项而收受其财物的,视为承诺为他人谋取利益。"其中"视为承诺"即是指"默示承诺"也是承诺。

"为他人谋取利益"的解释也和受贿罪客体(法益)的争论有关。通说受贿罪的客体是国家工作人员职务的廉洁性。[②] 但廉洁性的内涵并不清晰。如果是指职务行为的公正性,那么只有实施不公正的职务行为时,才构成受贿罪,为他人谋取利益就应该作为构成要件。但是,这样会使公权公信力的保护过于滞后,权力天然有腐败的倾向,一旦权力和钱财结合,不管后续谋利行为产生与否,都会给公权带来信任危机。从保证公信力的角度,将权力和钱财隔离,是合适的。从国家工作人员的角度,为了维护公权形象,也应该履行和钱财保持距离的义务。目前,被越来越多的学者所接受的观点是,受贿罪的客体是国家工作人员职务行为的不可收买性。[③] 从职务行为的不可收买性的角度,其只涉及权钱交易的问题,即只要基于职务便利收受钱财,就可以认为权力已经被收买,在国民的心理上,也会产生权力被收买的印象。职务行为不可收买性是否被侵害,与是否为他人谋取利益无关。所以,为他人谋利益是应该删除的要件,它的存在,导致受贿罪不该有的处罚空隙。从国外的立法例看,也往往不将为他人谋取利益作为受贿罪的构成要件,只是作为加重条件。从立法论的角度,删除"为他人谋取利益"的呼声很高,如此,才有了不断扩大"为他人谋取利益"范围的解释过程。从目前"许诺说"的解释结论看,几乎已经将"为他人谋取利益"吞掉了。但是,也要注意,立法和解释不同,面对不合理的规定,解释只能尽量利用技术手段使规定合理化,但不能直接将规定删除。"许诺说"虽然几乎将"为他人谋取利益"吞掉,但终究没有吞掉,对于没有请求事项的送钱收钱行为,还是不能按照受贿来认定。如果定受贿罪,就违反罪刑法定原则,因为不存在"为他人谋取利益"的任何主观意图和客观行为。

本案被告人收受他人钱财的事实是确定的,双方也清楚不可能是无缘无故的送钱,所以,不管在客观上有没有"为他人谋取利益"的职务行为,都可以认定被告人收钱的同时表达了关照对方的潜台词,符合"为他人谋取利益"的构成条件。

[①] 参见张明楷:《刑法学》,法律出版社2011年版,第1068页。
[②] 高铭暄、马克昌主编:《刑法学》,北京大学出版社、高等教育出版社2011年版,第629页。
[③] 张明楷:《法益初论》,中国政法大学出版社2003年版,第450页;周光权:《刑法各论》,中国人民大学出版社2011年版,第417页;李辰:《受贿犯罪研究》,中国政法大学出版社2011年版,第33页。

(二) 受贿罪的既遂和未遂

关于受贿罪的既遂和未遂，是非常复杂的问题。复杂性首先在于客体的认定：是职务行为的不可收买性，还是公正性，还是财产权，还是兼而有之？复杂性还在于行贿受贿往往比较隐蔽，行为当时就设计好了规避法律制裁的方式。在判断犯罪形态时，首先要确立的是，受贿罪的客体是什么，然后再对不同情形进行判断。如果受贿罪的客体是职务行为的不可收买性，那么，收受财物就是既遂。其中一些特别的财物，也应以收受为既遂标准。如收受银行卡，就构成既遂。收受汽车、房屋，虽然没有过户，但财物已经收受，职务行为已经被收买，交易的核心过程已经完成，可以评价为既遂。陈兴良教授认为："收受房屋、汽车等物品而未办理权属变更登记的，应当认定为受贿罪的未遂而不是既遂。因为物权法的登记制度决定，房屋、汽车等物品的权属是否登记在收受者的名下，对其权利行使是会有较大影响的，在性质上不同于权属已经登记在收受者名下的情形，因而在将这种收受财物的行为认定为受贿性质，同时对此以未遂论处，这是符合法理的。"①本书不同意这个结论，其导致受贿罪的既遂点过于迟延。即使以财产权为客体进行判断，也不能轻易说收受汽车、房屋未过户的，认定为未遂。比如，我们不会因为被盗汽车没有过户而认为盗窃未遂。财产价值，不能只以公示为依据，也不能以能否交易为标准，而应以实际的内含价值评价。财产的价值，可以在交换中体现，也可以在使用、经营中体现。汽车不过户，一直开到报废，体现了全部价值。房子尚未过户，居住、出租也实现了价值。更何况有些已经申请登记而尚未发证的，以未遂处理更不合理。所以，只要双方约定了送车送房，并实际占有了，就可以认为取得了，对权力公信也已经彻底动摇，就可以按照既遂处理。

张明楷教授认为，与非法收受他人财物不同，索贿的不以收受财物为既遂标准，"由于受贿罪的保护法益是国家工作人员职务行为的不可收买性，所以，在索要贿赂的情况下，即使行为人没有现实取得贿赂，但其索要行为已经侵害了职务行为的不可收买性。换言之，就索取贿赂而言，应当以实施了索要行为作为受贿既遂标准，而不应在索要行为之后添加现实取得贿赂这一所谓实行行为"。②本书不同意这个结论，其使受贿罪的既遂过于提前。如果仅仅是索要好处，不能认定为构成受贿罪的既遂，只有取得贿赂才是既遂。在索要贿赂的情况下，行为人没有现实取得贿赂，就说明职务行为还没有被收买，至少收买还没有完成，职务行为通常也不会在没有取得贿赂时就会异化，国民对公权的信任也只有在行为人取得贿赂时才会彻底崩溃。虽然索要行为已经开始侵害了职务行为的不可

---

① 陈兴良：《受贿罪的未遂与既遂之区分》，《中国审判》2010年2月5日第48期。
② 张明楷：《刑法分则的解释原理》，中国人民大学出版社2011年版，第531页。

收买性,但还没有完成权钱交易,就还没有从根本上动摇权力公信。在受贿罪的罪状中,有"索取他人财物的,或者非法收受他人财物"的描述,如果没有收受财物的行为,不能认为"取",认定既遂不符合《刑法》规定,和受贿罪这个罪名中的"受"字也不相适应。张明楷教授对此认为:"如果将'索取'解释为索要并取得,那么,'索取'行为就成为多余的规定,这是因为,单纯收受(取得)贿赂就成立贿赂犯罪,既然如此,立法者就不可能在收受(取得)类型之前增加一种索要并收受的行为类型。"①但这个结论,显然是在已经吞掉"为他人谋取利益"基础上的判断,从目前《刑法》的规定看,立法者显然规定了两种受贿罪的行为样态,收受贿赂的要求为他人谋取利益,索贿的不要求为他人谋取利益。不管学者如何限制"为他人谋取利益"的适用空间,都无法否定为他人谋取利益作为一个要件的存在。而只要这个要件还存在,索贿和收受贿赂在成罪的样态上必然会有不同,将索取解释为索要和取得,也不会导致索取成为多余的规定。而且,有索要行为就构成既遂,会导致既遂认定的不稳定性,因为很难在证据上确定到底索要了没有,索要了多少,可能会导致受贿罪的刑事诉讼过于倚重口供和证言,这种不稳定性容易导致侵犯人权。

  本案被告人收受钱款两年后退还相关款项,在时点上,不管按照哪种受贿罪既遂理论,都已经过了既遂点。既遂之后再还财物,对于受贿罪既遂的认定不会产生任何影响。

---

① 张明楷:《刑法分则的解释原理》,中国人民大学出版社 2011 年版,第 531 页。